JN441456

프랑스성서협회 회장인 저자가 인생의 황혼에 성경을 프리즘으로 삼아 인생의 의미와 시대의 얼굴을 진솔하게 풀어가는 글모음이다. 팔레스타인, 그리스-로마, 기독교 외경, 기독교 공의회에 해박한 저자는 성경 인물, 책, 사건을 시작으로 2천 년의 기독교 역사 및 오늘의 철학 사조와 대화한다. 신약성경을 색다른 시선으로 보면서 신약의 진리가 역사 속에서 어떤 모습으로 수용되고 확장되는지 살핀다. 기독교와 세상의 현실을 고민한 예수님의 제자이자 성경의 애독자로서 성경을 통해 우리에게 주어진 소망과 믿음과 사랑을 설명한다. 이 책을 다 읽고 나면 저자처럼 인생의 황혼기에 이르러 자신의 지나온 삶과 생각을 성경 이야기에 담아 풀어내 보고 싶다는 소망이 생기게 될 것이다.

강대훈 총신대학교 신학대학원 신약학 교수

인생의 최고의 순간에도, 최악의 순간에도 예수님이 주시는 산 소망에 사로잡혀 살아왔다고 저자는 고백한다. 오늘날 우리는 절망과 불확실과 혼돈의 시대를 살아가고 있다. 지금 이 시대에 가장 소중한 것은 영원히 변치 않는 소망이다. 흔들리지 않는 부활과 재림의 소망이다. 삼위일체 하나님의 소망이다. 저자는 예수님의 산상수훈에 나오는 팔복에서 역설적인 소망을 본다. 63편에 이르는 모든 글의 주제가 소망과 연결되어 있고, 그 뿌리에는 하나님의 사랑이 있다. 새로운 저자를 만난다는 것은 새로운 세계 속으로 들어가는 것이다. 한국 교회에 새롭게 소개되는 저자와 그의 글이 독자들에게 소망에 대한 새로운 깨달음을 선물하는 기회가 되기를 바란다. 세상의 소망이 아니라 예수님이 주시는 소망으로 승리하길 원하는 이들에게 이 책을 추천한다.

강준민 새생명비전교회 담임목사

성경 및 신앙인의 삶에 대한 재미있는 이야깃거리와 역사적 지식을 풍성하게 나누는 책이다. 무엇보다 예수 그리스도의 가르침이 현대인에게 어떤 의미가 있는지 생각하게끔 도와준다. 물질주의 현대사회에서 기독교적 가치관을 가지고 살아가기란 참으로 어렵다. 그래서 기업가이자 저술가인 저자가 그리스도인으로 살면서 겪어낸 치열한 고민에 깊이 공감하게 된다. 흥미롭게도 이 책은 신약성경과 관련된 다양한 주제를 용어 사전처럼 알파벳 순서로 구성해놓아 관심 있는 주제부터 읽거나 손이 가는 대로 읽어도 좋고 한 챕터씩 곱씹으며 읽어도 좋다. 기독교의 진리 아래에서 하나님의 뜻대로 살아가고자 하는 모든 이들에게 이 책을 추천한다.

김병삼 만나교회 담임목사

하나님을 믿고 예수님의 복음을 구원의 소식으로 여기는 기독교인들은 평생 성경을 읽고 그 가르침을 따르며 살고자 노력한다. 성경의 가르침에 어긋난 언행을 회개하고, 예수님의 십자가를 의지해 믿음으로 용서받고, 예수님 중심의 화합을 이루는 것이다. 예수님의 말씀과 피 흘림으로 우리는 하늘나라의 평강과 행복을 누릴 수 있게 되었다. 이러한 하나님의 은총을 가르쳐주는 성경은 우리의 궁극적 소망이 담겨 있는 귀한 책이다. 저자는 성경을 분석하고 재구성해 우리 믿는 자들에게 성경 말씀의 깊은 의미를 명쾌하게 이해하도록 돕는다. 예수님의 삶과 가르침이 왜 오늘날에도 여전히 인류에게 유일한 구원과 소망이 되는지 조목조목 이야기한다. 또한 믿지 않는 이웃이 기독교 신앙과 우리가 가진 소망의 이유를 물어올 때 어떻게 대답할지도 보여준다. 이미 수없이 성경을 읽고 설교를 들었더라도 진리를 더욱 구체적으로, 충실하게 알기 원하는 독자들에게 시원함을 안겨줄 필독서다. 이 책을 한국어로 번역한 헬렌 황 선교사에게 깊은 감사를 전하며, 이 책을 통해 예수님의 삶과 가르침을 더 깊이 들여다보며 믿음을 다지는 신자와 새로이 믿음을 갖게 되는 귀한 심령이 생겨나기를 소망한다.

정근모 카이스트 석좌교수

2천 년 전에 쓰인 성경은 여전히 우리 현대인의 지성과 어떤 관계성이 있을까? 저자는 자신이 발견한 구원의 필수 목록을 중심으로 성경, 특히 신약성경이 우리와 특별한 관계가 있음을 설명하며 현대인들이 이해하기 쉽게 구원의 복음을 제시한다. 그리스도인으로 살아오면서 만난 삶의 조각들을 63개의 표제어에 잘 담아냈다. 각 주제가 성경이 기록될 당시 사람들에게 어떤 의미였는지, 오늘날 우리에게는 어떤 의미인지를 살피며 시공간을 뛰어넘어 우리를 복음의 자리로 초대한다. 성경이 단순히 이전의 역사적 사건을 담고 있을 뿐만 아니라 지금도 우리 모두에게 일어나고 있는 값없이 주어진 은혜, 즉 '하나님의 손길'임을 고백하게 될 것이다. 신앙생활을 위해 잘 정리된 지적 요소들 위에 개인의 경험을 얹어 우리가 어떻게 남은 믿음의 삶을 살아가야 할지를 지정의 관점에서 잘 가르쳐주기 때문이다. 하나님의 능력이자 지혜인 예수 그리스도를 믿고 따라가는 데 꼭 필요한 신앙인의 안내서다.

존 박 Serve and Give Mission 대표, 전 아주사퍼시픽대학교 부총장

철저한 인본주의로 그 어느 나라보다 인간의 문명을 자랑하며 살아가는 프랑스에도 성경을 생명보다 소중히 생각하며 신본주의로 인생 길을 걸어온 저자와 같은 분이 있다는 사실이 신선한 도전으로 다가온다. 저자의 솔직 담백함과 남다른 성경 사랑, 해박한 지식, 통찰력은 오늘날 힘든 상황을 겪고 있는 모든 이들에게 아가페 사랑이신 주님만이 소망이라는 진리를 거듭 강조한다. 날마다 주님의 생명력으로 충만해 주님과 연합하며 오직 예수 그리스도에게만 소망의 닻을 내리길 원하는 모든 이들에게 이 책을 추천한다.

한기홍 은혜한인교회 담임목사

소망사전

소망사전

모든 그리스도인을 위한
구원과소망의 언어들

크리스티앙 메그르리스 지음
헬렌 황 옮김

Originally published in English under the title:
Glossary of Hope or the world according to Jesus

소망사전

초판 1쇄 발행 2022년 3월 30일

지은이 크리스티앙 메그르리스
옮긴이 헬렌 황
표지그림 이언경
펴낸이 김정미
펴낸곳 앵커출판&미디어
출판등록 106-90-75402
주소 서울시 강북구 수유동 469-171
대표 전화 010-4804-0806
이메일 anchorpnm@gmail.com

ISBN 979-11-86606-21-6 03230

이 책을 이해하는 사랑하는 손녀 로렌에게

차례

프롤로그

지나온 세월 속에서 성경은 나의 가장 가까운 동반자였다. 이 책을 그 우정에 바친다.

이 책은 성경과 내가 함께 걸어온 여정을 담고 있다. 그리고 매일 예수님의 가르침을 배워가는 것이 인생 최고의 순간과 최악의 순간에 내게 얼마나 큰 용기와 담대함과 소망을 주었는지를 말한다. 예수님이 함께하시지 않았더라면 내 평생의 길이 그토록 복되지 않았을 것이다. 나는 과학과 행동을 신봉하는 사람이고 영적인 것을 어려워하며 의심을 잘하는 편이다. 그러나 인생의 굴곡과 전환점을 지나며 '하나님의 손길'을 분별하는 법을 배웠고, 그 자유로운 삶 속에서 현재의 나 됨을 깊이 확신하게 되었다.

이 책을 알파벳 순서에 따라 사전 형태로 쓰겠다는 생각은 세계성서공회연합회 부회장으로 섬길 때 처음으로 했다. 그 시기에 프랑스 성서협회 학자들과 나눈 토론이 큰 도전이 되었다. 그들은 다음 세대가, 그리고 좀 더 회의적이기는 하지만 기독교가 약속하는 복음을 들을 준비가 되어 있는 타문화권 사람들이 성경에 보다 쉽게 다가갈 수 있도록 성경을 새롭게 보는 관점을 기꺼이 수용하고자 했다. 또한 동방정교회든 가톨릭교회든 개신교든 교단을 초월하여 예수님을 따르는 제자라면 기독교에 대한 사전지식이나 배경이 없는 사람도 이해할 수 있는 언어로 주변 사람들에게 자신의 신앙을 얘기하고 나눌 필요가 있다고 생각했다. 근래 들어 전통적인 주석 대신에 해설판 성경이 속속 출판되고 있는 경향은 성경이 말하는 바를 이해하고 싶어 하는 독자들이 그만큼 많다는 사실을 반증한다. 성경읽기 웹사이트가 있어도 우리는 여전히 성경을 읽으려면 처음부터 끝까지 책별 순서에 따라 통독하려는 경향이 있다.

그러나 일종의 용어 사전이라고 할 수 있는 이 책은 다른 개념으로 성경에 다가가고자 한다. 각 장이 알파벳 순서로 배열되어 있어 예수님의 삶과 가르침, 이적, 영광과 고난의 때, 부활, 제자들, 그리고 첫 그리스도인들이 복음을 어떻게 기록하고 편집하며 해석했는지, 오늘날 신앙인은 어떻게 예수님의 삶을 따라 살 수 있는지 등, 원하는 내용을 선택한 다음 바로 찾아가서 읽으면 된다. 이러한 접근 방식은 성경을 순서대로 읽어 내려가는 방식을 보완하고, 각 주제와 관련된 성경 말씀을 참조하며 그것이 오늘날 갖는 의미를 되새겨볼 수 있게 한다. 말씀을 성경신학적으로 연구하는 것도 중요하지만, 오늘날 세속화된 세계에서 그리스도인이 '어떻게' 예수 그리스도에 대한 믿음대로 살아낼 수 있는지 보여주는 것이 더 중요하다고 본다. 이 책을 통해 성경의 맛을 새롭게 느끼고, 내가 그랬듯이 성경 속에서 자신의 삶에 필요한 열쇠를 찾기 바란다.

이미 성경에 친숙한 사람들이라면, 성경이 기록된 당시 문화보다 수백 년 동안 교회 전통에 영향을 받은 주석가들이 쌓아온 편견에서 벗어나 진솔하게 성경 말씀에 다가가는 기회가 되기를 바란다. 지난 2천 년 동안 아무 일도 일어나지 않은 것처럼 성경을 읽기란 불가능하다. 나 역시 하나님이 인간의 지성에 선물하신 과학의 진보를 거부할 수 없다. 교회의 역사도 마찬가지다. 우리는 성공과 실패로 점철된 지난 2천 년 간의 경험을 무시해서는 안 되며 성찰의 원천으로 삼아야 한다. 물론 이것은 초대 교회는 갖지 못했던 자료다. 우리는 교회 교부들에게 여전히 배워야 할 의무가 있지만 마땅히 감당해야 할 또 하나의 의무가 있다. 오늘날 복잡다단한 세계에서 교회가 왜 제 역할을 해내지 못하고 있는지 그 이유를 배우는 것이다. 왜 남반구와 아시아 교회들은 초대 교회의 에너지를 발견하고 찬양하는 반면에 서구 교회들은 침체에 빠져 있는가? 오늘날 교회는 변치 않는 예수님의 진리를 시시각각 변화하는 오늘의 세계에 맞게 적용해야 하는 도전 앞에 서 있다.

인생이 내게 가르쳐준 몇 가지 교훈을 이 책의 표제어들을 통해 배우기 바란다. 가장 큰 교훈은 불변의 보편적인 가치, 2천 년 전과 마찬가지로 우리 시대에도 여전히 유효한 예수님의 가르침이다. 이웃과 공동체를 섬기며 그리스도인답게, 인간답게 살아가기 위해서는 이 가르침을 실천할 수 있는 최선의 길을 끊임없이 찾는 수밖에 없다. 오직 예수님이라는 길을 통해서만 우리 인간은 행복과 소망에 이를 수 있기 때문이다.

꿈의 교회를 찾아서

사도행전의 저자는 누가복음의 저자와 동일인이다.

누가가 사도 바울의 제자라는 것에 사람들은 대체로 동의한다. 그는 그리스어와 라틴어를 알았고 교육 수준이 높았으며(누가는 의사로 추정된다) 헬라화 된 유대인 그룹에 속했다. 그는 바울 서신의 내용을 끌어가는 중심 인물이며, 아마도 몇몇 서신을 수신자들에게 직접 전달했을 것이다. 1인칭과 3인칭("우리"와 "그")을 번갈아 사용하는 사도행전의 이야기들을 보면, 누가가 바울의 전도 여행길에 동행했다는 확신이 든다. 누가가 베드로나 다른 열두 제자와 어떤 관계였는지는 그리 명확히 드러나 있지 않다. 다만 마태복음과 마가복음을 자료로 삼아 더 정확하고 종합적인 복음서를 기록하는 자로 선택된 것으로 보아 초대 교회에서 특별한 위치에 있었던 것 같다. 누가복음의 후속으로 나온 사도행전은 베드로와 바울의 사후에 기록된 것으로 보인다. 요한은 밧모섬에서 여전히 살아 있었고, 당시 계시록과 복음서를 쓰고 있었을 것이다. 누가와 요한 두 사람의 글이 대부분 겹치지 않는 것으로 보아 그들은 아마도 따로 사역한 듯하다.

누가가 누가복음의 후속작을 쓰려고 결정했을 때, 그의 집필 목표 중 하나는 이미 대형 교회라도 된 듯이 행세하며 사회에서 한 자리를 차지하려고 싸우는 그 시대의 유대교와는 대조되는, 신생 교회의 영감 넘치고 형제애 같은 영성을 묘사하는 데 있었다. 먼저 사도행전은 오순절날 바로 직전에 어떻게 맛디아를 제비뽑기를 통해 가룟 유다의 후임자로 세우는지 전해준다. 제비뽑기는 이스라엘이 열두 지파를 세울 때 쓴 방식으로 성경에 나오는 원칙을 적용했다고 볼 수 있다.

사도행전의 토대를 이루는 사건은 오순절 성령강림이다. 신실했지만 투옥과 처형을 몹시 두려워하던 예수님의 사람들이 그 이적을 통해 믿음으로 세상을 변화시킬 수 있다고 확신하는 선교사들로 변모한다(행 2:1-4). 그 변화는 가장 먼저 베드로에게 일어났다. 그는 예수님이 민족들에게 전하라고 명하신 말씀에 사로잡힌 열정적인 설교자가 되었다. 오순절날에 행한 그의 설교는 기독교의 가장 기본적인 선언이 되었다(행 2:14-36). 이후로 이어지는 스데반이나 사울, 다른 사람들의 설교는 베드로의 이 설교를 반복하거나 다른 말로 바꾸어 표현한 것들이라고 볼 수 있다. 이 설교에는 메시아에 대한 유대의 전통, 예수님이 하나님의 아들이며 그분의 중심 메시지가 사랑이라는 확신 등 기독교에 관한 모든 개념이 들어 있다. 여기에 담긴 교리는 절대 바뀌지 않을 것이다.

그런 다음 열두 제자는 가난한 사람들을 위한 구제와 성찬을 준비했고, 그 일을 담당할 일곱 명의 집사들을 세웠다(행 6:3). (예수님이 사역할 당시 파송한 72명의 제자들에 대해서는 아무런 언급이 없다.)

베드로의 초기 설교들은 제자들 사이에 널리 퍼져 있던 분위기를 반영하며, 그들이 어떻게 수천 명의 회심자들을 사로잡을 수 있었는지 보여준다. 사도들과 제자들은 열정이 넘쳤고 하나가 되었다. 그들이 돈과 재산을 나누는 장면은 감동적이며, 기존의 성전과 유대인 전통에 저항하는 모습처럼 비치기도 한다. 사도들의 설교는 토라와 최근에 그들에게 일어난 사건들 사이의 일관성을 강조한다. 또한 예수님이 어떻게 이사야와 그 밖의 선지자들이 말한 메시아 예언과 같이 성육신하셨는지, 어떻게 그분의 운명이 성경에 기록되어 있는지를 중점적으로 설명한다. 베드로의 설교를 통해 제자들과 추종자들은 자신들이 옳고 하나님의 계명을 진실로 따르고 있다는 확신을 가지게 되었다.

사도행전에는 중심 인물인 베드로와 요한, 예수님의 형제 야고보(교회의 기둥들) 말고도 다른 사도와 집사들이 잠깐씩 등장한다. 그들은 항상 주요 가르침에 따라 행동하지만 이런저런 다양한 이야기들을 담아낸다. 가끔은 악당도 나오고, 제자들 앞에서 재산의 일부를 감추었다가 급사한 부부처럼 벌 받는 죄인도 등장한다(행 5:1-10). 마술사 시몬은 제자로 들어왔다가 악당으로 변한 경우다. 그는 이적을 신앙의 중심으로 삼으며 자신이 예수님의 선택을 받은 제자라고 주장하기 위해 베드로와 경쟁하려고 했다(행 8:9-24).

사도행전의 두 번째 주요 사안은 승천 전의 예수님을 전혀 본 적 없는 바울이지만 자신이 열두 제자와 동등하다는 그의 주장을 옹호한다는 것과, 기독교의 미래가 이방인에게로 넘어간다는 것이다. 바울은 마태복음에 나오는 대사명을 따라 기독교에 훨씬 더 광범위한 목표를 제시한다. "그러므로 너희는 가서 모든 민족을 제자로 삼아 아버지와 아들과 성령의 이름으로 세례를 베풀고"(마 28:19). 바울이 열두 제자와 어깨를 나란히 하는 완전한 사도로 자리매김하는 데 누가가 기여한 바가 크다고 할 수 있다. 그가 사도행전을 쓸 당시 이미 바울의 서신들이 집필되었고, 아마도 널리 필사되고 있었을 것이다. 그럼에도 바울의 서신들은 복음서의 지위와는 거리가 멀었고, 한 세기가 지난 후에야 비로소 정통 신앙의 진정한 부분으로 여겨지기 시작했다. 바울이 죽은 지 50년이 지난 후에도 여전히 그는 예수님을 따르는 제자들에게 비전을 가진 인물이기는 해도 사도로서는 지위가 불분명한 '서출'로 간주되었다. 여기서 예수님을 따르는 제자들이란 예수님의 삶과 부활을 목격한 증인들에게 직접 가르침을 받고 개종한 자들을 말한다. 그런 바울에게 공적 지위를 부여한 사람이 바로 누가다.

바리새인이자 박해자로서 바울이 초기에 저지른 일들은 베드로가 예수님을 부인한 일에 버금가는 행위지만, 다메섹 도상에 대한 언급(행 9:3-6)은 베드로의 승격에 필적한다(바울의 회심에 대해서는 바울 자신이 두 번, 누가가 한 번 언급한다). 또한 바울의 이방인을 위한 선교는 베드로의 유대인을 위한 선교와 나란히 놓고 볼 수 있다. 유대인들이 결코 예수님을 따르는 자들이 될 수 없다는 사실이 명백해졌을 때, 베드로는 어떤 의미에서는 마지못해 바울의 사역을 인정했고, 바울이 오랫동안 추구해온 정당성을 제공하지 않을 수 없었을 것이다.

바울이 제기한 또 다른 주요 안건은 이방인의 할례였다. 그것은 매우 중대한 문제였다. 이방인 선교는 개종자들이 세례를 받기에 앞서 유대인이 될 의무가 없다는 조건 아래에서만 성공할 수 있었기 때문이다. 복음서들은 유대인의 세례만 이야기하지만, 사도행전은 할례 없이도 세례를 받는 몇 가지 사례를 보여준다. 특별히 오순절날 이후에 선출된 일곱 집사 중 한 명인 빌립이 길에서 에티오피아 내시에게 세례를 준 경우를 한 예로 들 수 있다. 그때 빌립은 남쪽 지방으로 가는 중이었다. 누가는 에티오피아의 내시가 유대인들과 친했지만 종교생활을 하는 유대교인은 아니었다고 말한다(행 8:26-40). 또 다른 예로는 고넬료(표제어 '고넬료')가 개종한 후에 베드로가 기도했을 때, 성령이 이교도 무리에 강림했기 때문에 결국 세례를 주게 된 일을 들 수 있다.

바울은 더욱 주도적으로 나서서 예루살렘 교회의 기둥들에게 문제 제기를 한다. 야고보와 달리 베드로는 '바리새파 출신 그리스도인들'의 엄격한 요구와는 달리 할례를 요구하지 않는 다소 느슨한 입장이었던 것으로 알려져 있다. 바리새파 출신 그리스도인이란 은밀히 그리스도인이 된 사람들로서 아리마대 요셉처럼 예수님의 가르침에는 민감했지만 새로 갖게 된 믿음을 남 모르게 지키던 유대 지식인들을 가리킨다. 압력은 안디옥에서 나왔다. 예루살렘에 이어 안디옥에서 사람들이 회심하는 일이 많아졌기 때문이다. 안디옥은 다양한 종족과 종교인이 모여 사는 로마제국의 축소판이었다. 다메섹 도상에서 예수님의 환상을 보고 회심한 바울이 가르침을 받은 곳이기도 했다(행 9:3-6). 회심한 바울은 편협하게 정의된 유대교 식의 기독교 사상을 애초에 받아들일 수 없었다. 그에게 기독교는 본질상 보편적이고 세계적인 것이어야 했기 때문이다. 이방인이 유대인의 멍에를 메지 않은 채 그리스도인이 될 수 있고 그래야 한다는 바울의 요구에 상당히 격렬한 반응이 일어났다. 이 사건으로 예루살렘과 안디옥에서 뜨거운 논쟁이 벌어졌다. 가장 먼저 양보해야 할 사항은 유대인의 음식 규정을 과감히 줄이는 것이었다. 베드로는 하나님이 직접 부정하다고 말씀하시지 않는 한 어떤 고기도 부정하지 않다는 말씀을 환상에서 들은 대로 자세히 전한다(행 10:3).

대략 주후 50년, 역사에 예루살렘 공의회로 기록된 공식 회의에서 마침내 새로운 규칙이 채택되었다. 이방 그리스도인들이 이미 유대 그리스도인들보다 훨씬 많은 상황이었다. 그리스와 소아시아 지역의 유대 공동체에서 강력한 반발이 있었지만 예루살렘 공의회의 결정이 교회의 법이 되었다. 유대교 공동체는 그리스도인들을 억압하는 일에 로마제국이 협조해주기를 헛되이 바랐다. 결국 두 종교는 점점 더 멀어졌고, 기독교는 바야흐로 역사적인 확장을 시작한다.

기독교 첫 세대 공동체에 대한 '순진무구한' 묘사는 그들의 계승자들이 세상의 종말과 파루시아(*Parousia*, 강림) 혹은 재림 및 최후의 심판을 대망하던 예루살렘 중심의 신자 집단을 얼마나 이상화했는지를 반영한다. 두 번째 세대는 좀 더 세속적인 공동체로 급속히 휩쓸려 가고 있었다. 그들은 초창기 시절을 그들의 집단 기억 속에 교회의 '실낙원'으로 소중히 간직했다(행 2:45). 역사를 들여다보면 회심한 지 얼마 안 된 초신자들 가운데 자신의 신조를 일점일획이라도 바꾸느니 죽음을 받아들일 자세가 되어 있는 경우가 많다. 두 번째 세대는 첫 번째 세대를 바로 그러한 자들로 보았다.

사도들이 전부 남성이라는 사실 자체가 문제이기도 했다. 예수님을 따르던 여성 제자들은 사회적으로 신분이 낮은 사람들이 아니었다. 예수님의 어머니 마리아 주변에는 예수님의 서사에서 중요한 역할을 한 여섯 명의 여성들이 있었다. 종종 '사도들의 사도'라고 불리는 막달라 마리아는 부활 후 예수님을 목격한 최초의 인물이다(요 20:11-18 참조). 다른 여성들은 제자라기보다 재정 후원자에 가까웠다. 그들은 생계 일을 할 시간이 없는 남성 제자들을 재정적으로 지원했다. 나사로의 여동생들(마르다와 마리아)은 그들의 오라비를 살리신 예수님을 정기적으로 대접했다. 그들 중에 아무도 예수님이나 사도들에게 직접 부르심을 받지는 않았다. 모든 사람이 평등함을 주장하신 예수님의 가르침과 당시 여성에게 주어진 보조적인 역할은 일관되지 않은 면이 있지만, 예수님의 서사는 결코 남성들의 전유물이 아니다. 여성들도 예수님의 세계에서 중요한 자리를 차지한다. 예수님은 여성들을 조금도 무시하지 않으셨다. 오히려 여러 일화들을 보면 예수님이 그동안 유대교가 여성들을 대해온 방식을 완전히 반대하신다는 사실을 명확히 알 수 있다. 그렇기 때문에 예수님을 중심으로 제도화된 무리에 여성이 없었다는 것은 더욱 아리송한 일이다. 그러나 교회가 초창기에 여성을 일꾼으로 지명하지 않았다고 해서 그것을 여성이 영원히 교회에서 책임을 박탈당했다는 표시로 여길 수 없다. 이는 전통의 무게 탓으로 보는 편이 맞다. 예수님은 이 전통을 무너뜨리기보다는 케리그마(*kerygma*, 복음 전파)와 가르침에 온 힘을 쓰셨다.

초대 교회는 체계를 갖추면서 회심과 재림이라는 우선순위를 세웠고, 이 때문에 신자들은 두 그룹으로 나뉘었다. 첫 번째 그룹은 베드로와 바울을 따르는 사람들로서 회심을 우선순위로 삼았고, 두 번째 그룹은 요한을 따르는 사람들로서 재림을 준비했다.

당시 사람들은 예수님이 자신의 재림 전까지 요한이 죽지 않을 것을 암시하셨다고 생각했다(요 21:21-24). 그래서 모든 공동체가 요한의 건강 상태를 걱정스럽게 바라보며 그의 복음서를 기다렸다. 그러나 사도행전이 기록된 직후에 요한이 먼저 쓴 책은 요한계시록이었다. 요한계시록은 구약성경의 느낌이 드는 전통적 예언자의 용어로 세계의 종말을 묘사한다. 계시록 집필 후 연로한 요한은 열두 제자들 중 마지막으로 죽음을 맞이했다. 그래도 세상의 종말은 오지 않았다.

사도행전은 분명히 첫 번째 그룹에게 중심 역할을 맡기고 있다. 그래도 두 번째 그룹이 살아남았고, 이들이 오늘날 교회들에게 여전히 많은 영향을 미치고 있음을 알 수 있다. 사도행전은 집필 당시 막 시작된 기독교의 새로운 국면에 대해서는 이야기하지 않는다. 사도행전은 바울의 마지막 여행을 서술하고 마침내 그가 로마에 도착하는 데서 끝을 맺는다. 로마 교회는 이미 잘 조직된 상태로 보인다.

바울의 서신들이 사도행전에 담긴 많은 정보를 입증하고 있다는 사실은 사도행전의 내용이 진실하고 역사적으로 가치 있는 것임을 역사가들에게 확증한다.

A Apocrypha Books __ 외경

과연 믿을 수 있을까?

단테의 『신곡』과 괴테의 『파우스트』의 공통점은 무엇일까? 영화 〈쿼바디스〉, 그리스도의 각종 성탄화, 작곡가 베를리오즈의 〈그리스도의 어린 시절〉과 제임스 우드먼의 〈산파 이야기〉 등은 어디에서 왔을까? 이 모든 작품들은 외경에서 영감을 받았다.

『신곡』은 바울의 묵시록에서, 『파우스트』는 클레멘스 교령집에서, 〈쿼바디스〉는 베드로행전에서 영감을 받았다. 작은 동굴과 소, 당나귀가 나오는 예수님의 성탄 장면은 마태복음위서에서 영감을 받았다. 〈그리스도의 어린 시절〉과 〈산파 이야기〉 곡은 유년복음서에서 왔다. 요셉과 마리아의 결혼, 에베소서(또는 예루살렘)에서 맞이한 마리아의 영면과 같이 예수님의 가족에 관한 여러 중요한 일화가 외경에 나온다. 베드로의 죽음과 같은 사도들의 삶도 외경에 기록되었다.

대부분 이런 이야기나 인물, 그 밖의 세세한 내용은 신약성경에 나오지 않지만 기독교 문화와 전통의 일부를 이루고 있다.

그런데 왜 이런 책들은 신약성경에 포함되지 않았을까?

신약성경은 모두 27권이다(3x3x3, 거룩한 숫자). 이 책들은 대부분 1세기 동안 기록되었고, 기독교 역사의 초기인 2세기에 알려졌다. 신약성경이 2세기도 안 되어 비교적 빠르게 합의를 통해 집성되었다는 사실이 중요하다. 주후 325년에 니케아에서 열린 최초의 에큐메니컬 공의회에서는 이 일에 대해 논의하지 않았다. 이 모든 과정이 완결되었고 공인된 것으로 간주되었으며 추가될 것이 거의 없었기 때문이다.

신약성경으로 알려진 글의 집성은 예수님이 부활하시고 몇 년 뒤에 기록된 바울 서신으로 시작되었고, 주후 180-200년경에 사도 요한의 제자로 있던 에베소의 폴리갑의 제자, 리옹의 이레니우스에 힘입어 요한계시록이 마지막으로 채택되면서 완결되었다.

큐 문서(표제어 '큐 문서')는 복음서가 어떻게 기록되었는지에 대한 현재의 가설들을 개략적으로 설명해준다. 최초로 마가복음이 쓰였고, 마태복음과 '큐 문서'라고 부르는 미스터리한 문서가 뒤를 이었다. 이 문서는 20세기에 들어와 성경고고학자들이 완전히 재구성했다.

누가복음 첫 머리에서 누가는 이렇게 말한다. "우리 중에 이루어진 사실에 대하여 처음부터 목격자와 말씀의 일꾼 된 자들이 전하여 준 그대로 내력을 저술하려고 붓을 든 사람이 많은지라"(눅 1:1-4). 누가는 아마도 이 내용을 1세기 말이나 2세기 초에 기록했을 것이다.

이것은 분명 예수님과 그분의 가족, 그분을 섬긴 사람들에 관한 수많은 이야기의 전부가 성경에 포함되어 있지는 않음을 의미한다. 이 사건들의 중요성 때문에, 그리고 예수님을 따르는 사람들의 수가 증가하면서 2세기 동안 그리스어(복음서들), 히브리어, 콥트어, 아랍어 등 여러 언어로 수십 권의 책들이 집필되었다. 점차 교회의 정경이 된 공식 문서들이 수집되었지만, 이 사본들은 중요하게 간주되지 않았고 공식 문서에 포함될 만큼 신뢰할 만하지는 못한 것으로 여겨졌다. 다수의 외경이 배제되었음에도 불구하고 사람들은 전승에 나오는 사건들을 다시 기록했다.

가장 오래된 외경을 하나 살펴보자.

큐 문서의 기본 텍스트 중 하나가 도마복음이다. 도마복음은 가장 오래된 기독교 문서 중 하나로 여겨진다. 콥틱어로 쓰인 도마복음 사본이 50년 전에 출판되었다. 그리스어 사본보다 덜 훼손된 이 사본은 공관복음의 구성에 새로운 빛을 비춰주었다. 도마복음에는 예수님의 말씀이 114구절에 걸쳐 수록되어 있다. 이 구절 수는 정경에 해당하는 복음서들의 구절을 합친 수에 가깝다. 그리하여 이 텍스트가 예수님의 말씀을 받아 적은 최초의 기록과 매우 유사하며 큐 문서 자료 중 하나라는 주장이 제기되었다. 그러나 말씀만 발췌해서 편집한 것을 복음서로 간주할 수 없었기에 도마복음은 정경에서 제외되었다.

유년복음서들은 2세기에 발전되었다. 이 복음서들은 정경 복음서에는 빠져 있지만 팔레스타인 그리스도인들의 대중적 전승에 깊이 뿌리 내리고 있는 일련의 생생한 세부 묘사를 포함하며, 마리아의 출생에서부터 예수님이 성인이 되기까지 일어난 사건들을 담아낸다. 당시 신자들에게는 하나님의 어머니 마리아가 평범한 여성일 수는 없었다. 그러니 그녀의 출생도 아들 예수의 출생만큼이나 이적에 가까운 것이어야 했다. 성모의 무염시태(원죄 없이 잉태된 성모)라는 가톨릭

교리는 이러한 자료에 그 뿌리를 두고 있다.

야고보원복음서는 정교회와 가톨릭교회에 깃든 마리아 숭배 사상의 주요 원천 중 하나다.

마태복음위서는 야고보원복음서의 내용을 확인해주면서 먼저는 이집트에서, 다음에는 갈릴리에서 일어난 이적과 예언으로 가득 찬 예수님의 특별한 어린 시절을 따라가고 있다. 요한복음위서에서 말하는 마리아의 영면은 마리아가 사후에 승천했다는 믿음의 토대를 마련한다. 그녀는 죽어서는 안 되는 사람이기에 엘리야처럼 하늘로 승천했다는 것이다.

외경 사도행전들(안드레, 바울, 요한, 베드로, 빌립, 도마)과 외경 묵시록들(야고보, 바울, 베드로, 스데반)은 그 형식이 습작에 가깝고, 이적과 기이한 사건들을 더한 것 말고는 기여한 바가 전혀 없다.

빌라도는 상당수의 외경에서 영웅으로 등장한다. 이런 외경들은 빌라도를 이해하려 들고, 그가 늦게나마 예수님의 가르침을 받아들여 개종했을 뿐만 아니라 순교했다는 전설을 만들려고 애쓴다. 사실 이런 책들은 행전이라기보다 소설에 가깝다. 빌라도를 미화하려는 시도는 그가 마지막으로 예수님을 성전으로 이송시키기 전에 느꼈던 망설임과 의심을 잘 이해하기 위한 것이라고 본다.

처음 2세기에 감독(bishop) 또는 신학자라고 불린 교회 교부들의 의견이 신약성경 27권을 정경으로 채택하고 다른 많은 글들을 배제하는 데 큰 역할을 했다. 이 문서의 대부분을 쓴 2세대와 3세대 인물들은 예수님과 접촉했던 사람들을 알고 있었다. 따라서 그들은 초기 증인들의 정확성과 그들의 보도 내용이 과연 진실한지에 대해 신뢰할 만한 평가를 할 수 있었다. 그 목적은 예수님의 전기나 역사 보고서를 제공하는 것이 아니라 예수님의 가르침과 메시지에서 무엇이 가장 중요한지를 집어내는 것이었다.

누가복음은 초대 교회 지도자들이 유일하게 받아들인 역사적 문헌이었다. 아마도 몇몇 사도들의 감독을 받으며 썼을 것으로 보인다. 바울과 베드로의 행적이 집중되어 있는 사도행전이라는 후속작을 누가가 썼다는 사실이 이를 뒷받침한다.

다음 세대들은 이전 세대가 언급하지 않은 문서가 과연 신뢰할 만한 것인지 매우 의심스러워했다. 그들은 실제로 있었던 이야기들과 상상에 치우치거나 신학적 성향을 띤 이야기들을 구분했다.

초기 기독교 세계는 사도행전이 기록하고 있는 것처럼 연합하고 하나 된 세계만은 아니었다. 이 이야기에 대한 많은 해석이 서로 일치하지 않는다. 어떤 그룹은 부활을 의심했고, 어떤 그룹은 예수님의 신성을 의심했다. 그들은 예수님이 십자가에서 죽지 않았고 다른 죄수와 바꿔치기 되었다고 생각했다. 또 다른 그룹은 예수님이 사람이 아니라 신이라고 가르쳤다. 대부분의 사람들은 예수님의 재림이 임박했다고 보며 묵시적 예언들을 매우 중요시했다.

각 그룹은 각자의 신앙을 확증해줄 본문이 필요했다. 그래서 어떤 그룹은 자신의 신앙에 입각해 예수님의 이야기를 새로운 차원에서 다시 썼다. 가장 유명한 예가 리옹의 이레니우스의 영향으로 일찌감치 정경으로 채택된 요한복음이다. 요한복음은 에베소에서 사도 요한을 중심으로 형성된, 예수님의 신성에 집중한 신비주의 그리스도인 그룹에서 나온 예수님의 이야기들을 내용에 포함시켰다.

정경(공식화된 신약성경)만이 유일하게 참되고 진정한 성경이라고 말할 수 있을까? 외경은 마귀에게 영감을 얻은 가짜라고 매도해도 되는 것일까? 분명 아니다. 예수님이 탄생하신 이후로 2세기 동안 기록된 문서들은 모두 그분의 생애와 메시지의 진실을 부분적으로 포함하고 있다. 그러나 일부 저자들이 다른 저자들보다 더 신뢰할 만하고, 그들이 쓴 문서가 더 권위가 있었다. 비록 복음서(외경)의 명칭이 그 글을 쓴 저자의 본명은 아닐지라도 그 복음서들은 그 이름에 상응하는 권위를 갖는다.

이레니우스가 4라는 숫자에 신비스러운 의미를 제시하며(네 방향, 세상의 네 부분, 하나님의 말씀을 견실하게 떠받치는 네 기둥) 사복음서를 선택하려고 노력한 것은 어쩌면 이미 있었던 세 편의 복음서에 요한복음을 추가하기 위한 것이었는지도 모른다.

당시 교회와 신자들의 삶을 보다 깊이 알기 위해서는 외경의 주요 문서와 더 친숙해질 필요가 있다. 이런 책들은 예수님의 메시지에 대한 다양한 해석들이 어디서 유래했는지 이해하는 데 도움이 된다. 그 중 어떤 내용은 오늘날 교회들에게도 여전히 의미가 있다.

예수님은 지상에서 아주 짧은 기간 동안 가르치셨고 짧은 인생을 사셨으며 단 한 단어도 기록하지 않으셨다. 결과적으로 예수님이 수많은 해석의 주제가 되었다는 사실은 놀랍지 않다. 초기 150년 동안 집필된 수백 개의 문서들 중에서 선택을 받아 보존된 27권의 책들은 예수님의 생애와 가르침을 가장 충실하고 공정하게 담아낸 것으로 여겨진다.

정경 27권과 동시대에 존재한 외경을 읽어보면 초기의 제자들이 얼마나 훌륭하게 판단했는지를 알 수 있다. 외경에는 정경 27권이 가지고 있는 영감이 결핍되어 있다. 그리고 예수님과 제자들과 마리아를 과장스럽게 그리고, 신약성경에 표현된 것보다 훨씬 더 마법사처럼 묘사하고 있다.

신약성경 27권은 예수님의 죽음과 부활 이후로 수십 년 동안 집필된 가장 탁월한 저술들임에 틀림없다. 모든 회의적인 의견에도 불구하고 사람이자 하나님이신 예수님을 이보다 더 그분에게 가깝게 저술한 문헌은 없다.

오늘날 정결의 의미

위대한 종교들은 저마다 정결을 추구한다.

유대인은 항상 정결에 집착했다. 구약성경에는 정결에 관한 계명과 권고로 가득하다. 훌륭한 유대인의 궁극적 목표 가운데 하나가 부정을 타지 않도록 자신을 정결하게 지키는 것이다. 이에 대한 복잡한 규정들 때문에 정통 유대교 신자가 되려면 생활 전체를 정결에 관한 지침으로 도배해야 할 정도다. 일상의 각 행동을 정결하게 만드는 방법과 수단에 대해 랍비나 율법학자가 쓴 책들이 전 세계 유대인 회당의 기다란 책꽂이에 가득 꽂혀 있다. 안식일에 관한 책들만 해도 그 길이가 3미터를 훌쩍 넘긴다. 자유주의 유대인들은 대부분 부담스러운 이런 법전들에서 벗어나려고 노력한다. 그렇지 않으면 이런 지침이 그들의 삶을 매 시간 1분 1초까지 규제하고 일과 운동, 여가, 가족 등 모든 삶의 영역을 복잡하게 만들기 때문이다.

페르시아인은 불을 정결의 첫 번째 상징으로 채택했다. 하지만 불은 파괴적이고 정결을 죽음에 연결한다. 그보다는 물이 좀 더 감당하기 쉬웠을 것이다. 세례 요한은 깨끗한 요단강에 단순히 한 번 몸을 담그는 것으로 유대인의 정결 의식을 정리해버리는 천재성을 발휘한다. 몸을 정결케 하는 과정을 통해 마음의 정결이라는 그림을 쉽게 이해할 수 있다. 그런 점에서 세례 요한이 어떻게 사람들에게 빨리 호소력을 가질 수 있었는지 이해할 수 있다. 그의 정결 의식은 죄와 인생의 모든 부정함으로부터 구속됨을 의미했다. 그것은 정통 유대교인이 아닌 사람들도 제사장이 집행하는 복잡한 제사의식을 통하지 않고서도 용서와 속죄를 구할 수 있는 놀라운 기회였다.

세례 요한은 단 한 번도 새로운 종교의 창시자로 자처하지 않았다. 그의 세례는 구속의 최종적인 표가 아니라 유대법에 더 부합하며 새로운 삶으로 가는 길이었다. 이 새로운 출발은 자신의 잘못된 나쁜 행동들에 대해 하나님께 용서를 구할 필요를 느낄 때마다 다시 할 수 있었다. 그러나 세례 요한이 예수님에게 베푼 세례는 그러한 의식을 새롭게 해석하는 차원으로 이끌었다. 이제 세례는 하나님의 계명에 더 일치되는 새로운 삶으로 들어섰음을 표시하는 일종의 기름 부음 의식이 되었다. 예수님이 요한에게 세례를 받으시려고 하자 요한은 이렇게 대답한다. "내가 당신에게서 세례를 받아야 할 터인데 당신이 내게로 오시나이까"(마 3:14). 이 유명한 대답은 예수님의 사역에 토대가 되었다. 그리고 이어지는 하나님의 말씀, "이는 내 사랑하는 아들이요 내 기뻐하는 자라"(마 3:17)는 예수님의 기름 부음을 확증한다. 이후에 예수님은 광야로 나가서 상징적인 시험을 받으신다. 그런 다음 짧은 기간 동안 직접 유대인들에게 세례를 주신다. 같은 시기에 요한도 사람들에게 세례를 주었다. 예수님은 이제 세례 주는 일은 사도들에게 넘기고 가르치기 시작하신다. 복음서들은 예수님이 자신의 세례와 요한의 세례가 완전히 다르다는 사실을 상기시키면서 그 주제로 다시 돌아오실 때까지 요한의 세례에 대해 언급하지 않는다. 예수님은 다시 불을 상징으로 들며 세례를 불과 성령의 세례로 설명하신다. 이것은 신자들이 하나님 나라와 새로운 삶에 지속적으로 들어감을 상징한다. 예수님은 제자들에게 가서 자신을 대신하여 세례를 주라고 명령하신다.

세례는 이제 새로운 종교로 입문하는 의식, 즉 예수님을 따르는 사람들의 의식이 되었다.

바울은 하나님이 예수 그리스도의 이름으로 값없이 주시는 은혜에 대해 이야기하며 세례 의식에 완전한 의미를 부여한다. 세례는 예수님에게 충성을 다짐하는 결정적인 표시였다(롬 5:1-2).

교회의 전통은 세례 의식에 풍부한 상징을 부여한다. 세 번의 침수(또는 물 부음)는 자녀를 보살피시는 성부, 성자, 성령 삼위일체를 상징한다. 물은 정결을, 침수는 죽음을, 물에서 나오는 것은 부활을 상징한다. 다시 말해 새로운 삶의 탄생을 의미한다. 동방정교회에서는 세례에 축귀 의식을 결합시켰다. 사제는 악령에게 아이에게서 떠나가라고 명령함으로써 그 아이가 죄로부터 자유롭게 살도록 한다. 결국 이 모든 일은 '세례는 곧 정결하게 됨'이라는 인상을 주기 위한 것이다. 이러한 생각이 정교회 신자들의 의식에 담겨 있다. 그래서 그들은 갓난 아기도 세례를 받으면 성찬식에 참여할 수 있다고 본다. 다양한 교파에서 세례를 보편적으로 인정하고 있다. 세례는 한 교파에서 받으면 다른 교파에서 다시 받지 않아도 되는 교회의 첫 번째 성례로 여겨지고 있다.

첫 번째 세대 그리스도인과 두 번째 세대 그리스도인은 성인일 때 세례를 받았다. 이후에는 다른 신앙에 속하지 않는 그리스도인이 되라는 확실한 표시로 갓난아기에게도 세례를 주는 전통이 생겼다. 이런 실천은 기독교라는 종교가 소수파였고, 무엇보다 핍박받던 때에 이루어진 것으로 이해할 수 있다. 기독교가 성장하여 국가 종교가 되면서 세례는 점차 법이 되었다. 16세기 종교개혁 때에는 여전히 유아세례를 주었지만, 세례를 받은 적이 한 번도 없는 청년이나 성인에게 주는 세례를 재도입하며 초대 교회의 풍습으로 돌아갔다. 세례를 받는 성인들은 자신이 기독교 신앙을 선택했다는 표시로 세례 의식을 요청했다. 개혁교회의 한 분파는 세례를 의무화했고, 예수님에 대한 신앙고백을 하지 않는 사람들에게는 세례를 주지 않았다.

오늘날 세례는 무엇보다 기독교 세계에 속한다는 표시다. 성직자들은 세례 의식에 깔려 있는 신학을 일깨워주기 위해 최선을 다할지라도, 세례에 참여하는 부모들이 그 중요성에 대해 깊이 생각하지 않는 경향이 있다. 이는 기독교 세계 전체에 세속화가 번져가고 있는 까닭이다. 기독교가 국교인 나라에서 세례는 아이가 시민권을 취득하는 하나의 방법이자 국가적 혜택에 접근할 수 있는 길이다.

교회들은 기독교 의식의 의미를 설명함으로써 이를 회복시킬 수단과 방법을 찾고 있다. 어떤 교회는 세례 요한의 방식으로 돌아가 수영장이나 강에서 세례를 베푸는 등 세례받는 자들이 마음에 깊이 새길 수 있도록 의식을 성대하게 집행한다. 그런가 하면 세례가 무엇인지 간단명료하게 설명만 하고 넘어가는 교회도 있다.

정교회는 초대 교회의 관습을 확고히 고수하는 편이다. 그들은 교회 교부들이 실행했던 대로 복음서를 쭉 읽고 교부들의 글을 인용하며 예수님의 죽음과 부활의 상징을 활용하면서 세례를 베푼다.

무엇보다도 교회들은 세례가 세례받은 사람들의 삶에 핵심이 되도록 노력하고 있다. 세례 의식이 현실 생활과 상호작용하지 않는다면 아무런 의미도 없다. 인생이 변화되지 않는다면 우리가 기독교 세계에 속한 것이 무슨 의미가 있겠는가? 더욱이 오늘날 같아서는 그리스도인이 된다 해도 사회적으로 더 혜택을 받을 일도 없다. 그리스도인으로 살아가려는 동기는 전적으로 개인의 영역에 속하고 각자의 결정에 따른다. 교회는 신자 한 사람 한 사람의 신앙에 대해 진지하게 묻고, 신앙의 기본에서부터 실제 삶에 이르는 전 영역에서 대화하기 위해 노력해야 한다.

이런 노력이야말로 그리스도인이 당면한 도전이며 소망으로 가는 길이다.

소망의 역설

이미 외우고 있는 말씀이지만 내가 만일 무인도에 간다면 팔복의 말씀을 꼭 가져가고 싶다. 마태복음에 나오는 이 여덟 문장의 시는 부활을 제외하고 다른 무엇보다 예수님의 말씀 전파에 기여한 바가 크다. 시 형식은 당시 유대문학에서 비교적 흔하게 사용하는 것이지만, 그 내용만큼은 완전히 새롭다. 예수님의 제자가 되어 그분이 제시하신 규범을 따라 살고자 한다면, 팔복은 가장 어두운 순간에도 행복과 소망을 찾을 수 있는 여덟 가지 이유를 전해준다.

그 이유는 대부분 외부세계의 재앙과는 상관없이 우리 마음 깊은 곳에서 찾을 수 있는 아주 개인적인 것이다. 예수님이 그분을 따르는 이들에게 주시는 말씀은 이것이다. "나의 가르침을 받아들이면 소망은 네 것이 되고, 오직 나만이 줄 수 있는 행복의 약속을 소유하게 될 것이다."

먼저 다음 구절을 읽어 보자.

심령이 가난한 자는 복이 있나니
천국이 그들의 것임이요
애통하는 자는 복이 있나니
그들이 위로를 받을 것임이요
온유한 자는 복이 있나니
그들이 땅을 기업으로 받을 것임이요
의에 주리고 목마른 자는 복이 있나니
그들이 배부를 것임이요
긍휼히 여기는 자는 복이 있나니
그들이 긍휼히 여김을 받을 것임이요
마음이 청결한 자는 복이 있나니
그들이 하나님을 볼 것임이요
화평하게 하는 자는 복이 있나니
그들이 하나님의 아들이라 일컬음을 받을 것임이요
의를 위하여 박해를 받는 자는 복이 있나니
천국이 그들의 것임이라(마 5:3-10).

이 말씀을 이해하는 방법은 여러 가지다. 영성에 깊은 관심이 있다면 당신의 마음과 영혼의 향상을 위해 이 본문을 따라 그대로 기도할 수 있다. 각 구절에서 말하는 범주에 자신을 대입해보는 일종의 영성훈련인 셈이다. 당신은 가난하고, 애통하고, 온유하고, 하나님 곁에 있기를 원하고, 긍휼함이 있고, 청결하고, 화평하며, 박해를 받는 사람이다. 그래서 당신은 천국에 관한 하나님의 약속을 믿는다고 고백한다. 이것은 초대 교회에서 따라한 방법이기도 하다. 팔복의 말씀이 하나의 기도가 되는 것이다.

나도 가끔 이 수준의 영감에 도달하지만 이 말씀들이 항상 내 마음에 울림을 주는 것은 아니라는 사실을 고백해야겠다.

사람의 감정을 그다지 고려하지 않고 사회생활이 이루어지는 복잡다단한 세상에서 이 귀한 팔복의 말씀은 '이기적인 삶'에 맞서는 강력한 치료제가 될 수 있다. 이 말씀을 이미 아는 사람이라면 첫 문장부터 귀에 착 감기는 느낌이 들 것이다. 모순되어 보이는 문장이 대구로 균형을 이루고 있다. 그 문장에 담긴 힘을 받아들이며, 하나님께 나아가는 길은 아주 단순해야 한다는 사실에 전적으로 동의하게 된다.

신성의 신비는 너무나 풍부해 그것을 이해하려고 노력하는 것은 부질없다. 그것은 우리의 한계를 훨씬 넘어서는 일이다. 마음이 가난할 때 우리는 더욱 겸손해진다. 사람과 사물에 대해 애통해하면서 슬픔의 고통을 이해하고, 하나님의 법을 따라 인내함을 받아들이게 된다. 말씀은 이 대목을 지나서 품성에 관한 주제로 넘어간다. 현실 세계에서 생존을 위한 투쟁에 직면했을 때 우리는 어떻게 온유하고, 마음이 청결하고, 긍휼히 여기고, 화평하게 하는 사람이 될 수 있을까? 처음부터 지고 들어갈 생각부터 해야 하는 걸까? 시작부터 실패자가 되어야 하는 걸까? 내 꿈과 포부는 어떡하고? 자비를 베풀고 마음을 깨끗이 하고 평화를 만들려면 영적 또는 도덕적 동의 이상의 것이 필요하다. 바로 구체적인 행동! 그러나 우리는 팔복을 희망사항 정도로 여기는 경향이 있다. 감동적이지만 무력하게 울리는 종처럼 이상적인 계명으로 받아들인다.

그럴 때 우리는 인생의 가장 중요한 의무 중 하나를 간과하게 된다. 최악의 본능과 유혹에 맞서 싸우는 것! 인생의 진정한 승리는 적이 아니라 자신을 상대해서 거두는 승리다.

주위 사람들이나 동료 혹은 직장의 미래에 영향을 미칠 중요한 결정을 할 때, 항상 팔복을 염두에 두기 바란다. 팔복은 우리가 화초를 가꾸는 화단에서, 근무하는 사무실에서, 오고가는 차편에서 얻을 수 있는 것보다 더 건강한 관점을 제공한다. 팔복은 이 사회가 내게 부여한 정체성, 혹은 내가 가지고 있다고 믿는 정체성과는 확연히 다른 나의 진실한 모습을 일깨워준다. 나의 진짜 모습은 모순으로 가득 차 있으며, 사회적인 외투로 휘감고 있지 않으면 상하기 쉽고, 선한 일보다는 악한 일에 능하고, 외부의 영향에 민감하며, 진리보다 아첨을 좋아하는 불완전한 인간이다. 팔복은 그런 내게 이렇게 말한다. "자, 교만하고 무례하고 권위적이며 자기확신이 넘쳐날 때 마음이 가난한 사람이 되어라. 괴로울 때 애통하는 자가 되어라. 너의 운명 앞에서, 너를 기다리는 무덤 앞에서 겸손하라. 자비를 베풀고 평화를 추구하며 마음이 깨끗한 사람이 되어라."

사회적 지위를 내려놓고 나를 두르고 있던 외투를 벗어 약점을 보여주기란 정말 어려운 일이다. 밀비우스 다리 전투의 콘스탄티누스 황제를 제외하고는 겸손으로 전투에서 이긴 사람은 아무도 없다. 현대 문명은 대개 자기절제의 가치를 제쳐두고 성공하는 법을 가르친다. 야망은 언제나 인류 발전의 원동력이었다. 오늘날 세계가 겪는 많은 어려움은 너무 많은 나라에서 너무 많은 사람들이 지나치게 탐욕을 부리고 자만한 탓에 생겨났다. 한 국가의 최고 지도자에서 은행가, 무역업자, 경영자, 투자가에 이르기까지 욕심의 광풍이 모든 이성의 한계선을 없애버렸다. 인간의 역사에서 가장 주제 넘은 말일지도 모르는 "그래, 할 수 있다"는 선거 구호가 되기 훨씬 전부터 사람들의 머릿속에 단단히 자리 잡은 중심 사상이 되었다.

그로 인한 결과는 너무나 명백하다. 널뛰는 세계 경제, 수백만의 실업자들, 위험에 처한 세계보건 등. 앞으로 우리에게 어떤 더 심한 위협이 닥칠는지 모른다.

신자든 불신자든 우리 모두 팔복의 가치로 돌아갈 때가 되었다는 생각이 들지 않는가? 근래 우리는 역사가 가르쳐줄 수 있는 가장 확실하고 위대한 교훈을 배우고 있다. 우리는 현대 역사에서 가장 큰 도전에 직면하고 있다. 그러나 해결책은 아직 없다.

팔복의 여덟 가지 명제는 해결책을 찾아가는 좋은 출발점이 될 수 있다.

팔복 앞에 설 때면, 나는 눈앞에 우뚝 선 절벽을 마주하고 있는 것처럼 현기증을 느낀다.

팔복은 기독교만이 유일무이하고 다른 종교들과 전적으로 다르다는 사실을 일깨워준다. 팔복은 내 안에 있는, 비록 작지만 결코 양보할 수 없는 거룩함과 존엄성을 끌어내어 고양시켜준다. 팔복은 꺼지지 않는 소망으로 나를 새롭게 해준다.

생명의 원천

나의 몸은 신앙을 담고 운반하는 기관이다. 일단 내가 죽으면 어떻게 믿고 기도할 수 있겠는가? 나의 몸은 나의 생명이다. 나의 생명이 하나님의 선물이라면 나의 몸도 하나님의 선물이고 그렇게 존중받아야 한다.

그런데 예수님의 가르침은 몸에 별로 중요한 의미를 부여하지 않는 듯하다. 예수님에게 몸이 우선순위가 아닌 것은 사실이다. 예수님은 마음을 향해 말씀하셨다. 음식이나 휴식, 수면, 건강과 같은 일상생활의 필요를 제외하고 '운동하라', '청결하라', 더 일반적으로 말해 '마음의 은신처인 몸을 돌보라'고 권하는 성경 구절은 없다. "건강한 육체에 건강한 정신이 깃든다"는 격언은 복음서에서 찾아볼 수 없다. 그나마 가장 가까운 것이 "너희 몸을 하나님이 기뻐하시는 거룩한 산 제물로 드리라"(롬 12:1)는 바울의 명령이다.

몸에 관한 바울의 신학은 로마서 7장 24절에 나온다. "오호라 나는 곤고한 사람이로다 이 사망의 몸에서 누가 나를 건져내랴." 수많은 기독교 사상가들이 몸을 죄가 태어나고 발전하는 악한 본능의 산실로 강조했다. "마음에는 원이로되 육신이 약하도다"(마 26:41)라는 구절은 많은 기독교 논문의 중심 주제이며, 많은 위험한 사이비 기독교들이 자신들의 구미에 맞게 가져다쓰는 말씀이 되었다. 육체는 성욕과 관련이 있고 성욕과 죄의 거리는 가깝기 그지없다. 육체는 온갖 종류의 저급하고 누추한 본능과 연결되어 있다. 믿음이 좋은 사람들은 육체는 중요하지 않으므로 천상의 생각과 일에 집중해야 한다는 권유를 받는다. 여러 세대의 독실한 그리스도인들이 현세의 궁핍한 생활이 내세의 보상과 구원을 가져다줄 것이라고 확신하며 살았다.

명료한 지침이 없었기 때문에 그리스도인들은 육체의 삶을 '영혼'의 삶과 분리시켰다. 이것이 기독교에서 일반적으로 죄로 여기는 '기독교 정신분열'의 첫 단계였다. 이것은 구체적인 지침이 없으면 우리가 각자의 욕망에 따라 육체를 자유롭게 사용할 수 있음을 의미한다.

이런 행동의 자유는 최악의 결과를 가져올 수 있다. 서구의 역사를 보면, 한 사회에서 이른바 가장 '종교적'이라는 사람들이 일말의 죄책감 없이 자신이나 이웃을 함부로 대했던 예를 쉽게 찾아볼 수 있다. 서구 기독교 세계의 중심에 있던 종교재판 제도는 그러한 관행을 보여주는 가장 끔찍한 사례다. 어떤 의미에서는 기독교 초기 신자들의 순교도 또 하나의 예가 될 수 있다. 그들은 천국에서 상급을 받을 것이라고 확신하면서 처연한 죽음을 받아들였다. 두 경우 모두 육체는 벌을 받는 것이 마땅하고 몸을 멸하는 것이 구원에 이르는 지름길이라는 생각이 바탕에 깔려 있다.

반면에 강한 제제가 없음을 이용해 자기 몸을 쾌락의 원천으로 삼고 자기파멸에 빠져든 그리스도인들도 역사적으로 많이 찾아볼 수 있다. 바울이 고린도 성도들에게 "모든 것이 내게 가하나 다 유익한 것이 아니요"(고전 6:12)라고 했던 말은 그렇게 기억에서 사라져갔다.

육체 가운데서 예수님의 가르침을 따라 어떻게 살 것인지를 결정하는 것은 그리스도인 각자에게 달려 있다. 비록 이러한 가르침이 육체를 명확히 가리키지는 않지만 전체적으로 말하려는 바는 분명하다. 아가페 사랑이 우리에게 법으로 주어졌는데 이웃을 사랑하는 것과 자신의 육체를 혐오하는 것이 어떻게 일치하겠는가? 이웃을 사랑하고 존중한다면 나 자신도 존중해야 한다. 마틴 루터 킹과 함께 유일하게 노벨 평화상을 탄 개신교 목사 알베르트 슈바이처는 생명 존중을 그리스도인이 지켜야 할 의무의 초석으로 보았다. 그는 인생의 대부분을 아프리카 오지의 병원에서 환자들을 돌보면서 보냈다.

육체에 대한 사랑이 기독교적인 감정일 수 있을까? 그렇지 않다면 육체에 무관심한 것이 기독교적인 것일까?

대답은 언제나 그렇듯이 예수님이 말씀하시는 사랑이 무엇을 의미하는가에 달려 있다.

우리는 인간의 사랑과 기독교의 사랑을 구분한다. 에로스라는 의미에서 인간의 사랑은 예수님의 세계와는 거리가 아주 멀다. 안타깝게도 영어로는 에로스와 아가페 모두 사랑(love)이라는 단어로 표현할 수 있을 뿐이다. 예수님에게 사랑은 육체적 사랑보다 형제간의 사랑에 가깝다. 예수님은 절대적인 하나님의 사랑과 좀 더 주관적인 인간의 사랑을 살짝, 그러나 의미 있게 구별하신다.

예수님은 육체에 대해 정확한 지침을 주지는 않으셨지만 병든 자와 실성한 자를 치유하는 데 많은 시간을 보내셨다. 예수님은 유대인의 법보다 이웃 사랑이 더 중요하다는 사실을 바리새인들에게 보여주기 위해 위험을 감수하면서 안식일에 병을 고쳐주기도 하셨다. 이 책의 표제어 '이적'에서 심신의 치유와 그런 결과 뒤에 있는 이유들을 설명한다.

그런 점에서 예수님이 육체를 경멸했다고 볼 수 없다. 예수님은 물고기와 떡을 수천 배로 불리면서 무리의 육체적인 필요를 돌보셨다. 눈먼 자를 보게 하고, 저는 자를 걷게 하며, 귀신 들린 자를 회복시켜 주셨다. 물론 예수님은 그 이적들이 고침을 받은 이들의 믿음에서 비롯된 일이라고 항상 설명하셨다. 그러나 다른 방법으로 그들의 믿음을 증명하실 수도 있었다. 그런데도 이러한 방식으로 육체의 중요성을 드러내시고 고통당하는 자, 저는 자, 허기진 자를 대할 때마다 마음이 움직이는 모습을 보여주셨다. 예수님이 말씀하시지 않은 것도 때로는 말씀하신 것만큼이나 중요하다. 예수님은 몸이 아픈 사람이나 정신적으로 어려움을 겪는 사람을 고쳐주기를 결코 거절하지 않으셨다. 예수님의 행동은 그분의 제자들에게 본이 되었다. 제자들은 일찍이 치유의 능력을 받아 그 능력을 사랑뿐만 아니라 성화의 표시로 사용했다.

기독교는 물질주의를 추구하는 신앙인 적이 한 번도 없다. 돈과 권력, 업적, 성공은 언제나 경계의 대상이었다. 제자의 삶에서 물질이 지나치게 중요해지면 예수님을 불신하게 된다. 우리 인간에게 도전을 주는 것들이 예수님에게는 중요하지 않다. 우리의 재물은 가난한 자들에게 더 주기 위한 것이다. 무엇보다 우리의 건강은 예수님의 말씀을 듣고 그분의 가르침을 따르며 그분을 통해 하나님과 소통할 수 있도록 하는 근간이 된다. 이것이 바로 신자가 물질을 대하는 방식이다. 만성질환을 호소했던 바울은 단호한 결심이 육체의 질고를 견뎌낼 수 있음을 보여준다. 그러나 고통은 아무리 강한 의지라도 방해하여 증언하고 가르치고 사랑으로 역사할 수 있는 바울의 능력을 현저히 감소시켰다.

하나님을 향해 몸과 마음이 준비되어 있으려면 건강해야 한다. 기도가 진정 사랑의 기도가 되려면 순전히 영적일 수만은 없다는 의미에서 나의 몸도 기도에 참여한다. 하나님을 사랑한다는 것은 곧 사람들을 사랑하고 생명을 사랑한다는 뜻이다.

나의 삶을 하나님께 드리고자 한다면 나라는 존재와 생각, 믿음의 근원인 나의 몸을 그에 맞게 제대로 관리해야 한다. "건강한 육체에 건강한 정신이 깃든다"는 말은 기독교적인 표현은 아니지만 신약에서 이 구절에 반대되는 단어나 비유를 찾아볼 수 없다. 아픔과 고통과 장애를 대하시는 예수님의 모습은 그분의 가르침과 일치하고, 그분에게 사랑이 의미하는 바가 무엇인지 드러낸다.

나의 몸을 다루는 방식과 관련된 핵심 단어는 '존중'이다. 나는 하나님의 피조물이고 나의 사명은 하나님을 경외하는 생각과 행동을 하는 것이다. 그런데 나 자신을 잘못 돌보거나 지나치게 방치한다면 어떻게 이런 목적을 달성할 수 있겠는가? 두 경우 모두 나의 깊은 신앙에 반대되고, 하나님의 피조물인 나 자신의 명예를 떨어뜨리는 일이다. 자신이 맡은 일을 감당하면서 다른 사람들과 잘 지내는 것이 거짓말로 자신의 약점을 감추는 것보다 훨씬 더 쉽다.

몸을 존중한다는 것은 금욕을 뜻하지 않는다. 몸을 존중함으로써 우리는 오히려 예수님의 가르침을 따를 수 있는 에너지와 명석함을 얻는다. 그것은 또한 이웃을 존중하고, 하나님을 영화롭게 하는 길로 나아가는 첫 걸음이다.

부활에서 승천까지 40일

부활은 기독교 신앙의 핵심이고 초석이다. 사도 바울은 심지어 "그리스도께서 다시 살아나신 일이 없으면 너희의 믿음도 헛되고 너희가 여전히 죄 가운데 있을 것이요"(고전 15:17)라고 말했다.

그런데 예수님이 부활하여 승천하시기까지 그 사이는 매우 기이한 기간이다. 전승과 복음서들에 따르면 이 기간은 40일이다. 이 기간에 예수님은 다른 사람들에게는 나타나지 않고 오직 제자들에게만 홀연히 나타나 메시지를 전하고는 사라지셨다. 과거에 나귀를 타고 예루살렘에 들어가실 때 종려나무 잎을 든 무리에게 환영을 받은 것과 달리 권능을 드러내며 개선하는 분위기가 전혀 아니다. 복음서에 따르면 예수님이 나타났다가 사라지신 일은 열 번이 안 된다. 그것도 짧은 순간에 개인적으로 일어난 일이었다. 처음에 예수님은 모습을 드러내기는 했지만 누구인지 분간할 수 없는 영으로 나타났다가 어느 정도 시간이 흐른 후에야 정체를 밝히신다.

그리스도의 현현(Christophany, 부활 후 그리스도의 나타나심)은 복음서마다 다르게 보도한다. 다들 아주 간단한 용어로 과장 없이 진술하고 있다. 어떤 경우에 사도들은 자신들이 보고 있는 바를 믿지 못하고 증거를 달라고 요청한다. 그러자 예수님은 그들에게 자신의 상처를 만져보게 하시고, 생선을 직접 드심으로 증거를 보여주신다. 예수님은 매번 이 모든 신비스러운 일들의 배후에 있는 이유를 설명해주신다. 예수님은 단지 자신이 죽음에서 살아난 사실만 보여주려고 제자들 앞에 나타나신 것이 아니다. 예수님은 또한 제자들의 마음을 열어 지난 2년 동안 그들과 함께 다니며 생활하신 일의 의미를 깨닫게 하신다.

예수님의 현현 중 가장 인상 깊은 장면은 엠마오로 가는 제자들에게 나타나신 일일 것이다. 예수님은 예루살렘에서 11킬로미터 떨어진 엠마오로 가는 길에서 글로바와 이름을 알 수 없는 어떤 제자 앞에 나타나신다(눅 24:13). 예수님은 신분을 밝히지 않고 그들과 함께 걷는 중에 자신이 세상에 온 의미를 충분히 설명하며 메시아 예언을 상기시키신다. 그러고는 마침내 식사 전에 떡을 떼면서 자기를 나타내고 금세 사라지신다(눅 24:30-31).

예수님의 현현 중 신자들에게 많은 사랑을 받는 또 다른 장면은 열두 제자 중 하나인 도마의 이야기다. 훗날 그는 인도에 가서 교회를 세웠다고 전해진다. 지금도 마드라스에 있는 그의 무덤을 방문할 수 있다. 도마는 예수님이 처음 현현하셨을 당시 그 자리에 없었기에 동료 제자들에게 그 이야기를 듣고는 깊이 의심했다. 예수님은 다시 제자들 앞에 나타나셨을 때 도마에게 자신의 상처를 만져보라고 말씀하셨다. 그것은 도마를 설득하려는 것이 아니라 장래의 세대에게 강력한 메시지를 전하기 위해서였다. "너는 나를 본 고로 믿느냐. 보지 못하고 믿는 자들은 복되도다 하시니라"(요 20:29).

여자들 또한 일찍이 빈 무덤의 내부와 주변의 장면을 목격한다. 그들은 예수님의 시신이 사라진 것을 처음 발견한 사람들이다. 결국 예수님을 따르는 자들 중에 가장 핵심적 인물들은 적어도 한 차례는 예수님을 보고 그분의 말씀을 들은 셈이다. 심지어 예수님은 예전의 생업인 어부 일을 하기 위해 갈릴리로 돌아간 제자들을 찾아가 이적을 행하신다. 예수님이 이르신 대로 행한 제자들은 물고기를 153마리나 잡아올린다. 이는 엄청난 포획양이었다. 그런 다음 예수님은 다정하게도 바닷가에서 생선을 구워 제자들을 먹이신다. 그 사이에 베드로는 예수님을 세 차례 부인한 일에 대해 용서를 받고 동료 제자들 중에서 으뜸으로 임명된다. 이 대목에서 두 종류의 사랑이 소개되며 미묘한 차이를 보인다. 예수님은 베드로에게 자신에 대한 사랑을 물어보실 때 '아가페'라는 단어를 사용하셨고, 베드로는 두 번이나 '필레오'(형제 사랑)라는 단어로 대답했다(요 21:17).

가르침의 핵심은 예수님 자신이 메시아임을 보여주시는 데 있었다. 복음서의 저자들은 벽을 통과하거나 땅위를 날아다니는 등 초자연적 능력을 발휘하시는 예수님을 설명하려는 것이 아니다. 예수님이 수세기 동안 모든 의로운 유대인이 대망해온 메시아, 즉 그리스도이심을 보여주는 것이 그들의 목적이다. 부활과 승천 사이의 40일은 예수님이 광야에 나가 시험을 받으셨을 때의 40일과 출애굽한 이스라엘 백성이 광야에서 보낸 40일을 상징한다. 약속의 땅은 더 이상 지리상의 장소가 아니라 신자의 오메가 포인트*가 되는 하늘의 하나님 나라인 것이다. 예수님의 죽으심과 부활이 인류의 구원을 위해 지불한 대가였음을 제자들이 확신하게 된 후, 비로소 예수님은 하늘로 떠나가신다.

대체로 복음서에서 그러하듯이 예수님이 행하신 일들은 그분의 말씀과 가르침을 보여주기 위해 제시된다. 부활과 승천 사이의 기간은 예수님의 행위와 예언이 서로를 거울처럼 비춰줌으로써 둘의 관계를 바르게 이해할 수 있게 해주는 유일한 시간이었다. 어릴 적 나는 해마다 주일학교에서 예수님의 부활 이야기를 들을 때 큰 슬픔을 느꼈다. 마치 나의 영웅이 정복당했지만 패배하지 않았다는 사실을 보여주려고 유령이 되어 돌아오려고 애쓰는 것처럼 느껴졌기 때문이다. 내게 부활 이야기는 환상에 지나지 않았다. 나는 사후에 나타나신 예수님이 생전의 모습에 대한 희미한 그림자라고 확신했다. '그 중간 시기'에 계셨던 예수님이 더 이상 사람이 아니라 지상에 잠시 머물러 계신 승리의 메시아였고, 그분을 따르는 이들에게 남은 가르침을 전하고 그분의 삶과 가르침의 핵심을 이해시키기 위해 머무셨다는 것을 깨닫는 데 수년이 걸렸다.

그 시기는 예수님이 승천 후 열흘이 지나서 오순절에 시작될 제자들의 선교 소명을 세우시는 데 필수적이었다. 이제 태동의 기간은 곧

---

* 프랑스의 종교 철학자 떼이야르 드 샤르댕이 사용한 용어로서 우주의 진화가 최대한 이루어지는 지점을 뜻한다.

끝나고, 그들은 가서 인류를 회심시킬 준비가 되었다. 그들 위에 임하신 성령이 마침내 그들이 예수님과 동고동락하며 해온 일의 본질을 깨달았음을 보여주는 표가 될 것이다. 그 본질이란 그들 가운데 함께 하신 하나님을 경험한 것이다. 그들은 사랑과 소망이신 하나님과 함께하는 최고의 경험을 했다.

그 40일은 제자들의 인생에서 가장 위대한 기간이었다. 그 기간에 세상을 회심시킬 단단한 기초가 세워졌다. 그들은 예수님의 사명과 그분 자신, 그분의 행위와 가르침을 순식간에 이해하고 전할 수 있게 되었다. 그 다음에 이어지는 사도행전은 어떻게 120명 남짓한 사람들(행 1:15)이 이후 2천 년에 걸쳐 수십 억의 영혼을 공략하게 될 것인지 보여준다.

존경이 믿음으로, 지혜로운 스승이 하나님으로 바뀌는 데 40일이 걸렸다. 그리고 그것이 기독교의 사랑, 즉 아가페로 가는 첫 걸음이 되었다.

C Cornelius _ 고넬료

복음의 보편성

중동에는 이상한 전통이 하나 있는데 하나님의 계명에 순종하겠다는 표시로 남자 아기의 포피를 베어버리는 것이다. 그 기원은 아마도 고대 이집트에서 찾아볼 수 있을 것 같다. 고대 이집트 제국의 영향 아래 있던 에티오피아나 수단, 유대 및 아랍 등 모든 민족이 할례를 채택했다. 수천 년 동안 할례는 신앙의 문제이자 남성의 종교적 정체성을 나타내는 필수 요건이 되었다. 오늘날에도 여전히 무슬림과 유대인은 할례 전통을 고수하고 있으며 앞으로도 없앨 일은 없을 것이다. 예수님이 승천하신 후 얼마 지나지 않아 예수님을 따르는 자들이 할례를 받아야 할지 말지가 아주 중대한 쟁점으로 떠올랐다. 이 문제는 예수님을 모든 민족의 구원자라고 생각하는 바울과 같은 '보편주의자'와, 새 종교로 개종했을지라도 예수님의 참된 제자는 우선적으로 유대인이 되어야 한다고 주장하는 유대 그리스도인 사이의 균열로 이어졌다.

오늘날 이런 논쟁은 생뚱맞고 현실을 완전히 무시한 것처럼 보인다. 이런 쟁점에 단 1초도 신경 쓰는 사람은 없을 것이다. 그런데 왜 당시에는 그런 논쟁이 벌어져야 했을까? 이 질문의 핵심은 할례 문제가 어떻게 신생 종교에 치명적인 위협이 되어 첫 번째 세대 그리스도인들을 분열시켰는가에 있다. 예수님을 따르겠다고 개종한 이교도들은 그런 이상한 수술을 전혀 받고 싶지 않았다. 바울은 새 신자들에게 그 지역 유대인의 말을 듣지 말라고 권고하며 신학적으로 그래야 하는 타당한 이유를 제공했다. 그러나 갈등이 너무 심해지자 사도들에게 중재를 요청했다. 베드로가 이 논쟁에서 바울을 지지하고, 예수님의 서사에 나오는 여러 일화를 언급하면서 자신이 그런 결정을 내린 이유를 설명했다(백부장, 수로보니게 여인, 사도행전의 에티오피아 내시와 백부장 고넬료 이야기).

예수님이 백부장의 하인을 치유해주신 이적은 모호한 구석이 있다. 이 사건 끝에 예수님은 "내가…이스라엘 중 아무에게서도 이만한 믿음을 보지 못하였노라"(마 8:10)고 말씀하시는데, 이는 정통 유대인이 듣기에 믿을 수 없는 말이었다. 예수님이 백부장의 하인을 치유해주신 이유는 유대인이 아닌 자를 기꺼이 치유해주신 다른 때와는 다소 차이가 난다(마 15:24). 그 이유는 자신의 집으로 오려고 하신 예수님에게 백부장이 보인 반응에 있다. 그는 "나도 남의 수하에 있는 사람이요 내 아래에도 군사가 있으니 이더러 가라 하면 가고 저더러 오라 하면 오고 내 종더러 이것을 하라 하면 하나이다. 그러므로 나는 주께서 내 집에 오심을 감당하지 못하겠사오니 다만 말씀으로만 하옵소서. 그러면 내 하인이 낫겠사옵나이다"라고 말했다. 그것은 곧 권위의 문제이기도 했다. 유대인의 장로 몇 사람도 예수님을 찾아와 이렇게 말하면서 예수님에게 치유의 이적을 베풀어달라고 부탁했다. "그가 우리 민족을 사랑하고 또한 우리를 위하여 회당을 지었나이다"(눅 7:5). 이 이야기의 결과에 대해서는 덧붙인 것이 전혀 없다.

수로보니게 여인의 이야기는 더욱 도발적이다. 그 여인은 유대인이 아니었지만 자기 딸에게 들린 귀신을 쫓아내는 이적을 즉시 베풀어 달라고 예수님에게 막무가내로 간청했다. 그러나 예수님의 대답은 단호했다. "나는 이스라엘 집의 잃어버린 양 외에는 다른 데로 보내심을 받지 아니했노라"(마 15:24). 그럼에도 여인은 포기하지 않았다. "여자가 이르되 '주여, 옳소이다마는 개들도 제 주인의 상에서 떨어지는 부스러기를 먹나이다'"(마 15:27). 이에 예수님이 이렇게 대답하셨다. "여자여, 네 믿음이 크도다. 네 소원대로 되리라"(마 15:28).

이러한 일화들은 그때까지만 해도 예수님이 스스로를 메시아라고 생각하셨다면 그것은 오로지 이스라엘을 위한 메시아였음을 보여준다. 물론 예수님은 유대인을 넘어 기꺼이 가르침을 주실 준비가 되어 있었지만, 깊은 동정심이나 어떤 공통점을 나누는 수준에서 주변 민족에게만 전하시는 정도였다. 세계 전체에 대한 사명 의식은 자신이 인류를 위한 속죄 양이라는 결론에 도달하신 이후에 생겼을 것이다.

사도행전은 이 일화들을 두 개의 이야기 속에서 반복한다. 첫 번째 이야기의 주인공은 빌립 집사이고, 그 다음 이야기의 주인공은 사도 베드로와 고넬료다.

첫 번째 이야기에서는 고관을 호송하는 호송대가 지나간다. 이 호송대는 에티오피아 왕을 섬기는 그 나라의 내시를 호위하고 있다. 이 관리는 유다 왕을 공식 방문한 후 예루살렘을 떠나 집으로 돌아가는 중이었다. 확실히 유대교에 관심이 있는 그는 토라에서 선지자 이사야의 글, 특히 고난받는 종에 관한 장을 큰소리로 읽고 있었다(사 53:3-4). 그는 걷고 있던 빌립을 수레에 태우는 친절한 면모를 보여준다. 빌립이 그 책을 보고 유대인의 믿음에 관해 설명하자 이 에티오피아인은 토라의 일반적인 의미를 설명해달라고 부탁한다. 빌립은 토라를 기독교적으로 풀어서 설명할 기회를 갖는다. 그는 토라가 예언서이며, 그 예언들이 최근 예수님의 역사 속에서 실현되었다고 주장한다. 이 관리는 빌립의 해석에 놀라면서 호송대를 멈춰 세우고 그에게 세례를 베풀어달라고 부탁한다. 빌립은 그가 세례를 받을 준비가 되었다고 생각하여 그 자리에서 세례를 베푼다.

유대교를 거의 받아들일 정도가 된 한 에티오피아인이 기독교로 회심한 이 예는 복합적인 함의를 갖는다. 그가 할례를 받았는지의 여부는 불분명하다. 어쩌면 이미 할례를 받았을 수도 있다. 2천 년이 지난 지금도 의구심은 여전히 남는다.

두 번째 이야기에는 어떤 의혹도 없다. 백부장 고넬료는 열성적인 로마 장교이고, 유대교 신앙에 대해서는 모호한 자세를 가지고 있었던 것으로 보인다(행 10:1-8). 그는 유대 백성들의 '친구'로 묘사된다. 백부장은 그의 구제 행위를 칭송하면서 나타난 천사로부터 베드로를 그의 집으로 초대하라는 지시를 받는다. 며칠 후 베드로가 고넬료의 집에 와서 고넬료와 그의 친척들에게 예수님의 사명이 왜 중요한지, 그리고 유대인의 역사와 어떻게 연관되는지 설명한다. 베드로가 확신에 차서 말할 때, 성령이 내려와 그 자리에 있는 유대인과 이방인 모두에게 방언의 은사를 준다. 성령이 자신들에게만 역사한다고 생각했던 유대 그리스도인들은 놀랐다. 베드로는 모든 사람에게 세례를 주기로 결정했다. 고넬료는 세례를 받은 최초의 이방인이 되었고, 새로운 믿음의 지도자에게 세례를 받았다. 이는 고넬료가 세례 받기 전에 반드시 할례를 받아야 된다고 주장하는 유대인 메시아주의자(그리스도를 구세주로로 생각하는 유대인)에게 맞설 수 있는 강력한 반론을 바울에게 제공한다. 덕분에 바울은 세례 받을 준비가 된 모든 이들에게 세례를 주는 권리를 주장하기 위해 베드로가 열어놓은 길을 활용할 수 있게 되었다.

두 사건은 그리스도의 보편적인 사명에 관한 바울신학의 기초를 세웠다. 예수 신앙은 구석에 있던 유대의 한 종파에 머물지 않고 전 세계로 퍼져나갔고, 모든 인간은 예수님의 희생과 부활로 구원받는 새 이스라엘이 되었다.

오늘날 기독교가 직면한 가장 큰 도전은 예수님의 가르침과 부활의 메시지가 지닌 보편성을 다시 한번 전 세계에 알리고 납득시키는 것이다. 로마제국 시대에 빌라도가 "진리가 무엇이냐"(요 18:38)라고 질문했던 것과 비슷하게 오늘날 상대주의의 발달로 일반 사람들은 절대적인 진리는 없다는 생각을 가지고 있다. 이런 맥락에서 어떤 종교나 철학이든 자신을 보편적이라고 주장할 수 있게 되었다. "무엇이 예수 신앙을 보편적으로 만드는가?"라는 질문에 그리스도인들은 더 이상 공공연하게 '나의 믿음'이라고 감히 선포하지 못한다. 어리석다는 조롱을 듣거나 사회적으로 불이익을 당하게 될까 봐 두렵기 때문이다. 기독교 신앙의 선포는 오늘날 다음 세대에게 예수 신앙을 물려

주기 위해 꼭 필요한 요소다. 공격적이고 낯선 종교들과 나란히 놓고 보았을 때, 예수님의 가르침은 너무 부드럽고 추상적으로 들릴 수 있다. 오늘날 우리는 예수님의 가르침을 전하는 데 있어 신빙성과 경청 및 실천의 가치에서 어려움을 겪고 있다.

사람들에게 소망의 길을 보여주기 위해 예수님의 메시지를 전하는 것은 우리의 책임이다. 우리가 해야 할 일은 기독교 신앙의 우월성을 입증하는 것이 아니라 단순히 우리의 말을 경청하고자 하는 사람들의 마음을 준비시켜 성령이 역사할 수 있도록 하는 것이다. 고넬료와 에티오피아 내시를 회심시킨 것은 베드로나 빌립이 아니라 성령의 권능이었다. 하지만 그들이 예수님의 제자에게 올바른 가르침을 받은 후에야 비로소 성령이 임하셨다. 우리의 역할은 모든 믿지 않는 사람들에게 이 메시지를 알리는 것이다. 기본적인 성경 말씀을 전하는 것이 먼저이고, 정확한 본문 해석은 다음이다(말씀을 들은 내시는 빌립에게 설명을 부탁했다). 다른 종교들에도 중요하고 신뢰할 만한 요소가 있다. 그럼에도 불구하고 우리가 온 세상에 복음을 선포하기 위해서는 예수님의 계명을 따라 살아야 한다.

그 일이 쉽지 않음을 우리는 명확히 알고 있다. 그렇더라도 그 과정을 앞당길 길을 모색하고, 전 세계 79억 인구에게 다가가는 데 필요한 모든 과학기술을 동원해야 할 것이다. 과학기술의 발달로 인류 역사상 최초로 지구상에서 가장 먼 곳까지 복음을 즉시 선포하는 일이 가능해졌을 뿐만 아니라 쉬운 일이 되었다.

예수님이 부활하신 이래로 수많은 세대가 기다려온 이적이 눈앞에서 일어나고 있다. 그 일을 감당하면 즉시 하나님의 영이 온 인류에게 말씀하실 것이다. 예수님과 성경의 가르침을 모든 사람들이 청량 음료처럼 쉽게 얻을 수 있게 될 것이다.

모든 것이 우리에게 달려 있다.

예수님과 동행하는 길

예수님의 두 제자가 예루살렘에서 엠마오로 걸어가고 있다(눅 24:13). 도보로 두 시간밖에 걸리지 않지만 예수님의 사명과 목적을 이해하는 데는 충분한 거리였다. 이 이야기는 누가복음에만 나오고 마가복음에서는 행선지를 밝히지 않고 간단히 언급된다. 누가복음의 긴 이야기에는 두 제자 중 한 명이 글로바임을 밝힌다. 그는 예수님의 사촌으로 추정된다. 다른 한 명에 대해서는 수많은 추측이 있지만 그의 이름은 드러나지 않는다. 마가였을지도 모른다. 여행의 목적 역시 나오지 않는다. 예수님이 십자가에서 죽으시고 나서 며칠 되지 않아 길을 나선 두 사람은 자포자기 상태였다. 어쩌면 더 안전한 곳으로 피신하는 중이었는지도 모른다. 그들은 예수님의 부활 소식을 들었지만 믿지 않았다. 여자들이 전해주었다니! 누가 무덤에서 일어나신 예수님을 보았다는 '여자들의' 말을 믿겠는가?(눅 24:1-6) 두 사람은 낙심해서 모든 것을 포기하고 달리 살 길을 모색하고자 했다. 지난날 그들은 예수님이 '이스라엘을 구원하실 분'이라고 믿고 따랐다. 그런데 지금은 모든 것이 사라졌다!

홀로 길을 가던 여행자 한 사람이 그들과 합류하여 무슨 이야기를 하고 있는지 묻는다. 그들은 그가 예수님의 처형 소식을 전혀 듣지 못했다는 사실에 놀라며 최근에 일어난 일의 전말과 죽으신 예수님이 부활하셨을지도 모른다는 소문을 전한다. 그들은 여자들이 전해준 소식을 들은 무리 중에 있었던 것이다. 여자들의 얘기를 듣고 예수님과 가장 가까웠던 제자들이 무덤으로 달려갔을 때, 그들은 함께 가지 않았지만 무덤에 안치한 시신이 없어졌다는 말은 분명히 들었다.

여행자는 구약의 예언과 그 예언이 어떻게 메시아와 그의 운명을 예고했는지 설명하기 시작한다. 여행자가 하는 이야기를 들으며 한참 길을 걷다보니 어느덧 그들이 머물고자 한 엠마오에 다다른다. 여행자는 계속해서 갈 길을 가려는 것처럼 보였지만, 두 제자가 하룻밤을 같이 기거하자고 초대하자 이를 받아들인다. 저녁을 먹기 위해 다같이 앉은 후 여행자가 떡을 들고 축사하며 떼어 그들에게 나누어 준다. 그 순간 여행자가 예수님이라는 사실을 그들이 알아보자 예수님은 홀연히 시야에서 사라지신다.

여기에서 이야기는 끝날 수 있었다. 그런데 누가는 두 제자가 몹시 놀라워하며 다시 두 시간이나 걸어왔던 길을 되돌아가 열한 제자들에게 그 묘령의 인물을 만난 일에 대해 알려주었다는 사실을 덧붙인다. 열한 제자들은 베드로가 방금 살아나신 예수님을 보았다고 두 제자에게 전해준다.

엠마오로 가는 길은 수십 명의 화가와 수백만 명의 설교자에게 영감을 준 역동적인 장면이다. 예수님 자신이 직접 가르치신 신학 교육 수업이기도 하다. 모세의 책(모세오경)에 나오는 옛 예언들의 실현으로 예수님의 운명 전체를 해석한 것은 공생애 동안 예수님이 제자들에게 가르치고자 하신 내용의 요약이다. 그런데도 제자들은 예수님을 완전히 이해하지 못했다.

엠마오로 가는 길에 예수님이 주신 가르침은 제자들이 기억했다가 다른 사람들에게도 가르치기를 원하신 유산이었다. 예수님은 가장 이상적인 시간과 장소를 선택하셨고 가르침을 잘 듣고 받아들일 만한 사람을 선택하셨음이 분명하다. 이 가르침은 기독교 교리의 토대가 될 내용이었고, 기독교 신앙을 유대교가 성취된 결과물로 만들었다. 누가복음이 기록될 당시 이 유산은 중요했다. 유대인의 비판을 받던 시노페의 마르키온 제자들인 이방 그리스도인들이 예수님이 가르치신 믿음은 유대교와 아무런 관련이 없는 전혀 새로운 것이라고 말하고 다녔기 때문이다. 베드로와 예수님의 동생 야고보의 교회에게 유대교와 기독교 신앙의 연결점은 지극히 중요했다. 예수님이 성경에서 예언한 메시아가 아니라면 그분의 사명과 운명은 아무런 의미가 없는 것이 되기 때문이다. 바울은 이 사실에 전적으로 동의했다. 마르키온주의자들은 즉시 거짓 선지자라는 비난을 받았다. 그러나 안타깝게도 마르키온에 대한 교회의 비난조차 유대인의 생각을 바꾸지 못했다. 결국 그들은 새로운 신앙으로 회심하기를 거부했다. 한편 새로운 그리스도인들은 마르키온주의를 거부함으로써 자신들이 새로 선택된 자들이며 약속의 땅을 상속받고 구원을 성취하는 새 이스라엘임을 확신하게 되었다.

엠마오로 가는 두 제자의 이야기는 부활하신 예수님이 자신의 사명을 결코 포기하지 않으셨으며, 그 가르침도 결코 끝나지 않고 새롭게 세워지는 교회에서 중심이 될 것임을 초대 교회의 제자들에게 보여주었다. 더욱 중요하게는 예수님이 영원히 제자들과 함께하실 것임을 보여주었다. 누가복음에서 단 한 차례 보도된 이 메시지는 아주 명확하며 새로운 믿음의 초석이 되었다. 예수님과 함께한 그 길은 시대를 초월하여 이 이야기에서 영감과 삶의 교훈을 발견하는 수십억 사람들에게 예수님에게로 가는 길이 되었다. 날마다 예수님이 임재하시며 그리스도인의 증언이 끊이지 않는 것은 성령이 임하신 결과다. 예수님이 승천하며 약속하신 "내가 세상 끝날까지 너희와 항상 함께 있으리라"(마 28:20)는 말씀은 하나님이 그분의 피조물과 함께 땅 위에 거하신다는 믿음의 핵심이다.

엠마오로 가는 길은 생명의 길을 상징한다. 사람들이 받아들이기만 하면 언제든지 예수님의 임재를 확인할 수 있는 길이다. 예수님을 인식하거나 인식하지 못하는 것은 그 사람의 자유다. 이것은 예수님이 인간에게 주신 선택의 자유다. 예수님의 임재를 드러내는 표시들은 분별하기가 어렵지 않고, 예수님은 우리가 그 표시를 알아볼 수 있도록 갖은 힌트를 주신다. 그 핵심은 아가페 사랑이다. 사도 요한도 명백히 말하지 않았는가? "하나님은 사랑[아가페]이심이라"(요일 4:8). 이 말씀은 예수님의 메시지를 한마디로 요약하고 하나님께로 가는 길을 연다.

우리는 모두 엠마오로 가고 있는 사람들이다. 예수님이 계시지 않은 것 같아 어찌 할 바를 모르는 날이 있다가도, 다음날 예수님을 보게 되고 우리가 할 일을 알게 된다. 우리는 항상 예수님을 우리 곁에 두고 싶어 하지만 예수님은 우리의 이해 너머에 계실 때가 있고, 그러면 우리는 다시 길을 잃는다. 예수님을 보느냐 안 보느냐는 우리의 선택에 달려 있음을 알아야 한다. 아가페 사랑이 항상 우리 곁에 있는 것처럼 예수님은 항상 우리 곁에 계신다. 그 사랑은 길을 찾기만 하면 언제든지 우리 마음에 들어올 준비가 되어 있다. 먼저 우리가 와서 앉아 있으면 사랑이 우리의 언약에 생명을 불어넣어줄 새로운 힘을 준다. 그때 우리는 다시 일어나 새롭게 펼쳐지는 삶을 향해 달려갈 수 있다. 새롭게 시작되는 이야기의 중심 주제는 아가페 사랑이다.

예수님을 만난 일을 전하기 위해 열한 제자들이 있는 예루살렘으로 한달음에 달려간 두 제자처럼 우리도 달려나가자.

자유를 향하여

갈라디아서는 바울이 예수님 당시 켈트족 갈리아인이 살던 지역 안키라(지금의 앙카라)에 보낸 서신이다. 사도 바울은 2차 및 3차 전도여행을 할 때 그 지역을 방문했다. 거기서 그는 몇몇 유대인을 포함해 그 지역의 현지인을 회심으로 이끌었는데 그 수는 알려지지 않았다. 로마 공화국 시절에 숄라에 의해 정복된 이후로 로마제국에 속한 이 지역에는 원시 교회가 성장하고 있었다. 2차 전도여행 기간 동안 바울은 삭발을 했다. 알 수 없는 이유로 서원을 하고 유대인의 전통을 따라서 삭발을 한 것이다. 아쉽게도 서원과 관련해 언급된 바는 없다. 어쩌면 그의 허약한 건강 상태와 관련이 있을 수도 있다.

소아시아의 주요 도시인 에베소에 돌아온 바울은 일부 순회 설교자들이 새롭게 회심한 갈라디아인에게 유대의 전통인 할례를 지키도록 설득하고 있다는 소식을 들었다. 바울은 이 전통을 유대인이 아닌 사람들에게 확대 적용하는 일을 강력하게 반대했다. 그래서 갈라디아 그리스도인들에게 이런 뜨내기 설교자들을 조심하라는 경고의 서신을 보냈다. 이 서신은 할례 의식을 반대하는 그의 입장을 설명하는 좋은 기회가 되었다.

갈라디아서에 담긴 내용은 열정적이고 명백하며 매우 교훈적이다. 바울은 자신이 다메섹 도상에서 개인적으로 예수님을 만나 후, 왜 그리고 어떻게 그분을 따르기로 했는지 서신에서 설명한다(행 9:3-4). 이어서 자신이 어떻게 이방인 가운데서 사역을 시작했고, 나중에 교회의 기둥들(베드로, 요한, 야고보-갈 2:9)을 설득하려고 예루살렘으로 갔는지, 어떻게 그들의 승인을 얻고 이방인의 사도로 임명받았는지를 이야기한다. 바울에게 이 사명은 분명히 할례 받지 않은 개종자에게 세례를 베푸는 것이었다.

할례에 관한 바울의 해석은 이방인 지역에서 이방인을 기독교로 개종시키는 일에 속도를 내기 위한 것이 아니었다. 그것은 오히려 예수님의 메시지와 목적이 가지고 있는 보편적인 차원에 대한 깊은 이해의 결과였다. 초대 그리스도인들은 예수님처럼 유대인들이었다. 유대인들에게 할례는 몸에 새긴 주님의 흔적과 같았고, 그것으로 남성 유대인과 비유대인을 확실하게 구분했다. 유대인 중에 예수님을 따르는 이들의 대부분은 바리새인이었고, 그들에게 주님의 가르침은 전적으로 '내부용' 메시지였다. 그 메시지는 선지자의 전통에 깊이 뿌리내리고 있으므로 바리새인들은 토라에 대한 지식이 없는 사람들은 그 메시지를 이해할 수 없다고 생각했다.

바울신학은 율법과 믿음의 구분이 뼈대를 이룬다. 바울에게 예수님은 유대법을 폐지하신 분이다. 유대인들은 율법에서 규정한 의식들에 얽매인 나머지 하나님의 말씀에서 멀어졌고, 하나님의 가장 큰 계명, 즉 으뜸인 아가페 사랑보다 의식들을 우선시 할 정도로 의식과 율례에 사로잡혀 있었다. 하나님의 아들 예수님은 유대인뿐만 아니라 인류 전체를 구원하기 위해 이 땅에 보내심을 받았다. 그래서 예수님은 하나님의 참된 뜻이 의식과 율례가 아니라 예수님의 가르침을 따르는 삶(생명)에 있음을 가르치셨다. 인류의 역사에 새 장을 여신 것이다. 그 가운데서 메시아가 오기 전에 하나님이 주신 옛 법은 폐지되었다.

바울은 믿음이 율법보다 나은 점을 설명한다. 율법은 인간을 의식에 매인 자로 만드는 반면에 믿음은 자유롭게 한다. 의식은 예수님이 오시기 전까지 유대인을 하나님의 다스림 아래에 두기 위해 필요했다. 그러나 하나님은 애초에 인간을 갇힌 자가 아니라 자유인으로 창조하셨고, 예수님의 가르침과 십자가 희생으로 말미암아 이제는 인간에게 자유가 주어졌다.

바울은 갈라디아 교인들에게 묻는다. 이제 예수님을 따르는 너희가 왜 율법으로 돌아가려고 하는가? 왜 새로운 노예 상태, 즉 율법에 매인 상태로 돌아가려고 하는가? 바울의 어조는 단호하다. 바울은 자신이 부활하신 예수님께 보내심을 받은 사도임을 밝히고, 예수님과 직접 소통함으로써 특별하게 제자로 훈련 받았음을 주장한다. 그는 자신이 예수님의 진정한 뜻을 전하고 있다고 확신한다. 바울은 그런 확신을 가지고 열두 제자들에게 가서 그들의 승인을 받아낼 수 있었다.

이렇듯 담대한 바울은 안디옥에서 베드로가 처신을 바꾼 일을 두고 그에게 위선적이라며 도전할 수 있었다. 당시 베드로가 비유대인들과 함께 식사를 하다가 야고보가 예루살렘에서 보낸 대표단이 안디옥에 도착하고 나서는 그 일을 그만두었기 때문이다.

바울은 아브라함(유대 민족 이전의 사람)의 삶을 매우 정교하고 바리새적으로 해석한 메시지를 전개했다. 그 메시지는 토라에 대한 지식이 많지 않은 새로 회심한 이방인들에게는 다소 어려웠겠지만, 바리새인과 같이 지식이 풍부한 유대인들은 납득하지는 못해도 이해할 수 있는 내용이었다.

서신은 갈라디아인을 위한 메시지가 담긴 바울의 기도로 끝을 맺는다. 새 삶을 살아라. 세상의 욕망이 아니라 예수님의 뜻을 따라가라. 죄를 짓는 이방인의 삶을 멈추라. 서로 돕기를 소홀히 하지 말고 사랑과 기쁨, 화평, 인내, 자비, 양선, 충성, 온유, 절제의 인도를 받으라. 최선을 다해 이웃을 도우라. 심는 대로 거둔다. 씨가 나쁘면 수확도 나쁘게 마련이다. 여기서 좋은 씨란 예수님의 가르침을 말한다. 결론은 바울 자신이 직접 쓴 마지막 인사에 나온다(갈 6:11, 나머지는 다른 사람이 받아썼다고 보아야 한다). 그는 할례에 대한 자신의 반대가 자유를 향한 중요한 단계임을 확언한다.

갈라디아서는 바울 서신이 지닌 전형적인 특성을 보여준다. 자신이 사도 신분임을 정당화하고, 신학적 논점을 명료하게 밝히며, 자신의 입장이 옳음을 수사적으로 논증한다. 또한 대적자들의 가르침을 따르지 말고 자신의 가르침을 따르라고 강력하게 제언한다.

갈라디아서는 예수님이 부활하시고 나서 30년이 안 된 주후 55년경에 쓰인 초기의 서신 중 하나로 여겨진다. 바울이라는 위대한 인물의 비전과 통찰을 통해 바야흐로 기독교 세계가 확장되고 있다.

교회의 신학

로마서는 바울이 그리스로 마지막(3차) 전도여행을 가 있는 동안 고린도에서 쓴 마지막 서신 중 하나다. 이 서신은 바울이 그리스어가 통용되는 세계를 10년 동안 두루 다니면서 깨달은 교리에 대한 생각을 정리한 것으로 볼 수 있다. 신약에서 로마서가 차지하는 위치는 당시 초대 교회에서 이 서신이 얼마나 중요했는지를 보여준다. 사도행전 바로 다음에 이어지는 바울 서신 시리즈 중 첫 번째다.

바울은 로마제국의 수도 로마를 방문할 계획이었다. 그곳에는 2차 전도여행 때 함께 사역했던 브리스길라와 아굴라 부부의 지도 아래 그리스도인 공동체가 형성되어 있었다. 바울은 그 지역의 성도들을 상당수 알고 있었다. 그는 여행하면서 다양한 장소에서 만났던 스무 명이 넘는 그곳 성도들에게 인사를 보낸다. 그중에는 바울의 친척 헤로디온도 있다.

그 당시 로마 교회에는 교리에 관한 별다른 문제는 없었다. 유일한 문제는 비유대인의 신분에 관한 논란이었다. 바울이 생각할 때 그 문제는 당연히 온 세상을 예수 그리스도께로 인도하려는 그의 선교 사역에서 중대한 장애물이었다. 그는 서신의 상당 부분을 할애하여 이 문제를 다룬다. 그는 할례를 받지 않은 아브라함부터 거론하면서 하나님의 계획이 할례 의식과는 전혀 상관 없음을 보여준다. 아브라함은 하나님의 영광을 위해 아들 이삭을 희생 제물로 바치라는 명령을 따랐고, 그의 전적인 믿음으로 의롭다 하심을 받은 최초의 인물이다. 아들을 제물로 바치려는 절체절명의 순간, 그를 죽이지 말라는 하나님의 마지막 반대 명령은 시험을 통과한 아브라함에게 주어진 상급이었다. 믿음의 대가로 하나님은 아브라함에게 의로운 자라는 이름을 주셨다. 아브라함과 그 자손들의 구원은 이 시험의 열매였다.

이어서 바울은 예수님이 아담의 음화(陰畵)임을 보여준다. 창세기에 따르면 아담의 죄는 인류에게 저주가 되었다. 그러나 바울에 따르면 두 번째 아담인 예수님은 희생 제물이 되는 일을 받아들임으로써 인류에 대한 하나님의 용서를 얻었다. 이 용서는 어느 종족 혹은 나라에 속했는가와 상관없이 모든 사람들에게 주어진다. 하나님이 보시기에는 사람들 사이에 아무런 차별이 존재하지 않는다. 이 말은 역설적으로 인류를 위한 하나님의 계획에 유대인이 없어서는 안 되는 한 부분임을 의미하기도 한다. "그러므로 율법의 행위로 그의 앞에 의롭다 하심을 얻을 육체가 없나니 율법으로는 죄를 깨달음이니라"(롬 3:20)는 것이 바울의 결론이다. 이것을 깨달은 후 다음 단계는 하나님이 믿는 자들에게 값없이 주시는 용서다. 바울은 이것을 '마음의 할례'라고 불렀다. 그것은 모든 인종과 나라를 막론하고 믿는 자들에게 주어지는 상급이다.

이 가르침은 이해하기가 쉽지 않아 오해할 수 있다. 그래서 바울은 이를 아주 꼼꼼히 설명하기로 한다. 하나님의 용서는 믿는 자들이 계속해서 죄를 짓고 또 다시 더 큰 은혜를 기다리는 일을 허용하지 않는다. 바울은 다음과 같이 말한다.

당신들이 계속해서 죄를 범하면 다시 죄의 노예가 되고 만다. 예수님은 자신의 죽음을 통해 노예로 지내던 우리를 해방시켜주셨다. 우리 모두를 값 주고 사심으로써 우리가 더 이상 예수님의 종이 아닌 다른 어떤 것에도 노예가 되지 않게 하신다. 우리는 의의 종이 되었다. 이와 같이 예수님을 의지함은 값없이 얻게 된 것이며, 우리를 행복과 거룩함으로 이끌고, 마침내 주님이 약속하신 영생으로 인도한다. 믿는 자는 자신이 원하는 일을 할 수 있지만, 그렇다고 해서 그의 모든 행동이 덕을 세우는 것은 아니다. 믿는 자는 예수님이 주신 계명, 즉 사랑의 은혜 법을 따라 자신이 어떻게 행동할지 선택해야 한다. 그래서 나 바울은 그리스도인으로서 더 이상 내 본성의 법을 따라 살지 않는다. 나는 하나님의 사랑을 따라서 산다. 내 본성을 따라 사는 것은 하나님의 사랑 아래서 사는 삶과 반대되기 때문이다.

바울은 그리스도인이 인간의 본성에 맞서 어떻게 행동해야 하는지 여러 가지 상식적인 예를 든다. 이를테면 그리스도인은 끊임없이 다음과 같이 노력해야 한다.

- 자신에 대해 겸손하고 교만하지 않는다.

- 하나님과 조상에게 받은 은사를 설교로, 양선으로, 섬김으로, 기부로, 가르침으로, 가난한 사람과 장애인들을 돕는 일로 최대한 활용한다. 이 모든 일은 은사와 자원에 따라 기쁜 마음으로 한다.
- 악을 악으로 갚지 않고 판단하지 않는다. 모든 일의 목적은 화평을 이루는 것이다.
- 원수가 배고파 하면 음식을 준다.
- 선으로 악을 이긴다.
- 십계명을 준수한다.

로마서는 공동체 안에서 형제자매로 살고, 새로운 개종자는 유대인이든 아니든 환영하라는 명령으로 끝을 맺는다. 즉 모든 사람은 예수님으로 말미암아 구원받을 권리가 있다.

언제나 그렇듯이 바울은 서신의 말미에 자신이 담대하게 글을 쓰는 까닭을 설명한다. 예수님의 메시지를 전하라는 사명을 받았다는 사실을 밝히고, 그것이 거역할 수 없는 자신의 의무임을 이야기한다. 전도여행 동안 바울은 그리스도의 이름을 부르지 않는 지역에서, 즉 다른 사람이 터를 닦지 않은 곳에서 크고 분명하게 예수님의 복음을 선포한다(고전 3:11 참조).

그런 다음 바울은 예루살렘 교회에 헌금을 전달하는 마지막 여행을 한 후, 로마와 서바나(스페인)로 가려는 계획을 밝힌다.

우리가 아는 것처럼 로마는 바울이 그의 전체 여정에서 마지막으로 방문한 장소다. 전승에 따르면 그는 로마에 대화재가 일어난 후, 네로에 의해 그리스도인 박해가 이루어지는 동안 그곳에서 죽음을 맞이했다. 여정의 끝인 셈이다. 그러나 사실상 그것은 그가 바라본 영광의 시작이었다.

그리스어로 기록된 로마서는 기독교 신학의 명실상부한 초석이 되었다. 아담과 예수님의 대비, 그리고 아들을 희생 제물로 삼은 아브라함과 하나님의 대비는 기독교 복음선포에서 중심 내용이 되었다. 바울이 로마에 서신을 보낼 당시만 해도 사도행전은 아직 집필되지 않았고, 베드로의 오순절 설교가 단지 입에서 입으로 전해지고 있었다. 바울은 예루살렘에 있는 베드로를 방문했지만, 두 사도가 며칠 동안 함께하면서 무슨 말을 나누었는지는 아무도 모른다. 그러나 베드로의 신앙고백이 그들이 나눈 토론의 중심이자 바울 신학의 원천이 되었다는 데는 의심의 여지가 없다.

예수님의 가르침과 운명에 관한 유대적 뿌리는 바울에게 그 무엇보다 중요했다. 한편 바울 서신이 지니고 있는 보편적 성격은 그가 받은 그리스 유산에서 직접적으로 영감을 얻은 것이라고 할 수 있다. 그것은 당시 유대인이 가지고 있던 매우 편협하고 민족주의적인 견해와는 상반된다. 유대인은 세상에서 오직 자신들만 '선택'을 받았다고 생각했고, 다른 민족들에게 개종을 권한다든지는 전도하는 데는 관심이 없었다.

바울은 이미 지역 공동체와 교회에서 자신의 사상을 검증할 기회를 여러 차례 가졌다. 데살로니가 그리스도인, 고린도 그리스도인, 갈라디아 그리스도인에게 쓴 서신의 내용은 로마서에도 일부 포함되어 있는데 일종의 습작으로 생각해볼 수 있다. 로마서에서는 교리가 교훈에 우선한다.

로마서는 예수님의 짧은 생애를 보편성이나 세계화(오늘날 말하듯이) 관점으로 바라보는 최초의 포괄적 시도였다. 그 뒤에 이어지는 교부들의 모든 논제는 로마서에 대한 다소 정교한 논평으로 볼 수 있다. 주목할 만한 예외로는 신비주의를 간직한 요한 학파가 있다. 요한 학파는 예수님의 삶과 목적을 더욱 급진적으로 해석하며 하나님의 역사(표제어 '요한복음')의 한 장으로 본다.

최초의 신약성경

가장 오래된 신약성경은 예수님의 죽으심과 부활 이후 20년이 채 지나지 않아 기록되었다.

저자는 바울이다. 사도 바울은 열두 제자의 일원은 아니었다. 예루살렘에서 다메섹으로 가는 길에서 예수님을 환상으로 본 후로 그분에게로 돌아선 바리새인이다. 그 일은 예수님이 승천하시고 나서 몇 년 뒤에 일어났다.

당시까지는 아직 복음서가 기록되지 않았다. 증인들 대부분이 생존하고 있었기 때문에 기독교의 메시지는 입에서 입으로 전해지고 있었다. 열두 제자는 야고보가 죽은 후 열한 제자가 되었고, 팔레스타인 지역과 그 경계를 넘어 활발히 활동했다. 바울은 2차 전도여행 중 고린도에 들렀고, 그곳에서 1년 동안 머물렀다. 몇 달 전에 마케도니아의 수도 데살로니가에 교회가 세워지자 바울은 새 교회에 지침을 주기 위해 서신을 쓰고, 그가 가장 아끼는 제자 중 한 명인 디모데 편에 그 서신을 전달하기로 했다. 데살로니가 그리스도인은 정통 유대인과 갈등을 겪고 있었고, 이미 바울의 가르침을 따르지 않는 설교자들의 말을 듣고 있는 상황이었다.

이 서신은 복음서가 기록되기 전에, 그 어떤 신학적인 글보다 먼저 기록된 기독교 신앙의 저작으로서 매우 중요하다.

초대 그리스도인 공동체들을 사로잡은 원초적 질문은 역사의 종말이었다. 그들은 죽은 사람의 부활과 예수님이 약속하신 영광스러운 재림을 간절히 기다리며 살았다. 재림이 임박했다는 사실은 그들이 예수님처럼 살아야만 한다는 것을 암시했다. 바울은 서신에서 이미 죽은 사람과 예수님의 재림 때까지 살아 있는 사람들 사이에 차이가 없을 것이라고 말한다. 그리스도 안에서 죽은 자들이 먼저 일어나고, 그 후에 살아 있는 자들도 그들과 함께 구름 속으로 이끌려 올라가 주와 항상 함께 있을 것이라고 밝힌다(살전 4:16-17). 그날과 시간은 아무도 모르지만 반드시 올 것이고, 그래서 그리스도인은 항상 준비되어 있어야 한다고 당부한다. "예수께서 우리를 위하여 죽으사 우리로 하여금 깨어 있든지 자든지 자기와 함께 살게 하려 하셨느니라"(살전 5:10).

이 일에 대비하여 그리스도인은 거룩한 삶을 살아야 한다. 바울에게 거룩한 삶이란 이교도의 삶에 깃든 독성들, 즉 부도덕과 게으름, 이기심에서 자유롭고 순전하며 단순하게 사는 것을 의미했다. 사랑은 이 모든 삶의 원동력이다. 이런 삶을 살아갈 때 그리스도인은 이교도에게서 존경심을 얻을 수 있다.

초대 교회의 교리문답은 간단하고 유대인의 가르침에 가깝다. 여기에는 예수님이 말씀하신 계명의 영향이 매우 강하게 나타난다. 사랑이야말로 그리스도인의 삶을 풀어갈 열쇠인 것이다. 어떤 것도 지식에 의존하지 않는다. 예수님을 따르는 사람은 누구든지 교리 전체의 핵심을 이해할 수 있다.

이러한 바울의 초기 메시지는 큰 반향을 불러일으켰고, 그리스와 소아시아 전 지역에서 이교도의 집단 개종으로 이어졌다. '은혜로 말미암은 구원'과 '믿음으로 말미암은 칭의'에 대한 신학적 개념은 바울이 아직 발전시키지 않은 상태였다. 이 신학적 개념은 그 뒤에 쓰인 서신들, 그중에서도 주로 에베소서와 로마서에서 설명될 것이고, 이는 기독교 역사 2천 년 동안 이어져 온 치열한 대논쟁의 뿌리가 된다.

바울은 고린도에서 조용히 기거하며 한 그리스도인 공동체에 처음 서신을 썼는데, 이것은 시작에 불과했다. 당시에는 간단한 메시지가 여러 차례 거듭 전해지면서 수천 명을 교회로 끌어들일 정도로 강력하게 역사했다.

오늘날에도 역사는 그리 다르지 않게 일어난다!

확신에 사랑을 더하다

당신은 자기 자신을 믿는가?

모든 심리학자들은 자신에 대한 믿음이 인생을 성공으로 이끄는 가장 기본적인 조건 중 하나라고 말한다.

당신은 부모님을 믿는가?

당연히 믿을 것이다. 당신은 부모님을 의지하고, 그분들이 당신을 실망시키지 않을 것임을 안다.

당신은 국가를 믿는가? 처음에는 "그렇다"고 대답하더라도 곧 다른 생각이 떠오를 것이다. '내게 국가란 무엇인가?' 국가는 하나의 개념이지 사람이 아니다. 생각이 여기에 미치면 대답은 처음처럼 쉽게 나오지는 않을 것이다.

지도자들에 대한 믿음이 있는가? 그들은 누구인가? 나는 그들을 모르고 만난 적도 없다. 내가 그들에 대해 알고 있는 것은 미디어와 그들의 '소통전략팀'이 입맛에 맞게 왜곡시킨 것이리라. 그들에 대한 정보는 사실일까? 단순히 선전에 불과한 것은 아닐까?

당신은 미래에 대한 믿음이 있는가? 다시 한번 말하지만 이 대답은 믿음이라기보다 단순히 바람일 가능성이 크다.

당신은 인류에 대한 믿음이 있는가? 그렇기도 하고 그렇지 않기도 할 것이다. 역사는 인류가 최고의 일과 최악의 일을 모두 이룰 수 있음을 보여준다.

누군가에 대한 믿음이 전혀 없다면 우리는 불안해진다. 최악의 상태가 올까 봐 걱정하게 된다. 그 사람의 무엇이 나를 불편하게 만드는지 알아내려고 노력한다. 그 사람에 대해 의심한다. 생각이 바뀌기 전까지는 그 사람과 아무 일도 할 수 없다. 행복하기 위해서는 주위 사람들에 대한 믿음이 있어야 한다. 나와 함께하는 사람들, 내가 매일 사용하는 물건, 내가 속해 있는 조직, 이웃과 나누는 생각, 그리고 문제에 대처하는 나의 능력에 대한 믿음이 있어야 한다.

우리는 다양한 경우에서, 다양한 사건과 사람들과 생각에서 매일 여러 차례 일어나는 이러한 감정을 어떤 식으로든 언급한다. 믿음을 갖는다는 것은 복합적이면서도 근본적인 감정이다. 사회생활을 하려면 반드시 믿음이 필요하다. 믿음은 인생을 즐겁게 만드는 접착제와 같다. 믿음은 확신보다 더 강하다. 확신에 사랑을 더한 것이 바로 믿음이다.

인생은 매우 이질적인 물질, 비물질적 개념, 그리고 사건들의 복합체다. 인간의 생존이 음식에 근거를 둔 것처럼 인간의 삶은 믿음에 바탕을 두고 있다. 믿음을 가리켜 지성의 양식이라고 말하는 사람도 있지만 믿음은 그 이상이다.

그리스도인에게 믿음은 확신을 넘어서는 것으로서 사랑에 신앙을 더한 것이다.

신약성경은 분명 믿음에 대해 서술한 책이다. 사도들과 제자들이 써내려간 글의 주제는 믿음의 사람 예수님이었다. 예수님은 우리가 믿기에 합당하신 하나님을 증거하고 그 하나님과 연합하신다. 그리스어로 복음은 '유앙겔리온', 즉 좋은 소식을 의미한다. 좋은 소식은 인간이 사랑이신 하나님을 의지할 수 있으며, 예수님을 믿음으로 말미암은 죄 사함에 의지할 수 있다는 것이다. 믿음이 인생의 접착제라면 예수님의 가르침과 부활에 대한 믿음은 그 접착제가 지닌 강력한 접착력이라는 사실을 신약성경은 보여준다. 신약성경의 모든 글, 즉 바울 서신과 야고보서, 사복음서, 사도행전, 베드로전후서, 순서상 맨뒤에 있지만 중요성은 뒤지지 않는 요한계시록은 예수님과 함께 살았고, 그분의 희생과 부활을 직접 목격한 특별한 경험이 있는 사람들이 믿음의 행위로서 기록한 결과물이다.

예수님이 자주 하신 "두려워하지 말라"(마 14:27)는 말씀은 사랑에 관한 대사명과 함께 그리스도인의 믿음에서 기본이 된다. 이 믿음은 앞서 설명한 인간의 믿음을 구성하는 모든 다양한 요소와는 다른 요소를 많이 포함한다. 믿음은 인간의 이해력을 훨씬 넘어서 말로 표현할 수 없으며 초월적인 세상에 이른다. 예수님은 그 세상을 가리켜 '하나님 나라'라고 말씀하신다. 만일 예수님에 대한 믿음이 없다면 우리는 이 개념을 이해할 수 없을 것이다.

믿음은 참으로 우리의 삶을 먹여 살리는 양식이며 생명수다. 예수님의 사랑과 소망에 관한 가르침에 비추어 보지 않는다면 우리로서는 도무지 이해할 수 없는 매우 복잡한 감정이다. 믿음과 소망과 사랑은 인간이 지닌 세 가지 근본적인 덕목이다(고전 13:13). 그중에서 아가페 사랑이 첫 번째이고, 믿음은 하나님의 기본 성품인 사랑에서 나온다.

믿음은 생명의 '접착제 중 접착제'인 사랑의 구속력이 없다면, 하나님의 원형이신 예수님에 대한 믿음이 없다면 존재할 수 없다.

우리에게 일용할 양식을 주소서

음식에 관한 이야기는 성경 어디서나 찾아볼 수 있다. 음식이 구원을 좌우하는 중요한 요소라도 되는 양 유대인의 음식 규례는 엄격하기가 그지없다. 신약성경은 음식을 성찬에서 희생 제물의 중심 요소로 삼고 있다. 성찬은 예수님이 떡과 포도주를 드신 최후의 만찬을 계승한다(마 26:26-27).

중동 지역에서 유대인의 음식 규례는 다른 규례들과 마찬가지로 복잡하고 다양하지만 복음서에서는 물과 포도주, 그리고 떡이 언급된다. 생선도 가끔 언급된다. 예수님이 드신 음식은 이것 말고도 훨씬 더 다양하겠지만 다른 음식 이야기는 나오지 않는다. 음식은 육체의 생존보다는 영적인 것을 뒷받침하는 기초로, 그리고 생명을 연장시키는 수단보다는 생명의 상징으로 더 많이 언급된다.

아마도 이 때문에 유대인의 모든 음식 규례가 의도적으로 무시되고 비판받았을 것이다. 예수님은 음식에 관한 규례를 즉시 제거하시려는 것처럼 보인다. 그리고 그 이유를 서서히 밝히는데 음식을 폄하하지는 않으셨다. 오히려 유대인이 어떤 규례로도 결코 도달할 수 없는 영적인 힘을 음식에 부여하셨다. 진정한 영적 의미에 도달하기 위해서는 지상에 속한 원시적 예식을 초월할 수 있어야 한다.

예수님은 단순히 물과 포도주와 떡에 관해 말씀하지 않으신다. 생명의 물과 생명의 떡에 대해 말씀하시며 포도주는 자신의 피에 비교하신다. 바로 이 지점에서 음식은 특별한 영적 의미를 띤다. 그것은 인간과 하나님 사이의 관계와 관련되고 전적으로 영적인 개념을 뒷받침해주는 의미다.

예수님이 결혼 피로연과 같은 행사나 잔치에 참석하실 때, 성경 본문은 당시의 정황을 자세히 언급하지 않고 단순히 예수님이 초대받아 오셨다고 말한다. 성경에서 식사는 영적 가르침을 위한 상징이나 비유로 사용될 때를 제외하고는 중요하게 다루어지지 않는다. 교훈을 주지 않는 식사 이야기는 없다. 대부분이 하나의 살아 있는 비유가 된다.

가나의 혼인 잔치는 예수님이 공식적으로 처음 등장하는 무대가 된다. 이 이야기는 요한복음에만 나온다. 예수님은 요한에게 세례를 받고 사흘째 되는 날, 어머니 마리아의 부탁을 받고 처음에는 거절했다가 물을 포도주로 변화시키신다(요 2:11).

예수님의 가장 감동적인 식사는 엠마오로 가던 두 제자와 관련되어 있는데, 이때 함께한 식사는 일종의 성찬식 리허설이라고 할 수 있다. 예수님이 떡을 떼실 때 두 제자들은 비로소 그분을 알아본다. 여기서 식탁의 주인공은 초자연적인 분이고 손님은 보통 사람들이다. 그 후로 2천 년이 지나도록 엠마오의 만찬은 예수님이 육체적으로 부재하시는 경우에라도 가까이 계심을 상징하는 사건이 된다.

복음서에 나오는 음식에 관한 가장 인상적인 두 개의 이적을 살펴보자. 먼저 오병이어의 이적이다. 배경은 시골이고 많은 사람이 모인 가운데서 예수님이 가르치고 계신다. 날이 저물자 사람들은 먹을 것을 찾아 근처 마을로 떠나기 시작한다. 예수님은 제자들이 요구한 대로 사람들이 떠나가기 전에 가벼운 식사로 그들을 먹이고자 하신다. 예수님은 한 소년이 가져온 떡과 생선을 가지고 오천 명의 사람들이 먹고도 남을 만큼 음식을 충분히 베푸신다. 이에 모든 사람들이 놀라고 깊은 인상을 받는다(마 14:13-21, 막 6:30-44, 눅 9:10-17, 요 6:1-15).

그러고 나서 더 이상의 언급은 없다. 우리는 지금 실제 음식에 대해 이야기하고 있고, 예수님은 자신이 베푼 이적에 대해 자세히 설명하지 않으신다. 우리는 물질로 이루어져 있고 육체의 필요를 채워야 하는 존재다. "우리에게 일용할 양식을 주시옵소서"라는 주기도문에서 보듯이 예수님은 제자들의 몸을 돌보신다.

예수님은 두 번째로 무리를 배불리 먹이는 이적을 베푸신 직후에 '바리새인의 누룩'에 대한 가르침을 주신다. 그러나 제자들이 잘 이해하지 못하자 앞서 일어난 두 이적을 일깨우는 질문을 통해 자신이 진짜 누룩에 대해 말하고 있는 것이 아님을 밝히신다(마 16:5-12, 막 8:14-21). 진짜 음식과 영적 음식과 은유적 음식 사이에 차이가 있다는 것이다. 그것이 전부다. 더 이상 그 이적에 관한 말씀은 없다. "귀 있는 자는 들을지어다"(마 11:15).

오병이어의 이적은 예수님이 우리의 영혼뿐만 아니라 몸도 돌보신다는 가르침을 주시는 장면으로 보지 않는 한 그 의미를 이해하기가 쉽지 않다. 이 점에서 치유의 이적을 제외하고 육체의 삶은 예수님의 가르침에서 거의 없다는 사실을 주지할 필요가 있다. 그래서 초기 제자들과 교회 교부들은 바울을 따라서 육체에 관한 기독교적 접근을 자기 나름대로 정립할 수밖에 없었다. 여기서 유일한 교훈은 어떤 가르침이든 몸이 튼튼하고 배가 든든할 때 훨씬 더 잘 받아들여진다는 사실이다. 언제나 그랬다. 예수님은 금욕이나 수도원 생활을 결코 가르치지 않으셨다. 오히려 예수님의 비유는 향연과 잔치로 가득 차 있다. 잔치라고 해서 비판의 대상이 되지 않는다. 그것은 일상생활의 일부다. 다만 물과 떡과 포도주는 단순한 기본 음식에서 초자연적 상징으로 승격된다.

복음서에서 항상 그렇듯이 사실과 상징은 불가분의 관계로 연결되어 있다. 우리 대부분도 그렇지 않은가?

음식은 삶의 조건인 동시에 상징이기도 하다. 이집트와 콜럼버스 이전의 아메리카 대륙의 많은 고대 무덤에서 음식이 발견되었다. 육체가 소멸된 이후에도 죽은 자의 영혼이 계속해서 생존하도록 돕는 유일한 수단이 음식인 양 사람들은 음식을 무덤에 넣었다. 구약을 보면 음식에 관한 규례가 정교하며 제약 사항이 많다. 양식을 생산하고 요리하며 소비하는 각 단계마다 지침이 주어진다. 마치 식사가 하나님을 찬양하는 행위라도 되는 것처럼 말이다.

그리스도인으로서 우리는 이런 모든 전통 및 신념과는 거리가 매우 멀다. 음식은 단순히 육체가 생존하는 데 필요한 조건만은 아니다.

그것은 즐거움의 상징이기도 하다. 먹는다는 것은 우리 삶에서 아주 필수적인 부분이다. 좋은 식사를 누리는 기쁨을 위해 온갖 재능과 상상력이 동원된다. 음식의 영적 의미는 거의 사라졌다. 이 사실은 유대 기독교 문화에서 매우 중요한 측면을 우리가 상실하고 있다는 뜻이다. "오늘 우리에게 일용할 양식을 주시옵고"라는 주기도문의 간구가 형이상학적 의미를 잃고 일상의 틀에 박힌 기도가 되어버렸을 정도다. 지난 4세대에 걸쳐 생활 수준의 향상으로 음식의 영적 의미는 점점 더 퇴색해가고 있다.

음식의 영적 의미를 되살리려면 기독교 전통에서 가장 성스러운 부분인 성만찬 혹은 성찬에 초점을 맞추는 수밖에 없다.

기독교 전통에 대해 잘 모르는 사람도 예수님의 최후의 만찬에 대해서는 들어보았을 것이다. 예수님은 십자가에 달리시기 전에 제자들과 함께 유대인의 명절인 유월절을 지키기로 결정하셨다. 유월절은 모세의 인도로 히브리인이 출애굽한 것을 기념하는 날이다. 매년 유월절이 돌아오면 유대인들은 특별한 예식과 함께 특별한 음식을 저녁에 먹는다. 예수님이 열두 제자들과 함께한 유월절 식사, 즉 최후의 만찬(요 13:1-3)은 가장 위대한 화가들의 손끝에서 그림으로 탄생했고, 기독교 역사에서 손꼽히는 극적인 모습을 담아낸다. 처음 세 복음서에서는 예수님의 기도에 대해, 그리고 떡과 포도주를 몸과 피에 비유한 신비스러운 비교에 대해 언급한다. 요한복음은 비록 이 사건을 이야기하고 있지 않지만 식사 중에 일어나 '예수님이 제자들의 발을 씻겨주신' 장면을 생생히 묘사한다(요 13:4-5). 그런 다음 예수님이 직접 자신의 삶의 의미와, 죽음과 저주로부터 인류를 구원하는 자신의 역할에 대해 말씀하시는 놀라운 설교가 이어진다. 복음서가 기록되기 전에 서신서를 쓴 바울은 이 장면과 "이것[성찬]을 행하여 나를 기념하라"(고전 11:24)는 명령을 기독교 신앙의 중심에 둔다.

기독교의 모든 교파들이 이 명령을 따르고 있다. 기독교 교단 전체에서 성만찬 혹은 성찬의 이름으로 최후의 만찬을 재현한다. 음식은 예수님 안에서 하나님과 인간이 하나가 된다는 상징으로서 교회가 드리는 예배의 중심에 있다. 그리하여 음식에 관한 고대의 의식은 궁극적인 의미를 획득한다. 가톨릭 신자들에게 음식은 하나님이 되고 하나님은 음식이 된다. 다른 교단의 그리스도인에게 음식은 하나님을 의미하고 하나님은 음식을 의미한다. 음식은 하나님과 인류의 신비한 연합으로서 모든 유대인의 전통을 완전히 초월한다.

여기서 얻을 수 있는 교훈은 두 가지다.

첫째, 음식은 그냥 평범한 생산물이 아니라 생명의 원천이다. 우리는 음식을 존중하고 음식을 만드는 사람도 존중해야 한다. 음식은 이기적인 만족과 쾌락의 도구가 되어서도, 힘과 부패의 수단이 되어서도 안 된다. 음식은 이웃과 나눌 때 비로소 인간다운 의미를 갖는다.

둘째, 음식은 영적 생명의 원천이 될 수 있다. 첫 번째 교훈을 믿는다면 음식에 깊은 존중심을 보여야 한다. 그것이 생명의 형이상학을 음미하는 첫 걸음이다. 그 음미가 기도가 될 때, 하나님은 생명의 창조주로서 궁극의 목적이 되시고, 예수님은 하나님께로 가는 길이 된다. "오늘 우리에게 일용할 양식을 주시옵고"(마 6:11)라는 기도는 소망에 이르는 발걸음이 된다.

그리스도인의 사명

복음서를 읽다보면 선뜻 이해되지 않는 이야기가 나온다. 예수님이 무화과나무를 저주하시는 장면이다(막 11:12-14). 배경은 이렇다. 평소처럼 예수님이 모처로 이동하다가 시장해져서 한 과수원에 들어가신다. 제자들은 잎만 무성할 뿐 열매 맺지 않은 한 무화과나무만 제외하고 열매를 딴다. 여기서 예수님은 교훈을 이끌어내어 사람은 마지막 때에 그가 평생 동안 맺은 열매로 심판을 받을 것이라고 제자들에게 말씀하신다. 좋은 나무만이 좋은 열매를 맺는다는 설명이다. "좋은 나무마다 아름다운 열매를…맺나니"(마 7:17). 예수님이 열매 없는 무화과나무를 향해 "이제부터 영원토록 사람이 네게서 열매를 따 먹지 못하리라"고 저주하시자 그 나무는 곧 말랐다. 마가복음의 저자는 재치 있게 "이는 무화과의 때가 아님이라"(막 11:13)는 말을 덧붙인다.

이 일화는 예수님이 말씀하신 '모호한' 메시지의 또 다른 예다. 대부분의 경우 예수님은 말씀을 명확히 하지만 때로는 듣는 이들을 어리둥절하게 만들기도 하신다.

그럼에도 불구하고 메시지의 첫 부분은 명확하다. 복음서에는 예수님이 '열매 맺음'의 중요성을 강조하신 부분이 여러 곳에 나온다. 이것은 단순히 수사학적 비유가 아니라 그분의 깊은 확신을 반영한다. 예수님은 제자들이 자기 행동에 책임을 져야 하고, 그런 행동은 믿음과 조화를 이루어야 한다고 확신하셨다. 예수님의 가르침과 신성을 받아들인 제자는 더 이상 구름 가운데 둥둥 떠서 살아서는 안 된다. 매일 부닥치는 현실의 문제를 해결하고 기독교의 원칙에 따라 문제 해결에 최선을 다해야 한다. 현실의 문제를 무시하고 예배에만 집중한다면 그것은 헌신된 그리스도인의 길이 아니다. 두 가지 일을 모두 해야 한다. 즉 의롭게 행할 수 있는 힘을 찾기 위해 예배를 드리고, 그런 다음 행함을 다해야 한다.

그리스도인의 행위란 예수님의 가르침과 성품을 따르고자 하는 동기를 늘 가슴에 품고 비천하든 고귀하든 인간의 모든 영역에서 행하는 일체의 활동을 말한다. 또한 예수님의 제자는 예수님을 따른다는 사실을 분명히 해야 한다. 다른 사람들이 그가 제자임을 알아볼 수 있도록 행동해야 한다. 그런 행동은 물질적 열매, 영적 열매, 사회적 열매, 정치적 열매, 교육적 열매, 그리고 자선의 열매를 맺을 수 있다.

이러한 임무는 정말이지 감당하기가 쉽지 않다. 실제로 우리가 영웅처럼 나서서 행동해야 하는 상황은 흔치 않다. 우리 삶의 대부분은 평범하고 반복된다. 특수하거나 위기에 처한 상황보다 평범한 생활 속에서 나의 그리스도인 됨을 드러내는 것이 훨씬 어렵다는 생각이 드는데 이유는 간단하다. 일상에서 일어나는 많은 일들이 그리스도인이라는 나의 신분을 떠올리게 하기 때문이다. 살다보면 자기 마음대로 행동하고, 걸핏 하면 잠적하며, 자기애에 충실하고, 강박적으로 권리를 주장하는 이웃과 같이 되고 싶은 유혹을 받는다. 잠시 사회적인 책무를 내려놓고 그리스도인의 임무도 제쳐두고 양심의 가책 없이 군중 속으로 사라지고 싶은 유혹을 받는다. 물론 우리는 이렇게 할 수 있다. 하지만 그럴 경우 베드로가 예수님을 부인한 것처럼 나의 하나님을 부인하게 될 것이다. 내가 지닌 명예의 일부도 잃게 될 것이다. 예수님은 "이 지극히 작은 자 하나에게 하지 아니한 것이 곧 내게 하지 아니한 것이니라 하시리니"(마 25:45)라고 말씀하셨다.

그리스도인으로 살다보면 많은 도전을 만난다. 주님의 가르침을 따라 살면 두 어깨에 중압감을 느끼는 것은 말할 것도 없다. 훌륭하게 살아야 한다는 도전을 끊임없이 받는다. 좁은 문의 비유는 그리스도인이 겪게 될 끊임없는 딜레마를 보여준다(눅 13:23-29). 예수님에게서 영감을 받지 못한다면, 기도를 통해 힘을 얻지 못한다면 우리는 그리스도인으로서 제대로 살아가기가 불가능하다. 주저앉지 않고 계속 나아가기 위해서는 피치 못해 저지른 잘못을 즉시 인정하고 하나님께 용서를 구해야 한다. 그러한 훈련은 길고 고통스럽지만 꾸준히 반복되어야 한다. 늘 깨어서 명료하게 판단해야 한다.

좋은 열매를 맺는다는 것은 특별한 정신 훈련으로서 육체를 훈련하는 것보다 훨씬 더 중요하다. 문제의 열매는 인간관계와 일상의 행동에 숨어 있기 때문에 식별하기가 어려울 수 있다. 그것은 주변 사람들의 작은 섬김에 내가 감사하고 있음을 보여주는 간단하고 말없는 태도일 수 있고, 이웃을 존중하고 배려하는 나의 모든 행위일 수 있다. 약자에게 교만하지 않고 강자에게 아첨하지 않는 노력일 수 있다. 누군가를 판단하지 않은 채 필요한 조언을 하거나 기꺼이 조언을 받아들이는 일일 수 있다. 인생은 나의 선한 남다름을 보여줄 수 있는 기회로 가득하다.

더 나아가 내가 속한 조직에서 어떤 결정을 내리거나 지시를 받을 때, 예수님의 가르침에 비추어 나의 결정이 가져올 결과를 분별하고, 지시를 따르는 최선의 방법을 찾는 것이 그리스도인다운 태도다. "나무는 각각 그 열매를 보면 안다"(눅 6:44, 새번역)고 했다. 지금 나의 결정이 미래의 모습을 바꾸어놓을 수 있는 매우 중요한 시기에 이러한 태도는 반드시 필요하다. 각 결정이 맺게 될 '열매'에 대한 기준을 우선순위에 두어야 한다. 바둑을 두는 사람처럼 나와 직접적으로 또는 간접적으로 연결된 사람들에게 내가 내린 결정이 가져올 결과를 몇 수 앞서 심사숙고해야 한다.

예수님의 제자들에게 믿음은 열매의 결과가 아니다. 믿음은 성령이 값없이 주신 은혜이므로 나무의 열매가 아니라 수액으로 보는 것이 맞다. 이런 이미지는 예수님의 가르침을 정확히 해석하는 데 매우 중요하다. 믿음을 때로 행위의 결과로 여긴 때가 있었기 때문이다. 이는 예수님의 말씀을 잘못 해석한 것이다. 이러한 오류에 교회가 관심을 가지도록 주의를 환기시킨 최초의 인물이 바울이다.

삶에서 열매 맺는 일은 인간으로서 장단점을 모두 지닌 나 혼자서 할 수 있는 일이 아니다. 나는 예수님이 값없이 주신 믿음이라는 선물로 살아갈 뿐이다. 믿음만이 내가 삶에서 열매를 맺을 수 있는 유일한 길이다. 믿음을 통해 나는 힘들지만 즐겁게 인생의 길을 나아갈 긍정적인 힘을 얻는다. 주님께 헌신하며 내 삶의 목표를 찾아 이루어야겠다는 마음 깊은 곳의 동기도 함께 느낀다.

역사의 종말인가?

성경을 출판하고 공급하는 한 유럽 기관의 책임자로 있을 때, 그 지역의 중국 대사관으로부터 이메일 한 통을 받았다. 세계에서 가장 큰 도시에서 오는 사절단을 환영해달라는 부탁이 담긴 이메일이었다(놀랍게도 세계에서 가장 큰 도시는 상하이가 아니라 인구 3천만 명의 충칭이다). 시의회 소속인 세 사람이 기독교 단체의 실태를 조사하기 위해 일주일 여정으로 유럽의 두 나라를 방문하고 있었다. 우리가 거래하는 주요 인쇄소가 중국에 있었기 때문에 나는 그들을 만나보기로 했다. 도착한 그들은 충칭에서 기독교 발전 감시 업무를 맡고 있다고 자신들을 소개했다. 세 시간 남짓 이야기를 나누는 동안 충칭에서 그리스도인 수가 급증하여 시의회가 그 문제를 다루지 않을 수 없게 되었음을 알게 되었다. 이에 대한 보고서를 작성하여 의회에 제출하는 것이 그들의 임무였다. 그래서 유럽에 있는 우리 기관을 방문한 것이다. 그들은 그리스도인이 성경을 중요시한다는 사실을 알았고, 성경을 어떻게 사용하는지 알고 싶어 했다.

사절단을 보내고 나서 예전에 중국의 한 주석이 은퇴하면서 고별 만찬에서 동료들에게 했다는 우스갯소리가 생각났다. 중국 사람들이 만장일치로 승인했을 것 같은 법을 하나 꼽으라면, 기독교를 중국의 공식 종교로 인정하는 법이지 않겠냐고 그가 말했다는 것이다.

예수님의 메시지에서 보편성은 가장 자주 언급되는 특징이다. 예수님의 비범함이 중동의 작은 부족과 그 주변을 위한 민족 종교를 초월하고, 그로 인해 기독교가 모든 사람과 모든 문화에서 채택되어 최초로 세계적인 종교가 되었다는 것이다. 오늘날 전 세계에서 그리스도인이 한 명도 없는 민족이나 인종은 찾아보기 힘들다. 아무리 소수 그룹이라 할지라도 그 안에 그리스도인이 있다는 사실은 그들의 문화나 인종이 예수님의 가르침에 영향을 받고 있음을 반증한다.

기독교 신앙은 인간이 기원한 이래로 인류를 사로잡고 있는 온갖 문제에 적절한 답을 가지고 있다. 온전함에 대한 보편적인 추구, 삶과 죽음의 신비, 그리고 오랜 세월에 걸친 선과 악의 싸움이 예수님의 메시지 한가운데 놓여 있다. 예수님의 메시지는 그렇게 이해되었고, 초대 그리스도인이 손에 쥔 강력한 도구가 되었다. 그들은 예수님이 세상을 떠나면서 남기신 대사명을 기초로 교회를 세웠다. "너희는 온 천하에 다니며 만민에게 복음을 전파하라"(막 16:15. 참조 마 28:19). 복음을 선포한다는 것은 예수님의 가르침을 전한다는 뜻이다. 복음은 2천 년 동안 전 대륙의 모든 나라와 인종, 이 땅의 모든 섬들에 퍼져 나갔다. 21세기가 시작된 지금 기독교는 인터넷으로 연결된 지구촌에서 이전보다 더욱 활발하게 논의되고 있다.

오늘날 우리 눈앞에서 형성되고 있는 글로벌 문명은 비록 세속화가 더할 나위 없이 강력해지고 있음에도 불구하고 예수님의 가르침과 더불어 이루어지고 있다. 기독교라는 혁명이 처음 일어난 이후로 2천 년이 지난 지금, 전 세계는 전통적인 믿음에 활력을 불어넣는 2차 혁명을 경험하고 있다.

영국의 역사학자 니얼 퍼거슨은 그의 탁월한 저서 『시빌라이제이션: 서양과 나머지 세계』(21세기북스 역간)에서 기독교가 지난 두 세기 동안에 일어난 산업혁명과 과학혁명의 선구자로서 서구문명의 탄생에 중요한 역할을 했다고 주장한다. 그의 결론은 예수님의 가르침이 인간을 고대 신앙의 공포에서 해방시켰고, 진보의 개념과 보편성에 입각한 정신을 도입했으며, 그리하여 유럽인으로 하여금 죽음의 저주를 끊고 이성과 인본주의 시대를 열게 했다는 것이다.

예수님은 짧은 기간 동안 유대인에게 집중하신 다음 초점을 바꾸어 세계로 사명을 확장하셨고, 인류 모두에게 해당하는 메시지를 전하셨다. 바울은 즉시 그 메시지를 받아들여 전통 유대교를 전혀 모르던 그리스어권 민족들에게 전하고 개종으로 이끄는 사명을 수행했다. 그렇게 그리스인에게, 이집트인에게, 그리고 로마인에게 기독교가 전해졌다. 나머지는 역사가 말해주는 바와 같다.

기독교는 최초의 세계적 사상이며 최초의 세계적 종교다. 기독교는 지구에 존재하는 대부분의 문화와 문명의 일부가 되었다. 오늘날 기독교의 가치는 항상 지켜지는 것은 아니지만 널리 받아들여지고 있다. 예수님의 신성을 인정하지 않는 사람들조차 예수님과 제자들이 내세운 도덕적 원칙에는 반대하지 않는다. 물론 제자라고 해서 도덕적 원칙에 따라 기꺼이 살고자 하는 의욕을 항상 보여준 것은 아니었다.

진보를 방해하지 않는 방식으로 전 세계의 문명이 예수님의 가르침을 중심에 둔 채 다시 만들어지고 통합될 수 있을까?

과학은 예수님이 주신 메시지의 일부가 아니며 종교와는 아무 상관이 없지만, 과학의 응용 분야가 기독교의 강력한 영향 아래 있어야 한다는 사실을 이 책의 다른 곳에서 확인할 수 있다. 예수님의 가르침은 우리가 과학 연구 결과를 이용하여 해야 하는 일과 해서는 안 되는 일 사이에서 윤리적 선택을 할 수 있도록 지침을 제공한다. 이 증거를 잊어버렸기 때문에 인류는 지난 수세기에 걸쳐 수천만 명의 희생을 대가로 치러야 했다.

과학 자체는 도덕적이지도 비도덕적이지도 않다. 과학은 논리와 관찰에 따른 논리적 해석을 있는 그대로 적용할 뿐이다. 자유와 재능의 결과로 이룬 업적을 우리는 활용한다. 히포크라테스 선서를 존중하는 의료계와 같이 일부 분야에서는 자발적으로 스스로의 한계를 정하고 있다. 다른 분야에서도 이렇듯 한계를 정할 필요가 있다. 보편성이라는 의미에서 보았을 때, 세계화는 기독교 윤리를 구성하는 존중과 관용, 평등, 형제애에 근거한 규칙이나 규정 없이는 결코 이루어질 수 없다.

이것은 하나님이 창조 엿새째 되는 날에 인류에게 하나님의 뜻을 말씀해주신 바와 같이(창 1:28), 인류의 분명한 운명을 세우는 데 예수님의 가르침이 더 진화된 모습으로 그 역할을 하게 될 것임을 의미한다. 펼쳐지는 운명의 각 단계에서 그 가르침을 따라 악에서 선을 구별해낼 수 있다면 우주는 우리의 것이 될 테지만, 그러지 못할 경우 요한계시록의 예언들은 거부당할 것이며 우리의 종말은 신속하고도 고통스럽게 임할 것이다.

자유와 정의, 관용, 평등, 사회보장, 형제애 같은 기독교의 가치를 존중하는 것이 우리의 운명을 실현해가는 유일한 길이다. 세계화가 인류를 조속히 멸망으로 이끌지 않도록 하려면 우리는 이러한 것들을 세계화의 기준으로 삼아야 한다.

시로 쓴 기독교 신앙

구약성경은 시로 가득 차 있다.

신약성경은 구약성경만큼은 아니지만 중요한 두 권의 책, 사도 요한이 쓴 복음서와 계시록은 대부분 시 형식으로 쓰였으며 시적 정취를 강하게 드러내고 있다.

요한복음은 독보적인 작품이다. 다른 복음서와 너무 달라서 과연 '복음서'라는 제목을 붙일 수 있을지 다시 생각해볼 정도다. 다른 복음서들처럼 자기 희생을 통해 하나님이 되신 한 사람으로서 예수님의 삶과 부활을 이야기하는 것과는 거리가 멀다. 그보다는 부활을 통해 원래 자신의 상태로 돌아가기 전까지 짧은 기간 동안 한 사람이 되신 하나님의 이야기를 전한다.

복음서에서 가장 흥미로운 구절 중 하나는 다음과 같은 예수님의 선포다. "내가 내 목숨을 버리는 것은 그것을 내가 다시 얻기 위함이니 이로 말미암아 아버지께서 나를 사랑하시느니라"(요 10:17). 아무도 예수님에게서 생명을 앗아가지 못한다. "이를 내게서 빼앗는 자가 있는 것이 아니라 내가 스스로 버리노라. 나는 버릴 권세도 있고 다시 얻을 권세도 있으니 이 계명은 내 아버지에게서 받았노라"(요 10:18).

요한복음의 또 다른 중심 사상, "하나님은 사랑이시다"(요일 4:16)라는 주제는 하나님께 개념적으로 다가가는 길을 열어준다. 이는 다른 복음서에 나오는 신인동형론과는 거리가 멀다.

빛과 어둠의 비유는 시적인 틀을 제공한다. 예수님은 빛이시고 세상은 어둠이다. 사람이 예수님에게 이끌려 어둠에서 빛으로 나아온다는 말은 예수님이 우리를 하나님이 없는 세상의 악으로부터 구원하신다는 뜻이다.

본문 전체의 어조를 결정 짓는 서두 부분을 살펴보자.

"태초에 말씀이 계시니라. 이 말씀이 하나님과 함께 계셨으니 이 말씀은 곧 하나님이시라…만물이 그로 말미암아 지은 바 되었으니…그 안에 생명이 있었으니 이 생명은 사람들의 빛이라. 빛이 어둠에 비춰되 어둠이 깨닫지 못하더라…그가 세상에 계셨으며…말씀이 육신이 되어 우리 가운데 거하시매 우리가 그의 영광을 보니 아버지의 독생자의 영광이요 은혜와 진리가 충만하더라"(요 1:1-5, 10, 14).

세계문학을 통틀어 이보다 나은 시를 찾아보기 어렵다. 이 구절은 요한복음을 가장 잘 종합해놓은 구절로서 예수님의 첫 제자 요한의 신앙고백으로 이루어졌다. 요한은 이전에 세례 요한의 제자였다. 요한은 예수님이 세례를 받으신 후 세례 요한이 예수님을 가리켜 "하나님의 어린 양"(요 1:29)이라고 부르는 것을 듣고 즉시 그를 떠나 예수님을 따랐다. 예수님을 진정한 메시아로 이해했기 때문이다.

요한복음의 역사적 배경을 이해하면 다른 복음서들과의 차이점을 적어도 일부는 이해할 수 있다. 요한복음의 저자를 사도 요한이 아니라 신비의 인물 '신학자 요한'으로 보려는 시도가 여러 차례 있었지만, 이를 뒷받침하는 결정적인 증거가 나오지 않았다. 우리는 리옹의 이레니우스 같은 초대 그리스도인의 증언을 훨씬 더 진지하게 고려해야 할 것이다.

당시에 다른 세 복음서가 기록된 이후에 사도 요한이 계시록을 쓴 다음 이 복음서를 썼다는(받아쓰게 했다는) 사실이 널리 받아들여졌다. 주후 100년경 요한은 소아시아(오늘날의 터키) 에게해 연안의 에베소라는 도시에서 살고 있었다. 일곱 개의 그리스도인 공동체를 돌보는 감독으로 그가 활약한 사실은 유명하다. 당시 그는 전통을 고수하는 유대인들에게 공격을 받고 있었다. 그들은 유대교 회당에서 예수님을 따르는 제자들이 생겨나는 것을 몹시 경계하며 싫어했다. 로마인들은 요한을 작은 외딴섬 밧모에 유배를 보냈고, 요한은 그곳에서 5년간 머물면서 환상을 보고 계시록을 썼다. 계시록에는 일곱 교회에 보내는 서신과 최후의 심판에 대한 우주론적 전망이 담겨 있다(표제어 '요한계시록'). 에베소로 돌아왔을 때, 그는 열두 제자 중 마지막으로 남은 사람으로서 예수님과 함께한 삶에 대해 이야기를 써달라는 요청을 받았다.

역설적으로 가장 오래된 복음서 파편에는 손으로 쓴 요한복음의 구절이 적혀 있다. 그 문서는 주후 125년의 것으로 추정된다.

요한은 마가와 마태가 쓴 복음서를 알고 있었을 것이고, 누가가 역사 이야기를 쓸 계획이라는 점도 잘 알았을 것이다. 요한은 영감과 형식에서 완전히 다른 책을 쓰려고 결심했다. 그는 예수님의 신성과 관련해 그분이 보여준 표적들에 주목했고, 예수님의 희생과 하나님으로서 부활하심과 연관된 가르침에 우선순위를 두었다. 당시 요한은 매우 연로한 노인이었다. 한때 그는 자신이 죽기 전에 예수님의 재림(파루시아)을 볼 수 있을 것이라는 말도 들었다. 그 먼 과거는 이미 전설의 안개 속에 파묻혔다. 정확한 이야기를 전달하는 것은 그에게 더 이상 중요한 문제가 아니었다. 그는 영감에 사로잡힌 화가처럼 역사적인 기술보다는 예수님의 신성에 대한 느낌을 독자들에게 전달하기 위해 일련의 인상들을 구술했다.

요한복음에는 예수님의 생애에 관한 완전히 새로운 일화가 상당수 등장한다. 다른 복음서에서는 찾아볼 수 없는 내용이다. 가나의 혼인 잔치, 니고데모의 방문, 나사로의 부활, 제자들의 발을 씻기신 일 등이 특히 눈여겨볼 만하다. 한편 최후의 만찬은 나오지 않고 대신에 베다니에 있는 마르다와 마리아의 집에서 식사하시는 이야기가 나온다. 사마리아 여인과 오병이어의 이적에서 이미 사용된 생명의 떡과 생수의 비유가 성찬을 대신하고 있다. 예수님에 관한 상당수의 가르침과 묵상이 시적으로 영감 넘치게 표현된 것은 요한복음만의 독창적인 특징이다. 예수님의 어머니 마리아는 십자가 밑에 서서 예수님의 마지막 말씀을 들을 수 있을 정도로 그 역할이 부각되고 있다. “이 사람[예수님이 사랑한 제자]이 어머니의 아들입니다”(요 19:26).

반면에 탄생 기사를 비롯해 다른 복음서에서 찾아볼 수 있는 예수님에 관한 상당수의 일화와 이적과 가르침이 요한복음에는 나오지 않는다.

요한은 예수님이 세례 요한에게 세례를 받은 날에 첫 표적과 함께 탄생하신 것으로 보는 듯하다. 그날 예수님이 세례를 받고 물에서 나오실 때, "이는 내 사랑하는 아들이요 내 기뻐하는 자라"(마 3:17)는 하나님의 음성이 들려왔다.

내가 보기에 요한복음은 이방인들을 개종시키려 하기보다 믿는 자들의 믿음을 굳게 세우고 바로잡기 위해 기록된 듯하다. 물론 복음서 끝 부분에 "오직 이것을 기록함은 너희로 예수께서 하나님의 아들 그리스도이심을 믿게 하려 함이요 또 너희로 믿고 그 이름을 힘입어 생명을 얻게 하려 함이니라"(요 20:31)고 쓰여 있기는 하지만 말이다. 이미 1세기 말에 예수님을 따르는 이들 가운데 상당수가 인간 예수님이 하나님의 힘을 받아 그분의 아들이 되었다는 양자설에 미혹을 받고 있었다.

신성한 시어로 하나님의 권능을 손으로 만질 수 있을 듯이 표현하는 요한복음 서문을 읽다보면 묘하게도 예수님의 어깨 너머로 듣는 것이 아니라 예수님의 마음 한가운데 들어가 그분의 이야기를 듣는 듯한 느낌이 든다. 요한복음을 한 장 한 장 읽어가면서 독자는 하나님의 이야기에 참여하고 있다는 전율을 느낀다. 하나님의 임재를 드러내는 표시는 모든 곳에 있다. 예수님의 이적과 가르침, 기도, 묵상도 어디서나 찾아볼 수 있다. 이 땅에서 예수님이 하신 일은 분명하다. 인류를 악에서 구원하신 것! 죽으심으로 인간의 죄를 대신하는 희생제물이 되는 것이 그분의 사명이었다. 인간으로서 맡은 사명을 마치고 본래의 신성으로 되돌아가는 것이 그분의 운명이었다. 그렇다면 우리가 해야 할 의무 역시 분명하지 않은가? 예수님을 하나님으로 예배 드리고, 그분의 가르침을 따라서 사는 것이다. 예수님을 닮아가는 것은 우리의 당연한 의무다. 핵심은 구원이다. 요한의 견해에 따르면 그 구원은 인간의 본성과 하나님의 본성이 다시 하나가 되는 것이다. 인간의 본성이 죄로 말미암아 일시적으로 하나님의 본성에서 분리되었기 때문이다.

요한이 선택한 어휘는 그리스 문화에서 왔지만 그 뜻만큼은 매우 히브리적이다. 헬레니즘과 헤브라이즘의 합병이 요한복음에서만큼 성공한 곳도 없다. 이것은 요한복음의 본문이 다른 세 복음서와는 매우 다른 문화적 맥락에서 작성되었고, 기록 목적 또한 매우 달랐음을 보여주는 증거다. 밧모섬에서 마지막 때에 대한 환상을 본 요한에게서 현실에 기반한 복음서가 나오기를 기대할 수는 없을 것이다. 그러한 환상을 어떻게 잊을 수 있겠는가? 자신이 본 환상을 어떤 식으로든 다른 본문에라도 쓰게 마련이다.

계시록에 자주 등장하는 "하나님의 어린 양"이라는 요한의 용어는 복음서에서 영감의 원천이자 유용한 비유로 사용된다. 희생 제물이 된 짐승에 대한 언급이 요한의 메시지를 이해하는 열쇠다. 그런가 하면 목자에 대한 언급도 요한이 전형적으로 사용하는 표현이다. 한편으로는 '목자', 다른 한편으로는 '어린 양'이 요한이 사용한 수사학법의 두 기둥을 이룬다. 여기서 예수-하나님은 인도자인 동시에 희생 제물이 되신다. 그러므로 인간은 하나님 아버지를 경배하면서 그 아버지를 십자가에 못 박는 죄인이자 예수-하나님의 자녀다. 이러한 하나님의 이원성은 인간의 이원성에 직면하며 그 둘이 다시 하나가 되는 일을 설명한다. 부활은 인간의 그 두 본성이 다시 하나가 될 것에 대한 기대다.

하나님의 참 본성인 사랑은 두 본성이 다시 하나가 된 결과다. “하나님은 사랑이시다.” 이것은 인간과 인간 사이뿐만 아니라 하나님과 인간의 관계에서 핵심이 무엇인지 웅변해준다. 요한은 사랑을 휘포스타시스(*hypostasis*), 즉 하나님과 동등한 차원의 신적 위격으로 끌어올린 유일한 복음서 저자다. 사랑을 믿음의 본질적인 부분으로 삼고 있는 바울의 신학을 따르며 강화시켰다고도 볼 수 있다.

요한복음의 수사법은 요한의 서신서를 포함해 그가 쓴 것으로 여겨지는 모든 글에서 한결같이 나타난다.

초대 교회의 신학을 구성하는 데 요한복음의 영향은 엄청났다. 신학의 영성과 신비주의의 대부분이 바울의 서신서보다 요한복음에 훨씬 더 기초하고 있다. 요한복음만큼 하나님의 성육신을 기독교 신앙의 기본 중의 기본으로 강조하고 있는 성경 말씀도 없다. 바울의 서신서와 다른 복음서들은 예수님 이야기를 하는 경향이 있는 반면에, 요한은 하나님 이야기를 한다. 요한에게 예수님은 인간이기보다 하나님으로서 역할을 하고 있다.

1세기 이후에 요한복음은 예수님의 신성보다 인성을 앞세운 아리우스파(이집트 성직자 아리우스의 제자들)에 맞서 교회가 내세우는 논증의 중심이 되었다. 요한의 제자 폴리갑과 폴리갑의 제자 이그나티우스의 제자였던 리옹의 이레니우스는 계시록과 요한복음의 저자가 사도 요한임에 틀림없다고 확증했다. 이레니우스는 요한의 저작들을 사용하여 유럽의 그리스도인들이 거의 받아들일 뻔한 신학에 맞섰다. 아리우스주의는 결국 주후 325년 니케아 공의회에서 이단으로 선언되었다. 이 일은 요한의 기독론이 승리했음을 의미한다.

기독교와 다른 종교의 가장 큰 차이점은 요한이 훌륭하게 서술하고 있는 바와 같이, 하나님과 인간이 계속해서 확실한 상호교제를 한다는 데 있다. 말씀의 성육신을 통해 하나님이 친히 인간이 되셨다는 사실, 그리하여 인간이 하나님이 될 수 있다는(하나님의 영원한 생명에 참여할 수 있다는) 사실은 기독교 신앙의 기초로서 기독교에서만 볼 수 있는 독창적인 개념이다. 이는 인간에게 주어진 명백한 운명을 개선하는 데 필요한 소망과 사랑을 인류에게 제공한다.

G Greek __ 그리스어

믿음이 담긴 언어

신약성경은 원래 그리스어(헬라어)로 기록되었다. 전문가들이 수세기 동안 예수님이 사용하신 아람어로 기록된 좀 더 오래된 원고를 찾으려고 노력했지만 지금까지 아무도 성공하지 못했다. 예수님과 대부분의 사도들이 그리스어를 몰랐다는 사실은 명백하다. 본문에는 "아빠"(아버지)와 "엘리 라마 사박다니"(나의 하나님, 어찌하여 나를 버리셨나이까, 마 27:46)와 같이 예수님이 사용하신 아람어가 그리스어 번역으로 표시된 곳이 몇 군데 있다. 이것은 복음서 저자가 자신의 기록에 신뢰성과 생동감을 더하기 위해 의도적으로 삽입한 구절이라고 볼 수 있다. 신약성경의 가장 초기 본문은 바울이 그리스에 있는 공동체와 그리스어를 사용하는 헬라권의 지역사회에 보낸 것들로서 데살로니가에 보낸 첫 번째 서신이 가장 오래되었다. 이 서신들은 두말할 것 없이 그리스어로 쓰였다. 다소에서 태어난 바울은 그리스어로 말하는 사람이었으며 서신의 수신자들도 마찬가지였다.

로마제국의 공식 언어는 라틴어였지만 로마인들은 제국에 속한 여러 나라들에게 라틴어 사용을 강요하지 않았다. 빌라도가 재판하는 동안에 예수님에게 어떤 언어로 말했는지는 확실히 알 수 없다. 다만 보도된 대화가 간단하고 생동감이 있는 것으로 미루어 보아 아람어를 썼을 가능성이 높다.

그 당시 팔레스타인의 공용어였던 아람어는 페르시아어에서 파생했다. 히브리어는 종교 문서에만 사용되었다. 오늘날에도 중동의 외진 곳에는 아람어를 쓰는 마을이 있고, 일부 지역교회에서는 여전히 아람어 예전을 사용한다.

주전 3세기에 구약성경이 알렉산드리아에서 그리스어로 번역되었는데, 대부분의 디아스포라 유대인들이 히브리어를 몰랐기 때문이다. 이 번역은 70인역(LXX)이라는 명칭으로 잘 알려져 있다. 70명의 번역가가 70일 동안에 번역을 완성했다는 전설이 있다. 이것은 당시에 그리스어가 이미 중동 지역의 공용어였다는 사실을 보여준다.

그리스어 신약성경이 일찍부터 존재했을까 하는 의심은 언제나 있었다. 마태복음의 저자가 그리스어를 몰랐을 가능성이 높기 때문이다. 누가와 요한은 확실히 그리스어를 이해했을 테고 어쩌면 마가도 그랬을 것이다. 증거는 없지만 이들 복음서의 아람어 초기 사본이 존재했을 가능성이 있다. 예수님의 주요 가르침을 모아놓은 미지의 책이 있다고 가정하는 큐문서설도 본문이 어떤 언어로 기록되었는지는 다루지 않는다(마태복음과 누가복음은 마가복음을 1차 자료로, 이 미지의 책, 즉 큐 문서를 2차 자료로 사용한 것으로 보인다).

모든 주요 자료를 없애고 그리스어 본문만 남겨두기로 한 결정은 아주 초기 단계에서 이루어졌을 것이다. 가장 오래된 것으로 알려진 요한복음 파편에는 그리스어가 적혀 있다. 이러한 결정이 바울의 초기 서신들 때문에 내려진 것인지, 아니면 서신들이 있음에도 불구하고 내려진 것인지는 분명하지 않다. 알다시피 바울의 서신들은 처음 얼마 동안은 열렬히 환영받았으나 곧 의심의 대상이 되었고, 어느 정도 제쳐졌기 때문이다. 그러나 주후 200년경에 교부로 알려진 대신학자들을 통해 바울의 서신들은 다시 권위를 회복했다.

신약성경의 라틴어 번역은 기독교가 서유럽으로 확장되면서 필요한 일이 되었다. 라틴어 번역은 되도록 원문에 충실하기 위해 그리스어 원문에서 번역되었다. 비록 나중에 몇 가지 신학적 오류가 발견되어 수정되었지만 말이다(특히 요한1서 5장에서 '물'과 '피'라는 단어가 '아들'과 '성령'으로 잘못 바뀌었다. 이것은 사도 요한의 글에서 삼위일체에 대한 언급을 찾으려는 섣부른 시도였다).

그리스어 사본만 보존하겠다는 결정은 예수님의 가르침을 헬라 문화화하는 데 지대한 영향을 끼쳐 그 시대 대부분의 복음 전파에 언어적으로나 윤리적, 철학적으로 영향을 주었음이 틀림없다. 그리스어 단어를 원래 아람어의 신학 용어에서 가져와 써야 했으므로 당연히 언어 구조상의 변화가 생겼을 것이다. 아람어 개념은 번역하기가 매우 어려웠고, 형이상학적 논쟁에 매우 친숙한 그리스 문화 속에서 가장 맞는 어휘를 가져다 써야 했을 것이다. 요한복음이 그리스의 이원론적 사상구조와 어휘를 반영하고 있다는 점은 그 첫 단어만 보아도 분명히 알 수 있다. 로고스(*logos*)는 유대문화에서 전혀 찾을 수 없는 개념이다. 하나님을 가리키는 데오스(*Theos*)라는 이름조차 신성에 이름 붙이기를 꺼리는 유대인의 치밀한 노력과는 결코 어울리지 않는다. 신성에 이름을 붙이는 것은 그리스 문화에서 전형적으로 찾아볼 수 있는 일이다. 빛을 처음에는 생명에, 그리고 예수님께 연결시키는 것 또한 유대인의 신앙과는 거리가 멀다. 요한복음의 서두는 영지주의나 델피 신전의 전례에 가까운 그리스의 형이상학적 시 형태를 전형적으로 보여주고 있다.

부활의 명칭과 설명도 오르페우스의 이야기를 연상케 한다. 예수님은 막달라 마리아에게 "내가 내 아버지…께로 올라간다"(요 20:17)라고 말씀하신다. 예수님이 갈릴리 호숫가에 나타나 제자들로 하여금 물고기 153마리를 잡는 이적을 베푸신 일을 보도한 다음(요 21:11), 복음서 저자는 그분이 "죽은 자 가운데서 살아나[셨다]"(요 21:14)라는 말을 사용한다. 똑같은 말을 누가복음에서도 사용하고 있고, 그 뒤에 '일어났다', '살아 있다'가 나오고, 그런 다음 다시 '깨어났다'라는 말이 나온다. 부활이라는 개념은 유대인들에게 친숙했지만 그들은 그 말에 대해 연구하지는 않았다. 예수님과 바리새인 그리고 사두개인 사이에 벌어진 토론은 현실적이며, 복음서에서 초자연적인 사건들을 보도하는 어조와는 매우 다르다. 이것은 초자연적 사건들을 재해석할 때 바울이 사용한 어조와도 매우 다르다.

그런데 신약성경이 그리스어를 선택한 가장 특별한 결과는 '사랑'이라는 말을 절묘하게 사용한 데 있다. 요한이 주저하지 않고 "하나님은 사랑이시다"라고 말할 정도로 사랑은 신약성경에서 가장 널리 쓰이는 단어 중 하나다. 그런데 영어는 그리스어에 비해 전달하고자 하는 의미가 빈약하다. 그리스어는 네 가지 단어(아가페, 필레오, 스토르게, 에로스)로 사랑을 표현한다. '아가페'는 이기적이지 않고 신성한 사랑의 가장 숭고한 형태다. '필레오'는 형제간의 사랑이자 박애이고, '스토르게'는 가족 간의 사랑이며, '에로스'는 인간의 관능적인 사랑이다. 신약성경과 다른 복음서들은 모두 아가페라는 단어를 사용한다. 예수님과 베드로의 유명한 대화에서 예수님은 베드로에게 물으신다. "베드로야, 나를 사랑(아가페)하느냐?" 이에 베드로가 답한다. "주님, 제가 주님을 사랑(필레오)합니다." 베드로는 자신이 아가페 사랑을 할 만한 자격이 없다고 느꼈기 때문에 그렇게 대답한 것이다(요 21:15-17).

현대 학자들은 성경이 수세기에 걸쳐 손으로 필사되었지만 사본의 변화가 없었음을 지적한다. 성경의 전사작업은 지속적으로 흠 없이 진행되었다. 800년이나 간격을 둔 두 개의 사본이 그리스어로나 라틴어로나 정확히 같은 단어를 사용하고 있다. 그것은 그리스도인들이 정확히, 신실하게 지켜온 텍스트에 의지했다는 훌륭한 증거다.

언어는 문화에 이르는 길이다. 모든 위대한 문명은 자신만의 언어를 발전시켰다. 언어는 한 문명이 다른 한 문명을 지배하는 것을 가능케 하는 열쇠다. 역사상 그러한 예를 많이 찾아볼 수 있다. 로마의 대문호 호라티우스는 "정복당한 그리스가 야만적인 정복자 로마를 정복했다"라고 말했다. 이것은 결국 그리스가 문화의 승리를 거두었다는 말이다. 서구 유럽 문화에 라틴어가 도입되면서 로마 문화가 이식되었다. 지금은 영어권 국가의 문화가 전 세계를 지배하고 있다. 이것은 영어가 기술 시대에 더 적합하기 때문이다.

기독교의 경우는 조금 더 복잡하다. 그리스어를 신성한 경전을 기록하는 언어로 채택함으로써 유대교는 부유하지만 매우 이질적인 문화와 접촉하게 되었다. 만약 신약성경이 히브리어로 쓰였다면 기독교의 운명이 많이 달라졌을지도 모른다. 그리스 세계에서 예수님의 메시지가 성공하면서 양쪽의 문화가 모두 바뀌고, 유대교의 한 종파가 세계 종교로 변모하는 상호교류가 이루어졌다. 천 년의 비잔틴 시대는 이 새로운 문화의 실현이었다. 이 문화는 히브리 개념과 그리스 개념의 혼합물로서 현재 기독교 문명으로 알려져 있다.

도마복음은 이런 미묘한 차이점을 어떻게 볼 것인지 좋은 예를 제공한다. 예수님이 말씀하신 세 가지 형태의 로고스를 구분하기란 비교적 쉽다. 영지에 해당하는 로고스는 그리스에서 기원했고, 메시아적 로고스는 유대에서 기원했지만, 로고스의 공통된 의미는 보편적이다. 예를 들면 다음과 같다.

- 육신이 영혼으로 인하여 존재케 되었다면, 그것은 기적이로다. 그러나 영혼이 몸으로 인하여 존재케 되었다면, 그것은 기적 중의 기적이로다(29:1-2). – 그리스적 개념
- 만약 그들이 너희에게 묻기를, "너희 아버지께서 너희 속에 계시다는 증표가 무엇이뇨?"라고 하면 그들에게 말하라. "그것은 운동이요, 안식이로다"(50:3). – 그리스적 개념
- 집짓는 자들이 버린 바로 그 돌을 나에게 보여다오. 그것이야말로 모퉁이의 머릿돌이로다(66:1). – 히브리적 개념
- 눈먼 자가 눈먼 자를 인도하면 둘이 다 구덩이에 빠지리라(34:1). – 보편적 개념

- 새 포도주는 낡은 가죽부대에 붓지 않는다. 낡은 가죽부대가 터질 수 있기 때문이다. 오래 묵은 좋은 포도주를 새 가죽부대에 붓지도 않는다. 그 맛을 버릴 수 있기 때문이다(47:4). – 보편적 개념

역사가와 철학자들은 문명이 진보로 길을 열어준 지적, 문화적 보금자리였다고 여겨왔다. 진보는 고대의 문화에서는 익숙하지 않은 개념이다. 종교개혁은 모든 사람이 성경을 이해하고 손쉽게 얻을 수 있게 해줌으로써 계몽주의와 인본주의 시대에 이르는 길을 열었다. 종교개혁과 마찬가지로 이러한 운동은 예수님의 가르침을 잘못 해석한 교회의 입장에 반대한 운동이었다. 그런 교회들이 전통의 무게를 강조하고 성경을 자신의 목적에 맞게 해석하며 사회에 대한 지배권을 보장함으로써 성경을 권력의 원천으로 바꾸어놓았기 때문이다.

종교개혁 시대에 성경의 가치가 재발견될 수 있었던 것은 주로 성경이 현대 유럽의 언어로 번역된 덕분이었다. 18세기 이후로 성경은 수천 개의 언어로 번역되었다. 대부분의 초기 번역은 만족스럽지 못했고 나중에 대체되었다. 본문의 의미를 보존하는 문제는 성경 번역에서 가장 중요한 일이다. 의미를 충실히 전달하기가 어렵기 때문에 성경을 새로운 언어로 번역하려면 일반적으로 약 10년 정도의 시간이 필요하다고 한다. 지역문화에 낯선 새로운 개념들을 표현하기 위해 번역가가 신조어를 만들어내는 일은 흔하다. 이렇게 해서 서구 문명이 전 세계로 점점 확산되었다.

언어는 성경을 이해하는 데 핵심이고, 그리스어는 초대 교회 공동체가 선택한 도구다. 신약성경은 팔레스타인 유대인들은 몰랐을 수도

있는 수많은 그리스적 개념을 가지고 있다. 그것들은 기독교 신앙에서 본질적인 개념들이다. 2천 년이 지난 지금, 성경에서 히브리적 개념과 그리스적 개념을 확실하게 분리하기란 쉽지 않다.

H Holy Spirit __ 성령

하나님의 실체

성령은 기독교 신앙에서 가장 신비하고 상상하기도 힘든 개념 중 하나다. 초대 그리스도인들은 하나님과 예수님 말고도 한 위격 안에 신성이 통합되어 있으면서도 기독교 신앙의 유일신 성격을 유지하는 것으로 여겨지는 하나의 위격으로 성령을 이해하는 데 어려움을 겪었다. 하나님과 예수님이 인간과 소통을 유지하기 위해 성령이라는 제3의 '실체'와 한 분으로 연합되어야 한다는 생각을 받아들이기 힘들어했다. 안디옥의 이그나티우스가 주후 110년경에 작성한 최초의 기독교 신경에는 '성령'이라는 말이 나오지 않는다.

유일신 종교로 알려진 유대교나 이슬람교는 기독교 신앙의 본질에 우려를 표명하며 각자 자기만이 '유일신 종교'이고, 기독교는 유대교의 이단적 파생물일 뿐이라고 주장해왔다.

성령은 단순한 상징인 것일까, 아니면 그 자체로 존재하는 것일까?

성령의 개념은 세례 요한이 자신은 물로 세례를 주지만 장차 오실 메시아는 성령으로 세례를 주실 것이라고 선포한 데서 나타난다(막 1:8). 그런 후 예수님이 요한에게 세례를 받고 물에서 올라오실 때 "이는 내 사랑하는 아들이요"라는 하나님의 음성이 들려왔다(마 3:17). 여기서 성령은 하나님의 메시지와 곧바로 연결되고 있으며 이 연합은 계속 유지된다. 예수님은 성령을 가리켜 자신과 하나님이 소통하기 위해 하나님이 선택하신 방법이라는 말씀을 종종 하셨다. 요한복음은 성령을 하나님의 권능이 임하심으로 묘사하는 인용문으로 가득 차 있다. 성령은 믿음을 불러 일으키고, 그리하여 인간에게도 감동을 준다.

예수님은 이 땅을 떠나면서 인간에게 하나님의 성령을 남겨주셨다. 오순절날(표제어 '오순절 성령강림')은 하나님이 인류와 어떻게 일하시는지를 정확히 보여주는 사례다.

주후 325년에 교회는 현재 이스탄불과 가까운 소아시아의 니케아에서 공의회를 열어 성령이 하나님의 제3의 위격이라고 명확히 진술했고(니케아 신경), 이후 381년 로마 황제 콘스탄티누스가 참석한 공의회에서 니케아-콘스탄티노플 신경을 채택했다. 이것은 인간이자 하나님이신 예수님의 두 본성과, 한 분이자 유일하신 하나님의 표현으로서 삼위일체가 존재함을 주장하는 신앙 선언문이다. 그리하여 성령은 하나님의 다른 두 위격인 성부와 성자의 수준으로 올라갔다.

니케아 신경은 성경에 나오지 않는 내용으로 작성한 것이 아니라 복음서, 서신서, 그리고 사도행전에 자세히 나오는 성령의 역할을 해석한 것이다. 흩어져 있는 구절들을 종합하여 보다 쉽게 이해할 수 있게 작성했고 계속되는 논쟁을 종결짓고자 했다. 그러나 많은 그리스도인들이 이에 동의하지 않았고, 이후 수세기에 걸쳐 이어진 논쟁들은 기독교 발전에 걸림돌이 되었다.

1차 공의회 이후 수많은 신학자와 평신도들이 성령의 본질을 더욱 정교하게 설명하려고 노력했지만, 그 결과는 항상 급진적이어서 분열과 종파 분립, 죽음으로 이어졌다. 최악의 상황은 그리스도교라는 하나의 울타리 안에 있던 동방과 서방의 교회가 주후 1054년 필리오케 논쟁으로 가톨릭교회와 정교회로 갈라선 것이다. 이 논쟁은 성령의 기원에 관한 니케아 신경을 어떻게 해석하느냐, 즉 성령이 오직 하나님에게서만 나오느냐 아니면 성자인 예수님에게서도 나오느냐 하는 문제로 일어났다. 누가 그러한 물음에 대답할 수 있겠는가? 그 문제는 서방교회와 동방정교회 사이를 거의 1천 년 동안이나 갈라놓았다. 1990년대에 들어 두 교회는 마침내 화해를 시도함으로써 이 문제를 극복해가는 과정에 있다.

현대인은 이러한 추상적인 개념에서 어떤 유익을 얻을 수 있을까?

기도는 성령의 역할을 이해하는 가장 단순한 방법이다. 우리는 기도할 때, 비록 예수님을 보지는 못해도 그분과 소통하고 있음을 느낀다. 우리의 기도를 예수님이 듣고 응답해주시기를 원한다. 우리의 삶에서 그런 일을 가능하게 해주시는 분이 성령이다. 진실하게 기도하고 그 소원이 예수님의 가르침에 어긋나지 않으면 우리는 기도 응답을 받는다. 소통의 통로가 열려 있기 때문이다. 이것이 바로 성령의 역사다.

성령이 우리를 예수님께로, 하나님께로 인도해주신다. 그리하여 예수님과 하나님을 만나게 해주신다.

성령은 우리 인생의 나침반이다. 우리는 옳은 길이 아닌 것을 알면서도 나침반이 가리키는 방향과 다른 방향을 선택할 수 있다. 하지만 생각을 바꿔서 옳은 길로 돌아설 자유 또한 있다. 되돌아서는 순간 우리는 용서를 받는다.

성령은 사랑의 또 다른 이름이다. 요한에 의하면 사랑은 하나님과 예수님의 본질이다. 성령은 사랑의 감정이시고, 하나님은 피조세계에 대한 사랑이시며, 예수님은 인류에 대한 사랑이시다.

기도를 통해 성령은 우리가 이웃을 사랑하도록 도우신다. 우리는 늘 성령의 도우심이 절실하다!

생명의 연료

행복한 삶의 비결은 무엇일까? 행복은 무엇일까?

인류에게 가장 어려운 이 두 가지 질문에 수천 개의 대답이 있다. 이 질문에 가장 먼저 대답하려고 시도한 사람은 고대 그리스인들이었다. 소크라테스 이전의 사람들은 "너 자신을 알라"의 열렬한 옹호자였다. 이 소피스트적 금언은 최초의 철학 학교 문 위에 적혀 있었다. 이 금언은 새로운 삶을 여는 자기성찰로 이어져 사람들로 하여금 야망을 자신의 잠재력에 맞추도록 했다. 그러나 소크라테스와 플라톤은 야망이 더 컸다. 그들은 우주를 움직이는 이데아를 바라볼 수 있는 지점까지 인간의 지성을 끌어올리려 했다. 지식이야말로 인간이 잠재력을 최대한 발휘할 수 있는 유일한 길이라고 생각했다. 한편 에피쿠로스 학파는 좀 더 현실적이었다. 그들은 행복의 비결이 절제와 균형에 있다고 확신했다. 행복한 삶이란 인생 길에 놓인 예상치 못한 장애물과 기회를 최대한 활용함으로써 이루어진다고 보았다. 삶의 충격을 흡수하고 자신의 성공을 균형 잡힌 시각으로 유지하는 것이 평온하게, 즉 행복하게 살아남는 유일한 방법이라고 보았다. 에피쿠로스 학파에게는 평정심 혹은 아타락시아(*ataraxia*, 영혼의 평정상태)가 가장 중요했다. 반면에 스토아 학파는 행복은 존재하지 않고 인생은 도덕의 힘으로만 경영해야 한다고 생각했다. 스토아 학파에게 소망이란 없었다.

두 이론 중 어떤 것도 행복의 원천이 소망에 있다는 사실을 보여주지 못했다. 소망은 이들 사상가들에게 고려 대상이 아니었고 아무런 의미도 없었다. 기껏해야 중립적이고 인생에 별 영향을 주지 않는 것이었다.

아리스토텔레스와 더불어 철학은 인간의 참된 삶을 향한 '영역들'을 전적으로 묵상하는 데서 멀어지기 시작했다. 자유와 평등, 정치적 힘과 같은 개념이 행복을 구성하는 요소로 받아들여졌다. 사회는 사회 구성원들의 행복에 부분적으로 책임이 있었고, 사회를 움직이는 추진력은 이 목적들에 도달하려는 소망이었다.

계몽주의 시대에 행복은 소망을 성취한 마음의 상태였다. 행복은 개인의 희망이 향상되고 성취되는 역동적인 감정이었다.

포스트모던 시대에 행복은 더 정적인 것으로서 한순간 누리는 어떤 상태다. '작은 행복들'이 모이면 큰 행복의 상태에 도달한다는 것이다. 사람들은 간단한 재주나 태도 변화를 통해 이 상태를 지속시키려고 노력한다. 그들에게는 순간의 행복이 목적이다. 소망은 순간적인 충동을 이루기 위한 유일한 바람일 뿐이다.

그러나 기독교가 말하는 소망에 대한 개념은 완전히 다르다. 기독교는 믿음과 소망과 사랑이라는 예수님의 덕목 성취를 최우선에 놓는다. 이런 덕목은 사적이거나 개인적인 것이 아니다. 이런 덕목을 실천하기 위해서는 이웃이나 동료가 필요하다. '혼자 사랑한다'는 말이 있을 수 없듯이 '혼자 소망한다'는 말도 있을 수 없다. 이러한 소망은 혁명적이고 시대를 초월하며, 현재 유행하는 철학이나 사조와는 거리가 멀다. 그것은 개발 수준이나 개인의 부에 의존하지 않는다. 그리스도인은 소망과 이웃이 없으면 행복할 수 없다.

그것이 가져다주는 결과는 무한하다.

소망은 바울이 고린도전서에서 언급한 세 가지 주요 덕목 중 하나다(고전 13:13). 소망은 기독교 생활방식의 열쇠 중 하나로서 예수님이 제자들에게 요구하신 바로 그 지성의 길이다. 로마서에서 바울은 보이는 소망과 보이지 않는 소망 사이의 차이 문제를 제기한다. 그의 대답은 보이지 않는 소망의 가치가 더 탁월하다는 것이다. 이 수사는 그리스 대중에게 맞추어져 있지만 바울과 멀리 떨어진 시대에 살고 있는 우리도 여전히 그의 말에 감동을 받는다. 소망이라는 마음의 상태는 무의식 층에서 나오는 것으로서 우리가 가지고 있는 대부분의 관례적인 생각과 반대된다.

내가 슬플 때 소망은 치료제가 된다. 내가 행복할 때 소망은 에너지가 된다. 내가 아플 때 소망은 회복제가 된다. 내가 늙었을 때 소망은 살아가는 유일한 길이 된다. 내가 젊다면 소망은 유일한 성공의 길이 된다. 주위 사람들에게 영향을 주고 싶다면 반드시 그들에게 소망을 주어야 한다. 내게 수도사처럼 은둔하는 성향이 있다면 소망만이 고독 속에서도 살아가는 힘을 줄 것이다. 내가 강하면 소망이 나를 더 강하게 지탱할 것이고, 내가 약하면 소망이 나를 더 강하게 붙들어줄 것이다. 내가 풍요로우면 소망이 다른 사람들을 돕게 하고, 내가 가난하면 소망이 도움을 받아들일 수 있게 해준다.

우리가 살아가는 삶의 매 순간은 소망의 순간이다.

아니 그렇게 되어야 한다.

소망은 행복의 원천인가?

소망은 근본적으로 보이지 않고 비물질적이고 본질적이며 팔거나 살 수 없는 마음의 산물이다. 소망이 우리의 마음속에 있다고 말할 수 있을까? 이것은 우리의 무지를 감추는 하나의 이미지에 지나지 않는다. 삶은 영원한 소망이고, 소망의 부재는 죽음으로 가는 길이다.

이런 감정은 추적하거나 실체를 확인하기가 거의 불가능하다. 그러나 소망은 삶의 핵심 연료로서 우리 마음에 영구히 자리잡음으로써 인생의 목적에 힘을 부여하고, 우리로 하여금 행복하고 가치 있게 살아가야겠다고 느끼게 한다.

인류는 역사를 통틀어 빵과 물만큼이나 소망을 필수재로 여겼기 때문에, 인간의 마음속에 소망을 살리기 위해 수많은 해결책을 시도해왔다. 일찍이 호모 사피엔스는 살기 위해 투쟁했다. 인간에게 소망은 단순히 하루를 더 살아가고자 하는 바람이었다. 그래서 인간은 생존 이외에는 생각하지 못할 정도로 에너지를 다 동원했다. 소망보다는 본능이 앞섰다. 인간을 가장 약탈하는 자가 인간이기 때문에("인간은 다른 인간에게는 늑대다"라는 로마 속담도 있다) 외부인들을 피하고 자기 부족의 안전망 가운데 머물려는 것이 기본적인 소망이었다.

시간이 흐른 뒤에 소망은 죽음에서 살아남고자 하는 소원이 되었다. 죽음에 대한 두려움은 완전히 강박관념이 되어 인간은 '영생'을 얻기 위해 온갖 방법을 상상해냈다. 장례 기술, 정교한 장례 의식, 그리고 시신 보존은 호모 사피엔스에게 의식이 출현했음을 보여주는 가장 초기의 표시다.

'인간화'(고생물학자이자 철학자인 프랑스 신부 떼이야르 드 샤르댕이 만든 단어)의 발전과 함께 사회는 개인의 두려움을 극복하기 시작했다. 전쟁과 전쟁 사이에서 하루하루 생존하는 것은 더 이상 문제가 되지 않았다. 법이 제정되면서 이웃에 대한 공포는 거의 사라졌다. 전쟁은 위협이고, 소망은 평화와 같은 말이 되었다.

포스트모던 시대에 세속적인 소망은 주로 의약품, 예방책, 기적, 그리고 자손을 통해 자신의 생명을 연장하려는 바람이 되고 있다. 영원불사 추구 다음으로 선택된 것이 유전자 보존이다. 사람들은 단순히 물질적인 것, 권력 또는 자아 이상의 것을 소망한다. 사람들은 자신의 인생이 의미 있기를 소망하고 자신이 죽은 후에 인간이 만들어낸 것보다 더 오래 지속되는 무언가를 남기길 소망한다. 그런 이들의 궁극적 목적은 일종의 창조자가 되는 것이다.

예수님에게 소망의 궁극적 목표는 행복이 다스리는 곳, 즉 '하나님 나라'에 들어가는 것이다. 이 땅에서 예수님의 이름으로 두세 사람이 모인 곳에는 이미 하나님 나라가 존재한다는 말씀도 덧붙이신다. 예수님의 혁명은 나의 소망을 이웃의 소망에 연결시키고, 나의 행복을 그들의 행복에 연결시킨다. 예수님의 가르침으로 나의 운명은 주위에 있는 많은 사람의 운명에 의존하게 되었다. 나는 혼자 행복할 수 없다. 과학자들은 자석의 자기장처럼 소망이 일종의 힘의 장(권력장)이라고 말할 것이다.

예수님의 모든 말씀은 내 마음에 소망을 심기 위한 것이다. 그분의 말씀은 당대 철학자들의 가르침을 훨씬 뛰어넘어 나를 진정한 행복으로 인도한다. 행복이란 나 자신, 나의 업적, 또는 내가 일종의 열반에 오르는 것에 초점을 두지 않는다. 대신에 예수님의 가장 큰 계명인 "네 이웃을 네 자신같이 사랑하라"(마 22:39)는 말씀을 향해 인류가 기쁘게 나아갈 수 있도록 작용한다.

이것이 우리가 누릴 수 있는 가장 높은 수준의 소망이다.

지푸라기 서신의 반전

마틴 루터는 신약성경의 야고보서를 매우 비판했다. 아예 예수님의 가르침을 모르는 유대인이 쓴 서신이라고 간주했다. 칼빈은 마틴 루터보다는 덜 비판적이었지만 별로 관심을 두지 않았다. 그는 바울의 교리를 신봉했기 때문에 야고보가 쓴 내용을 쉽사리 받아들이지 못했다. 개신교 지도자들과 야고보의 의견이 불일치하는 핵심은 '믿음으로 의롭게 된다'는 가르침에 있다. 바울의 중요한 신학은 인간이 믿음을 통해 하나님이 값없이 주시는 은혜로 구원을 받는다는 것이다. 그러므로 누구라도 구원받을 자격이 있다고 주장할 수 없다. 야고보는 믿음은 선한 행동으로 귀결되어야 한다고 말한다. 루터는 이것이 바울의 가르침과 모순된다고 생각했기 때문에 야고보의 가르침을 낮춰 보는 의미로 야고보서를 '지푸라기 서신'이라고 명명했다.

야고보서가 신약성경에서 차지하는 자리는 매우 특이하다. 예수님의 이름은 딱 두 번만 나온다. 예수님의 희생과 부활에 대한 언급은 전혀 없다. 그런 종교적인 가르침은 없지만 복된 삶을 살기 위한 유대인의 규정과 마찬가지로 예수님의 제자가 따라야 할 삶의 실질적인 교훈을 많이 담고 있다.

이 서신은 예수님의 형제 야고보가 썼다. 그는 바울이 예루살렘을 찾아와서 만난 교회 지도자들 중 한 명이었다. 이 야고보는 요한의 형제 야고보가 아니다. 요한의 형제 야고보는 예루살렘에서 헤롯왕에 의해 처형되었다(행 12:1-2). 이 서신을 쓴 야고보는 열두 사도(열두 명 중에 야고보가 두 명 있었는데, 요한의 형제 야고보와 알패오의 아들 야고보다)의 일원은 아니었지만 예수님의 가족이라는 정통성 때문에 예루살렘 교회에서 중심 역할을 했다. 그는 주후 60년경에 이 서신을 썼으며 바울이 '값없는 은혜'라는 신학을 발전시킨 로마서에 대해 모르고 있었던 것 같다. 야고보는 여행을 전혀 하지 않았고 회당 및 그리스도인이 된 유대인들과 아주 긴밀한 관계를 가졌다. 새로운 믿음에 관한 그의 해석은 자신의 유대인 뿌리뿐만 아니라 팔레스타인 사회의 영향도 받았다. 이 서신을 쓴 주요 목적은(수신자가 누구인지는 아무도 모른다) 예수님을 따르는 사람들에게 주님을 위해 신실하게 살기 위해서는 반드시 받아들여야 하는 생활방식을 보여주는 것이다.

윤리와 품행이 이 서신의 주제들이다. 논리적인 순서로 나열되지는 않았지만 삶의 모든 측면을 검토한다.

첫째, 야고보는 기도가 응답될 것이며 시험을 이겨내리라는 흔들리지 않는 믿음을 유지해야 한다고 강조한다. 의심은 야고보가 다루는 주제가 아니다.

"듣기만 하여 자신을 속이는 자가 되지 말라"(약 1:22). 이것이 이 서신의 중심 사상이다. 야고보는 행동을 중요시하며 이는 믿음의 증거가 된다. 행동이 없는 믿음은 진실하지 않다. 말보다는 행동이 우리의 믿음을 볼 수 있게 하는 증거다. "너의 혀를 제어하라"(약 3:8 참조). "세상에 휩쓸려 부패하지 않도록 자신을 지켜라." "편견을 조심하라." "사람을 외모로 대하지 말라." "절대 너희 형제를 판단하지 말라"(약 4:11). "교만하지 말라!"

이것이 야고보가 말하는 삶의 방식이다. 이러한 기독교적 삶의 방식에서 우리의 목표는 예수님의 가르침을 이행하는 것이고, 우리의 구원은 마지막 심판 날에 이른다. 우리의 개인 윤리도 같은 맥락에서 엄격한 자기 절제를 유지해야 한다. 우리의 궁극적인 의지가 기도와 믿음에 있으며, 시련은 우리의 의지로는 극복할 수 없고 오직 주님의 도움으로만 극복될 수 있다는 점을 잊지 말아야 한다.

야고보서의 가르침대로 살기란 쉽지 않다.

야고보서는 신약성경에서 가장 많이 읽히는 서신서 중 하나는 아니다. 야고보서에 무관심한 사람은 루터만이 아니었다. 루터 이전에도 이 서신은 비신학적이고 현실적인 접근 때문에 바울의 서신만큼 중요하게 여겨지지 않았다. 이 서신에는 이론적인 주장이 없는 것도 사실이다. 다만 성도들에게 예수님의 발자취를 따르며 올바르게 사는 방법을 설명한다.

그 당시에 일부 팔레스타인 그리스도인의 행동이 미흡했던 것으로 여겨진다. 유대인 출신의 제자들로 이루어진 첫 세대가 아직 죽지 않았는데 그러했다는 사실이 놀랍다. 상당수가 여전히 자신들을 가르치셨던 예수님을 잘 기억하고 있었을 텐데 말이다. 사도행전에 나오는 초대 교회에 관한 이상적인 묘사를 보면 그들에게 야고보가 제시한 교훈이 필요했다고 상상하기는 어렵다. 메시아가 보여준 본을 그렇게 빨리 잊어버렸을 리 없기 때문이다. 사도행전의 저자인 누가가 다음 세대를 격려하기 위해 초대 교회의 전설을 만들려고 그렇게 묘사한 것일까? 어쩌면 초대 교회의 실제 모습이 바울이 묘사하고 있는 그리스 세계의 기독교 공동체에 속한 사람들의 모습에 더 가까웠는지도 모른다.

이 질문들에 대한 대답은 성경에 나오지 않는다. 역사가들은 첫 세대 그리스도인들의 생활에 관한 정보를 많이 제공하지 않았다. 그들은 사도들과 그들의 추종자들의 역사와 박해에 집중했다. 박해는 나중에 교회 역사의 초석이 된다.

야고보서는 우리에게 무엇을 해서는 안 되고 어떻게 행동하면 안 되는지를 잘 상기시켜준다.

그리고 서신의 마지막 구절은 우리 모두에게 환한 빛을 비춰준다. 소망으로 가는 유일한 길은 속죄와 용서라는 위대한 교훈을 확증하는 구절이다. “그러므로 너희 죄를 서로 고백하며 병이 낫기를 위하여 서로 기도하라”(약 5:16).

인류의 원동력

요한복음은 세계문학에서 가장 영감 있는 시로 시작된다. 이 시의 주제는 예수님이 지닌 신성의 기원이다. 요한복음은 '하나님의 아들'이라고 불리는 한 사람을 통해 인간사에 직접 개입하신 하나님으로 예수님의 전 생애를 해석하는 유일한 복음서다. 그분은 창세전부터 계셨고 결코 죽지 않으신다. 요한은 그분을 '예수'라고 부르는 대신에 '하나님의 말씀'(요 1:1), 성육신하신 하나님이라고 부른다. 요한은 하나님이 인류의 일원이 되셨고, 하나님의 사랑을 인류가 이해할 수 있도록 예수님에게 생명을 주셨다고 본다. 하나님은 예수라는 사람을 통해 사랑이 어떻게 인간의 삶과 마음을 지배할 수 있는지 보여주신다. 예수님은 미래의 인간에 대한 하나님의 설계를 보여주는 완벽한 모범이시다.

이것이 기독교 믿음의 핵심이다.

예수님이 요단강에서 세례를 받고 나오셨을 때 그분의 신성이 세례 요한에게 계시되었다. 처음으로 예수님의 기원을 밝히는 음성이 하늘로부터 들려왔다(막 1:9-11).

두 번째 음성은 변화산 사건에서 들려왔다(막 17:9). 이를 현장에서 목격한 자들은 베드로와 요한, 야고보 세 제자였다.

요한은 이 두 사건을 가나의 포도주 이적이나 가버나움에서 왕의 신하의 아들을 치유한 이적보다 더 중요하게 다룬다. 요한이 생각하기에 후자의 이적들은 예수님이 신적 권능을 소유하고 있음을 증명하는 것이지 하나님이심을 증명하는 것은 아니기 때문이다. 주목할 만한 예외로는 죽은 나사로를 다시 살리신 사건을 들 수 있다(요 11:4).

변화산 사건 이후로 예수님은 메시아, 즉 하나님의 사자로서 말씀하기 시작하신다. 요한은 인간이 하나님으로 변화되었음을 보여준다. 이후로 예수님이 보이시는 모든 표적은 그분의 신분에서 비롯된 결과로 해석할 수 있다. 유대인 및 비유대인과 나누신 모든 대화는 예수님의 신분을 드러내는 기회가 된다. 예수님은 자신의 태도를 유대인들이 용납하지 못할 것이며, 이렇게 가다가는 자신이 결국 잔혹한 죽음을 맞이하게 될 것을 아셨지만 바리새인들과 점점 더 도발적인 논쟁을 벌이신다.

동시에 예수님은 자신이 부활할 것이고 원래의 신적 본성을 취할 때 어떤 역할을 하게 될지를 암시하기 시작하신다. 같은 맥락에서 인류가 하나님의 율법을 어기고 무한한 죄가 있음에도 불구하고 하나님이 장차 인류를 용서하고 구원하실 것임을 내비치신다.

예수님은 또한 제자들에게 하나님의 계획이 어떻게 이루어지는지를 가르치신다. 그것은 인간 역사의 마지막 장인 '최후의 심판'을 예비하기 위해 인류를 회심시키는 것이다.

예수님의 죽으심과 부활, 부활하신 후 제자들에게 나타나신 일 등은 그분이 하신 일들을 확인시켜주었으며, 제자들도 그 일들을 그런 의미로 받아들였다(눅 24:36-46).

요한복음과 달리 다른 복음서들은 예수님이 인간으로 세상에 태어나시는 이야기로 시작한다. 그리고 예수님이 성전에 속한 제사장들과 장로들은 받아들일 수 없는 메시지를 전하며 점차 자신의 사명을 온전히 인식해가는 과정을 묘사한다. 이 복음서들은 예수님이 자신의 신성을 선포하기 전까지 얼마나 주저했는지를 보여준다. 예수님은 제자들에게 '표적'(이적)을 드러내지 말라고 자주 권고하셨다. 그러다가 마침내 부활 사건으로 하나님이신 예수님의 신분이 확증된다.

예수님이 이 땅에 계실 때 만난 적 없던 바울이 쓴 서신들은 요한복음보다 훨씬 전에 기록되었지만, 오순절날 이후로 예수님이 하나님으로 널리 여겨졌음을 증거한다.

예수님의 신성은 첫 번째 세대와 두 번째 세대 제자들(그들은 안디옥에서 처음으로 그리스도인이라고 불렸다)이 가진 믿음의 초석이었다. 어떤 사람들은 이 신성을 너무 확신한 나머지 예수님이 인간이었던 적이 없고 일종의 유령이라고 말하기 시작했다. 그러나 기독교 초창기에 일어난 가현설은 강한 반대에 부딪혔고 신속히 이단으로 정죄되었다. 초대 교회는 인간이자 하나님이신 예수님의 이중 본성을 단호하게 확언했다.

바울의 영향력으로 금세 비유대 그리스도인들이 유대 그리스도인들보다 더 많아졌다. 비유대인들은 유대 문화와 유대주의의 종교 논쟁에 대해 아무것도 몰랐다. 교육받은 비유대인들은 그리스 철학과 소피스트의 변증법에 익숙했으므로 유대인의 사고방식에 그리스의 플라톤주의가 스며들면서 때때로 이상한 지적 결과물이 생겨났다. 예수님을 신으로만 여기는 사람들이 지나간 자리에는 반대 입장을 취하는 사람들, 즉 알렉산드리아의 수도사 아리우스의 제자들이 들어섰다. 그들의 입장은 일반적으로 유대인들이 취했던 신념과 맥을 같이한다. 유대인들은 예수님을 그저 또 한 명의 선지자로 간주했다(이것은 6세기 후 무슬림이 취한 입장과도 같다).

아리우스주의자들은 주류 기독교에 의해 정죄되었지만 성령의 '신격화'로 문제는 더욱 복잡해졌다. 성령은 하나님과 예수님과 인간 사이를 연결하는 소통의 통로로 여겨졌다. 어떻게 이 순수한 영적 개념이 예수님의 유일신론에 들어맞을 수 있을까?

이른바 신학자라는 새로운 직업을 가지게 된 사람들 사이에 격렬한 논쟁이 벌어졌다. 유대인 율법가들에 이어서 그들은 신약성경을 해석하기 시작했다. 주후 2세기 말까지 신약성경은 완성되지 않았다. 이전에는 시노페의 마르키온과 논쟁이 있었는데, 그는 누가복음과 바울의 서신 열 개만 진정한 성경으로 받아들이고 구약성경을 묵살했다. 이레니우스는 오늘날 우리가 알고 있는 신약성경 27권 중 21권을 정경으로 받아들였다(나머지는 주후 397년 카르타고 교회회의에서 모두 정경으로 인정되었다). 모든 교회가 이 신약성경을 두루 받아들였고, 기독교는 로마제국의 공식 종교가 되었다(주후 380년). 황제들은 교회에 새롭게 부여된 지위 때문에 경쟁하는 종교 집단 사이에서 평화를 유지시켜야 한다는 사실을 즉시 깨달았다. 그들은 수도사들의 논쟁이 제국의 통일에 잠재적인 위협이 된다고 판단하여 언제나 논쟁에 개입했다.

신학의 첫 번째 중심지는 이집트였다. 알렉산드로스 대왕이 통치한 이후로 고전적인 철학 학교들이 아테네에서 알렉산드리아로 옮겨갔다. 그곳에서 세계를 말로 조직화하는 고상한 기술이 최고조에 이르렀다. 아리스토텔레스의 추종자들은 실제와 가상의 것들의 본성에 대해 신플라톤주의자나 에피쿠로스 학파, 스토아 학파와 논쟁을 벌였다. 예수님이 후대를 위해 작업할 수 있는 풍부한 자료를 남겨주신 셈이다.

이집트에서 기독교는 금세 자리를 잡았다. 전승에 따르면 첫 번째 설교자는 복음 전도자 마가였다고 한다. 새로운 종교와 철학의 노장들의 만남은 예수님의 본성에 대한 고도의 지적인 사색을 낳았다. 플로티누스(신플라톤주의자)는 이미 영과 혼과 이성의 연합으로 삼위일체 개념을 발전시켰다. 알렉산드리아 신학자들이 그 도식을 종종 모순되기도 하지만 여러 다른 방식으로 재활용하면서 논쟁이 벌어졌다. 이 논쟁은 로마제국의 새로운 수도 콘스탄티노플에서 로마 황제의 주재로 개최된 전체 교회 회의들의 결정으로 마무리되었다.

예수님의 '신성'(*Apotheosis*) 개념은 널리 받아들여졌다. '예수님은 하나님이시다'가 언제나 기독교 신앙의 초석이 되었다. 다만 하나님과 예수님 사이의 관계를 인간의 언어로 어떻게 묘사할 것인가 하는 민감한 질문이 제기되었다. 요한의 대답을 몬타누스파는 받아들이지 않았다. 그들은 요한의 책들, 즉 요한복음, 요한서신서, 요한계시록의 진위성에 의심을 품었다. 그 논란은 수도와 가까운 도시 니케아에서 열린 제1차 공의회에서 잠정적으로 해결되었다. 핵심적인 문제는 하나님과 예수님의 동등성에 있었다. 아리우스파는 이에 대해 반대하며 하나님이 예수님보다 더 위에 계시다고 주장했다. 그들의 옹호자인 알렉산드리아 주교 아리우스는 알렉산드리아 감독 아타나시우스에 대항해 논쟁을 벌였다. 그러나 마침내 아타나시우스의 입장이 승리를 거두었다. 다른 공의회에서는 복음서에 나오는 영은 성령이시고 하나님의 일부분이라고 결론내렸다. 하지만 삼위일체 개념에 대해 결정하기 위해서는 또 다른 공의회가 필요했다(일곱 차례의 에큐메니컬 공의회가 열렸고, 거기서 내린 결정들을 지금도 모든 그리스도인이 받아들인다). '삼위일체'라는 용어는 일찍이 주후 208년에 북아프리카 출신의 사제 테르툴리아누스가 처음 썼으나, 그는 이단으로 결정된 몬타누스주의자로 일생을 마쳤다.

성삼위일체는 예수-하나님의 공식적인 표현이 되었다. 유대인과 무슬림은 그 '삼각형 믿음'을 다신교적이라고 비판했다. 교부들은 대부분 이 복합적인 일체됨의 성격을 설명하는 데 노력을 집중했다.

삼위일체의 일원인 예수님은 하나님이시다. 성령도 마찬가지다. 그리스 철학이 이 개념에 새로운 언어를 제공했는데, 휘포스타시스, 즉 '위격'이라고 불리는 세 실체들 각각은 오직 한 분이신 하나님의 신격에 연합된다.

다음 단계는 콘스탄티노플, 에베소, 칼케돈에서 열린 공의회에서 이루어졌고, 교회가 결의한 대로 예수님은 그냥 하나님이 아니라 처음이자 유일한 신인(神人)이라는 공식 신조가 확정되었다.

예수-하나님에 대한 믿음이 복음서들을 밝혀준다. 그 믿음은 예수님의 말씀을 하나님의 말씀으로 바꾸며 예수님의 메시지를 푸는 열쇠를 제공한다. 예수님은 말씀하셨다. "나로 말미암지 않고는 아버지께로 올 자가 없느니라. 너희가 나를 알았더라면 내 아버지도 알았으리로다"(요 14:6-7). 이 말씀은 하나님과 그리스도인들의 관계에 초석을 제공한다. 이것은 유대인들이 생각하는 관계와는 전혀 다르다. 그리스도인들에게 하나님은 더 이상 미지의 분이거나 신비에 싸여 있는 분이 아니다. 하나님과 예수님을 떼어놓고 생각할 수 없다. 요한은 그의 복음서에서 하나님은 사랑이시라고 거듭해서 말한다. 이 땅에 하나님의 그리스도로 오신 예수님을 알지 못한다면 우리는 완전히 새로운 이 개념을 이해할 수 없을 것이다.

하나님의 사랑은 일종의 추상적인 관념이다. 아무도 하나님을 상상할 수 없기 때문이다. 하지만 예수님의 사랑은 처음에는 제자들에 의해, 그 다음에는 제자들의 추종자들에 의해 2천 년이 지난 지금도 여전히 인간의 감정으로 경험된다. 인간의 사랑은 하나님의 사랑을 반영하는 거울로서 하나님과 인간 사이의 잃어버린 연결고리다. 사랑은 하나님을 인간의 손이 닿을 수 있는 자리로 가져온다. 사랑은 하나님이 너무 멀리 있어 신비로운 경험을 하지 못했던 옛 시대 보통 사람들의 삶에 있었던 공백을 채워준다.

대부분의 종교에서는 끊임없는 의식을 통해 접근할 수 없는 신의 성격에 부응하고자 한다. 그들은 의식을 통해 자신들이 신과 소통하고 있다거나 최소한 신을 기쁘게 한다고 생각한다. 그런 일을 통해 이 세상이나 다음 세상에서 구원의 기회를 얻을 수 있다고 생각한다. 그들은 상상할 수 없는 것에 대해 생각할 필요가 없다.

기독교 신앙은 비록 의식을 덜 요구하는 편이지만 소통의 진정성이라는 맥락에서는 훨씬 더 까다롭다. 예수님은 위대한 스승이자 본보기시다. 그분은 가르침을 통해 위대한 스승이 되시며, 제자들과 함께 이 세상에서 사셨기 때문에 행동과 삶에서 본보기가 되신다. 제자들은 그분의 가르침과 삶에 대해 증언하는 자들이었다. 그러나 스승의 말씀을 경청하고 교훈에 순종하며 가르침대로 살고자 노력한다고 해서 스승과 동등해지는 것은 아니다. 예수님과 하나님의 동일성은 적어도 한 인간이 하나님의 기대를 만족시켰다는 사실을 보여준다. 예수 그리스도를 따르던 제자들은 그 완전함을 알았다. 그들은 자신이 결코 예수님의 수준에 도달하지 못하리라는 것을 알고 있었다. 그럼에도 어떤 길을 택해야 할지 온전히 알았다. 그 지식은 우리가 예수님을 나침반으로 삼아 올바른 방향으로 나아갈 수 있는 가능성을 열어준다. 자신의 가르침을 따르는 제자들을 둔 스승은 많다. 그러나 생명의 모델이 될 만큼 완벽한 스승은 없다. 누구도 예수님의 아우라를 따라가지 못한다. 수천 년 동안 예수님을 따르는 수많은 제자들이 하나님이신 예수님의 신분에 소망을 두었고, 그들 가운데 예수님이 영적으로 임재하여 그들의 삶을 다스리신다고 증언했다.

많은 저명한 사상가들이 이른바 '기독교의 비범함'에 대해 자세히 설명하려고 노력해왔다.

사회를 다스리는 어떤 규칙도 없이 신자들에게 그렇게 많은 자유를 주는 종교가 어떻게 시대마다 일어난 엄청난 변화 속에서 살아남을 수 있었을까? 어떻게 한 인간의 놀라운 부활에 기초한 종교가 여전히 성경의 세계와 공통점이 전혀 없는 물질주의 세계에서 수십억 명의 추종자들을 두며 그토록 오랜 세월 영향력을 미치며 지속될 수 있었을까? 왜 이 종교로 개종한 사람들은 세상의 나머지 사람들보다 더 인간적이고 경제적이고 과학적이며 사회적인 발전을 경험하는가?

최근에 중국과학원은 전문연구원들에게 왜 서구사회가 진보 경쟁에서 대다수의 국가보다 훨씬 앞서 나갔는지 설명해줄 것을 요청했다. 그들은 과학, 기술, 사회 조직, 민주주의 등 여러 가지 가설을 놓고 연구했다. 모든 가설이 진리의 일부를 담고 있지만 연구원들은 그것이 일차적인 원인이 아니라 결과임을 받아들이게 되었다. 중국과학원은 지구상에서 수세기 동안 서구 패권의 배후에 있었던 주요 요인은 기독교라고 생각했다. 그들은 예수의 가르침과 그의 이야기가 인간의 활동과 지식의 모든 분야에서 서구가 이룬 발전의 씨앗이라고 결론지었다. 그리스도인의 스승이 인간이자 하나님이라는 사실 자체가 신자들에게 미신과 억압에 눌리지 않고 모험의 길을 담대하게 선택할 자유와 힘을 제공한다. 예수님을 통해 하나님이 보호해주실 것이라는 믿음은 다빈치, 콜럼버스, 갈릴레오, 파스칼, 뉴턴과 같은 서구의 위대한 선구자들을 이끌어 간 원동력이었다. 그들은 인류의 경계를 확장해간 믿음의 선배들이다.

기독교 문화의 영향을 받은 적이 없는 중국인들이 그런 판단을 했다는 사실을 우리는 매우 진지하게 받아들여야 한다. 지금은 세상이 무신론적으로 인류의 미래를 생각하는 경향을 띠는 시대이기 때문이다.

바울이 고린도 교인들에게 외쳤던 믿음 선언이 오늘날 모든 이들의 귀에 울려 퍼져야 한다. 그것은 기독교 신앙의 뿌리에 있는 하나님이신 예수님, 즉 그분의 부활에 대한 믿음이다. 만약 그리스도가 다시 살아나신 일이 없으면 우리는 말씀을 전할 필요가 없고 당신도 믿을 필요가 없다. 게다가 하나님이 예수님을 죽음에서 일으키셨다고 말하는 우리는 하나님에 대해 거짓말을 하고 있는 셈이다(고전 15:17-20).

바울에게 예수님의 부활은 그가 가진 믿음의 초석이자 예수님의 신성을 드러내는 궁극의 증거였다. 요한에게 부활은 예수님의 신성에서 비롯된 결과였다. 이것은 기독교 신앙의 두 기둥으로서 둘 다 예수-하나님을 믿는 믿음 안에 서 있다.

인간이신 예수님은 우리의 안내자이고, 철학자이신 예수님은 우리의 스승이지만, 우리는 하나님이신 예수님을 경배한다.

인류의 운명 앞에 서다

프랑스 파리에서 이전에 신학자였다가 문헌학자로 변신한 한 사람이 1863년에 책을 한 권 출간했다. 그는 당시 프랑스 지식인 사회에서 잘 알려진 인물이었다. 그 책은 즉시 교회와 일반 사상가들 사이에 격렬한 논쟁을 불러일으켰다. 그 책은 경건한 가톨릭 신자들에게 금서가 되었고, 교회에 속한 학자들이 그 책에 대한 수많은 반박문을 썼다. 그러나 그 책은 곧 예수님의 신비에 학문적으로 접근했다는 지위를 얻었다. 에르네스트 르낭의 『예수의 생애』(La vie de Jésus)라는 이 책은 여전히 예수님의 역사를 기록한 좋은 저작이라고 널리 인정받고 있다. 그러나 르낭은 예수님의 전기에 집중하기 위해 일부러 그분의 신성을 생략했다. 그러나 예수라는 인물에 매료된 르낭은 책 맨 끝에 "이 사람은 하나님으로 여겨질 자격이 있다"라고 썼다.

이 책이 논쟁 거리가 된 이유는 인간 예수와 하나님 예수를 분리해서는 안 된다고 교회가 이해하고 있기 때문이다.

이후로도 수많은 예수의 전기가 출간되었다. 전기 작가들이 신앙심을 바탕으로 글을 쓰고 신뢰할 만한 자료를 사용하며 예수님을 단순히 구루나 소설 속의 인물처럼 격하하지만 않는다면 예수님의 전기를 썼다고 해서 더 이상 교회로부터 비판받지는 않는다. 니코스 카잔차키스의 『최후의 유혹』과 댄 브라운의 『다빈치 코드』와 같은 예수님에 관한 허구적인 소설을 교회는 신성모독으로 여겼다. 미국 오레곤 주에서 열린 '예수 세미나'와 같이 감성자유주의자들의 모임도 역사적 예수를 탐구하면서 이데올로기에 치중한 나머지 그분의 신성을 완전히 잘라냈다는 의심을 받는다. 그러나 이러한 학문적인 접근은 오늘날 널리 받아들여지고 있다.

아무튼 예수님의 영향력에 견줄 만한 사람은 없다. 2천 년이 지난 지금도 예수님에 대한 기억은 살아 있고 수십억의 사람들이 예수님을 세상의 구세주로 여긴다. 예수님이 가지신 그와 같은 위엄 때문에 우리는 인간 예수의 생애와 소명을 언급할 때 극도로 조심하고 존경을 표하지 않을 수 없다. 우리는 예수님의 죽음과 부활이 그분을 수십억의 인류를 위해 하나님의 자리로 높이는 영광을 가져왔다는 사실을 명심해야 한다. 이 글에서 나는 인간 예수의 삶을 묘사해보고자 한다. 신약성경과 좀더 신빙성 있는 외경에 나오는 정보만 살펴보아도 우리는 예수님이 어떤 사람이었는지 짐작할 수 있고, 그분을 그 시대의 중동 지역에서 가장 유명한 사람으로 만든 놀라운 카리스마를 충분히 이해할 수 있다.

예수님이 경건한 유대 가정에서 태어나신 것은 틀림없다. 그의 부모는 다윗의 혈통에 속했다. 어머니 마리아는 어린 시절부터 무척 경건한 사람이었다. 예수님의 가족들은 갈릴리 지방 나사렛이라는 동네에서 살았다(마 2:23). 나사렛은 예루살렘에서 북쪽으로 120킬로미터 떨어진 지점에 위치한다. 어떤 학자들은 예수님이 태어난 장소와 상황을 문제 삼기도 하는데, 예수님은 다윗 왕조의 고향으로 여겨지는 베들레헴 마을에서 태어났다고 전해진다. 당시 로마제국에서 실시한 인구조사로 인해 모든 사람들이 고향에 가서 호적을 등록해야 했고, 마리아와 요셉도 호적 등록을 하러 베들레헴에 갔다가 출산을 맞이한 것이다(눅 2:1-2).

예수님의 부모는 다시 나사렛으로 돌아갔고 얼마 되지 않아 알 수 없는 이유로 이집트로 이민을 가기로 결정한다. 전승에 따르면 로마의 분봉왕 헤롯이 미래에 이스라엘의 왕이 될 아기가 태어났다는 소문을 듣고 그 즈음에 태어난 사내아이들을 모두 죽이기로 결정했기 때문이다. 훗날 왕위 승계에 문제가 될 소지를 사전에 없애기 위한 결정이었다. 마리아와 요셉과 아기 예수는 헤롯왕이 죽은 후에 나사렛으로 되돌아왔고, 아버지 요셉은 목수로 정착했다. 콥틱 전승에는 이집트에서 요셉의 가족이 겪은 사건들이 포함되어 있다. 그 전승은 예수님이 이집트에 머문 일이 콥틱 교회가 세워진 계기가 되었다고 본다. 예수님이 이집트에 머무실 때 여러 가지 기이한 일이 일어났다고 전해지며, 그 가족이 살았던 장소는 오늘날까지 성지가 되고 있다.

갈릴리로 돌아온 아버지와 아들은 함께 작업장에서 일했다. 예수님은 경건한 유대인이 받아야 할 교육을 받으셨다. 열두 살이던 어느 날, 소년 예수는 부모님과 함께 예루살렘을 방문했다. 함께 있던 아이가 없어지자 마리아와 요셉은 아이를 찾으러 다녔고, 한참 후에야 아이가 회당에서 랍비들과 토라에 대해 토론하고 있는 것을 발견했다. 모든 사람들이 그의 조숙함에 놀랐다. 왜 없어졌냐고 부모가 묻자 소년 예수는 '하나님의 집'(누가복음 2장 49절은 "내 아버지의 집")에 있는 것이 우선이라고 대답했다.

그리고 세월이 흘러 예수님은 서른 살 즈음 사촌 세례 요한을 만나 그에게 세례를 받는다. 그 당시 요한은 가족을 떠나 광야에서 외치는 설교자로 살고 있었다. 요한과 요한의 제자들은 종말을 기다리는 신비주의자들이었다. 그들은 사막에서 금욕적인 삶을 살았고, '하나님의 메시아'가 오신다는 사실을 선포하며 사람들에게 세례를 주었다. 세례 요한은 로마 황제 티베리우스 통치 15년, 즉 주후 27년에 사역을 시작했다. 이것은 복음서에 날짜가 정확히 적혀 있는 사건들 중 하나다.

세례는 예수님의 생애에서 전환점이 되었다. 예수님은 세례 의식에, 그리고 요한이 자기를 유대 민족이 오랫동안 대망해온 메시아, 하나님의 아들이라고 불렀다는 사실에 깊은 감동을 받은 것으로 보인다. 요한복음은 세례 요한이 어떻게 즉시 자신의 일부 제자들이 예수님에게 가도록 허락했는지 전한다. "또 이튿날 요한이 자기 제자 중 두 사람과 함께 섰다가 예수께서 거니심을 보고 말하되 '보라, 하나님의 어린 양이로다.' 두 제자가 그의 말을 듣고 예수를 따르거늘"(요 1:35-37). "그 후에 예수께서 제자들과 유대 땅으로 가서 거기 함께 유하시며 세례를 베푸시더라"(요 3:22). 세례를 받은 예수님은 사명에 대해 숙고하기 위해 홀로 광야로 떠나 그곳에서 자신의 목숨을 하나님께 바치기로 결심한다. 광야에 머문 일은 예수님이 물질적인 세상의 유혹에 맞서 싸우시는 모습을 서사적으로 묘사한다. 예수님은 그 유혹들을 단번에 물리치셨다.

광야에서 돌아온 후 예수님은 사역을 시작하신다. 처음 예수님의 가르침은 매우 유대적이었다. 유대교에 대해 깊이 생각하신 예수님은 유대교의 의식과 신앙을 개혁할 때가 무르익었다는 확신을 가지셨다. 의식과 율례가 신앙과 하나님의 가장 근본적인 계명의 정신을 대체할 정도로 중요한 자리를 차지한다는 사실에 괴로워하셨다. 유대 공동체 안에서 정통 엘리트 그룹인 바리새인들이 토라의 비본질적인 부분을 놓고서 끊임없이 토론하는 것을 비판하셨다. 예수님은 유대인들이 신앙의 본질로 돌아오기를 원하셨다. 그 본질이란 모세 율법의 첫째 계명과 둘째 계명, 즉 "하나님을 사랑하고 네 이웃을 사랑하라는 것"(마 22:37-39)이다.

예수님은 또한 대부분 기억 속으로 사라졌지만 회복되어야 할 계명들을 강조했다. 이것이 바로 예수님의 핵심 가르침으로 여겨지는 산상수훈의 기원이다. 예수님은 당시의 수사법인 모순 어법을 통해 복을 선포하는 시적 표현을 사용하셨다. 그러나 그 당시 유대인의 귀에 생소하게 들릴 뿐인 용서와 애통, 겸손, 온유, 자비, 긍휼, 화평케 함이라는 사상을 제시하셨다. 절제를 칭찬하셨다. 사랑을 가르침의 중심에 두어 옛 율법에 새로운 생명을 불어넣으셨다. 여전히 유대 신앙에 의지해 살아가면서 모세의 가르침을 성취하기 위한 율법 준수를 말씀하면서도 이를 완전히 다른 정신, 즉 사랑과 겸손으로 준수할 것을 주장하셨다.

사역을 시작하고 초기 모임에 속하는 산상수훈의 설교(마 5장)를 하실 때만 해도, 예수님은 하나님의 아들이 아니라 인간의 아들로 행동하셨다. 세례 요한은 아직 살아 있었고, 아마도 예수님은 선구자 역할을 하는 세례 요한에게 존경을 표하셨을 것이다. 그런데 그 선구자의 죽음으로 변화가 찾아왔다. 세례 요한의 모든 제자들이 갑자기 유일한 예언자가 되신 예수님에게 합류했고, 예수님은 열두 제자를 선발하셨다. 12는 이스라엘 열두 지파를 뜻하고 유대인이 존중하는 숫자다. 곧 비유와 이적의 시간이 왔다. 예수님은 성전에 대한 두려움을 버리고 개혁을 가르치기 시작하셨다. 안식일과 금식 및 정결에 관한 여러 유대법을 상징적으로 눈에 띄게 어기셨다. 비유대인들과 더불어 식사를 하셨고, 사마리아인들과 로마인들에게 말을 거셨다.

예수님은 하나님을 예배하는 방식에 우려를 표명하며 바리새인들이 기도하고 자선을 베푸는 방식을 비판하셨다. 이렇게 예언적이고 도발적인 행동을 하면서 예수님의 인기는 빠르게 올라갔다. 예수님은 떠도는 설교자로 사셨다. 팔레스타인 전역을 끊임없이 걸어 다니며 체포를 피하셨다. 체포되고 돌에 맞아 죽을 위협을 수차례 당하셨고, 그런 마을들에서 피신해 나오셨다. 어느 날은 나사렛에 갔지만 예전의 친구들과 이웃들의 환영을 받지 못하자 이렇게 말씀하셨다. "내가 진실로 너희에게 이르노니 선지자가 고향에서는 환영을 받는 자가 없느니라"(눅 4:24). 예수님은 심지어 레바논이나 사마리아 같이 이른바 금지된 구역에도 들어가 유대인들이 몹시 혐오하는 이방인들을 만나 그들을 가르치셨다.

예수님의 진정한 역할에 대한 생각이 베드로와 몇몇 가까운 제자들에 의해 표현된 것으로 보인다. 그들은 세례 요한이 예수님에게 세례를 베풀 때 했던 예언을 늘 기억하고 있었을 것이다. 예수님이 하나님의 아들이고, 그분의 민족을 구원하기 위해 하나님이 보내신 이스라엘의 메시아임을 보여주는 일은 변화산 사건에서 최고조에 이른다. 변화산 사건 이후로 예수님은 자신의 운명을 예견하며 자신이 죽고 나서 제자들에게 닥쳐올 미래에 대해 경고하셨다. 마침내 하나님의 메시지를 받고 순종하기로, 죽음의 밤을 감당하기 위해 매진하기로 결심하신 듯하다. 예수님은 어떻게 설교하고 이적을 베풀며 사람들을 회심시킬지 제자들을 훈련시켜 장차 그들이 예수님의 가르침을 전파하도록 미리 준비하셨다. 처음에는 열두 제자를 보내고, 그 다음에는 70명(혹은 72명)을 보내 설교하고 가르치게 하셨다. 예수님은 자신만의 신조를 만드셨고, 자신을 하나님이 명령하신 희생 제물로 예비하셨다. 예수님은 승천 후에도 자신의 가르침이 계속해서 살아 있기를 소망하며 강력한 표적들을 남기셨다. 스가랴의 예언을 성취하기 위해 나귀를 타고 예루살렘에 입성하심, 최후의 만찬, 자신의 살과 피에 관한 말씀, 성만찬 제정, 제자들의 발을 씻기심, 가룟 유다의 배신에 대한 예고 등이 그것이다(눅 22:47-53).

예수님은 이 모든 단계를 거치며 제자들이 스승인 자신의 중요성을 이해하고, 이 사건들에서 나타난 표적들을 보며 잊지 못할 강한 인상을 받기를 원하셨다. 또한 예수님은 돌이킬 수 없는 순간에 도착했다는 사실도 아셨다. 그분은 제자들에게 어떤 환상도 가지고 있지 않았고, 그들의 결점도 다 이해하고 있었음을 보여주기 위해 이 순간을 선택하셨다. 예수님은 배신하게 될 유다와 부인하게 될 베드로의 미래를 자신이 내다보고 있음을 분명하게 보이셨다.

다음 단계에 나오는 이야기는 놀라울 정도로 감동적이다. 그 이야기에서 우리는 예수님이 잡히시기 전 마지막 밤을 어떻게 가장 가까운 제자들과 보내시는지 볼 수 있다. 겟세마네 동산에서 제자들이 닥쳐올 위험을 전혀 모른 채 잠들어 있을 때, 예수님은 하나님께 마음을 바꾸어 자신을 살려달라고 간청하신다. 그렇게 기도하시는 예수님은 지극히 연약해 보인다. 인간으로서 목숨을 내놓기도 어려운 일이지만, 죽은 뒤 자신의 메시지가 하릴없이 기억 속으로 사라지는 길을 간다는 것이야말로 최고의 희생이 아닐 수 없었다. 자신이 죽고 나면 이렇게 잠들어 있는 제자들을 통해 과연 무엇이 살아남을 수 있단 말인가? 팔레스타인 전역을 쉴새없이 돌아다니면서 설교한 지난 세월 속에서 그들은 무엇을 기억하고 이해할 것인가? 예수님은 도덕적, 종교적, 지적으로 강력한 유산을 남기기 위해 자신을 궁극의 희생 제물로 준비하셨음이 분명하다. 그러나 지금까지는 실제로 아무것도 이루어지지 않았다. 그분은 어떤 글도 남기지 않으셨다. 그분의 가르침과 교리의 자취는 오직 그분을 따라다닌 사람들의 기억과 그분의 사역을 나타낸 예언적 표적에만 남아 있을 뿐이다. 예수님은 제자들이 무엇을 이해했는지 어떻게 아셨을까?

그리스도의 수난은 인류 역사상 가장 감동적인 사건 중 하나다. 성경은 이삭의 희생, 야곱과 천사의 씨름, 그리고 시내산 정상에서 율법을 받는 모세 이야기 같은 다른 위대한 순간들도 묘사하고 있다. 그러나 그 어느 순간도 죽음을 마주한 인간의 공포와 하늘을 향한 인간의 소망을 이처럼 강력하게 보여주지 못한다. 그리스도의 수난은 자신의 운명 앞에 선 한 인간의 모든 희망과 공포를 강력히 드러내는 상징이다. 결국 예수님은 예정된 길을 따라가기로 결정하셨다. 믿음이 의심보다 강했고, 그리하여 궁극의 위험을 감수하기로 하셨다.

일단 운명을 받아들이자 가야 할 길이 명확해졌다. 예수님은 당당하게 죽으셔야 했다. 빌라도를 접견한 동안에 소동을 피울 기회가 있었다. 자신을 풀어줄 권세가 있는 데다가 실제로 그런 제안을 한 비유대인과 마주했기 때문이다. 그러나 예수님은 전혀 비굴함 없이 사명을 밝혔고, 자신이 왜 권력과 명성을 단호히 거절하고 어떤 선처도 바라지 않는지 설명하셨다. 사실 빌라도는 예수님은 안중에도 없었다. 예수님 논쟁은 오직 유대인들 사이에 일어난 일이므로 그들이 해결할 문제였다. 대화는 금세 끝났고, 빌라도가 내린 결론은 전형적인 로마 식이었다. "진리가 무엇이냐"(요 18:38).

진정한 정죄는 유대인들이 내렸다. 그들은 예수님을 죽이기로 결정했다. 처형은 빠를수록 좋았다. 유죄 판결은 성전에서 모이는 의회인 산헤드린에서 확정되었다. 그들은 예수님을 풀어주라는 빌라도의 제안을 거절했다. 빌라도의 이의를 묵살했을 뿐만 아니라 그를 로마에 고발하겠다고 협박했다. 형 집행의 책임은 로마인들에게 넘어갔다. 그들은 예수님을 십자가에서 죽이기로 결정했다. 십자가 처형은 당시에 반역자나 노예를 처형할 때 일반적으로 사용하는 방법이었다. 천천히 고통스럽게 죽이는 방법을 선택한 이유는 명확하지 않다. 성전 대제사장들은 예수의 처형이 그의 제자들에게 본보기가 되어 그들이 '이단적인' 가르침을 계속 전하지 못하게 되기를 원했다고 복음서들은 말한다(요 11:50 참조).

황제를 알고 있는 아내의 가까운 친척 덕분에 직위에 오른 빌라도는 영웅이 아니었다. 그의 야망은 권력에 더 가까운 자리를 차지하기 위해 로마로 진출하는 것이었다. 그에게 한 유대인의 목숨 따위는 그다지 중요하지 않았다. 그래서 예수님을 석방하려는 자신의 뜻을 양보했고, 처형 전에 예수님을 대제사장에게 보냈다. 하지만 그는 예수가 죄가 없는 자임을 거의 확신한다는 아내의 권고를 떠올리고 마지막 시도를 했다. "총독이 재판석에 앉았을 때에 그의 아내가 사람을 보내어 이르되 '저 옳은 사람에게 아무 상관도 하지 마옵소서. 오늘 꿈에 내가 그 사람으로 인하여 애를 많이 태웠나이다' 하더라"(마 27:19).

형을 집행하는 날 총독이 죄수 한 명을 살려주는 전통이 있었다. 빌라도는 예수와 바라바, 두 사람의 이름을 제시했다. 바라바는 강도였다. 회당의 영향을 받은 군중은 바라바를 놓아주라고 소리쳤고, 결국 예수님은 십자가에 못 박히셨다. 요한을 제외하고 모든 제자들은 멀리 도망쳤다. 요한은 예수님이 마지막으로 남기신 일곱 말씀(가상칠언)을 십자가 아래에서 들었다. 예수님의 마지막 기도는 "나의 원대로 마옵시고 아버지의 원대로 하옵소서"(마 26:39)였다. 그 기도가 특별한 한 인간이 마지막으로 남긴 말이었다.

인간 예수의 이야기는 여기서 막을 내린다. 안식일이 시작되기 전에 장사를 지내기 위해 사람들은 예수님의 시신을 십자가에서 빨리 내렸다. 아리마대 출신의 바리새인 요셉이 자신의 무덤을 빌려주었다. 요셉은 예수님을 처형하겠다는 산헤드린의 결정에 반대하는 몇 안 되는 사람들 중 한 명이었다.

르낭은 원래 따르기로 한 입장을 취하지 않은 채 책을 마무리했다.

그는 예수님의 삶과 죽음에 깊은 인상을 받아 "이 사람은 하나님으로 여겨질 자격이 있다"라고 말했다. 이 말은 오히려 교회의 분노를 촉발시켰다. 교회는 아리우스주의 이단설의 복귀를 원하지 않았다. 그러나 이 책은 엄청난 성공을 거두어 베스트셀러가 되었고, 좀 더 학술적인 예수 전기가 나오는 길을 열었다.

인간 예수의 일대기는 믿는 자들뿐만 아니라 수천만의 믿지 않는 사람들에게 감동을 주었다. 이슬람은 예수님을 큰 선지자로 간주하며 깊은 존경심을 표한다. 간디의 종교를 포함해 다른 종교들도 예수님과 그분의 가르침에 매료되었다. 유대교만이 예수님을 경멸하고 멸시한다. 유대인들은 예수님을 이단자 유대인으로 여긴다. 그들은 예수님이 하늘에서 내려오신 하나님이라는 주장을 용납하지 않았고, 예수님이 행하고 말씀하신 모든 것을 무시하기로 결정했다.

서구의 세속세계는 오늘날 민주주의 국가의 공통 뿌리로 간주되는 관용과 평등, 평화, 정의, 용서 및 사랑에 대한 예수님의 가르침을 기억한다. 이 힘없는 사람이 그 어떤 권위 있는 철학자들, 사상가들, 전사들, 지도자들보다 인류의 역사를 더 많이 변화시켰다는 사실은 누구나 아는 사실이다. 보편적으로 햇수를 세는 주전(BC), 주후(AD)는 기독교 세계를 훨씬 넘어 인류가 예수님의 생애를 역사의 구심점으로 받아들인다는 사실을 반증한다. 예수님을 주제로 수만 권의 책이 집필되었다. 조만간 가장 많은 그리스도인을 보유하게 될 중국은 예수님의 가르침과 메시지에 깊은 존경심을 가지고 있다. 중국 사람들은 기독교의 신앙과 더불어 그 철학과 도덕이 서구 문명에서 진보사상에 지대한 영향을 미치고 전성기의 뿌리가 되었다고 본다.

회의론자인 토마스 제퍼슨은 예수님의 이야기를 지휘권과 책임, 권력을 추구하는 사람들에게 필요한 가장 위대한 교훈으로 여겼다. 러시아 제국의 황제 알렉산드르 1세의 최측근 고문인 갈리친 왕자도 같은 의견이었다. 갈리친은 성경을 현대 러시아어로 번역해 러시아 전역에 배포하라고 황제를 설득했다. 19세기 초 제퍼슨은 자기만의 방식으로 성경을 편집했다. 성경에서 자신이 납득하기 어려운 '초자연적인' 기사들을 빼버리고 만든 예수님의 전기를 세계문학에서 가장 중요한 저작물이라고 주장했다.

인간 예수의 생애에 관한 지식은 기독교 신앙에 관한 지식이 없는 사람들이 신약성경에 접근할 수 있도록 돕는 최상의 길이다. 일단 예수님의 삶에 대해 알고 나면 그분의 본질적인 인격에 감동되어 르낭이 그의 책에서 미처 쓰지 못한 장(章), '인간에서 하나님으로'라는 장을 기꺼이 찾아서 읽게 될 것이다.

휴머니즘을 넘어

1819년경 토마스 제퍼슨은 그가 엮은 『전기 나사렛 예수의 삶과 도덕』(소이연 역간) 제2판과 관련해 존 애덤스에게 보낸 한 서신에서 신약성경이야말로 인류 역사상 가장 중요한 철학적 교훈이라고 썼다.

제퍼슨은 성경에 관심이 많은 회의론자였다. 그는 성경에서 모든 초자연적인 사건을 삭제하고 '인간적이고 철학적인 이야기'만 선택하여 개인 판본의 성경을 만들기로 했다. 그 결과 50쪽 분량의 책이 나왔고, 그 책은 현재 워싱턴 DC의 스미스 소니언 박물관에 전시되어 있다. 그 책은 미국의 제3대 대통령이 된 제퍼슨의 먼 후손에게서 구입한 것이라고 한다.

예수님의 가르침은 종교적이었고 유대 전통의 틀 안에 있었다. 그분의 모든 계명은 모세의 율법에 연결되어 있다. 사역 처음부터 예수님은 철학가나 지혜자, 구루가 아니라 유대 종교개혁가였다. 그분의 사명은 율법을 원래의 의도대로 복구시키고, "이웃을 사랑하라"는 계명을 "하나님을 사랑하라"는 계명 다음에 오는 지위로 회복시키는 것이었다.

그러나 예수님의 메시지를 일련의 지혜로운 명령 수준으로 깎아내리려는 유혹은 역사적으로 항상 있었다. 그중에서 제퍼슨의 시도가 단연 돋보인다. 그는 예수님의 메시지를 '철학'이라고 불렀다.

고전 철학은 본질적으로 주전 6세기부터 3세기까지의 고대에 속한 그리스 철학을 말한다. 처음에는 이오니아 학파(소크라테스 이전의 철학자들과 에피쿠로스주의)가 생겨났고, 그 뒤에 아테네 학파와 스토아 학파, 그리고 아리스토텔레스가 있었다. 에피쿠로스 학파와 스토아 학파는 인간을 탐구 대상의 중심에 두었지만, 대부분의 다른 철학자들은 창조와 자연을 다루었고 소크라테스의 영향으로 사물의 본질에 대해 이야기했다. 에피쿠로스파 학파와 스토아 학파는 수수께끼 같고 예측할 수 없는 세상에서 사는 기술(그리고 죽는 기술)에 관심이 아주 많았다. 아리스토텔레스만이 자연과 사회, 그리고 그것이 인간에게 부과하는 제약들에 관해 탐구했다. 그러나 아리스토텔레스는 인간을 하나의 존재보다는 원리로 보았다. 아리스토텔레스는 "인간이 사회에서 사는 것은 더 잘 살기 위해서다"라고 가르침으로써 인간관계 탐구의 한계를 규정했다. 행복은 아직 탐구 대상이 아니었다.

이와는 대조적으로 훌륭한 유대인이었던 예수님은 하나님을 모든 자연과 생명의 근원에 두었다. 분명히 예수님은 창조의 배후에 있는 원동력에 관한 이오니아 학파의 불확실한 가설을 따를 생각이 전혀 없었다. 사회 조직인 폴리스(고대 그리스의 도시국가)에도 관심이 없었다. "그런즉 가이사의 것은 가이사에게, 하나님의 것은 하나님께 바치라"(마 22:21). 이 말씀은 예수님이 이 분야에 어느 정도 관심을 가지고 계시는지를 보여준다. 예수님은 그 당시 사회 조직을 판단하거나 무언가를 바꿀 뜻을 보이지 않으셨다.

예수님의 주요 관심사는 하나님과 인간의 관계, 그리고 인간과 인간의 관계였다. 이것이 그분의 '철학'을 이끄는 중심 사상이다.

그러므로 세상에 대한 예수님의 가르침을 끄집어 내어 '철학'이라는 이름을 붙인다거나, 그 시대의 전통적인 생각의 흐름에 그분의 메시지를 대입하기는 어렵다. 예수님은 그리스 철학자들과 공통점이 전혀 없었다. 그리스권의 영향으로 보이는 것들은 예수님에게서 나온 것이 아니라 나중에 그분을 따르는 사람들에게서 비롯되었다. 당시에 이른바 '유대 철학'이란 존재하지 않았다. 유대 사상은 전적으로 예배 의식을 통해 모세 율법을 완성하는 데 목표를 두고 있었다.

스콜라 학파의 정의에 따르면 철학은 윤리와 형이상학, 논리, 인식론 모두를 포함해야 한다.

- 예수님은 윤리에서 (단연) 최고의 경지에 있었다. 플라톤이나 아리스토텔레스, 에피쿠로스의 추종자들을 훨씬 더 능가했다. 최초의 휴머니스트라고 할 수 있을 정도다. 예수님을 통한 하나님의 유일한 관심사는 인간이다.
- 예수님의 형이상학은 '체계'의 중심이자 유일한 근원으로 하나님을 중심에 두었다.
- 예수님은 변증법에 천재적인 능력을 보이셨으며, 그 모습을 보고

바리새인들은 두려워했다.

- 예수님은 인식론에 관심이 없었다(표제어 '과학').

제퍼슨의 입장을 존중은 하지만 예수님의 가르침을 포괄적인 철학 작품으로 간주할 수는 없다.

세상을 향한 예수님의 메시지를 과연 휴머니즘이라고 부를 수 있을까?

휴머니즘은 키케로가 만든 개념인데, 잊혀져 있다가 14세기에 페트라르카*가 프랑스 남부의 방투 산을 등반하는 동안에 재발견되었다. 당시에 교황은 로마를 버리고 프랑스의 도시 아비뇽으로 갔고, 방투 산은 교황의 사유지에 속해 있었다. 페트라르카의 혁명적인 사상은 세상의 중심을 하나님에게서 인간으로 옮기자는 것이었다. 그는 "인간이 만물의 척도"라는 프로타고라스의 가르침을 부활시켰다. 르네상스의 휴머니즘은 자유를 인간의 가장 중요한 권리로 삼았고, 윤리는 그 다음으로 쳤다. 예수님의 메시지가 지닌 윤리적 가치는 휴머니즘의 이상에 부합한다. 그러나 휴머니즘의 다른 측면, 즉 인간이 자연을 점용하고 자연의 법칙을 해석할 수 있는 능력과 책임이 있다는 식의 중심 개념들은 예수님의 메시지에는 들어 있지 않다.

예수님의 가르침을 휴머니즘이라고 부르는 것은 그 의미를 축소시키는 것이다. 만약 예수님이 인간을 신성화를 열망하는 존재로 회복

---

* 프란체스코 페트라르카(1304-1374). 이탈리아의 시인이자 정치가. 사실상 르네상스 시대를 연 최초의 인문주의자다.

시키신다면, 그 이유는 인간이 세상의 왕이기 때문이 아니라 그렇게 열망하는 것이 하나님의 계획이기 때문이다. 철학이라고 부르든 휴머니즘이라고 부르든 예수님의 메시지가 지닌 이러한 측면에 대해 좀 더 알고 있을수록 불신자들과 대화하기가 좀 더 수월해질 것이다. 또한 그리스도인들은 예수님이 공생애 기간에 확립하거나 재확립하신 권고와 명령을 상기할 필요가 있다.

제퍼슨 프로젝트의 뿌리를 분석하기 위해 복음서에 담긴 내용을 살펴보자.

사복음서는 정확히 같은 사건과 같은 예수님의 말씀을 전해주지는 않는다. '세상을 향한' 예수님의 메시지를 종합적으로 이해하기 위해서는 사복음서 전체에서 해당 구절들을 선택할 필요가 있다.

예수님의 첫 번째 메시지는 인간관계와 사회관계에 관한 것이다. 이 가르침의 상당수는 오늘날 우리 사회에서는 그저 그렇게 보일는지 모르지만 당시에는 혁명적이었다.

예수님의 유대 율법 개혁은 인류에 새로운 관점을 제공하는 완전히 새로운 사상의 집대성이었다. 그것은 또한 역사상 최초로 새로운 생각에 기반을 두고 지금까지와는 다르게 행동하라는 도전이었다. 그 도전에서 이성은 더 이상 지성의 유일한 원천이 아니었다. 이성은 아가페 사랑을 근간으로 하는 감정과 그 위상을 같이하게 되었다.

예수님은 (수직적인) 하나님의 사랑이 인간의 사랑에 수평적으로 적용되는 '직각형의 변화'를 개발하셨다. 유대법의 첫 번째 계명은 "하나님을 사랑하라"다. 문제는 하나님을 아는 사람이 없다는 것이다. 실생활에서 한 번도 본 적 없고 앞으로도 만날 일 없는 누군가를 사랑한다는 것은 쉬운 일이 아니다. 예수님의 천재성은 "이웃을 사랑하라"를 두 번째 계명으로 삼은 데서 빛을 발한다. 그러고는 이웃을 사랑하면 하나님을 사랑하는 것이라고 덧붙여 말씀하셨다. "내가 진실로 너희에게 이르노니 너희가 여기 내 형제 중에 지극히 작은 자 하나에게 한 것이 곧 내게 한 것이니라"(마 25:45).

아가페 사랑을 인간관계의 원동력으로 삼은 것은 무한한 결과를 가져왔다. 사실상 너무나 혁명적이어서 인류가 그 결과들을 탐구하는 데 2천 년이나 걸렸고, 지금도 여전히 배울 것이 많이 남아 있다!

그 생각은 자기 자신과 이웃, 사회 전체, 모든 인간의 행동과 삶, 자연을 바라보는 새로운 방식을 촉발시켰다. 예수님을 따르는 사람들의 삶에 심대한 변화를 가져왔다. 그들은 자신보다 다른 사람들을 우선순위에 두었다. 개인은 물론 사회, 경제, 정치 등 삶의 모든 측면에 변화가 일어났다. 인간이 세상과 맺어온 기존의 관계에 의문이 제기되었다.

예수님은 아가페 사랑이라는 새로운 보편적 원리를 도입하셨을 뿐만 아니라(일부 신학자들은 그 원리를 사랑의 '에너지'라고 말했다), 그 원리를 작동시켜 세상을 변화시킬 수 있는 방법도 남겨주셨다. 그 방법은 산상수훈에 요약되어 있다(표제어 '팔복'). 그 방법은 우리의 삶에 새로운 기초를 놓았다. 로마의 속담처럼 인간은 더 이상 다른 인간에게 늑대가 아니라 가능한 한 최선을 다해 자신이 이웃을 사랑하고 있음을 보여주게 되었다. 예수님은 아가페 사랑의 의미를 설명하고는(표제어 '아가페 사랑') 우리의 삶을 변화시키는 여러 가지 열쇠를 제공하신다. 그 교훈들 중에 어떤 것은 보편적인 상식처럼 보일 수도 있다. "무엇이든지 남에게 대접을 받고자 하는 대로 너희도 남을 대접하라"(마 7:12)가 한 가지 예다. 그런데 예수님은 여기서 그치지 않고 한 걸음 더 나아가신다. 팔복에 이어지는 다음 문장에서는 "너희는 세상의 소금"(마 5:13)이라고 말씀하신다. 이것은 우리에게 격려가 되며 힘을 북돋아주는 인정의 말씀인 동시에 큰 책임을 요구하는 말씀이기도 하다. 다음 단계는 더욱 막중한 책임을 요구한다. "너희는 세상의 빛이라"(마 5:14). 이 말씀은 우리가 세상에 필수적인 것, 즉 생명의 근원인 빛을 가져와야 한다는 뜻이다.

이렇게 기본이 준비된 후에 일련의 계명들이 시작된다. 개인적이며 사회적인 생활의 모든 측면이 분석되고 명확한 규칙들이 제정된다. 그 내용은 간단하며 자명해 보이지만 실제로는 그렇지 않다. 각각의 규칙은 내적이며 개인의 긴장과 상대방의 관점을 알아보고 이해하려는 강한 동기를 불러일으킨다.

이 사랑의 법칙을 따라 행동하려고 끊임없이 노력할 때 우리의 삶은 변화된다.

스토아 철학에서 말하던 행복은 완전히 뒤집어져 새로운 개념이 된다. 전쟁과 학살 가운데서 개인의 '평정'을 끊임없이 추구했던 마르쿠스 아우렐리우스 식의 무례하고 자발적인 자기중심주의는 배격된다. 동료의 간청에 응답하기 위해 내가 할 수 있는 모든 일을 행하지 않는 한, 그들이 절망하고 있는 가운데서 행복이란 존재할 수 없다. 더 큰 행복은 사람들이 개인적으로 또는 집단적으로 행복하도록 돕는 것을 의미한다. 행복은 더 이상 개인의 감정이 아니다. 행복은 다른 사람을 도우려는 노력에서 비롯되기 때문이다. 이 개념은 인간의 생명에 가치를 전혀 두지 않고 '모두가 저마다 자기만을 위해' 살아가던 세상에서 완전히 혁명적이었다.

아리스토텔레스는 이 새로운 사상에 가장 근접한 철학자였지만 그것은 오직 이성적인 추리의 결과였을 뿐이고, 예수님의 생각에 내재해 있는 정신이나 감정의 흔적은 전혀 가지고 있지 않았다. 아리스토텔레스는 인간관계가 더 나은 삶에 필수적이라는 사실은 이해했지만, 그럼에도 행복은 그의 사전에 들어 있지 않았다.

행복과 사회생활은 상호의존적이므로 그 결과가 인간 활동의 모든 측면에 영향을 끼치며 본질적으로 상호적이다.

- 가족: "자녀들아, 네 아버지와 어머니를 공경하라…아비들아, 너희 자녀를 노엽게 하지 말고"(엡 6:1-4). "예물을 제단에 드리려다가 거기서 네 형제에게 원망들을 만한 일이 있는 것이 생각나거든 예물을 제단 앞에 두고 먼저 가서 형제와 화목하고 그 후에 와서 예물을 드리라"(마 5:24).
- 개인의 책임: "좋은 나무마다 아름다운 열매를 맺고 못된 나무가 나쁜 열매를 맺나니"(마 7:17).
- 개인의 행동: "해가 지도록 분을 품지 말고"(엡 4:26). "너희 관용을 모든 사람에게 알게 하라"(빌 4:5). "어찌하여 형제의 눈 속에 있는 티는 보고 네 눈 속에 있는 들보는 깨닫지 못하느냐"(마 7:3).
- 절제: "너는 기도할 때에 네 골방에 들어가…기도하라"(마 6:6). "네 구제함을 은밀하게 하라"(마 6:4).
- 용기: "강하고 담대하라 두려워하지 말며 놀라지 말라"(수 1:9).

- 이웃 존중: "이웃에게 해를 끼칠 생각을 하면, 그것이 바로 해를 끼친 것이다"(마 5:28 참조).
- 노동: "종들아, 육체의 상전에게 순종하기를 그리스도께 하듯 하라…기쁜 마음으로 섬기기를 주께 하듯 하고 사람들에게 하듯 하지 말라…상전들아, 너희도 그들에게 이와 같이 하고 위협을 그치라"(엡 6:5-9).
- 사회: "너희는 유대인이나 헬라인이나 종이나 자유인이나 남자나 여자나 다 그리스도 예수 안에서 하나이니라"(갈 3:28).
- 재산: "너희가 하나님과 재물을 겸하여 섬기지 못하느니라"(마 6:24). "너희를 위하여 보물을 땅에 쌓아 두지 말라"(마 6:19).
- 인간관계: "우리가 우리에게 죄 지은 자를 사하여 준 것같이"(마 6:12).
- 전쟁: "너희 원수를 사랑하며"(마 5:44). "화평하게 하는 자는 복이 있나니"(마 5:9).
- 정의: "비판을 받지 아니하려거든 비판하지 말라"(마 7:1).

이런 수많은 권고에 어떻게 반응할 수 있을까?

기독교 초창기에 예수님을 따르던 사람들은 최선을 다해 그 권면에 순종했다. 사도행전(표제어 '사도행전')에서 초대 교회 사람들을 묘사한 내용을 보면, 한 무리(오늘날의 대교구보다 크지 않은 규모)의 사람들이 산상수훈을 따라 살았음을 알 수 있다. 그들이 그렇게 살 수 있었던 원동력은 믿음과 예수님이 곧 재림하신다는 확신에 있었다. 그들을 뒤이은 다음 세대는 예수님의 약속이 시간에 한정되어 있지 않다는 사실을 알고는 윤리에 등 돌리고 예배 의식에 집중했다. 정치 권력과 종교 권력이 결합하면서 어느덧 교회는 세속 기관처럼 변했다. 교회는 예수님의 명령을 의무가 아니라 권력을 위해 휘두르는 무기로 사용했다. 스콜라주의* 시대에는 교회가 그들의 양 떼가 아니라 성직자들을 섬기는 권력 기관이 되었다. 성직자들은 예수님의 메시지를 양 떼로부터 차단하고 그들을 우상 숭배와 다를 바 없는 '민간신앙'의 길로 내몰았다.

예수님에게 헌신하며 그분의 가르침에 따라 살던 극소수의 개인들을 제외하고 대부분의 그리스도인들은 교회 예배 중에 산상수훈에 대해 듣거나 생각해보는 기회가 더 이상 없었다. 그런데 종교개혁이 성경의 본질을 재발견한 것이다. 그리하여 성경을 읽은 사람들은 성경의 메시지와 현실 사이에 얼마나 큰 격차가 있는지 알 수 있었다. 원래의 모델로 돌아가기 위해 상당수의 개혁 교회들이 세워졌고 오늘날까지 이어져오고 있다. 그보다 더 오래된 교회들은 최선을 다했지만, 그 길에서 벗어나 방황한 1,500년의 세월을 극복하는 데 많은 시간이 걸렸다.

계몽주의 시대는 세속적인 휴머니즘이 지배했고 교회로부터 멀리 떨어져 나갔다. '종교적 신앙'이라는 말은 부정적인 의미를 띠며 교회와 연결되었다. 나중에 제퍼슨이나 퀘이커 교도 같은 지식과 경험을 가진 개인들이 나타나 휴머니즘(또는 자연철학)의 기반 위에 사회를 재건하려는 자신의 목적과 예수님의 철학이 유사성을 가지고 있다는

* 9세기에서 15세기에 걸쳐 유럽의 정신세계를 지배한 신학에 바탕을 둔 철학적 사상.

점을 이해하기 시작했다. 그중에는 그리스도인도 있었지만 그렇지 않은 사람도 있었다. 그 결과는 '기독교 민주주의'였다. 이 정치 운동은 무신론적인 사회주의 강령에 대한 해독제로 유럽에서 각광받았다. 가톨릭 교회는 여러 개의 교황 칙서를 발행했고, 그 문서들은 가톨릭 교회의 사회적 교리를 형성했다. 노벨 평화상을 받은 프랑스 개신교 목사이자 의사인 알베르트 슈바이처는 예수님의 휴머니즘을 실천한 대표적인 인물이다. 그는 적도 지대의 아프리카 정글에 병원을 세우고 사람들을 돌보면서 예수님의 휴머니즘을 실천했다. 그는 아무도 개종시키려 하지 않았다. 그는 출간한 일련의 책들에서 그러한 철학을 '생명 경외'라는 개념으로 발전시켰다.

20세기의 비극적인 역사는 기본적인 기독교 윤리를 의도적으로 무시한 정치 체제가 과잉 행동했을 때 어떤 결과를 초래했는지 보여준다. 그들은 생명과 관용과 평화를 경멸하면서 노골적인 힘을 숭배했다.

21세기의 보편적인 공통 가치들은 20세기의 그릇된 정치 체제보다는 세상을 향한 예수님의 가치에 훨씬 더 가깝다. 전 지구적 차원의 갈등 관리라는 전제와 더불어 현재 강조되고 있는 인권, 생명 존중, 관용, 그리고 평화에 대한 강조는 예수님의 법을 인류의 법으로 받아들이게 하는 훨씬 긍정적인 단계라고 볼 수 있다. 이 시점에 도달하기까지 2천 년이 걸렸고 전 세계적인 문명의 출현이 필요했다.

예수님은 제자들에게 "너희는 온 천하에 다니며 만민에게 복음을 전파하라"(막 16:15)고 말씀하셨다. 예수님을 따르는 수백만의 제자들의 헌신과 희생 덕분에, 그리고 예수님의 기본적인 가르침 중 하나인 자유의 결과물, 즉 과학 기술의 발전을 통해 그 예언이 실현되었다. 역사상 가장 위대한 사회개혁가 예수님은 인류에게 지상 구원의 열쇠를 주셨고, 개인들에게는 장차 지상과 천국에서 누리는 삶에 대한 소망을 주셨다.

이 개혁은 "하나님은 사랑이시라"(요일 4:16)는 혁명적인 말씀의 결과다. 이 말씀이 인간의 생명과 사회의 진보에 영원한 빛을 던져주고 있다.

J John _ 요한

하나님은 사랑이시라

주후 100년경에 한 노인이 서부 아나톨리아의 에베소라는 도시에서 자신이 회고하는 바를 받아쓰게 했다. 당시 그는 95세로 예수님의 열두 사도 가운데서 마지막으로 생존한 사람이었다. 그의 긴 인생은 험난하고 위험했다. 유대인들이 그의 기독교 형제들을 핍박하기 시작했을 때, 그는 살기 위해 팔레스타인 땅을 떠났다. 주후 70년에 성전이 함락되었을 때에도 그는 살아남아서 핍박과 질병으로 죽어간 동료들을 애도해야 했다. 에베소에서 그는 자신이 세운 일곱 교회 공동체의 감독이 되었다. 90세에는 도미티아누스 황제에 의해 밧모섬으로 유배되었다. 그는 그곳에서 5년 동안 머물면서 복음을 전했고 믿는 자들에게 세례를 베풀었다. 그리고 마지막 심판을 기다리는 가운데 환상을 보았고, 그 내용을 받아 적게 한 것이 계시록 혹은 묵시록이다.

이 노인은 바로 예수님이 사랑하시는 제자 요한이다. 요한은 살로메와 세베대의 두 아들 중 하나였고, 팔레스타인 지방의 게네사렛(갈릴리) 호수에서 고기를 잡는 어부였다. 요한과 그의 형 야고보는 예수님을 만나기 이전에는 세례 요한을 따랐다. 그들은 예수님이 세례를 베풀고 그들의 스승인 세례 요한보다 더 많은 사람들이 예수님께 모여드는 것을 보고 깊은 인상을 받았다. 그리고 스승인 세례 요한이 감옥에 갇히자 예수님을 따라나섰다. 그런 다음 그들도 예수님을 대신해 세례를 주기 시작했다.

신학자들 사이에 에베소의 요한과 세베대의 아들 요한이 과연 같은 인물인지에 관해 논쟁이 있다. 우리는 에베소 요한의 제자였던 폴리갑의 제자 리옹의 이레니우스가 증언한 바를 따른다. 에베소에서 요한이 죽은 지 수십 년 밖에 지나지 않은 때에 살았으며 가장 가까이에서 지켜본 이레니우스의 증언이 20세기의 역사가들보다 확실히 더 믿을 만하다. 이레니우스는 그 두 요한을 동일인으로 보았다.

베드로와 더불어 그들은 예수님의 최측근 제자로서 예수님을 따라다니며 지키는 자들이 되었다. 덕분에 예수님의 사역 중에서도 가장 은밀한 사건인 변화산 사건과 수난의 현장에 참여할 수 있었다. 더욱이 요한은 최후의 만찬 때 예수님의 옆자리에 앉아 있었다. 그는 제자들 중에서 예수님의 죽음을 곁에서 지킨 유일한 목격자이고, 부활하신 예수님을 가장 처음 본 사람들 중 한 명이었다. 예수님은 십자가에서 숨을 거두시기 전에 십자가 아래에 서 있던 요한에게 어머니 마리아를 부탁하셨다(요 19:26-27).

열두 제자 중에서는 요한과 마태만이 복음서를 기록하는 영광을 누렸다. 마가와 누가는 다음 세대의 제자들에 속한다. 특히 요한은 복음서만 쓴 마태와 달리 세 편의 서신서와 모든 책들 중에서도 가장 영감이 넘치고 신비스러운 계시록을 썼다.

그는 베드로처럼 실수하지 않았고 도마처럼 의심하지도 않았다. 사도행전을 보면 요한은 베드로와 더불어 교회의 기둥을 이루는 한 사람으로서 초기 기독교 세계의 가장 중요한 사건들의 현장에 함께 한다. 두 사람은 떼려야 뗄 수 없는 사이 같다.

요한은 예수님의 사역을 처음부터 끝까지 함께했다. 우리는 요한이 어떤 사람이고 구체적으로 성격이 어떠했는지 추측하기가 쉽지 않다. 그나마 예수님이 그와 그의 형제에게 "우레의 아들"(막 3:17)이라는 별명을 붙여주신 일과, 그가 예수님에게 마지막 때 주의 날에 자기 형제들을 각각 우편과 좌편에 앉게 해달라고 요청한 일을 보면서 그의 성격을 짐작해볼 뿐이다. 예수님은 그의 주제넘은 요청을 호되게 꾸짖으셨다. 복음서들 중 하나에서는 이 장면을 좀 더 부드럽게 표현하여 그들이 직접 요청한 것이 아니라 그들의 어머니가 요청했다고 말한다(마 20:20-21).

요한에 관한 본문은 (공관복음서의 경우) 매우 간략하고 (요한복음의 경우에는) 아예 생략되어 있기도 한다. 심지어 요한복음에는 '사랑하시는 제자'의 본명이 나와 있지도 않다. 그 제자가 요한이었는지 아니면 다른 누군가였는지는 독자가 알아서 판단해야 한다. '사랑하시는 제자'라는 표현은 요한복음에서만 사용되었다.

분명히 예수님과 그의 관계는 다른 사도들, 심지어 베드로와의 관계와도 달랐다. 베드로와 달리 그는 결코 다른 제자들 앞에 나서서 이끌지 않았다. 그러나 예수님이 계신 곳에는 어디든 요한이 함께 있었다. 대부분의 시간 동안 그는 침묵하고 있다. 그러나 어쩌다 말문을 떼면 매우 감동적이고 의미 있는 말을 할 때가 많았다(마지막 때에 스승인 예수님의 우편에 앉겠다는 요구만 제외하면).

그의 형 야고보가 헤롯의 통치 아래서 순교한 후, 요한의 삶은 '요한행전'(주후 325년 1차 니케아 공의회에서 이단의 저작으로 분류됨)과 '로마에서의 요한행전', 마리아의 '안식'에 관한 이야기 등을 통해 널리 알려졌다(예수님의 어머니 마리아는 요한의 돌봄을 받는 중에 에베소에서 죽음을 맞이했다고 전해진다). 바울이 바로 그 에베소에서 이방인들에게 복음을 전파하고 있을 때, 요한의 동료들은 에베소의 유대인을 회심시키기 위해 요한을 소아시아로 파송했다. 요한의 어머니 살로메는 예수님의 어머니 마리아와 자매라는 추측도 있다. 그럴 경우 요한은 예수님과 사촌 관계가 된다. 이러한 친족 관계가 예수님과 요한 사이의 특별한 관계를 설명해줄 수도 있을 것이다. 가끔 신약성경은 '예수의 형제들'이라는 일반적인 명칭으로 이러한 가족관계를 언급한다. 한편 바울이 예수님을 따르는 참 제자가 되었음을 사도들에게 확신시키기 위해 예루살렘을 처음 방문했을 때, 그는 베드로와 더불어 요한을 '교회의 기둥'이라고 지칭했다.

요한은 아주 연로했을 때, 다른 사람들보다 한참 뒤에 책들을 썼다. 첫 번째 책은 계시록으로서 5년 동안 유배를 당한 밧모섬에서 기록했다. 계시록은 당시에 흔했던 '마지막 날'에 대한 예언 스타일로 써 내려간 지극히 신학적인 작품이다('종말론'은 신학 용어다). 예수님의 죽으셨다가 부활하신 이후로 70년이 지나고 다른 모든 사도들이 죽은 상황에서 90세 노인은 일련의 환상을 보았다. 그는 자신이 세우고 사역했던 일곱 교회에 서신을 쓰는 형식으로 자기 제자에게 그 내용을 받아쓰게 했다. 이 책의 주제는 많은 환난 후에 이르는 인류 역사의 종말에 대한 계시다. 인류는 '오메가 포인트'라고 불리는 종말 전에 최후의 심판을 위해 새 예루살렘에 소집된다('오메가'는 그리스어 알파벳 순서상 마지막 글자다). 그의 삶은 "내가 올 때까지 그[요한]를 머물게 하고자 할지라도 네게 무슨 상관이냐"(요 21:22-23)라는 예수님의 말씀에 인도받았음이 거의 확실하다. 당시에 이 말씀은 흔히 예수님의 재림 때까지 요한이 죽지 않을 것이라는 약속으로 이해되었다. 열두 사도 중 한 명으로서 흔치 않게 연로한 나이가 되기까지 제자로 살아온 그는 자신의 메시지를 다음 세대에 전해줄 때가 왔다고 생각했다.

유배를 마치고 에베소로 돌아온 요한은 당시에 이미 알려져 있었던 기존의 세 복음서(공관복음서로 알려진 마가복음, 마태복음, 누가복음)와는 아주 다른 형식으로 복음서를 썼다. 그는 네 번째가 되는 복음서에서 이미 알려진 이야기를 다시 반복할 필요는 없다고 생각해 완전히 다르게 쓰기로 결정한 것 같다. 요한복음은 예수님의 서사를 기록했다기보다 공관복음서에서는 전혀 거론되지 않은 여러 가르침이 담긴 이야기들을 영적으로 해석했다. 전혀 새로운 이야기들이 들어가 있는가 하면(가나의 혼인 잔치, 나사로의 부활, 제자들의 발을 씻기심) 빠진 이야기들도 있다(가장 중요하게는 최후의 만찬 이야기가 빠져 있다).

역사가와 신학자들이 요한복음의 자료들에 관해 많은 글을 썼다. 요한을 둘러싸고 있는 공동체는 신약 교회 안에서 일종의 분파가 아니었을까 하는 의심도 받는다. 아무것도 확실하지 않지만 한 가지만은 분명하다. 요한복음은 집필되고 필사가 이루어지자마자 기독교 복음을 선포하는 데 꼭 필요한 요소가 되었고, 아무도 그 정통성을 의심하지 않았다는 것이다. 현재 발견된 신약성경의 파편들 가운데서 가장 오래된 것에는 요한복음의 한 구절이 담겨 있다.

요한의 마지막 글은 세 개의 짧은 서신, 즉 요한서신서들이다. 그중에서 요한일서가 특별히 중요한데, 서문에서 "우리가 보고 들은 바를 너희에게도 전[한다]"(요일 1:3)라고 말하고 있기 때문이다. 이 말은 저자가 예수님의 삶을 직접 보고 들은 증인임을 확인시켜준다. 이 서신은 죄와 사랑에 대한 가르침을 담고 있다. "하나님은 사랑[아가페]이시라"(요일 4:16)는 중요한 확언이 여기에서 나온다. 평안과 용서의 의무를 강조하는 내용이 처음부터 끝까지 반복된다. 요한일서는 평안과 사랑의 주제로 특히 잘 알려졌다. 한편 5장에 나오는 '물과 피와 성령'(세례의 물, 예수님의 피, 성령 하나님)이라는 구절이 문제가 된 적이 있었다. 이 구절은 한때 '하나님, 예수님, 성령님'으로 번역되었고, 그 바람에 요한이 삼위일체를 만들어 냈다는 영광을 얻게 되었다(요일 5:7-8). 이것은 사실 1차 공의회에서 삼위일체를 믿는 신자들 편에서 강력하게 개진한 주장이었다. 1차 공의회에서 이 주제는 매우 심각한 논쟁 거리였다. 요한이 한 부인에게 쓴 서신인 요한이서는 예수님이 인간이 아니라 단지 인간의 모습으로 나타나셨을 뿐이라고 믿는 영지주의자들에게 보내는 강력한 경고의 메시지였다. 가현설(docetism)로 알려진 이 영지주의는 주후 100년경에 하나님이신 예수님이 정말로 돌아가셨다는 사실을 믿을 수 없었던 성도들 사이에서 인기가 아주 많았다. 그들은 십자가에서 못 박히신 구세주는 예수님이 아니고 단지 그분의 그림자라고 가르쳤다. 요한삼서는 기독교의 원칙보다 이교의 원칙에 따라 사는 한 교회 지도자에게 전하는 권면이다.

요한은 수도자처럼 살았다고 한다. 그는 실제로는 죽지 않았고 95세 때 자발적으로 산 채로 무덤에 묻혔다가 사라졌다는 전설도 전해진다. 그의 가장 유명한 제자는 이그나티우스다. 이그나티우스는 자신이 어렸을 때 예수님을 보았다고 말했다. 이그나티우스의 제자는 폴리갑이다. 폴리갑은 프랑스의 사도이고 교부 중 한 사람인 리옹의 이레니우스의 스승이었다. 리옹의 이레니우스는 이단 아리우스주의자들과 논쟁을 벌인 것으로 유명하다. 이그나티우스는 계시록이 정말 요한이 쓴 책이라고 증언함으로써 신약성경에 계시록을 포함시키는 일에 종지부를 찍은 사람 중 하나다.

예수님이 사랑하시는 제자(요 20:2)의 장수와 그의 저술들이 갖는 중요성 때문에 요한은 교회의 한 기둥이 되었고, 새로운 신앙을 노래하는 최초의 시인이 되었다. 하나님을 사랑이라고 명명한 요한의 생각이 기독교를 아주 고유하면서도 보편적인 종교로 만들었다. 어떤 면에서는 복잡하고 따르기 어려운 것처럼 보이는 예수님의 가르침과 계명은 "하나님은 사랑이시라"는 요한의 고유하고 보편적인 확언을 통해 사람들의 마음속에 한 걸음 더 깊이 들어갈 수 있었다.

실패가 어떻게 승리로 변했는가?

찰리 채플린과 윈스턴 처칠은 "포기하지 않는 한 실패는 없다"고 말했다. 나는 항상 신약성경에서 가장 수수께끼 같은 인물 중 하나인 세례 요한에게 매료되었다. 그의 신비스러운 탄생과 극적인 죽음은 무슬림과 유대인의 상상력을 자극했고, 이 두 종교는 그의 역할을 지극히 중요하게 생각한다. 그리스도인들에게 그는 선구자, 마지막 예언자, 그리고 예수님의 신적 기원을 최초로 선포한 사람이다.

나에게 그는 완벽한 셰익스피어와도 같다. 그의 인생과 행적과 비전은 아주 특별한 자기부인의 서곡이다. 명성이 절정에 달했을 때 그는 제자들에게 자신이 메시아가 아님을 밝히고, 그들이 진정 따라야 할 분이 누구인지를 보여주었다. 그 일은 헤롯 안티파스 왕이 형수 헤로디아스와 결혼한 일(당시에 이런 결혼은 매우 흔했다)을 요한이 비판하면서 왕의 미움을 사고 자신의 죽음을 재촉하기 전에 일어났다. 그의 죽음은 그의 삶만큼이나 결실을 맺었다. 세례 요한의 제자들 대부분이 예수님을 따르는 작은 무리에 합류한 것이다.

세례 요한은 제사장 가문 출신으로 연로한 부모 아래서 태어났다. 그들은 아들 요한을 하나님께 바쳤다. 더욱이 그는 예수님보다 6개월 먼저 태어난 예수님의 친척이기도 했다.

우리는 네 개의 복음서를 통해 세례 요한에 대해 알 수 있지만, 그 시대의 역사가 플라비우스 요세푸스(주후 37-100년)가 쓴 역사서 『유대 고대사』에서도 그의 이야기를 찾아볼 수 있다. 세례 요한의 아버지 사가랴는 제사장이었고, 어머니 엘리사벳은 예수님의 어머니 마리아의 사촌이자 다윗의 후손이었다. 누가복음은 천사가 사가랴에게 수태를 고지한 사건을 묘사하고 있다. 사가랴는 아들을 낳게 될 것이라는 천사의 고지를 믿지 못해 한동안 말을 못하게 된다(눅 1:20). 마리아가 엘리사벳을 찾아간 이야기는 매우 인상적이다. 당시 두 사람은 모두 임신한 상태였다. 엘리사벳의 태중에 있던 요한이 마리아의 태중에 있는 예수님을 느끼고 기뻐하며 뛰었다고 전해진다(눅 1:44). 요한은 아주 어려서부터 제사장에게 맡겨져 자랐고, 얼마 지나지 않아 팔레스타인 광야로 나갔다. 복음서는 그가 광야에서 낙타털 옷을 입고 허리에 가죽 띠를 띠고 메뚜기와 석청을 먹었다고 전한다(막 1:6).

세례 요한의 메시지가 어디에서 기원했는가에 관한 논란은 여전히 존재한다. 어떤 사람들은 세례라는 특별한 의식의 제정과 더불어 엄격한 금욕과 정결을 요구했던 한 유대인 종파인 에세네 파에서 그 메시지를 가져왔다고 생각한다. 여기서 세례 의식에 사용된 물은 죄인이 죄악된 옛 삶을 버린 후 새로운 생명을 얻고 죄를 속량받았음을 상징한다. 한편 그의 가르침이 완전히 독창적이고 육체의 정화 및 메시아 선포와 연결되어 있다고 생각되기도 한다.

세례 요한의 설교 사역은 티베리우스 재위 15년에 팔레스타인 요단강가에서 시작되었다. 당시 그의 나이는 27세였다. 그는 사역을 시작하자마자 사람들에게 호응을 얻은 것처럼 보인다. 그의 가르침은 유대인의 의식에서 민감한 두 가지 사항을 건드렸다. 정결에 대한 집착과 메시아에 대한 간절한 대망이 그것이다. 또한 그는 '천국'이라는 개념을 도입했다(마 3:2). 이 천국의 개념을 예수님이 놀라운 지점까지 발전시켜가신다.

복음서에 따르면 몰려든 군중은 요한에게 요단강가에서 세례를 베풀어 달라고 요청했다. 요한은 몇몇 측근을 뽑아 자기를 돕게 했다. 측근 중에는 앞으로 예수님의 제자가 될 두 사람 요한과 안드레가 있었다. 그밖에 베드로와 빌립, 나다나엘(바돌로매)도 세례 요한을 따랐던 것으로 보인다.

세 복음서에는 예수님이 요한에게 세례를 베풀어 달라고 청하시는 장면이 나온다. 예수님은 죄가 없어 회개할 필요가 없었기 때문에 상황이 좀 복잡한데, 이 특이한 사항이 마태복음에 언급되어 있다. 처음에 요한은 예수님에게 세례 베풀기를 거절하고, 도리어 예수님이 자신에게 세례를 베풀어야 한다고 말한다. 그러나 예수님은 요한이 자신에게 세례를 베풀어야 한다고 그를 설득하신다(마 3:14-15).

세례 요한의 사역은 예수님에게 세례를 베풀고 예수님을 메시아로 확인하며 성령을 언급한 데서 절정을 이룬다. 마가복음과 마태복음,

누가복음은 요한이 자신의 소명을 확실하게 포기하고 예수님을 메시아로 세우는 장면을 감동적으로 묘사한다. 요한복음에는 이런 장면이 나오지 않지만, 대신에 세례 요한이 예수님을 가리켜 "하나님의 어린 양"(요 1:29)이라고 부르는 장면이 나온다. 한편 예수님은 세례 요한을 꺼지지 않고 빛을 발하는 등불로 여기셨고, 다른 곳에서는 그를 가리켜 "여자가 낳은 자 중에 요한보다 큰 자가 없도다"(눅 7:28)라고 말씀하셨다. 두 사람은 요한이 체포될 때까지 요단강에서 계속해서 사람들에게 세례를 베풀었다. 이후에 예수님은 두루 다니며 설교 사역을 시작하셨다.

요한의 세례와 예수님의 세례 간의 차이점이 초대 교회에서 격렬한 논쟁의 원천이 되었다. 바울은 반대했지만 고린도에 있는 그의 제자 아볼로는 계속해서 세례 요한의 의식을 따라 세례를 베풀었다.

요한의 메시지는 예수님의 메시지를 소개하는 내용이었다. 그는 구속에 대한 초청과 함께 나눔을 강조하고 정직하고 합법적인 권세를 존중하는 것에 관한 설교를 했다. 그는 예수님만큼이나 정통 유대인인 바리새인들을 신랄하게 비판했다. 바리새인들은 "아브라함이 우리의 조상이다"라고 선포하는 것이 영원한 구원의 시작이요 끝이라고 생각했기 때문이다. 그들에 대한 요한의 대답은, 그리스도인의 명백한 운명에 대한 최초의 보편적 선포로 간주할 수 있다.

서구 문화는 세례 요한이 예수님에게 세례를 베푼 일과 음란한 공모에 희생된 일을 기리며 그를 추모한다. 가장 위대한 화가들과 최고의 모자이크 예술가와 조각가들이 요단강에서 세례를 베푸는 그의 모습과 은쟁반 위에 놓인 그의 머리를 묘사했다. 이스탄불에 있는 코라 교회의 모자이크는 매우 생생한 묘사를 담아내고 있다. 모자이크에서 세례 요한은 요단강 한가운데 서 있고 바리새인들은 그의 우편에, 예수님은 그의 좌편에 서 있다. 그가 예수님을 가리켜 "하나님의 어린 양"이라고 유대인들에게 선언하고, 장차 예수님의 제자가 될 그의 제자 안드레와 요한이 이미 예수님 뒤에 서 있다.

주후 400년에 콘스탄티노플의 주교이자 교부였던 요한 크리소스토무스는 세례 요한을 크게 경모하여 그와 관련해 여러 편의 설교를 했다. 그는 팔레스타인 지역에서 회자되던 한 고대 외경의 이야기를 즐겨 했는데, 그 이야기에 따르면 예수님은 천국에 있는 세례 요한의 영광을 그분의 제자들에게 보여주었다고 한다.

이 위대한 인물은 아직도 전 세계의 수많은 사람들에게 존경심을 불러일으킨다. 그들은 요한의 삶과 비전 가운데서 이웃을 위해 살아갈 힘을 얻는다. 오직 예수님을 통해서만 도달할 수 있는 하나님에 대한 지식을 따라 살아간 자로서 그의 목소리는 시대를 초월하여 울려 퍼지고 있다.

세례 요한은 기독교라는 드라마에 꼭 필요한 부분이었을까? 필시 그러하다고 본다! 요한의 모습과 설교, 메시아의 초림에 관한 예언, 예수님의 세례, 그리고 예수님을 하나님의 아들로 최초로 인식한 일은 이사야서에 나오는 메시아에 관한 예언들을 성취했다. 그 당시 어떤 유대인도 이런 징표와 그 의미를 무시할 수 없었을 것이다. 요한의 초기 사역에 힘입어 예수님은 자신의 운명을 받아들일 준비를 했으며, 예수님의 메시지를 듣고 이해할 준비가 된 제자들과 추종자들이 기꺼이 그분을 따를 수 있었을 것이다. 이것이 바로 예수님이 짧은 기간

내에 그토록 많은 일을 성취하실 수 있었던 이유가 아니겠는가? 불과 3년 만에 예수님은 유대인 중에서 가장 유명한 인물이 되었으며, 궁극적으로는 인류 역사상 가장 유명해지셨다.

순수한 영웅 세례 요한은 억울한 죽음으로 생을 마감해야 했지만 인생의 목적을 이루고 갔다. 그러하기에 나는 그가 행복하게 죽었을 것이라고 믿는다. 절망과 나약함이 찾아오는 밤에는 이 위대한 인물을 기억하는 것만으로도 나를 힘들게 하는 생각들을 극복하고 다시 한번 소망을 바라보게 된다.

최초의 성자

복음서에서 마리아의 남편 요셉은 주인공이 아니다. 서두에 잠시 나오다가 예수님의 부활이 나오기 훨씬 전에 사라진다. 그가 맡은 주요 역할은 예수님을 다윗 왕의 후손이 되게 하고, 마리아에게 남편이 되어 주며, 아기 예수와 아기 엄마를 헤롯왕의 위협으로부터 안전하게 보호하여 이집트로 데려가는 것이었다. 나중에 요셉은 유월절을 맞이하여 가족들과 함께 예루살렘에 올라갔는데, 하룻길을 다 가도록 아들 예수가 없어진 줄 몰랐다가 사흘 뒤에야 성전에서 예수를 찾은 일이 있기도 했다.

관광객들은 지금도 이전에 동로마제국의 수도였던 콘스탄티노플, 즉 오늘날 이스탄불의 성벽 아래에 있는 한 교회를 방문하면 글라스 모자이크에 묘사되어 있는 요셉의 이야기를 볼 수 있다. 오래된 만화 같은, 비잔틴 양식으로 된 벽화 작품은 마리아가 결혼 적령기가 되어 성직자들이 성전에서 그녀를 내보내기로 결정했을 때, 어떻게 요셉이 그들에 의해 마리아의 남편으로 선출되었는지를 보여준다. 이스탄불에 있는 이 교회의 이름은 코라다. 코라 교회는 15세기경에 팔레올로고스 왕조가 세웠다.

요셉에 관한 이 이야기의 출처는 외경 중 하나인 야고보원복음서다. 야고보원복음서에 따르면, 마리아는 아주 어릴 적부터 성전에 맡겨져 성전에서 자랐다고 한다. 어느덧 마리아에게 성숙한 여인의 표징이 나타나자 대제사장은 혹여 젊은 제사장들과 불미스러운 일이 생기지 않도록 홀아비와 결혼시키기로 결심한다. 단 마리아를 평생 처녀로 지켜야 한다는 것이 조건이었다. 그는 천사의 명을 따라 후보자로 나선 평판 좋은 홀아비들에게 막대기를 하나씩 주고서 어느 막대기에서 비둘기가 나오는지 지켜보았다. 승자는 요셉이었다. 당시 요셉에게는 이미 장성한 자녀들이 있었다. 그리하여 거룩한 사람이라는 평판을 얻고 있는 요셉이 동정녀 마리아의 보호자이자 배우자로 선택되었다.

나중에 마리아가 임신을 하자 대제사장은 크게 화를 내며 약속을 어겼다고 요셉을 비난했다. 그러나 요셉은 자신이 천사에게 들은 마리아의 임신 소식을 대제사장에게 전했고, 그로 인해 대제사장은 마리아가 하나님께 소명을 받았음을 알게 되었다. 그러고 나서 아기 예수의 탄생과 이집트로의 피신 이야기가 이어진다. 헤롯이 죽자 요셉은 마리아와 아기를 데리고 갈릴리로 돌아왔고 나사렛이라는 동네에 정착했다. 요셉은 그곳에서 다시 목수일을 시작했다. 요셉에 관한 이야기는 여기서 끝난다. 그가 예수님의 소명에 대해 어떻게 반응했는지, 마리아와의 생활은 어떠했는지, 또는 언제 죽었는지는 알 수 없다.

이 이야기에 기초해 전승은 요셉에게 성자라는 타이틀을 주었다. 교회는 깊은 신앙심을 따라 경건하게 살며 책임을 다하고자 했던 요셉의 삶을 기억하며 그에게 경의를 표한다.

운명인가 선택인가?

예수님은 대단한 심리학자였다. 제자들이 자신에 대해 아는 것보다 훨씬 더 그들의 강점과 약점을 아셨다. 그래서 분명 처음부터 제자들 각자에게 맞는 역할을 맡기셨을 것이다. 특히 베드로가 눈에 띄는 사례다. 성질이 급하고 다소 용기가 없는 구석도 있지만 그가 열두 제자들 중 대표로 뽑힌 것은 힘이 넘치고 카리스마가 있었기 때문일 것이다. 예수님은 두 형제 요한과 야고보를 "우레의 아들"(막 3:17)이라고 부르셨고, 요한은 '예수님이 사랑하시는 제자'가 되었다. 마태는 세리였고 정통 유대인들에게 죄인 취급을 받았기 때문에 제자로 선택되었을 것이다. 시몬은 열심당원이어서, 가룟 유다는 돈에 인색한 현실주의자여서 선택되었을 것이다.

콥트어로 번역되어 파피루스에 기록된 유다복음서 사본이 1970년대에 이집트의 한 동굴에서 발견되었다. 이 문서는 예수님의 열두 번째 제자인 가룟 유다의 기이한 운명을 전하고 있다. 그는 겟세마네 동산에서 예수님을 배신했고, 바로 이어서 예수님의 수난이 시작되었다. 그러나 유다복음서는 금세 사람들의 관심 밖으로 밀려났다. 이 문서는 골동품 시장에서 손에서 손으로 전해졌을 뿐 그것을 소유한 누구도 해독할 생각을 하지 않았다. 수년이 흐르도록 '금고' 안에서 부식되어가던 이 문서는 마침내 학자들에게 넘겨졌고, 내셔널지오그래픽 재단의 지원으로 영문 번역이 이루어졌다.

그리고 2006년에 책으로 출간되었다. 이것은 여러 초기 텍스트에서 언급되었고, 리옹의 이레니우스가 이단적이라고 강하게 비판했던 문서로서 오랫동안 찾고 있던 텍스트로 확인되었다. 사실 이 텍스트는 영지주의의 한 분파인 카인파가 기록한 것으로 추측되며, 성경에 나오는 가인이나 소돔 사람들 혹은 가룟 유다와 같은 최악의 죄인들의 성화에 기초하고 있다. 그들은 죄가 하나님에게로 가는 최고의 길이라고 생각했다. 북아프리카 출신의 여선지자 프리실라의 이름을 가져다 쓴 그의 제자들은 기독교 변증가 테르툴리아누스의 강력한 공격을 받았다. 유다복음서는 주후 150년경에 기록된 이후로 카인파가 은밀하게 소장해왔지만, 그 분파가 소멸한 후에는 정통 교회에 의해 파괴된 것으로 알려졌다.

이 텍스트는 가룟 유다의 복권을 다룬다. 가룟 유다가 진정으로 예수님의 메시지를 이해했던 유일한 제자라는 것이다. 그는 사전에 '은밀한 지식'을 스승과 나누었을 뿐이지 스승을 배반하지 않았다는 입장이다. 예수님을 지목한 그의 행위는 사실상 예수님으로 하여금 그분이 취하고 있는 인간의 모습을 떠나 신적인 본체를 회복하도록 돕기 위한 것이었다는 논리다.

교회는 두말할 것도 없이 이러한 해석을 강하게 공격했다. 유다복음서의 번역본이 내셔널지오그래픽 재단에서 출간되고, 그 후에 텍사스 휴스턴에 있는 라이스 대학에서 공개되었을 때, 교황은 재발견된 그 텍스트에 대해 유보적인 입장을 표명했다.

유다의 배반에 관한 공식적인 이야기는 널리 알려져 있다. 유다는 회당의 대제사장들에게 가서 예루살렘 주민들의 소요 없이 예수님을 체포할 수 있는 가장 좋은 순간을 알려주기로 약속했다(마 26:14-15). 당시 대제사장들이 예수님을 따르는 제자들의 수를 수천 명 이상으로 볼 만큼 예수님의 명성은 높았다. 예수님은 대제사장들이 유대인들에게 행사하는 권위에 아랑곳하지 않으셨다. 그분의 영광스러운 예루살렘 입성은 회당과 정통 유대인들의 믿음에 큰 위협으로 느껴졌다. 그분이 메시아로 자처한 일이나 최소한 메시아라고 여겨지는 일들을 그들은 상상조차 할 수 없었다. 그래서 그들은 예수님을 제거할 수 있는 유일한 길이 공개 재판 후 처형하는 것이라고 생각하기 시작했다.

성전 쪽에서는 수년간 인내심을 발휘하여 예수님이 회당에서 가르치고 모세 율법의 중요한 쟁점에 대해 학자들과 논쟁을 벌이도록 놓아두었다. 그리고 군중에게 말하도록 내버려두었다. 그들이 보기에는 예수님이 성전과 유대 민족의 장래와 같은 주제를 이야기하며 정통 신앙을 무시했지만 말이다. 그들은 상당수의 바리새인들이 예수님의 가르침에 매력을 느끼고 은밀히 지지한다는 사실을 알고 있었다. 그들은 예수님이 행한 많은 이적들을 목격했다. 대부분의 이적들은 그들의 권위에 대한, 그리고 정통 유대 신앙과 관습에 대한 의도적인 도전이었다. 그들은 예수님과 여러 차례 논쟁을 벌이며 트집을 잡으려 했으나 성공하지 못했다.

마침내 예수님이 사람들의 환호를 받으며 예루살렘으로 입성하신 후, 산헤드린이라고 불리는 그들의 의회는 예수님을 체포하기로 결정했다. 결정은 만장일치를 이루지는 못했다. 아리마대 요셉이 반대표를 던졌다는 사실을 우리는 잘 알고 있다. 요셉 말고 다른 사람들도 반대표를 던졌을 수 있다. 하지만 절대 다수는 단번에 문제 해결을 하기 위해 예수님을 체포해서 재판을 하자는 데 찬성했다. 성전의 경비대는 주민들 모르게 은밀히 예수님을 체포하라는 명령을 받았다.

이 일에 성공하려면 적절한 때에 그들에게 은밀한 신호를 줄 수 있는 예수님 측근의 공모자가 필요했다. 복음서에는 그들이 어떻게 유다에게 접근했는지는 나와 있지 않다. 유다가 제자 무리의 돈을 관리하고 있었다는 사실과 그래서 따르는 자들로부터 헌금을 받고 비용을 지불했다는 사실만 나올 뿐이다. 이것은 유다가 재정에 밝고 관리 경험이 있으며 믿을 만한 제자였다는 뜻이기도 하다. 아마도 그는 윤리나 신학적 문제보다는 일상의 문제에 더 익숙한 현실주의자였을 것이다.

외경은 유다에 관해 더 자세한 내용을 제공한다. 외경에 따르면, 그는 필요시 폭력을 써서라도 로마 군대를 팔레스타인 땅에서 몰아내기를 원하는 열심당과 같은 급진파의 일원이었다고 한다. 급진파는 앞으로 수십 년 안에 일어날 마카비 반란기에 그 세력이 강력하게 성장한다. 플라비우스 요세푸스는 그의 저서 『유대 전쟁사』에서 마카비 봉기를 기록하고 있는데, 이 반란은 예루살렘 성전의 멸망과 유대인의 추방으로 끝난다. 이후로 유대인들은 1947년까지 팔레스타인 지역에 발을 붙이지 못하게 된다.

사실상 유대인은 주전 586년에 남유다 왕국이 바빌로니아에 멸망한 이후로 독립한 적이 없었다. 그럼에도 1천 년 훨씬 이전 시기에 그들이 팔레스타인 지역을 정복했던 성경 시대에 대한 기억은 여전히 살아 있었다. 열심당원들은 독립의 꿈을 포기하지 않았다. 유다는 그릇되게도 예수님이 자신들이 고대해온 인물일 것이라는 기대를 가지고 열두 제자 중 한 명으로 합류했을 가능성이 매우 높았다.

예수님이 예루살렘에 입성하신 후 자신의 개선을 봉기를 일으키는 수단으로 사용하지 않겠다고 결정하면서 열심당 소수파가 매우 실망하며 예수님에 대한 지지를 철회했을 가능성이 있다. 그래서 가룟 유다에게 그의 모험을 끝까지 밀고 나가보도록 주문했을지도 모른다.

예수님과 유다의 관계에 관한 대부분의 기록들은 매우 상징적이다. 그는 최후의 만찬에 참여했다. 그런데 참여한 방식이 매우 이상하다. 예수님은 성찬에 함께한 나머지 사람들에게 자기를 배신할 자를 가리키겠다고 말씀하신 다음에 떡 한 조각을 떼어 유다에게 주셨다. 누가는 바로 그 순간에 사탄이 유다에게 들어갔다고 말한다(눅 22:3). 떡을 받은 유다는 그 자리에서 나와 성전으로 향했다. 다른 복음서의 저자들은 유다의 배신 결심이 예루살렘 입성과 최후의 만찬 사이에 이루어졌다고 말한다. 이것은 예루살렘 입성이 봉기로 이어지지 않은 것에 대해 유다가 매우 실망했다는 해석을 뒷받침한다. 예수님을 배반한 대가는 은화 30개였다. 예수님이 십자가에 못 박히신 후, 그는 수치심에 사로잡혀 성전으로 다시 가서 받은 돈을 돌려주었다. 성전 측에서는 그 돈을 핏값으로 여기며 묘지로 쓰일 땅 한 뙈기를 사는 데 사용했다. 그 일로 예레미야의 예언이 성취되었다. "이에 선지자 예레미야를 통하여 하신 말씀이 이루어졌나니 일렀으되 '그들이 그 가격 매겨진 자 곧 이스라엘 자손 중에서 가격 매긴 자의 가격 곧 은 삼십을 가지고 토기장이의 밭 값으로 주었으니 이는 주께서 내게 명하신 바와 같으니라' 하였더라"(마 27:9-10).

열한 명의 제자들이 유다의 후계자를 지명할 때, 하나님의 뜻을 묻는 제비 뽑기를 통해 맛디아가 선출되었다.

사도들 이후의 다음 세대 그리스도인들은 다음과 같은 문제에 큰 관심을 가졌다.

- 배신자가 왜 열두 제자 중에서 나와야 했으며, 왜 하필 가룟 유다인가?
- 가룟 유다는 용서받을 수 있는가?

이 두 질문은 기독교 신앙에서 꼭 필요한 질문이 되었다.

예수님은 자신의 운명을 아셨고 인류를 위해 희생 제물이 되기로 결심하셨다. 자신의 희생이 하나님께 마지막 희생제사가 된다고 강하게 믿으셨기 때문이다. 예수님은 이 사실을 제자들에게 자주 언급하셨고 성전에서도 말씀하셨다. 그분의 확신은 변화산 사건 이후로 더욱 깊어졌다. 예루살렘 입성은 그분의 영적 여정에서 절정의 순간이었다. 예수님은 사람들이 자신을 오해하고 있음을 깨달으셨다. 예수님에 대한 세간의 평판은 그러한 오해에 근거해 있었다. 그래서 그는 하나님의 뜻을 따를 때가 왔다고 보셨다. 최후의 만찬은 장례를 준비하는 연회 자리였다. 그 연회에서 예수님은 제자들에게 떡을 떼어주시고 포도주를 나누어 주셨다. 그 일은 곧 이루어질 그분의 희생을 상징했다. 일단 결심이 선 이상 일은 신속하게 이루어져야 했다. 마지막 사건에 방아쇠를 당길 누군가가 필요했다. 바로 그 사람이 가룟 유다였다. 동시에 예수님은 베드로가 그 밤이 지나가기 전에 예수님 자신을 세 번 부인할 것이라고 말씀하시며 유다와 마찬가지로 배반자가 될 것임을 예고하셨다. "닭 울기 전에 네가 세 번 나를 부인하리라"(요 13:38). 제자들 중 몇몇이 겟세마네 동산에서 예수님을 보호하겠다고 나서기는 했지만, 결국 모든 제자가 이런저런 방식으로 그분을 배신할 것임을 예수님은 아셨다. 겟세마네 동산에서 예수님은 경비대를 저지하고 나선 제자들을 말리셨다. 그리고 베드로가 휘두른 검에 잘려나간 종의 귀를 치료해주셨다(눅 22:47-53).

그러나 배신에도 정도의 차이가 있다. 유다가 맡은 역할은 최악이었다. 돈을 받고 한 일이어서 상황은 더욱 나빠졌다. 이미 정해진 시나리오대로 하는 일이었다 할지라도 그는 마치 자기 역할을 즐기듯이 대단한 만족감을 내보였다.

예수님은 지상에서 보내는 마지막 며칠에 대한 시나리오를 작성하시고, 이에 맞추어 미리 배우들을 캐스팅하신 것처럼 보인다. 제자들 각각에게 역할이 주어졌다. 열두 제자 중 한 명은 악당이 되어야 했다. 그의 이름은 가룟 유다였다. 한편 베드로도 그 다음 순서에 등장할 배신자였다. 예수님이 그렇게 정하셨기 때문이다.

또 다른 외경인 도마복음은 유다에게 책임의 부담을 덜어주며 예수님이 그를 그렇게 행동하게 만드셨다고 암시한다. 이 사실은 초창기 그리스도인들의 상당수가 가롯 유다를 어떻게 생각하고 있었는지 보여준다. 즉 공관복음서에 묘사되어 있는 것처럼 유죄가 아니라 결국에는 용서받을 자로 여겼던 것 같다. 교회는 이 문제에 완강했다. 유다는 완전한 유죄로 간주되었고, 최후의 용서도 받지 못할 유일한 사람으로 여겨졌다.

그 실제 예를 대문호 단테의 『신곡』에서 찾아볼 수 있다. 단테는 가롯 유다를 지옥에서도 맨 밑바닥에 있는 '배신의 방'에 집어넣는다.

이 문제에 대한 논란은 결코 끝나지 않을 것이다. 카인파(가인파)는 가롯 유다를 예수님의 가장 가까운 제자로 만들었다. 예수님의 희생으로 하나님의 계획이 출범되었다. 가인이 아벨을 죽인 일이 구속사적인 맥락에서 의미를 가지듯이 그들은 가롯 유다에게도 그만의 역할이 있었다고 보았다. 아무도 예수님의 깊은 생각은 알 수 없다. 그분의 마지막 날들은 신비로 가득 차 있고 우리 앞에 수천 가지의 질문이 떠오르지만 그 답을 알 길은 없다.

나는 이 문제를 놓고 수년간 성찰하고 많은 글도 읽으며 묵상해보았다. 그 결과 배신자 가롯 유다도 또 한 명의 형제처럼 느껴진다. 나 역시 날마다 나의 죄와 의심에 휩싸여 예수님을 죽이려고 하지 않았는가? 믿음이 있다고 하면서도 거짓말하고 때로는 믿음이 있는 척하지 않았는가? 그럼에도 불구하고 나는 예수님의 용서를 굳게 믿는다. 우리는 예수님의 용서가 없으면 그분의 말씀을 따라 살아갈 수 없는 사람들이기 때문이다. 그래서 나는 예수님의 계명 중에서도 가장 고귀한 계명 하나를 따르려고 노력한다. 그것은 "비판을 받지 아니하려거든 비판하지 말라"(마 7:1)는 말씀이다.

나의 이웃 유다여, 나는 당신을 비판하거나 판단하지 않습니다!

믿음의 중심에 있는 것

예수님이 제자들과 함께한 최후의 만찬은 바울이 고린도전서에서 가장 먼저 기록하고 있다. "내가 너희에게 전한 것은 주께 받은 것이니 곧 주 예수께서 잡히시던 밤에 떡을 가지사 축사하시고 떼어 이르시되 '이것은 너희를 위하는 내 몸이니 이것을 행하여 나를 기념하라' 하시고 식후에 또한 그와 같이 잔을 가지시고 이르시되 '이 잔은 내 피로 세운 새 언약이니 이것을 행하여 마실 때마다 나를 기념하라' 하셨으니"(고전 11:23-25).

이 서신은 첫 번째 복음서가 나타나기 훨씬 전에, 최후의 만찬이 있고 나서 30년 후에 쓰였다. 바울은 그 만찬에 직접 참석하여 보고 들은 것을 쓴 것이 아니라 거기서 있었던 일을 다른 사람에게 전해 들었을 것이다. 그 뒤에 나온 마가복음과 마태복음, 누가복음의 보도는 바울의 이 기록이 사실임을 확증한다. 한편 같은 내용을 놓고 마태복음은 '죄 사함'(마 26:28)을 말하고, 마가복음은 '새 언약'(막 14:24)을 말한다. 요한복음은 이상하게도 그 만찬에 대해서는 아예 언급하지 않는다.

이 자리에서 제자들은 예수님의 말씀에 깊은 감동을 받았기 때문에 처음부터 이 성찬식을 중요하게 생각했다. 성찬식은 유대의 희생제사를 대신하면서 초대 그리스도인의 기념 의식에서 중심이 되었다. 나중에 최후의 만찬에 대한 신학적인 논쟁이 격렬하게 일어나는데, 대부분의 논쟁이 떡과 포도주의 본질, 예식의 의미에 관한 것들이었다. 논쟁이 심화되면서 교회가 분리, 분열되는 일까지 일어났다. 오늘날 최후의 만찬 또는 성만찬(유카리스트: 현대 그리스어 유카리스토는 '감사'를 의미한다)은 한편으로는 가톨릭과 동방정교회를 나누는 쟁점이 되었고, 다른 한편으로는 가톨릭과 개신교를 나누는 쟁점이 되었다.

그러나 모든 그리스도인들은 성찬식을 믿음과 삶의 중심으로 생각하며 함께 모여 떡과 포도주를 나눈다(가톨릭 미사에서는 떡만 나눈다). 성찬식은 예수님과 영적으로 교제하는 매우 영적이고 감동적인 경험이다. 어떤 사람들에게 성찬은 그들 안에 주님이 임재하신다는 표시다. 성찬식을 하는 동안 성도들은 하나님의 임재를 느끼고 그분과의 대화 속으로 들어간다. 그것은 이적일까 꿈일까? 어쩌면 그것은 예수님의 상징적인 행위를 다시 반복함으로써 그분의 가르침을 깊이 이해하는 데서 오는 심오한 느낌일 수 있다. 주님의 크신 은혜를 바라며 믿음을 가지고 주기도문을 반복해서 읊조리리며 기도하는 것처럼 말이다.

최후의 만찬은 살아 계신 예수님이 제자들에게 전하신 마지막 메시지로서 놀라운 반향을 일으켰다. 요한복음은 그 일을 직접 언급하지는 않지만 예수님이 제자들의 발을 씻겨주시는 장면으로 대신하고 있다. 그런 다음 예수님은 고별 설교처럼 들리는 마지막 말씀을 하신다. 그것은 최후의 만찬이 유월절 만찬이기보다는 장례식 만찬임을 보여주려는 요한만의 방식이다.

모든 종교는 저마다의 성스러운 상징과 신비를 가지고 있고 기독교도 예외는 아니다. 하나님이 인간이 되시고 죽은 자들 가운데서 살아나기 위해 먼저 죽으심을 말하는 종교가 어떻게 다른 주요 종교들보다 정교하지 않을 수 있겠는가? 의례와 영적 의미로 가득 찬 성만찬은 그중에서도 가장 심오한 신비 중 하나다.

우선 유대인의 전통적인 관점에서 최후의 만찬을 이해해보자.

왜 예수님과 제자들은 그날 엄숙한 저녁식사 시간을 가졌을까? 그것은 유대인의 절기 유월절을 맞이했기 때문이다. 유월절은 유대인들이 모세의 지도 아래 이집트에서 빠져나온 일을 기념하는 절기다(출 12:11). 이집트를 떠나기 전날 밤에 모세는 백성들에게 양고기와 무교병(출 12:5-15)으로 차린 저녁식사를 마지막으로 집에서 할 것을 명하고, 이후로 이 식사를 매년 기념하여 지키게 했다. 여느 유대인들과 마찬가지로 예수님도 이 규정을 따르셨다. 양은 한 집안의 가장이 하나님에게 올려드린 희생 제물이었다.

예수님을 추종하는 이들 중에 한곳에 정착해서 사는 제자들이 두루 다니는 예수님과 그분의 제자들을 어떻게 도왔는지는 유월절 만찬이 준비되는 상황을 보면 알 수 있다. 예수님의 지시에 따라 두 제자(베드로와 요한)가 다락방을 찾아가 자리를 예약했다. "너희가 성내로 들어가면 물 한 동이를 가지고 가는 사람을 만나리니 그가 들어가는 집으로 따라 들어가서 그 집 주인에게 이르되 '선생님이 네게 하는 말씀이 내가 내 제자들과 함께 유월절을 먹을 객실이 어디 있느냐 하시더라' 하라. 그리하면 그가 자리를 마련한 큰 다락방을 보이리니 거기서 준비하라"(눅 22:10-12). 여기서 집 주인의 신분은 나오지 않는다. 그는 다만 제자들이 부탁한 것을 준비해놓고 사라진다.

방이 예약되고 정해진 시간에 예수님과 열두 제자가 도착하여 식탁 앞에 앉았다. 그날 유월절 만찬 자리에서는 알 수 없는 몇 가지 일들이 일어났다. 무엇보다 예수님이 그 자리에서 자신을 배신할 자를 지적하며 양고기 소스에 찍은 떡 한 조각을 그에게 건네주셨다. 지목당한 배신자는 아무 말 없이 즉시 그 자리를 떠났다.

이어서 열한 명의 제자들 사이에서 누가 가장 큰 자인지를 놓고 논쟁이 벌어졌다. 누가 크냐는 제자들의 논쟁에 대해 예수님은 이전에 이미 "너희 모든 사람 중에 가장 작은 그가 큰 자니라"(눅 9:46)고 말씀하셨다. 이 자리에서는 "너희 중에 큰 자는 젊은 자와 같고 다스리는 자는 섬기는 자와 같을지니라…나는 섬기는 자로 너희 중에 있노라. 가장 큰 자는 다른 이들을 섬기는 자다"(눅 22:16-27)라고 말씀하셨다. 요한은 예수님이 제자들의 발을 씻기시는 장면을 언급하며 이 말씀을 상기시켰다. 예수님은 제자들의 만류에도 불구하고 그들의 발을 하나하나 다 씻기셨다.

마지막으로, 예수님은 자기도 감옥에 가서 예수님과 함께 죽겠다는 베드로의 말을 일언지하에 자르며 그가 수탉이 울기 전에 세 번 예수님을 부인하게 될 것이라고 예언하셨다. 그리고 식사 후에 검 두 자루를 가지고 가라고 권하셨다.

요한은 대개 한 걸음 뒤에 서 있던 사도들인 도마와 빌립, 유다의 말도 한마디씩 복음서에 담았다. 그들은 각각 예수님에게 다음과 같은 질문을 했다.

- 도마: 주여, 주께서 어디로 가시는지 우리가 알지 못하거늘 그 길을 어찌 알겠사옵나이까(요 14:5).
- 빌립: 주여, 아버지[하나님]를 우리에게 보여주옵소서. 그리하면 족하겠나이다(요 14:8)
- 유다: 주여, 어찌하여 자기를 우리에게는 나타내시고 세상에는 아니하려 하시나이까(요 14:22).

이 어려운 세 가지 질문들은 예수님의 재림이 임박했다고 확신하던 신실한 초대 그리스도인 공동체에서 걸림돌이 되었을 것이 확실하다. 각 질문에 대한 예수님의 대답은 간단했다.

- 내가 곧 길이요 진리요 생명이니(요 14:6).
- 나를 본 자는 아버지를 보았거늘(요 14:9).
- 보혜사 곧 아버지께서 내 이름으로 보내실 성령 그가 너희에게 모든 것을 가르치고 내가 너희에게 말한 모든 것을 생각나게 하리라(요 14:26).

예수님과 제자들 사이에 이루어진 대화의 결론은 비유가 아니라 일상의 언어로 말씀하신 예수님의 확언이었다. "내가 하나님께로부터 나와서 왔음이라. 나는 스스로 온 것이 아니요 아버지께서 나를 보내신 것이니라"(요 8:42).

어떻게 한 번의 저녁식사 시간에 그토록 많은 일들이 일어날 수 있었고, 그토록 많은 기본 가르침이 선포될 수 있었으며, 그토록 많은 상징이 제정될 수 있었을까?

최후의 만찬에서 예수님은 가르침을 마무리 짓고, 자기희생이라는 상징적인 행위를 통해 그들을 감싸 안으며, 열두 제자들이 살아 계신 그분과 함께한 마지막 시간을 잊지 않도록 깊은 인상을 주신 것처럼 보인다.

예수님은 가룟 유다를 지목하신 후, 자신이 하늘나라로 떠나갈 것임을 확인시켜주고 이 땅에 다시 오실 것이라는 선언을 반복하셨다.

그러나 그 말씀은 그날 밤 제자들에게 아무런 영감을 주지 못했던 것 같다. 그들은 예수님이 체포당하지 않게 구해야겠다는 생각밖에 없었다. 복음서들을 보면 불행하게도 제자들은 앞으로 자기들에게 무슨 일이 일어날지를 제대로 이해하지 못하고 있었다. 그래서 예수님이 검을 사라고 말씀하시자 그것이 상징적인 요구인 줄 모르고 이미 자기들에게 검이 두 개나 있다고 자랑스럽게 대답했다. 그들은 그 칼로 경비대를 저지하여 예수님이 그들을 영원히 해방시킬 이적을 행할 시간을 충분히 벌어주려고 했다. 심지어 하나님의 뜻에 따라 자신이 죽음을 맞이하게 될 것이라고 예수님이 확실하게 말씀하셨는데도 믿지 않았고, 예수님이 도망가실 수 있도록 베드로와 함께 저항할 계획을 세웠다. 이러한 행동은 그날 저녁에 마신 포도주 때문이었을까?

그러나 그들은 만찬을 마친 후 예수님과 함께 겟세마네 동산에 들어갔다가 얼마 되지 않아 잠들었기 때문에 술기운은 남아 있지 않았을 것이다(눅 22:45).

최후의 만찬은 예수님의 지상 사역의 마지막을 장식한 장엄하고 처연한 자리로 열두 제자들의 기억에 영원히 남았을 것이다. 그런 점에서 최후의 만찬은 예수님의 사역에서 최고 절정의 순간이고, 교회 성찬식의 초석이 된 사건이다. 당시에 희생제사가 없는 종교를 사람들은 진지하게 받아들이지 않았을 것이다. 그래서 예수님의 희생제사를 상징하는 의식이 필요했고, 최후의 만찬 때 그분이 하신 말씀과 의식을 두고두고 반복하는 것이 그리스도인들에게 반드시 필요했다.

바울도 이런 점을 이해했기에 최후의 만찬에 관한 이야기가 복음서에 기록되기도 전에 초대 교회에서 행하는 모든 기념 예식의 중심에 성찬식을 두었다. 이렇듯 구전으로 이어받은 전통은 완벽하게 작동하고 있었지만, 바울은 이것을 글로 기록하여 제대로 실행할 필요가 있다고 느꼈다. 예식의 올바른 의미를 가르치고 그 예식이 전통적인 희생제사들과 얼마나 다른지 보여줄 필요가 있었던 것이다. 바야흐로 기독교 신앙의 영광스러운 고유함이 강화되고 있었다. 피조물을 향한 하나님의 무한하신 사랑과 용서, 그리고 오래 참으심이 떡과 포도주를 나누는 모든 의식과 예배에서 드러나게 되었다. 예수님의 희생을 실현하는 이 의식은 수천 년 동안 예수님을 따르는 제자들이 자신의 인생을 주님의 손에 맡기고 그분의 가르침을 따라 살아갈 수 있는 힘과 용기와 소망을 주었다.

최후의 만찬 혹은 성만찬은 단지 하나의 의식이 아니라 유일한 하나님이자 인간이신 분에 대한 꺼지지 않는 인류의 경외심으로 이어져오고 있다. 성찬식에 지속적으로 참여한다는 것은 물질을 통해 예수님을 만나는 것이다. 말 그대로 성찬은 나에게 믿음의 양식이요, 소망을 떠받치는 힘이다.

L Life __ 삶

그리스도인이 사는 법

가장 친한 친구이기도 한 나의 동생은 나의 믿음에 대해, 그리고 내가 어떻게 예수님의 가르침에 나의 삶을 맞추는가에 대해 이야기하며 나를 놀려대곤 했다. 그리스도인의 삶이 비그리스도인의 삶과 어떻게 다른지 수년간 동생에게 설명하면서 이웃을 사랑하라는 계명과 그 중요성에 대해 이야기하다보니, 이러한 답변을 정리해놓으면 독자들의 이해를 돕고 그들이 믿지 않는 사람들과 대화할 때 유용하게 사용할 수 있겠다는 생각이 들었다.

그리스도인의 삶은 과연 '종교적'(의례적)인 삶일까? 대답하기에 이처럼 간단하고 쉬운 질문이 또 있을지 모르겠다.

예수님은 한편으로는 신실한 유대인이었지만, 다른 한편으로는 종교적인 삶이 반드시 하나님의 가르침에 일치하는 것은 아니라는 점을 지적하셨다. 이것이 예수님이 바리새인들과 다투신 일의 핵심이다. 바리새인들은 하루 매순간 율례를 따라서 살 정도로 율법에 기록된 일상의 모든 규정을 철두철미하게 준수하는 데 집중했다. 모든 순간은 죄를 짓거나, 아니면 하나님의 뜻을 이룰 수 있는 기회였다. 모세오경에 포함된 수천 가지 명령에 순종하는 모든 행위는 영원과 관련된 다음 한 가지 사실을 내포한다. 믿는 자는 하늘에 이를 수 있는 더 나은 기회를 갖게 된다는 것!

예수님은 이런 식으로 하나님과 동행하는 삶의 개념을 신랄하게 비판하셨다. 예수님은 하나님이 믿는 자의 마음에 거하신다고 거듭해서 말씀하셨다. 또한 자신이 하나님의 뜻을 온전히 지키고 있다고 확신하는 이른바 경건한 사람보다 회개하는 죄인의 기도를 더 잘 들으신다고 말씀하셨다. 젊은 부자와 예수님이 나눈 대화에서 이러한 논지를 아주 분명히 볼 수 있다. 젊은 부자는 자신이 모든 계명을 잘 따르면서 살고 있고 율법을 지키는 일 말고는 다른 것에 관심이 없다고 말했다. 그는 자신의 삶에 죄가 없다고 자신하면서 이 정도면 천국에 들어갈 만하지 않겠느냐고 물었다. 이에 예수님의 대답은 분명했다. "가서 네게 있는 것을 다 팔아 가난한 자들에게 주라…그리고 와서 나를 따르라." 이야기는 이렇게 끝난다. 젊은 부자는 재물이 많았기 때문에 슬픈 기색을 띠고 근심하면서 돌아갔다(막 10:17-22). 보는 바와 같이 종교적인 삶은 천국에 들어갈 권한을 얻는 데 충분하지 않다. 예수님은 결론을 말씀하신다. 구원이 "사람으로는 할 수 없으되 하나님으로는 그렇지 아니하니 하나님으로서는 다 하실 수 있느니라"(막 10:27).

그리스도인은 불가능한 도전에 직면한 것처럼 보인다. 종교적으로 살아가려면 날마다 자신의 믿음을 입증해야 하는데 종교적인 헌신 자체의 가치가 의심스러우니 말이다. 그것은 믿음을 입증하는 증거가 될 수 없다.

이 지점에서 기독교와 다른 유일신 종교들 사이에 큰 차이가 난다. 유대인과 무슬림은 율례들을 반드시 준수해야 하고, 그래야 천국에 이를 수 있을 것이라고 말한다. 그마저도 결과는 보장되지 않고 다만 성공할 가능성이 높아진다. 신자가 죽을 때까지 마음을 놓지 않고 하늘의 계명을 준수할 수 있도록 말이다. 의식 준수는 유대인과 무슬림의 삶에서 최고의 우선순위다. 그러나 기독교는 다르다. 예수님은 우리가 종교적인 관습을 매일 준수하는지 여부보다 그분의 계명과 가르침에 따라 어떻게 살아가는지를 보신다.

그래서 그리스도인의 삶은 유대인이나 무슬림의 삶에 비하면 얼핏 쉬워 보이지만 까다롭게 느껴지기도 한다. 이 땅에서의 제약 조건이 좀 더 가볍다는 점에서는 쉽고, 단순히 의식을 준수하는 수준을 넘어 예수님의 정신을 반영해야 한다는 점에서는 까다롭다. 아가페 사랑의 법을 일상에 적용하기란 무척 어려운 일이다. 정해진 시간에 기도하고 사랑에 대해 말하는 것과 사랑을 행하며 사는 것은 전혀 다른 일이다. 원수를 사랑하라고? 성자가 아니고서야 누가 원수를 사랑까지 할 수 있단 말인가? 직장 상사, 직원, 행인, 멀리서 재난을 당한 자, 장애인, 정치인, 난민, 죄수를 사랑하라고? 어떻게 그런 일을 할 수 있는가? 그것이 순전히 지적인 개념이라면 도대체 무슨 의미가 있는가?

그리스도인의 삶 1단계 - 선행

선한 사마리아인의 이야기는 예기치 않은 상황에서 그리스도인이 어떻게 행동하고 처신해야 하는지 예수님이 가르쳐주신 좋은 예다. 아마 모두가 아는 이야기일 것이다.

예루살렘에서 여리고로 가던 한 여행자가 강도에게 습격을 당해 길에 쓰러져 있었다. 그 길을 지나던 정통 유대인들은 그를 보고도 다들 그럴 듯한 이유를 대며 지나쳐버렸다. 그러나 천민(당시 사마리아인은 정통파 유대인들에게 천민 취급을 받았다) 한 사람은 가던 길을 멈추고 다친 사람을 돌본 다음 가까운 여관으로 데려갔고 치료비와 숙식비를 미리 지불했다. 심지어 필요할 경우 마을에서 돌아올 때 돈을 더 지불하겠다는 약속까지 했다.

이 이야기를 듣고 있던 바리새인 율법 선생에게 예수님이 질문하셨다. "누가 강도 만난 자의 이웃이 되겠느냐?" 율법 선생은 대답했다. "자비를 베푼 자니이다." 이렇게 해서 절망과 위험에 빠진 유대인은 자비(친절)를 베푼 미지의 이방인에게 이웃이 된다. 이 이야기에 나오는 친절은 단순한 친절이 아니라 실질적인 긴급 구조였다. 한 사람의 시간과 물질이 강도 만난 자를 돕는 데 실제로 사용되었다. 사심 없는 이러한 베풂은 기독교적인 사랑 혹은 아가페 사랑이 무엇인지 잘 보여준다(눅 10:30-37, 마 22:34-40).

따라하기가 항상 쉬운 것은 아니지만 이 사례에서 우리는 그리스도인의 기본적인 행위를 목격할 수 있다. 이것은 그리스도인다운 삶의 첫 걸음이요 1단계다. 물론 그리스도인만 이런 사랑을 베풀 수 있는 것은 아니지만 그리스도인에게는 의무 사항이다.

그리스도인의 삶 2단계 - 비판하지 않기

예수님의 두 번째 가르침은 기본적이고 인도주의적인 행동에서 한 단계 더 나아간다. "비판하지 말라. 그리하면 너희가 비판을 받지 않을 것이요"(눅 6:37, 참조 마 7:1).

이 약속은 유대인들에게 지극히 중요했다. 그들은 늘 하나님의 심판을 두려워하며 살았기 때문이다. 이 가르침은 일상의 영역에 광범위하게 적용되는 계명이다. 얼핏 사소해 보일지 모르지만 그 파급력은 대단하고 그런 가르침을 매일 실천하며 살아가기란 매우 힘들다. 나만 해도 동료들을 판단하고 비판하는 경우가 하루에 백 번도 넘는다. 어떻게 비판하지 않을지를 터득하는 것이 그리스도인으로 살아가는 삶의 기술이다. 눈 속의 티와 들보의 비유에서 이 계명의 열쇠를 찾을 수 있다. 이웃의 결점을 보기에 앞서 자신의 결점부터 정직하게 보고 고치라는 말씀이다. 그것이 교훈의 시작이고 우리 삶의 두 번째 단계다.

그리스도인의 삶 3단계 - 용서

세 번째 단계는 용서다. "너희가 사람의 잘못을 용서하면 너희 하늘 아버지께서도 너희 잘못을 용서하시려니와"(마 6:14, 참조 눅 11:4).

용서는 쉬운 일이 아니다. 인간은 본질적으로 공격적인 성향을 가지고 있다. 강도나 사기를 당할 때, 부당한 대우를 받을 때 무엇보다 먼저 복수할 길을 찾게 되지 않던가? 복수는 인간을 움직이는 가장 강력한 동기 중 하나다. 대부분의 전쟁과 유혈사태의 배후에는 복수심이 놓여 있다. 복수의 동기는 인간 두뇌의 가장 깊은 부분인 소뇌

(파충류의 뇌)에서 나온다고 한다. 그래서 복수의 영은 사람의 마음에서 뿌리 뽑기가 어려운가보다. 그것은 침략 전쟁을 벌이고 있는 군대의 원동력이다. 이와는 대조적으로 용서는 주로 대뇌 피질에서 오는 뇌의 감정으로서 좀 더 원시적인 뇌 부분에서 내리는 치명적인 명령으로부터 우리를 해방시켜준다. 대뇌피질은 인간이 지닌 이성의 원천이다. 이성은 우리에게 멀리 내다보면서 원시적인 충동에 저항하라고 명령한다. 이성은 또한 도덕적이고 종교적인 감정의 매개체이고, 우리 호모 사피엔스를 지혜롭게 해준다. 용서 없는 사회생활이란 불가능하다. 이 현명한 생각을 현실로 바꾸어주는 것이 기독교 신앙이다. 오직 예수님만이 우리 안에 용서의 원리를 심어주실 수 있다.

그리스도인의 삶 4단계 – 열매 맺기

그리스도인으로서 나아가야 할 네 번째 단계는 열매를 맺는 것이다. 건강한 나무가 좋은 열매를 맺는다(눅 6:43 참조).

인간은 우연히 존재하지 않으며 저마다 의미를 가지고 있다. 이 의미는 길게 해석될 수 있고 수백 개의 전제를 가지고 있다. 인간은 문명이 발전하고 인류의 경험이 축적되면서 매 세대마다 더 지혜롭고 합리적인 결정을 내릴 수 있는 풍성한 자원을 가지게 되었다. 덕분에 인류 전체의 발전에 동참하며 문명의 진전 가운데서 자신이 자리한 위치를 보다 더 이해할 수 있게 되었다. 그러나 자신이 맡은 역할을 항상 분별할 수 있는 것은 아니다. 그래서 때로 절망이나 무관심에 빠져들고, 그 결과 열매 없는 야망이나 망상을 품거나 자만하게 된다. 그럴 때 우리는 '열매를 맺으라'는 예수님의 명령을 기억해야 한다. 나는 왜 세상에 존재하는가? 이 질문은 다시 말하면 "내가 이 세상에서 살아가면서 해야 할 역할은 무엇인가?"라고 할 수 있다. 예수님은 인간을 열매 맺는 나무에 비유하며 그 질문에 대답하신다. "선한 사람은 마음에 쌓은 선에서 선을 내고 악한 자는 그 쌓은 악에서 악을 내나니"(눅 6:45). 열매를 맺는다는 것은 차이를 만들어 다음에 더 좋은 세상을 남길 정도로 선행을 한다는 뜻이다. 사회 속에서 어느 자리에 있든지 더 행복한 세계를 만들기 위해 끝임없이 내 몫의 벽돌을 쌓아올리는 것이다.

우리의 여행은 아직 끝나지 않았다. 예수님을 따르는 더 좋은 제자가 되기 위해서는 두 단계가 더 남아 있다.

그리스도인의 삶 5단계 – 믿음

믿음은 다섯 번째 단계에 해당한다. 이제 의지만으로는 충분하지 않은 지점에 도착했다. 우리는 지금 인간적인 삶과 영적인 삶의 경계에 서 있다. 사실 처음 네 단계에 올라서는 데도 영성이 필요하다는 사실을 잊어서는 안 된다. 그러나 그것은 인간이 본질적으로 가지고 있는 영성이고, 인류가 역사 위에 쌓아올린 인간 중심의 믿음이다. 이것도 결코 쉬운 과업은 아니다. 무관심보다 연대가 지혜롭고, 분쟁을 피하기 위해서는 냉정한 이성이 필요하며, 대결보다는 협력이 유익하고, 갈등은 상호간의 용서를 통해 해결된다는 사실을 인간이 깨닫기 시작하는 데만 수만 년이 걸렸다. 우리 각자는 인류의 한 사람으로서 이러한 목표를 향해 나아갈 책임이 있다.

한 가지 예를 들어보자. 물리학은 불연속이라는 개념에 친숙하다.

알다시피 어떤 자연현상은 과거로부터 미래를 추론할 수 있는 익숙한 연속성의 세계를 벗어나 천 분의 1초 안에 모든 것이 일어날 수 있는 세계로 들어갈 수 있다. 1세기 전부터 시작된 양자 물리학은 이러한 현상을 설명하는 최초의 이론이다.

물리학자들이 '불연속'이라고 부르는 것을 신자들은 '초월'이라고 부른다. 이 개념은 인성과 신성 사이의 격차를 설명한다. 예수님은 이런 격차를 우리가 건널 수 있도록 도우신다. 인간과 하나님 사이의 차이는 너무나 근본적이어서 인간은 우주에 떠도는 먼지처럼 피조세계 가운데 홀로 남는다. 예수님이 행하신 가장 큰 이적은 자신을 통해 인간을 하나님 가까이에 데려가신다는 것이다. 이것이 그리스도인의 삶의 기술을 끌어올리는 데 필요한 열쇠다.

인간이 더 나아지고 거룩한 지혜를 얻을 수 있도록 하나님이 보내주신 예수님과 그분의 신성을 믿음으로써 우리는 그 단계에 오를 수 있다. 믿음은 기나긴 과정이다. 살아가다보면 의심이 밀려들 때가 있지만 그때 믿음이 나침반이 되어준다. 믿음은 나를 실망시키지 않는다. 의심에 시달릴 때도 나는 무엇을 해야 하는지 어떻게 행동해야 하는지 안다. 나는 언제나 자유롭게 결정을 내린다. 결국 '좁은 문'을 선택하지 말지는 나에게 달려 있다. 의심의 때가 지나가면 회복된 믿음의 도움을 받아 잃어버린 시간을 따라잡기 위해 나는 분발한다. 예수님의 가르침이 나를 받쳐주고 있음을 안다면 잃어버린 시간을 따라잡기는 그리 어렵지 않다. 역설적으로 한때 예수님에게서 멀어졌던 그 시간은 더 많은 힘과 비전을 지닌 믿음의 때로 복귀하기에 앞서 훈련하는 기간과 같다. 예수님과 동행하는 삶은 잔잔한 시냇물이 아니라 계속해서 밀려오는 급류와도 같다. 어디서 이 길이 끝날는지는 아무도 모른다. 그래도 상관없다. 나는 예수님의 품 안에 있고 그 사실을 알기 때문이다.

어떻게 내가 예수님에 대한 믿음을 받아들이고 유지할 수 있는지는 인간의 이해력을 넘어선다. 믿음은 어디서 오는 걸까? 예수님에 대해 배우기 시작한 어린 시절에서? 삶 속에서 확증하며 성숙해가는 과정에서? 수차례 나를 걸려 넘어지게 한 장애물에서? 아니면 내가 만난 사람들을 통해? 나의 기도를 통해? 아무래도 믿음은 내가 예수님이라고 부르는 분이 주시는 모든 감동에서 오는 것 같다.

그리스도인의 삶 6단계 – 아가페 사랑

믿음의 가장 특별한 결과는 여섯 번째 단계, 즉 아가페 사랑이다. 이제 그리스도인이 가야 할 길의 정상에서 멀지 않다. 믿음은 우리를 아가페 사랑으로 이끈다. 요한은 그 사랑을 이렇게 말한다. "하나님은 사랑이시라"(요일 4:16). 바울은 영감 넘치는 시로 이 사랑이 가장 중요함을 표현했다. "내가 사람의 방언과 천사의 말을 할지라도 사랑이 없으면 소리 나는 구리와 울리는 꽹과리가 되고, 내가 예언하는 능력이 있어 모든 비밀과 모든 지식을 알고 또 산을 옮길 만한 모든 믿음이 있을지라도 사랑이 없으면 내가 아무것도 아니요, 내가 내게 있는 모든 것으로 구제하고 또 내 몸을 불사르게 내줄지라도 사랑이 없으면 내게 아무 유익이 없느니라"(고전 13:1-3).

우리는 어떻게 아가페 사랑이 믿음의 최고 단계임을 알 수 있는가? 주님이 우리에게 주신 가장 큰 계명을 보고 알 수 있다. "네 마음을 다하고 목숨을 다하고 뜻을 다하여 주 너희 하나님을 사랑하라 하셨으니 이것이 크고 첫째 되는 계명이요 둘째도 그와 같으니 네 이웃을 네 자신같이 사랑하라"(마 22:37-39, 참조 막 12:30-32, 눅 10:27-28). 사람을 사랑하는 것이 하나님을 사랑하는 것과 동일하다면 그것은 곧 사람을 사랑하는 일이 결코 쉽지 않다는 뜻이 된다. 사실 실천하기가 거의 불가능하다. 주 안에서 믿음으로 바로 서 있지 않는 한 나는 다른 사람을 사랑할 수 없다. 주님의 은혜를 통해서만 나는 내 이웃과 형제를 알아보고 적절하게 행동할 수 있다.

그리스도인의 삶 7단계 – 소망

그리스도인의 삶에서 마지막 단계는 소망이다. 소망은 이전의 여섯 단계의 결과이며 완성이다. 소망은 기독교 식으로 말하자면 행복을 뜻한다. 기독교가 말하는 행복은 세상이 말하는 일반적인 행복과는 다르다. 소망이란 예수 그리스도의 모든 가르침과 희생이 합쳐져 내가 이웃과 아들, 딸, 자손들을 통해 영원한 삶을 꿈꾸는 데서 그치는 것이 아니라 예수님의 부활과 용서, 그리고 성화됨에 관한 모든 약속을 통해 영원한 삶을 기대하게 되는 마음의 상태다.

그 단계에 이르려면(당신도 그 단계에 이를 수 있다) 우리는 인생에 주어진 일들을 성취하고 그리스도인으로 살아가는 삶의 기술을 터득해야 한다.

거룩한 독백

수십억 사람들에게 기도는 일상의 간단한 행위다. 그런가 하면 전혀 기도하지 않는 사람도 있다. 기도가 무슨 의미인지 그로 인해 어떤 결과가 오는지 전혀 모르기 때문이다. 한편 많은 사람들은 기도가 무엇인지 알고 있어도 그다지 쓸모있다고 생각하지 않는다. 기도보다는 묵상을 선호하기도 한다.

기도란 무엇인가?

기도는 묵상이 아니다.

기본적으로 기도는 초자연적인 존재에게 "감사합니다", "용서해주주십시오", "제발 도와주십시오"라고 소리를 내거나 때로는 조용히 읊조리는 독백이다. 은혜에 감사하거나 용서를 바라거나 이적을 구하는 것이다. 전통적으로 가장 빈번한 기도제목은 건강이나 죽음, 인간관계에 초자연적으로 개입해달라는 요청과 관련된다.

가장 오래된 기도의 흔적은 신석기 시대의 동굴 벽화에서 찾아볼 수 있다. 선조들이 모종의 기도문을 적은 것처럼 보인다. 그 당시에 기도는 수메르나 바빌론, 마야, 이집트의 사원 벽에 기록된 것과 같이 구색을 맞춘 연설의 형태를 취했다.

기도는 기도하는 자의 요구를 들어주고 그의 찬양을 누릴 만한 강력한 신들을 향했다. 여기서 신이란 자연의 힘, 별, 의인화되거나 그렇지 않은 신상 혹은 순수한 에너지 형태를 띠었다. 기도는 신에게 직접 드리거나, 두 세계 사이를 이어준다고 여겨지는 무당이나 사제들을 통해 간접적으로 드려졌다.

기도에는 소원하는 바에 대한 대가로 신이나 영매에게 바치는 제물 혹은 복채가 포함되기도 하고 그렇지 않기도 하다. 기도는 개인적이거나 집단적이거나 혹은 둘 다일 수 있다. 기도는 암기한 내용을 읊는 것일 수도 있고 즉석에서 하는 것일 수도 있다. 기도는 말이나 노래, 침묵 등으로 드릴 수 있다. 티벳의 불교신자들은 경전이 들어 있는 기도통을 돌리며 기도한다. 불교 경전을 적은 천 조각을 바람에 나부끼게 하며 염원을 실어 보내기도 한다.

그리스도인이 된 유대인들은 새로운 형태의 기도를 도입했다. 그것은 죄 사함을 위한 기도였다.

우리는 왜 기도하는가? 기도 응답을 받을 수 있다는 합리적인 확신이 있기 때문에 기도한다.

물론 '이러이러한 이적을 베풀어주시면 당신의 충실한 종이 되겠습니다'와 같이 조건을 걸며 하나님을 시험하는 바람직하지 못한 기도도 있다. 구약성경에는 선지자와 지도자, 서기관, 일반 신자 중에서 하나님께 야심차게 도전하는 사례가 많이 나온다. 복음서를 보면 예수님이 십자가에 달리신 마지막 순간까지 바리새인들이 계속해서 그와 같은 '거래'를 요구했다. 이에 예수님은 그들을 꾸짖으셨다. 은혜가 믿음보다 앞서며 믿음이 이적에 앞선다는 것이 예수님 말씀의 핵심이다. 그 반대가 아니다. 자기가 원하는 운명과 영혼을 맞바꾸었던 파우스트 박사의 기도는 그리스도인의 기도가 아니다.

진실함이 모든 기도의 중요한 조건이다.

과학의 발전은 '사람이 일으키는 이적'의 범위를 확장시켰고, '하나님이 일으키는 이적'을 인간의 이해 밖으로 내몰았다. 오늘날에는 의학이 해결하지 못하는 경우에만 병자나 장애가 치유되기를 구하는 기도가 허용된다.

지난 수천 년 이래로 스트레스와 절망, 죽음은 인간에게 변함없는 난제다. 예측할 수 없는 순간에 재난을 몰고 오는 위험 요소들이 여전히 존재한다. 이렇듯 예상치 못한 재난을 맞이했을 때, 초자연적인 개입만이 유일한 도움의 손길이기 때문에 우리는 자신과 주변 사람들을 보호할 목적으로 기도를 드린다.

자기 자신을 위해, 가족을 위해, 가까운 사람들을 위해 우리는 개인적으로 기도를 드린다. 가난한 자, 병든 자, 소외된 자, 자신이 속한 나라와 인류 전체를 위해 기도를 드리기도 한다. 이러한 기도를 중보기도라고 한다. 중보기도는 개인 기도에 비해 다소 추상적이고 일상생활에서 떨어진 문제를 간구하게 된다. 그래서 자신의 기도가 어떻게 응답받는지 확인하기가 어렵다. 많은 그리스도인들이 중보기도를 드리고 있는데, 주로 주일예배를 마칠 무렵에 함께 드린다. 수도원에서 중보기도는 수녀와 수사가 어떤 삶을 선택했는지를 보여준다.

개인 기도든 중보기도든 기도할 때 우리는 마음이 편안해지고 이기심을 내려놓게 된다. 기도를 통해 나는 기도하는 내용에 대해 진정으로 생각해볼 수 있는 시간을 가지고, 나의 진심을 증명하기 위해 서약할 수 있는 용기를 낸다.

기도의 가장 만족스러운 효과는 나 자신에게 솔직해진다는 것이다. 이 영적 훈련이 기도했을 때 내가 가장 먼저 얻은 긍정적인 결과였다. 그 다음으로는 기도하는 주제를 통해 영적 훈련을 할 수 있었다. 주위 사람들과 그들이 처한 어려움에 대해 진실함과 사랑을 담아 복된 결과를 간구하는 것은 사랑과 유대(결속)를 다지는 중요한 훈련이다. 마지막으로는 초자연적 권능을 가지고 계신 분, 내가 신뢰하며 '하나님'이라고 부르는 분에게 기도하게 되었다는 것이다. 하나님께 그러한 능력이 없다면 내가 왜 시간을 들여 그분에게 이러저러한 말씀을 드려야 한단 말인가?

영적 경로의 이 지점에서 내가 기도하는 '신'의 존재론적 정체성이 드러난다. 아직도 나는 벼랑 끝에 서 있는가?

기도를 변증법적으로 설명하기 위해 예수님이 제자들에게 가르쳐 주신 주기도문을 살펴보겠다(마 6:9-13).

주기도문처럼 많은 사람들이 드리는 기도도 없을 것이다다. 마태복음에서 산상수훈 바로 뒤에 나오는 주기도문에 관한 본문은 마치 예수님의 사역을 알리는 서곡처럼 들린다. 주기도문은 몇 개의 유대교 송영(카디쉬)을 합쳐 놓은 것이다. 예수님에 대해서는 한마디도 나오지 않는다. 그런 점에서 주기도문은 시편과 마찬가지로 기독교적일 뿐만 아니라 유대교적으로도 간주될 수 있다. 그러나 기독교는 이 기도문을 금과옥조로 삼고 있다.

지금까지 우리는 기도가 얼마나 사적이며 개인적인 것이 될 수 있는지, 자신의 은밀한 감정과 요청을 어떻게 표현하는지를 살펴보았다. 주기도문은 마치 우리를 위해 만들어진 것 같다. 우리는 주기도문을 암송하며 그 안에 자신의 간구와 찬양을 담는다.

그러나 주기도문을 기계적으로 암송하는 것은 아무런 의미가 없을뿐더러 기도문의 본래 목적과도 맞지 않다. 예수님은 제자들에게 경고하셨다. "기도할 때에 이방인과 같이 중언부언하지 말라. 그들은 말을 많이 하여야 들으실 줄 생각하느니라"(마 6:7).

주기도문을 대할 때 판에 박힌 습관대로 하지 말고 처음의 신선함을 유지할 수 있어야 한다. 수백만 번 반복한 후에라도 그 영적 잠재력을 되살릴 수 있는 길을 찾아야 한다. 수세기 동안 신자들은 주기도문에서 더 의미 있고 깊은 감동을 얻고자 다소 부적절하고 신비주의적인 방법을 동원했다. 얼핏 기발해 보여도 이런 시도들은 대부분 쓸모가 없었다. 어떻게 누가 예수님보다 더 기도를 잘할 수 있겠는가?

주기도문의 각 구절을 실천 안내문으로 삼는 것이 보다 더 적절하고 현대적인 접근 방법이라고 본다.

주기도문의 구조는 아주 단순하다. 이 단순성을 이용해 주기도문을 일종의 '기도 중의 기도'로 삼을 수 있다. 각 항목 자체를 하나의 기도로 발전시켜 자신만의 구체적인 개인 기도나 중보 기도로 채워넣는 것이다.

주기도문은 다음과 같이 크게 세 부분으로 나눌 수 있다.

- 서문
- 간구
- 찬송(영광송)

서문은 일련의 축복이며 하나님을 향한 확신의 선언이다. 하나님의 이름과 다스림과 뜻에 영광을 돌린다.

간구는 겉보기에는 매우 짧고 간단하다. 일용할 양식을 달라는 간구, 죄와 허물을 용서해달라는 간구, 시험에 들지 않게 지켜달라는 간구, 악에서 구해달라는 간구로 되어 있다.

영광송은 관례적이며 의식적인 찬양의 영창이다.

전체적인 형태는 고전적이며 의례상 유대교의 전통에 들어맞는다.

주기도문의 첫 부분 서문을 낭송함으로써 우리는 유대인의 하나님, 예수님의 아버지에 대한 우리의 믿음을 고백한다. 이 하나님은 신비하며 고유하시다. 그분의 이름은 알 수 없고 그분은 하늘과 땅을 다스리시며 모든 인류가 그분의 뜻을 받아들여야 한다.

우리의 믿음을 마땅히 그리고 신실하게 고백한 다음에는, 예수님이 하신 청원을 우리 자신의 청원으로 삼아 제시할 수 있다. 그 청원은 간단하고 몇 가지 되지 않지만, 주님께 개인적으로 드리는 청원과 다른 사람들을 대신해서 드리는 청원을 모두 포함한다.

첫째, 지상에서 살아가는 데 필요한 생계와 정상적인 물질을 구하는 청원이다. '일용할 양식'이란 인간으로서 행복을 누리고 하나님께 영광 돌리며 건강하고 검소하게 살아가는 데 필요한 것을 상징한다. 생명의 양식(요 6:35)을 암시하기도 한다. 생명의 양식은 사도 요한이 사용한 가장 영감 있는 단어 중 하나다. 사도 요한에게 생명의 양식은 곧 예수님의 가르침이었다.

둘째, 도덕적 청원은 우리가 죄를 고백하고 죄된 삶의 모든 찌꺼기가 제거된 순전한 영혼을 가지지 않고서는 이 땅에서 행복할 수 없음을 보여준다. 기도할 때는 기도문의 음율과 거룩한 한 구절 한 구절에 우리의 생각과 마음을 열어야 한다. 우리의 생각에서 모든 얼룩을 제거하지 않으면 이것은 불가능한 일이다. 생각의 평안과 마음의 평화라는 개인의 기도 목적은 죄 사함을 통한 순결 없이는, 몸과 영혼이 애초의 순수함으로 복귀하지 않고서는 이루어질 수 없다.

주기도문은 이웃이 우리에게 저지른 잘못(혹은 빚)을 우리가 용서하는 조건으로 하나님이 우리 죄를 속량해주실 것을 약속한다. 우리가 행하는 이적에 따라 하나님의 이적이 일어나는 것이다. 우리가 이웃을 용서하지 않으면 우리 자신이 용서받는 일이 위험에 처하며 그 기도는 무용지물이 되고 만다. 하나님의 속량(용서)을 우리의 용서에 연결지음으로써 하나님은 우리 인생의 방향이 하나님뿐만 아니라 우리 자신에게도 달려 있음을 보여주신다. 하나님은 우리가 그분의 신성에 참여하기를 원하신다. 그것은 '인간이 하나님을 닮도록 하기 위해 하나님이 인간이 되셨다'는 기독교의 중심 사상을 잘 보여준다.

여기에서 우리는 다른 종교의 기도와 크게 차이가 나는 기독교 기도의 정수를 만난다. 사랑이 속량(용서)의 핵심이듯 기도의 핵심도 사랑이라는 것이다. 기독교의 모든 영성이 이 한 구절에 들어 있다. "우리가 우리에게 죄 지은 자를 사하여 준 것같이 우리 죄를 사하여주시옵고"(마 6:12).

이제 가장 절실한 간구를 살펴볼 때다.

"우리를 시험에 들게 하지 마시옵고"(마 6:13).

"다만 악에서 구하시옵소서"(마 6:13).

시험(유혹)과 악은 기독교 심리사회학에서 가장 중요하게 다루는 두 단어다. 이 두 단어는 불가지론자와 자유주의자들이 기독교를 반대하는 데 활용해왔다. 사회를 성직자들 발앞에 무릎 꿇게 하기 위해, 인류를 기독교 강령 아래 가둬두기 위해 그리스도인들이 그 단어를 만들어냈다고 그들은 주장한다.

무신론자들은 시험과 악을 부정적으로 보는 세계를 받아들이지 못한다. 오늘날 시험(유혹)은 여전히 수십억의 사람들에게 성장의 원동력이 되고 있다. 예전에 네덜란드 부수상직을 지낸 적이 있는 한 사람이 소비주의를 가리켜 "당신이 사랑하지 않는 사람들에게 깊은 인상을 주기 위해 쓸모없는 상품을 구매하는 것"이라고 탁월하게 정의했다. 한편 악은 전체주의 국가에서 수많은 사람들을 노예로 만들고 죽음으로 이끄는 권력의 엔진이다.

"하나님이 없다면 모든 것이 허용된다." 카라마조프 가의 둘째 아들 이반이 한 이 말은 20세기에 울려퍼진 악의적인 모토다.

그리스도인들은 예수님의 희생으로 인간이 죄를 속량받았고, 선과 악을 선택할 수 있는 자유를 얻었다고 믿는다. 예수님의 가르침이 이웃에게 악을 행하려는 시험(유혹)에서 우리를 자유롭게 한다. 아가페 사랑이 우리 모든 행동의 원동력이 되어야 한다. 아가페 사랑에 반대하는 모든 행동이 곧 죄다. 선을 누르고 악이 승리한 결과가 바로 죄다.

주기도문은 기독교 신앙의 특이점을 보여준다. 기독교는 인간이 하나님의 형상으로 만들어졌고, 하나님이 인간에게 전적인 자유를 주셨다고 말하는 종교다. 그럼에도 바울은 그의 서신에서 이렇게 경고한다. "모든 것이 가하나 모든 것이 유익한 것은 아니요 모든 것이 가하나 모든 것이 덕을 세우는 것은 아니니"(고전 10:23).

"하나님은 사랑이시라"(요일 4:16)는 모든 그리스도인이 드리는 기도의 결론이고, 함축적으로는 주기도문의 결론이다. 그래서 주기도문은 또한 한 인간의 기도이기도 하다.

하나님의 다른 이름

우리는 '사랑'이라는 단어의 애매함에 유념해야 한다.

복음서는 그리스어로 쓰였다. 사랑은 영어로는 러브(love) 한 단어이지만, 그리스어로는 이에 해당하는 단어가 네 가지나 된다. 예수님이 사용하신 가장 높은 수준의 기독교 사랑을 뜻하는 아가페(*agape*), 형제 사랑을 뜻하는 필레오(*phileo*), 가족 사랑을 뜻하는 스토르게(*storge*), 그리고 감각적인 사랑 에로스(*eros*)가 그것이다. 신약성경은 아가페라는 단어와 그 사상으로 가득 차 있다. 예수님은 계속해서 아가페 사랑에 대해 말씀하시고 사도들도 주님의 본을 따른다. 요한복음 전체는 아가페를 찬양하고, 요한의 서신서들은 그 단어를 개념화하고 있다.

요한복음의 맨 마지막 부분에서, 부활하신 예수님이 베드로를 찾아와 물고기 153마리를 잡게 하는 이적을 베푸신 후 호숫가에서 그와 대화를 나누시는 장면이 나온다. 이때 예수님은 두 차례나 베드로에게 물으셨다. "베드로야, 네가 나를 사랑(아가페)하느냐?" 베드로가 대답했다. "예, 제가 주님을 사랑(필레오)합니다." 예수님은 베드로가 아직 예수님의 사랑을 이해하지 못하고 있음을 보고 세 번째 물으실 때에는 베드로가 사용한 것과 똑같은 동사를 사용하신다. 그리스어에 능숙한 요한은 인간을 향한 예수님의 사랑과 예수님을 향한 인간의 사랑 사이에 강도의 차이가 있음을 보여주고자 했다.

아가페 사랑은 인류를 향한 기독교의 메시지에 담긴 위대한 사상이다. 인류 역사상 최초로 사랑이 전 세계적인 패러다임의 초석이 되었다. 여기에는 인간의 모든 사상과 행위, 활동, 무엇보다 인간과 하나님 사이의 관계가 포함된다.

예수님 이전에는 어떤 철학자도 사상의 중심에 아가페 사랑을 두지 못했다. 플라톤의 원리는 선(good)과 웰빙(well-being)이다. 아리스토텔레스의 원리는 이성과 논리다. 부처의 원리는 신성과의 융합이다. 이들 모두가 추상적 개념에 관한 대화를 통해서만 진리에 도달할 수 있다고 확신했다. 추상적 개념은 대단히 선험적이어서 '행복한 소수자들', 신비 종교에 입문하여 각성한 소수들만 누릴 수 있었다. 그러나 예수님은 각 사람이 진리에 도달할 수 있다고 생각한 최초의 전 세계적인 사상가였다. 웰빙과 선, 이성, 신성과의 융합은 매일의 삶에 연결시키기에는 난해한 개념인 반면에 사랑은 누구나 즉시 이해할 수 있다. 사랑에서 나온 행동과 미움에서 나온 행동은 그 차이를 쉽게 알아볼 수 있다. 유익한 사랑보다는 나쁜 사랑이 훨씬 더 일반적이기 때문에 모든 사람은 자신의 행동을 개선하고 아가페 사랑의 길로 나아가라는 부름을 받았다.

요한일서에 열쇠가 되는 구절이 하나 있다. "하나님은 사랑[아가페]이시라"(요일 4:8). 요한이 의미하는 바는 하나님이 사랑과 같다는 것일까? 이런 확언에서 하나님이라는 사랑은 여전히 추상적인 느낌이다. 그래서 요한은 이렇게 덧붙인다. "사랑 안에 거하는 자는 하나님 안에 거하고 하나님도 그의 안에 거하시느니라"(4:16). 그런 다음에는 "네 이웃을 네 자신처럼 사랑하라"는 명령이 가장 큰 계명인 "하나님을 사랑하라"는 명령과 똑같다고 말한다. 이것은 인간에 대한 사랑을 통해 하나님께로 나아간다는 뜻이다. 그리하여 하나님은 한 인격으로서 내가 도달할 수 있는 거리 안에 계시고, 아가페 사랑은 내가 매일 경험할 수 있는 구체적인 느낌이 된다. 사랑은 하나님께로 가는 아주 구체적인 길이다. 하나님이 나의 세계에 더 가까이 계시는 것이다.

요한의 글만큼 하나님의 사랑을 많이 이야기하는 저작도 없다. 하나님의 참된 본성이 요한의 엄청난 재능과 구약성경의 아가서 수준에 이르는 시어를 통해 드러나고 있다.

"사랑하지 아니하는 자는 하나님을 알지 못하나니 이는 하나님은 사랑이심이라"(요일 4:8).

"아버지께서 나를 사랑하신 것같이 나도 너희를 사랑하였으니 나의 사랑 안에 거하라…내 계명은 곧 내가 너희를 사랑한 것같이 너희도 서로 사랑하라 하는 이것이니라"(요 15:9-12).

"누구든지 하나님을 사랑하노라 하고 그 형제를 미워하면 이는 거짓말하는 자니"(요일 4:20).

히브리인들에게 하나님은 무서운 분이었다. 히브리인들은 두려움에 떨면서 일상생활을 일일이 제한하는 명령에 순종함으로써 하나님의 진노를 피하려 했다.

그리스도인들은 그런 두려움을 아가페 사랑으로 대체했다. 예수님이 새로운 세상을 여신 덕분이다. 그분이 여신 새로운 세계에서 사랑이 두려움을 이겼다. 계시록은 이 혁명에 대한 완전한 메타포다. 이 혁명에서 사랑은 인류가 하나님 나라에서 마지막 절정을 향해 나아가는 원동력이 된다. 하나님은 결코 다시는 그분의 백성들에게 다른 종족이나 나라를 죽이고 멸망시키라고 강요하지 않으실 것이다. 죄가 정의를 이기는 것 같은 일이 일어나도록 두지 않으실 것이다. 죄가 이긴다면 그것은 하나님의 일에 역행하는 것인지 그분과 동행하는 것이 아니다. 그것은 인간의 자유가 맺을 수 있는 비통한 열매다. 하나님은 더 이상 한 민족의 하나님이 아니라 그리스도와 더불어 온 세상의 하나님으로서 자리를 취하신다.

예수님은 하나님께로 들어가는 유일한 문이 되심으로 인간의 형상을 한 하나님이 되셨다. 그럼으로써 하나님의 사랑에 대한 예수님의 생각이 기준이 되었다. 예수님은 인류의 긴 역사에 마침표를 찍으셨다. 왕이신 하나님이 종의 모습으로 이 세상에 오셔서 우리로 하여금 하나님께로 가는 유일한 길이 되셨다.

요한복음은 예수님의 메시지가 지닌 본질을 온전히 끌어내고 있다. 요한이 아가페 사랑을 으뜸 계명에 두었다는 것은 아가페가 곧 하나님이라고 선포하는 것이나 다름 없다.

M Man _인간

하나님의 동반자

하나님은 인간 없이도 하나님이실 수 있을까?

하나님의 마지막 창조 활동은 인간 창조였다. 처음 닷새 동안 이루어진 창조 활동은 사전 준비였고 여섯째 날이 없었다면 아무런 의미가 없었을 것이다. 하나님은 공들여서 배경을 만드신 후 인간을 만들기로 결정하셨다. 인간이 없는 천지창조는 상상할 수 없다. 게다가 인간을 자유로운 존재로 만들지 않으셨다면 창조의 의미도 없었을 것이다.

화성에서 하나님은 하나님이실 수 있을까? 태양에서 하나님은 하나님이실 수 있을까? 이러한 질문은 "하나님은 창조주시다"라고만 대답하는 근본주의자들에게 이상하게 들릴 것이다. "하나님은 우주의 하나님이시다"라고만 대답하는 전통주의자에게도 똑같이 이상하게 들릴 것이다. 그러나 이러한 질문은 구약성경에 나오는 하나님과 인간 사이에 끝없이 오고간 대화와 "하나님은 사랑이시라"(요일 4:8)는 요한의 명언과 더불어 신약성경에 나오는 예수님과 하나님의 대화에 매료된 현대의 성경 독자라면 충분히 이해할 수 있을 것이다.

스티븐 호킹을 비롯해 우주 창조에 대해 연구하는 첨단 과학자들은 때때로 '인류 원리'(anthropic principle, 물질의 내적 파동을 측정하는 '엔트로피'와 혼동하지 말라)라는 단어를 사용한다. '인류 원리'는 새로 생긴 원자가 약 140억 년에 걸쳐 인간으로 이어지는 연속 과정을 설명하는 용어다. 과학자들에 따르면 인간의 창조는 우연한 과정이 아니라 최초의 원자 혼합물에 시작하여 한 단계씩 발전하고 돌연변이 하는 긴 과정을 통해 '좋지 않은' 결합은 스스로 제거하고 '좋은' 결합만 스스로 남겨두는 과정이다(이 과정을 통해 물질에서 생명이 나오고 생명에서 의식이 나왔다고 본다). 그들은 '약한 인류 원리'와 '강한 인류 원리'를 구분한다. 강한 인류 원리를 때때로 복음주의 그리스도인들은 '지적 설계'라고 부른다. 지적 설계를 지지하는 그리스도인들은 이 개념에서 하나님이 인간을 창조하신 일에 대한 열쇠를 찾는다.

과학자들은 이러한 방향을 거부하고 오히려 약한 인류 원리를 선호한다. 이 입장은 우주 안에 있는 '지적 관찰자들'의 존재를 수수께끼로 남겨둔다. 따라서 인간만이 태양계에서 유일하게 지성을 소유하고 있는 존재이고, 다른 행성들에는 인간이 살지 않고 다른 생명체도 없다고 본다. 그런데 왜 지구만 예외일까? 지구에는 생명도 있고 지성도 있다. 물론 지성 없는 생명체가 수십억 년 동안 존재했지만 말이다. 그들은 지성의 발생이 어떤 식으로든지 최초의 순간(그 순간이 무엇이었든지 간에)에 프로그래밍 되지 않았다면 창조는 무산되었을 것이라고 생각한다. 후안 폰세 데 레온*과 그의 21세기 추종자들의 방정식에 따르면, 태초의 우주는 열 개 또는 열한 개의 차원을 가지고 있었다. 보통 여섯 개 혹은 일곱 개의 차원이 순식간에 사라졌고 아마도 두 개의 차원이 수십억 년 후에 다시 나타났을 것이라고 본다. (다윈의 개념을 사용한다면) 마치 진화 과정이 두 개의 차원을 보존한 것처럼 말이다. 하나는 생명의 차원이고, 다른 하나는 의식의 차원이다.

그리스도인은 '보존된' 이 두 차원을 닷새 동안의 하나님과 여섯째 날의 하나님으로 구분한다. 첫 번째는 피조물의 하나님, 두 번째는 인간의 하나님이시다. 하나님은 왜 여섯째 날을 만드셨을까? 결국 하나님은 화성과 같은 행성보다는 지구에 더 신경을 쓰신다. 화성에서는 수십억 년 동안 움직이지 않는 바위들을 다스리실 뿐이다. 그러나 지구에서는 인간들이 모든 것을 알고 싶어 하며 자유를 사용하여 하나님과 경쟁한다.

창세기와 얽혀 있는 현대 물리학의 문제를 이처럼 간략히 살펴보기만 해도, 인간이 가지고 있는 세 가지 근본적인 질문 앞에서 생각이 더욱 복잡해진다.

- 왜 우주에는 아무것도 없는 대신에 무언가가 존재하는가?
- 왜 우주는 법칙에 순종하는가?
- 왜 나는 존재하는가?

---

* 스페인의 탐험가(1474-1521). 푸에르토리코에 가장 오래된 식민지를 건설했으며 미국의 플로리다 반도를 발견했다

인간은 위의 '왜'라는 질문에 아무런 답을 줄 수 없다. 그러나 '어떻게'라는 질문에는 대답하려고 노력한다.

- 어떻게 아무것도 없는 대신에 무언가가 존재하는가?
- 어떻게 자연 법칙이 생겼는가?
- 어떻게 나는 존재하게 되었는가?

'왜'는 하나님의 영역이고 '어떻게'는 인간의 영역이다.

예수님 전에는 아무것도 명확하지 않았다. '어떻게'와 '왜'는 짙은 안개 속에 감춰져 있어 과연 인간이 자연에 어떤 힘을 행사할 수 있을지조차 확신할 수 없었다. 심지어 유일신 신앙을 가지고 있는 유대인들조차 인간이 창조 세계를 이해할 수 있으리라 상상하지 못했다.

그러다가 인간 역사의 한 시점에서 예수님이 태어나셨다. 예수님을 따르는 제자들은 '왜'와 '어떻게'의 차이점을 식별하기 시작했다. 두 질문이 똑같이 중요해졌다. 인간은 관찰과 논리를 통해 우주가 자연의 법칙에 순복한다는 사실을 발견했다. 동시에 예수님을 통해 '왜'에 대해 생각하기 시작했다. 갑자기 인간은 두 질문 모두에 골몰하지 않을 수 없게 되었다.

이렇게 골몰하게 된 사람이 다름 아닌 서구의 그리스도인이라는 사실은 결코 놀랍지 않다. 계몽주의 철학자들은 종교가 과학의 발전을 가로막는다고 잘못 생각했다. 공교롭게도 과학의 기초를 놓은 천재들은 모두 신실한 그리스도인들이었다. 그중에 코페르니쿠스, 케플러, 데카르트, 갈릴레오, 뉴턴, 조르주 르메트르가 있다. 갈릴레오를 제외한 나머지 사람들은 기독교의 복음 선포와 상관없는 이론을 전달하는 데 큰 어려움이 없었다. 18세기에 '신 사상'이라고 선포된 믿음과 진보의 분리는 사실 예수님만큼이나 오래된 것이었다. 과학은 예수님의 가르침과 무관하지만 복음서에서는 과학에 관한 긍정적 혹은 부정적인 의견을 찾아볼 수 없다(표제어 '과학'). 과학은 예수님의 영역에 들어오지 않았으며 예수님은 자신의 왕국이 땅의 나라가 아니라는 말씀을 여러 번 하셨다. 예수님의 주된 관심사는 인간이 사랑을 향해 도덕적으로 진보하는 것이었다.

믿음과 과학적 진보 사이의 딜레마는 위조된 것이다. 그것은 서구 사회에서 세속 교육을 받은 구성원들이 매우 세상적인 이유로 교회와 단절하기로 결심하면서 만들어진 생각이다(그들은 '교회'를 '믿음'과 혼동했다). 반면에 권력에 굶주린 상당수의 수도사와 성직자들은 과학을 전혀 이해하지 못하면서도 과학을 포함해 모든 인간사의 최종 발언을 성직자가 해야 한다고 생각했다. 계몽주의 시대의 희생양이 된 성직자들이 믿음과 과학적 진보 사이에 오해의 씨앗을 심은 것이다.

알베르트 아인슈타인의 뒤를 이어 일반 상대성 원리를 발전시킨 주요 과학자 중 한 사람인 벨기에의 조르주 르메트르는 가톨릭 사제였다. 한번은 놀랍게도 그가 교황의 선언 하나를 거부했다. 천체 물리학자들이 발견한 빅뱅 이론이 하나님을 발견하도록 이끌고 있다고 교황 피오 12세가 말하자, 르메트르는 용기 있게 나서서 과학은 종교와 아무 상관이 없고 서로 독립적으로 발전해야 한다고 발표했다. 성직자이자 천체 물리학자인 르메트르는 자신이 무슨 말을 하고 있는지 잘 알고 있었다. 그는 자신의 믿음과 학문 사이에 아무런 모순도 느끼지 않았다. 결국 교황 피오 12세는 이 주제에 대해 함구하지 않을 수 없었다.

신학자와 과학자를 분리하는 것이 해결할 수 없는 문제를 놓고 시간 낭비하지 않으면서 각자의 분야에 매진할 수 있는 자유를 준다. 우주와 인간의 관계를 새롭게 조명하기 위해 신학자들이 과학적 발견을 사용하지 못할 이유가 전혀 없다. '어떻게'에 대한 탐구가 한계에 이르렀을 때, 과학자들이 신학적 토론의 결론을 활용하지 못할 이유도 전혀 없다.

'다중 우주'라는 새로운 개념은 하나님의 권능이 예수님 시대의 사람들이 상상했던 것보다 수십억 배나 더 크심을 보여준다. 하나님의 형상은 완전히 새롭게 이해되어야 한다. 인간만이 그런 혁명을 수행할 수 있는 유일한 존재다. 목성이나 태양에는 아무도 존재하지 않기 때문에 그곳에서는 누구도 그렇게 할 수 없다. 아무것도 없던 창조 세계가 갑자기 모든 곳에 나타났다는 사실과 그 창조 세계에서 135억 년 걸쳐 생명과 지성의 씨앗이 뿌려지고 자라났다는 사실로 인해 우리는 하나님을 완전히 새롭게 바라보게 된다.

이러한 설명은 한편으로는 성경의 창세기에 문자적으로 접근하지 말 것을 요구한다. 다른 한편으로, 예수님의 성육신과 부활은 그리스도인 과학자들을 겸손하게 만들고 그들의 이론도 틀릴 수 있으며 언젠가는 오류가 확인될 수 있다는 생각을 받아들이게 한다(훗날에 오류가 발견되어 새로운 이론으로 대체될 수 있다는 뜻이다). 과학자들은 결코 도달하지 못할 경계를 향해 인간의 논리를 밀고 나아가보는 것이 자신들의 운명임을 알고 있다.

요약하자면 인간은 결코 우연의 산물이 아니다. 인간은 창조 세계에 의미를 부여한다. 다른 한편으로 '자유로운 지적 관찰자'인 인간만이 하나님이라는 개념을 이해할 수 있고 그분을 경배할 수 있다. 이것은 양성자나 바위나 공룡은 할 수 없는 일이다. 그러므로 인간과 하나님은 상호 의존적이며 서로에게 동반자다.

자유에 이르는 길

마리아는 그리스도인과 무슬림이 모두 공히 존경하는 몇 안 되는 성경 인물 중 하나다.

복음서에는 마리아와 아들 예수 사이의 관계가 몇 차례 간단히 언급되어 있고, 사도행전에는 마리아와 사도들과의 관계가 몇 차례 더 언급되고 있다. 마리아는 수태고지와 예수 탄생 이야기의 중심 인물이다. 이 이야기들은 너무나 유명해 동화 같다는 느낌마저 든다. 마리아는 또한 다소 무시하는 듯한 예수님의 발언에 등장하기도 한다. "누가 내 어머니이며 동생들이냐"(막 3:33, 참조 마 12:46-50; 눅 8:19-21). 예수님이 마리아에게 부탁하신 유일한 말씀은 사도 요한의 돌봄을 받으라는 것이었다. 당시 예수님은 십자가에 달리신 상태였고, 그것이 마지막 만남이 되었다.

이상이 동정녀 마리아, 테오토코스*, 성모 이야기의 뿌리들이다. 성모 마리아에 대해 수백만 권의 책이 쓰였고, 성모 마리아 상을 모신 수천 개의 감실이 세워졌으며, 루르드와 과달루페, 파티마 등 수십 곳에서 성모 마리아가 나타났다는 소식이 들려온다.

마리아는 로마가톨릭에서 반은 인간, 반은 신으로 간주되고 있는 유일한 사람이다. 처녀 잉태, 무염시태, 기이한 죽음(가톨릭에서는 몽소승천, 동방정교회에서는 성모 영면) 등은 수수께끼 같은 이야기로서 복음서에는 나오지 않지만 교회 전승에 더해졌다. 마리아 본인은 어떠한 권위도 없었고, 아들과 신학적인 논쟁을 하거나 예수님을 하나님의 아들이라고 확언한 적도 없었으며, 예수님을 따랐던 첫 세대 제자들 가운데서 특정한 역할을 달라고 요청한 적도 없었다.

마리아는 수태고지 때 자신의 의지로 사명을 받아들였고, 아기 예수를 출산했고, 헤롯왕의 분노를 피해 이집트로 피신했으며, 나중에 나사렛으로 돌아와 남편 요셉과 함께 예수님을 키웠다. 마리아가 예수님에게 한 것으로 알려진 유일한 부탁은 요한복음에만 나오는데, 그 결과 가나의 혼인 잔치에서 물이 포도주로 바뀌는 이적이 일어났다. 마리아는 평생 침묵을 지킨 조용한 증인이었다. 그녀는 아들이 일으킨 몇 개의 이적과 설교와 십자가에서의 죽음을 지켜보았다.

---

* 하나님을 뜻하는 '테오스'와 출산이라는 뜻의 '토코스' 두 단어의 합성어로서 말 그대로 '신성 출산'을 뜻한다. 초기 기독교 영지주의의 가현설을 신학적으로 부정하기 위해 예수 그리스도가 몸을 입은 인간인 동시에 신성을 지닌 존재임을 나타내는 기독론 용어다. 동방교회에서는 이를 마리아가 삼위일체 하나님인 성자 예수를 낳은 '하나님 예수의 어머니'가 된다는 교리로 말한다.

마리아가 전한 특별한 메시지는 매우 간단하다. 하나님의 명령에 "예"라고 대답한 것이다. 그녀의 고유한 운명은 지극히 중요하다. 하나님이신 분을 잉태하여 그분에게 다윗의 후손이라는 혈통을 주는 것이다. 그 혈통이 메시아로서 맞이할 그분의 운명을 확인시켜준다. 그녀는 그때까지 아이를 낳은 적이 없는 처녀였다.

마리아는 또한 1세기 교회 전승에 자주 등장하는 인물이기도 했다. 전승(외경)에 담긴 그녀의 삶과 죽음에 관한 이야기들은 정경과는 상당히 다르며 사실이라고 보기 힘들다. 그 전승은 마리아의 어린 시절과 결혼, 임신, 출산, 그리고 예수님의 어린 시절에 관한 이야기들을 담고 있다. 관련된 외경으로는 야고보원복음서, 마태복음위서, 마리아탄생서 등이 있다. 그녀가 사도 요한과 마지막 몇 년을 함께 보냈다고 전해지는 에베소(터키) 체류 시절의 이야기도 의심이 간다. 요한복음위서에 나오는 성모 영면은 성령이 나타나 그녀를 에베소에서 베들레헴으로 데려간 다음 사도들 가운데서 함께 사라졌다는 동화와 같은 이야기다.

일찍이 마리아는 기독교에서 모든 여성 중 으뜸이라 인정받았지만, 삼위일체 중 네 번째 위격이나 여신으로 인정된 적은 결코 없었다. 그러나 마리아에 대한 이야기를 놓고 교부들 간에 격렬한 신학 논쟁이 벌어지고, 콘스탄티노플 대주교이자 교회 전체의 2인자였던 네스토리우스의 추종자들과 정통 교회의 사이가 분열된 후, 에베소에서 열린 제3차 공의회(431년)에서 '테오토코스'라는 용어 사용이 공식적으로 허락되면서 마리아는 '성모'(하나님의 어머니)로 불리게 되었다. 그러나 네스토리우스는 예수님의 인성과 신성을 완전히 독립된 두 개의 인격으로 설명하면서, 마리아를 테오토코스가 아니라 크리스토토코스, 즉 '그리스도의 어머니'라고 불러야 한다고 주장했다. 마침내 가톨릭교회는 마리아의 무염시태를 인정했고, 이것을 19세기 말에 교황이 인정했다.

동정녀 탄생 개념이 어떻게 무수한 세대의 상상력을 자극하여 마리아를 민간신앙 속에서 흠 없는 보석으로 만들었는지를 알아내기란 쉽지 않다. 삼위일체와 성령에 대한 개념을 놓고 씨름하는 신자들의 열정을 흡수하고 그들을 교화하는 방법으로 동방정교회와 로마가톨릭 성직자들은 이러한 과잉이 일어나도록 내버려두었는지도 모른다. 마리아를 향한 신앙은 단순하며 엄마의 사랑처럼 매우 정서적이다. 양 떼와 같은 신자들을 위로하며 전쟁과 전염병, 죽음과 같은 어려운 때를 견디도록 도와준다. 수천 개의 교회들이 마리아라는 이름을 달고 있다. 오늘날에도 정교회와 가톨릭교회의 고위 성직자들은 마리아 숭배를 지지하고, 세계 곳곳에서 성모가 발현했다는 날을 성스러운 기념일로 지키고 있다.

그동안 마리아는 굴곡진 개인의 삶이나 한 사회를 위로하는 역할을 해왔다. 그리고 인간과 하나님-그리스도 사이의 매개자로서 사람들이 그녀의 아들을 통해 용서받도록 도왔다. 전통을 받드는 신자들에게 마리아는 기독교 세계에서 여성이 담당하는 역할의 원형이 되어야 했다.

교회 안에서 여성의 평등한 대우와 관련해 찬반양론자들은 자기 입장을 옹호하기 위해 저마다 마리아를 하나의 예로 삼는다. 평등주의자들은 마리아의 뚜렷한 지위를 인용하며 예수님과 사도들의 남성성에 균형을 맞추고 교회 안에서 양성 사이에 권력을 나누어야 한다고 요청한다. 반평등주의자들은 마리아가 예수님의 어머니 역할을 받아들이고, 그에 따른 모든 위험을 감수했다는 사실에 주목한다. 마리아를 순종하는 여성의 원형으로 보는 것이다.

두 입장은 모두 마리아를 지나치게 단순화했다. 마리아는 훨씬 더 복잡한 인물이기 때문에 페미니즘이나 반페미니즘의 전령으로 축소시킬 수 없다. 그녀가 보여주는 가치들은 이들의 주장을 훨씬 뛰어 넘는다.

첫째, 그녀는 예수님의 아가페 사랑에 대조되는 필레오 사랑을 가장 잘 보여주었다. 예수님의 아가페 사랑이 이성과 믿음에 호소한다면 마리아의 사랑은 보다 더 정서적이고 부드럽다.

둘째, 그녀를 한 사람의 어머니 혹은 한 사람으로 축소시킬 수 없다. 어머니로 축소하면 그녀를 지배적인 남성들이 자기 마음대로 행하는 근본주의 편에 세우게 되고, 사람으로 축소하면 그녀를 평등을 앞세우려 하다가 다양성을 희생시키는 페미니즘 편에 세우게 되기 때문이다.

바울은 갈라디아에 보내는 서신에서 말한다. "너희는 유대인이나 헬라인이나 종이나 자유인이나 남자나 여자나 다 그리스도 예수 안에서 하나이니라"(갈 3:28). 이것은 모든 사람이 똑같은 역할을 하거나 하나님의 백성들이 획일적이어야 한다는 뜻이 아니다. 하나님이 모든 사람에게 은혜를 똑같이 부어주시므로 성별에 아무런 차이가 없다는 뜻이다. 그러므로 여성 안수에 반대하는 교회들은 자신들의 명분을 다시 한번 돌아보아야 한다.

바울의 갈라디아 서신 이후로 기독교가 이 구절을 이해하고 남녀 관계를 사회적으로나 역사적으로 지배해온 무거운 편견을 떨쳐버리는 데 2천 년이나 걸렸다. 오직 남성들만 교회를 다스려야 한다는 잘못된 전제를 없애는 데 2천 년이 걸렸다. 새로운 종교가 탄생하는 과정에서 예수님 주변에 있던 '경건한 여인'들도 사도들만큼이나 중요했다는 사실을 깨닫는 데 2천 년이 걸렸다. 여자들이 동등한 대접은 물론이고 그 이상의 대접을 받을 자격이 있음을 남자들이 깨닫는 데 2천 년이 걸렸다.

예수님은 남성의 지위와 별개로 여성의 지위를 회복시켜주셨다. 창조세계에서 여성은 그들의 진정한 역할을 가지고 있다. 여성은 남성의 개입 없이도 하나님에게 삶을 바친다. 여기서 평등은 더 이상 중요한 이슈가 아니다. 평등의 문제는 오히려 넘어섰다. 여성의 역할은 남성과의 동등성을 드러내는 데 있지 않고 오히려 남성과 더불어 구속함을 받은 새로운 인류를 형성하는 데 있다. 남성과 여성은 함께 인류를 세워 나가는 동역자로서 상호 보완적이며 예수님으로 말미암아 똑같이 자유롭다.

수태고지 사건은 여성의 자유를 한껏 드러낸다. 마리아는 자유의지를 가지고 하나님의 멋진 선물을 받아들이거나 거절할 수 있었다. 그녀가 천사와 나눈 대화를 모든 세대가 새겨들어야 한다.

전승에 의하면, 기적의 아이였던 마리아는 평생 하나님을 위해 살도록 성전에 맡겨졌고 그리하여 정절을 지키며 살았다. 마리아가 결혼 적령기에 들어섰을 때, 대제사장은 제사장들 사이에서 유혹이 일어나지 않도록 그녀를 성전에서 내보내기로 결정했다. 일종의 중매 결혼이 주선되어 나이든 홀아비들 사이의 경쟁을 거친 다음, 마리아는 나이 차이가 상당히 나는 요셉과 결혼하게 되었다. 할아버지뻘 되는 요셉은 마리아의 순결을 지켜주기로 서약했다. 그런데 천사가 나타나 마리아에게 수태고지를 하니 이보다 더 당황스러운 상황이 있을까? 정상적이라면 천사가 수태고지를 했을 때, 마리아는 공개적인 수치와 그 밖의 어려움을 가져다줄 '영예'를 가차없이 거절했을 것이다. 그러나 그녀는 그 일을 받아들였다. 그 까닭은 설명할 수 없다. 그녀는 자발적으로 하나님의 손에 자신의 자유를 내어드리고 대중의 비난으로부터 자신과 미래의 아이를 지켜주시기를 바라며 하나님께 전적으로 의지했다. 그녀가 결심하기 전에 남자의 조언을 구하지 않았다는 점이 눈여겨볼 만하다.

아직 어린 나이에 이런 결정을 내림으로써 마리아는 사람이 생각할 수 있는 최고 경지의 믿음을 보여주었다. 사도들은 이 교훈을 신속히 깨달았다. 이에 영감을 받은 바울은 자유에 이르는 길은 하나님의 뜻에 순종하는 길을 통과한다고 썼다. "너희는 값으로 사신 것이니 사람들의 종이 되지 말라"(고전 7:23). 바울에 따르면 우리가 받을 만한 자격이 없는 이 자유는 우리의 생명을 유지시켜주는 뿌리다. 그러나 하나님의 뜻대로 사는 것이 쉽지 않음을 누구나 안다. 개인생활과 사회생활의 끈에 매여 있는 우리가 이 새로운 자유를 누리기 위해서는 예수님의 가르침을 온전히 확신하는 길밖에 없다.

마지막으로, 마리아가 같은 여성들에게 선사한 가장 중요한 선물은 주권적 자유라는 감동적인 모범이다. 이것은 자유를 존중하는 남성들에게도 모범이 된다. 자유를 얻기 위한 여성들의 역사적인 투쟁에서 마리아는 가장 중요한 발걸음을 내딛었다. 마리아의 모범을 통해 여성들은 주권적 자유를 인식할 수 있으며, 남성들은 이것을 하나님의 선물로 존중하게 된다. 많은 나라에서는 아직도 갈 길이 멀지만 그 목표는 분명하며 마리아의 이야기 안에 황금 글씨로 쓰여 있다.

예수님과 동행한 여인들

기독교 초기 여성 중에 막달라 마리아보다 오늘날 더 인기 있는 여성은 없을 것이다. 막달라 마리아가 많은 책과 영화의 주인공이 되고 있다. 그녀와 예수님의 관계는 많은 전설의 주제가 되었다. 그녀가 누구이고 무엇을 했으며 왜 그렇게 유명한지 알아보는 일은 흥미롭다. 많은 교회들이 그녀의 이름을 교회 이름으로 가져다 쓰고 있다. 그녀는 '사도들의 사도'라는 호칭을 얻기도 했다.

예수님의 사역 초기에는 그녀가 어떤 인물인지 명확히 나타나지 않는다. 예수님 주변에는 몇 명의 마리아가 존재한다. 어머니 마리아 외에 베다니의 마리아, 야고보와 요한의 어머니 마리아가 있다. 막달라 마리아로 오인할 수 있는 다른 익명의 여성들도 존재한다. "예수의 뒤로 그 발 곁에 서서 울며 눈물로 그 발을 적시고 자기 머리털로 닦고 그 발에 입맞추고 향유를 부[은]" 여인(눅 7:38), 십지가 아래에 서 있던 다른 마리아, 그리고 복음서의 여러 상황에 나타나는 여인들도 있어 다소 혼동될 수 있다.

막달라 마리아와 관련해서는 두 가지 전승이 있다. 로마가톨릭교회는 막달라 마리아를 창녀 신분에서 그다지 멀지 않은, 죄 사함 받은 죄인으로 본다. 예수님은 그녀에게 들어간 일곱 귀신을 쫓아내주셨다. 훗날 그녀는 일곱 성녀 중 한 명이 되었다. 정교회에서는 처음부터 그녀를 성녀로 추앙했으며 그녀의 과거가 애초에 어둡지 않고 밝은 삶이었다고 본다.

그녀와 예수님의 관계는 그리 분명하지 않다. 예수님은 랍비 신분으로서 결혼할 수 없었고 여인들과 연인 관계를 가질 수 없었다. 그리고 여러 장면과 예수님의 반응으로 미루어보아 예수님은 어떤 육체적인 접촉도 쉽게 용인하지 않으신 것으로 보인다. 예수님은 무리에 에워싸여 있어도 다소 독자적으로 행동하셨다. 그럼에도 항상 여성들을 존중하셨고 그 시대의 사회적 신분 이상으로 대우하셨다.

막달라 마리아는 언제나 사도들의 반대편에 자리했다. 그녀가 여기 있으면 사도들은 저기에 있었다. 예수님이 사도들을 향해 말씀하실 때 그녀는 그 자리에 없었다. 예수님이 그녀에게 말씀하실 때 사도들은 다른 곳에 있었다. 그녀는 최후의 만찬에는 동석하지 못했지만 십자가 아래에는 있었다. 그리하여 예수님의 마지막 말씀과 죽으심을 전하는 증인이 되었다. 예수님이 부활하신 직후의 현장에는 그녀가 있었고 제자들은 없었다. 얼핏 보면 예수님이 남자들을 위한 메시지와 여자들을 위한 메시지를 구분하신 것이 아닌가 하는 잘못된 생각이 들 수 있다. 예수님의 메시지는 독특한 동시에 보편적이다. 단지 청중에게 맞추어졌을 뿐이다. 그 메시지들은 상호 보완적이며 서로를 설명해준다. 성별에 따른 선호는 존재하지 않는다. 그것은 그 시대에는 혁명적인 개념이었다. 그래서 종종 남성 제자들에게서 또한 몇몇 여성 제자들에게서 나오는 간단하지만 명확한 언급에는 전통을 넘어선 내용이 반영되고 있다.

막달라 마리아의 인생에서 가장 잊지 못할 일이 부활의 아침에 일어났다. 그녀는 예수님의 시신을 정결케 하기 위해 다른 두 명의 여인, 즉 요안나와 야고보의 어머니 마리아와 함께 무덤에 간다. 그 의식은 당시에 여성들만 할 수 있었다. 무덤에 장사 지내기 전에 그 예식을 해야 했지만 예수님이 금요일에 십자가에 달려 돌아가셨기 때문에 안식일이 임박하여 그 일을 할 수 없었다.

그 여인들은 무덤이 비었음을 함께 발견했지만 부활하신 예수님은 맨 처음 막달라 마리아에게 나타나셨다(요 20:14-16).

예수님은 그녀에게 말을 거셨고 그 이적의 의미에 대해 말씀하셨다. 그녀는 예언대로 죽은 자 가운데서 다시 살아나신 예수님을 보았다. 이스라엘에서 여자의 신분이 어떠한지 아는 사람이라면 이런 호의는 정말 믿을 수 없는 일이다. 여자는 하위 계층에 속했고 법정에 설 자격조차 없었으며 한 남자의 권위 아래서 지내야 했다. 여자는 자신이 본 것을 증언할 권리가 없었다. 그런데 왜 예수님은 그녀를 선택하여 부활의 사실을 알리는 최초의 사람으로 삼으셨을까? 이 수수께끼에는 답이 없다. 우리는 있는 그대로를 받아들일 수밖에 없다. 그리고 이러한 영예가 깊은 의미를 내포하고 있으며, 막달라 마리아가 예수님 곁에서 누린 특별한 위치를 반영하고 있음을 관찰할 수 있다.

막달라 마리아는 자신이 본 것을 전하기 위해 서둘러 사도들에게 갔지만 아무도 그녀를 믿지 않았다. 예수님이 사도들 모두에게 나타나셨을 때에야 그들은 비로소 부활을 믿기 시작했다.

위경 마리아복음서에는 막달라 마리아와 예수님의 관계에 관한 더 많은 이야기가 나온다. 이 위경에 따르면, 그녀는 예수님에게 다른 제자들과는 확연히 다른 가르침을 받은 것처럼 보인다. 예수님의 가르침에 대한 영지주의적 해석 같은 것으로서 오직 복받은 소수, 제한된 수의 '깨달은' 사람들만 명확히 볼 수 있는 가르침이었다. 막달라 마리아가 예수님의 부활 소식을 전했을 때, 여성이 앞에 나서는 것을 탐탁치 않게 여기던 안드레는 즉시 그녀를 책망하며 그 진실성을 공개적으로 문제 삼았다. 예수님이 주변에 남자 한 명 없이 여자 한 명만 놓고 말씀하셨을 리 없다는 것이다. 안드레의 형제 베드로도 안드레의 주장에 동조했지만 설득력은 그다지 없었다. 요한복음에는 베드로가 비어 있는 무덤을 살펴보는 동안에 예수님이 막달라 마리아에게 먼저 말씀하시는 장면이 나온다. 그녀는 사도들에게 예수님의 말씀을 전한 후에는 더 이상 이야기에 나오지 않는다. 이로 미루어보아 그녀가 남성 제자들과 거리를 두었으며, 예수님이 두 그룹 간의 충돌을 방지하고자 신경 쓰셨음을 짐작해볼 수 있다.

막달라 마리아의 이야기를 통해 우리는 두 가지 질문을 떠올리게 된다.

첫째, 왜 예수님은 당시 사회적 관습과는 전혀 다르게 주변에 많은 여성을 두셨는가? 그들 중 몇몇은 재정적 후원에 깊이 연관되었는가?

예수님의 주변에는 항상 여성들이 있었다. 어머니 마리아와 엘리사벳, 제자이자 후원자로서 시중든 상당수의 여성들이 첫 세대를 이룬다. 그들은 예수님께 가르침을 들었고 치유를 받았으며 많은 비유에 등장하는 인물이 된다. 예수님은 그들과 시간을 보냈고 대화를 나누었으며 여성들의 일시적인 '불결'을 전혀 꺼리지 않으셨다. 어떤 사람은 예수님을 그 시대의 페미니스트라고 볼 정도였다.

예수님의 입장은 처음부터 아주 명료했다. 하나님 앞에서 그분의 계명을 따르는 남자와 여자 사이에는 아무런 차이가 없다는 것이다! 예수님은 한번 하신 말씀은 그대로 행하셨고 여성들도 그렇게 대하셨다.

베다니에서 예수님을 집으로 초대한 마르다와 마리아 자매의 예를 살펴보자(눅 10:38-42). 요한복음에서 빠질 수 없는 사건, 즉 죽은 나사로를 예수님이 다시 살리신 사건이 일어났는데 두 자매는 바로 나사로의 누이들이다(요 12:1-2). 그들은 예수님의 부지런한 제자들이었다. 예수님은 다음 마을로 가시기에 앞서 베다니 마을에 들려 간단히 점심을 드시고자 했다. 이런 상황에서 여주인으로서 할 일은 급히 상을 차리는 것이 아니겠는가! 마르다는 그렇게 했다. 그러나 마리아는 분주한 마르다를 돕지 않고 예수님의 발치에 앉아 말씀을 들었다. 시간이 어느 정도 흘렀을 때 마르다는 게을러 보이는 동생의 태도에 화가 나서 솔직하게 말했다. "주여, 내 동생이 나 혼자 일하게 두는 것을 생각하지 아니하시나이까. 그를 명하사 나를 도와주라 하소서." 그러자 예수님은 이렇게 말씀하셨다. "마리아는 이 좋은 편을 택하였으니 빼앗기지 아니하리라"(눅 10:42).

예수님은 남자들이 식탁에서 대화를 나누는 동안 여자들은 부엌에서 일해야 한다고 여기는 당시의 풍조를 반대하신 것인가? 그렇게 남자의 시중을 드는 것이 여자의 참된 소명인가? 두 가지 해석 모두 틀렸다. 예수님은 사람이 무엇을 해야 되는지 시시콜콜 신경쓰지 않으셨다. 예수님의 메시지는 일상의 상세한 일과 인간의 의무가 아니라 가장 큰 계명을 향해 있었다. 이것은 토라(유대교)나 꾸란(이슬람)의 가르침과는 확연히 다른 지점이다.

예수님의 말씀은 마르다를 비판하신 것도, 마리아를 편애하신 것도 아니었다. 인간이 살기 위해서는 먹어야 하고 누군가의 손길이 필요하다는 사실을 예수님도 알고 계셨다. 다만 예수님은 누구라도 일상의 일에 얽매일 필요가 없고, 더욱이 특별한 경우에는 예외적으로 행동해야 한다는 사실을 보여주기 원하셨다. 또한 일 자체가 목적이 될 수 없음을 마르다에게 일깨워주셨다. '중요한 일을 먼저 해야 한다'는 것이 이 장면의 결론일 수 있다.

이 장면은 유대인을 위한 하나의 비유로 생각해볼 수도 있다. 유대인의 의식 중심주의는 하나님을 경배하며 이웃을 사랑하라는 그분의 핵심 계명을 가려버릴 때가 많았다. 베다니의 두 자매 이야기에서 우리는 예수님이 진정 바라시는 것이 무엇인지 볼 수 있다. 이와 비슷하게 성전 연보함에 두 렙돈을 넣은 가난한 과부의 이야기에서도 우리는 작은 사건에서 보편적인 진리를 끌어내시는 예수님의 소통 기술을 볼 수 있다(막 12:42-44, 눅 21:1-4).

한편 다른 이야기들은 신학적으로 좀 더 깊은 배경과 복합적인 결론을 담고 있다.

사마리아 여인과의 만남이 그러했다(요 4:5-42). 예수님은 그 여인에게 생수의 개념을 소개하신 다음 온 인류가 하나님 앞에서 하나가 된다는 선언을 하셨다. 예수님이 여자와 말씀하시는 것을 이상히 여기는 제자들에게는(요 4:27) 하나님으로부터 오는 영광스러운 양식에 대해 말씀하신다. 하나님의 뜻이 신자들에게 진정한 양식이다. 이 이야기의 결론은 죄인이었던 여인이 회심한 최초의 비유대인이 되어 사마리아인들에게 예수님을 전하는 사도가 되었다는 것이다.

수로보니게 여인과의 만남도 매우 중요하다. 그 여인이 예수님에게 교훈을 주고 있기 때문이다. 예수님이 누군가에게 교훈을 얻은 거의 유일한 사례다!(막 7:25-30)

간음한 여인의 이야기에서는 예수님이 여인의 평판을 사용하여 사람들에게 보편적인 교훈을 주시는 모습을 볼 수 있다. 그녀는 죄인이었다. 그녀가 사회적으로 돌 맞을 짓을 했는지도 모르지만 "너희 중에 죄 없는 자가 먼저 돌로 치라"(요 8:7)는 예수님의 교훈을 사람들은 잘 이해했고, 그래서 다들 그 자리를 떠나갔다. 사람들이 다 떠나고 나서 예수님은 여인에게 결론적으로 말씀하셨다. "나도 너를 정죄하지 아니하노니 가서 다시는 죄를 범하지 말라"(요 8:11).

혈루병 여인을 고쳐주신 일은 예수님이 그 시대와 사람들의 문화에 부단히 맞서셨음을 보여준다(마 9:18-22, 막 5:25-34, 눅 8:43-48). 당시 피 흘리는 여인은 부정하다고 여겨져 사람들과 접촉하기는커녕 가까이 갈 수도 없었다. 그런데 이 여인이 먼저 예수님의 옷자락을 만지는 시도를 했고 기적이 일어났다. 마술 같은 기적이라기보다 예상치 못한 에너지가 전달되었고, 그 결과 그녀는 치유되었다.

예수님이 승천하신 이후로 막달라 마리아는 본래의 운명으로 복귀한다. 그 시대를 살아가는 한 여성으로서 남자들 뒤로 물러났다. 아무도 그녀의 존재를 다시 언급하지 않았다. 여성의 신분을 끌어올리신 예수님의 노력이 잠정적으로 수면 아래로 가라앉은 듯했고, 이러한 '복고'는 이후로 2천 년 동안 지속된다. 많은 여성들에게는 훨씬 더 오래 지속될지도 모른다. 그렇다고 해서 여성들을 향한 예수님의 메시지가 사라진 것은 아니다.

둘째, 예수님의 열두 제자 중에는 왜 여자가 없는가?

열두 사도나 70인의 제자 그룹에 여성은 없었다. 반면에 이 그룹의 재정은 두 여인이 날마다 담당했다. 헤롯왕의 청지기 구사의 아내 요안나와 수산나가 그들이다. 그리고 "다른 여러 여자가 함께하여 자기들의 소유로 그들을 섬[겼다]"(요 8:3). 재정 담당자는 세리 출신 마태와 가룟 유다였지만 말이다. 그리고 빌라도의 결정에 제동을 걸 수 있는 가장 유력한 여인이 그의 아내였음이 확실하다!

이 문제는 문화적으로 설명할 수 있으며 복음서가 기록된 방식과도 관련되어 있다. 예수님은 사역을 시작하면서 열두 사도를 임명하실 때, 이스라엘 역사에 나오는 열두 지파의 숫자에 맞게 선택하셨다. 문화적인 타당성을 갖기 위해서는 제자들이 남자여야 했다. 성전에서 가르칠 수 있는 랍비(선생)의 지위를 박탈당하지 않으려면 어쩔 수 없었다.

그 열두 명은 사람들을 이끌었고 예수님에 관한 이야기를 글로 남겼다. 그들의 영향력은 절대적이어서 다른 제자들은 그늘에 가려진 측면이 있고 다소 특색 없는 그룹으로 드러난다. 그러나 그들 중에 여자들은 다르다. 열두 제자들과는 별도로 일곱 명의 여자들의 이름이 거론된다는 것은 그들의 역할을 인정한다는 뜻이고, 어쩌면 그것이 그 시대에 그들이 기대할 수 있는 최선이었는지 모른다.

지난 세기 말까지도 교회들은 결코 예수님이 여성들에게 부여한 지위를 유지하지 않았다. 유일한 예외가 있다면 동정녀 마리아다(마리아는 언제나 예수님을 따르는 제자들과는 별개로 보았다. 하늘과 땅 사이를 중재하는 그녀만의 지위를 가졌다). 교회들은 여성들에게 믿음을 세우고 교회를 조직하는 기회를 준 적이 없었다. 그들이 명분으로 내세운 '전통'이 예수님의 삶과 죽으심과 부활로 명백히 거부되었음을 알면서도 말이다.

일부 세심한 성경학자들은 막달라 마리아에게 '사도들의 사도'라는 별칭을 붙여주었다. 좀 더 온건히 말하자면, 그녀를 열세 번째 사도라고 생각하되 사도들 중에서 가장 작은 자로 여겨서는 안 될 것이다. 아무튼 그녀의 역할은 바돌로매, 다대오, 심지어 도마보다 훨씬 더 중요하지 않았는가!

오늘날 막달라 마리아의 위상을 복권시키는 것은 그녀와 같은 여성들에게 더 큰 소망을 주기 위해서라도 필요한 일이다.

한 번 출현으로 역사에 기록되다

신약성경에는 주요 인물들 말고도 수십 명의 제자들 혹은 제자의 제자들이 더불어 나온다. 대개 한두 차례 언급될 뿐이고 이름 외에 다른 정보는 없는 경우가 많다. 그래서 기독교 역사에서 그들이 무슨 역할을 했는지 파악하기가 힘들다. 그들 중 꽤 많은 이들이 초대 교회에서 존경을 받고 성자가 되었지만 나머지는 기억에서 사라졌다. 그런 사람들도 모두 큰 서사의 한 부분을 이루므로 끄집어 내어 조명하는 것이 의미 있다고 본다. 이것은 첫 세대 그리스도인들에게 경의를 표하는 일 일 뿐만 아니라 예수님의 메시지가 어떻게 지중해 주변 세계에 퍼져나가는지 살펴보는 일이 될 것이다.

먼저 예수님의 이야기에 동참한 가장 유명한 사람들부터 시작해 보자. 공정하게 말하자면 복음서를 통해 열두 제자 대부분이 마땅한 존중을 받은 것은 아니다. 전승과 외경은 열두 제자들의 선교와 사역과 삶에 대한 더 많은 이야기를 전해준다. 누가복음에 따르면 열두 제자에는 시몬 베드로, 그의 동생 안드레, 요한과 야고보(세베대의 아들들), 세리 마태 레위, 빌립, 바돌로매-나다나엘, 도마, 야고보(알패오의 아들), 열심당원 시몬, 유다-다대오, 그리고 가룟 유다가 있다. 그중에서 베드로와 요한과 야고보 세 사람은 예수님의 최측근으로서 변화산 사건과 그리스도의 수난을 지켜본 목격자들이다. 마태는 '유대인을 위한 복음서'의 저자이고, 가룟 유다는 배신자다. 의심 많은 도마는 동쪽으로 떠나가 인도에서 복음을 전하는 사도가 되었다. 복음서에 거의 나오지 않는 바돌로매는 안드레와 함께 아르메니아인들을 위한 사도가 되었다. 열심당원 시몬과 알패오의 아들 야고보와 다대오의 흔적은 찾을 길이 없다. 그 다음으로 맛디아가 있다. 맛디아는 예수님이 부활 승천하신 후에 제비 뽑기를 통해 가룟 유다의 빈자리를 채우는 사도가 된다. 그리고 맛디아와 함께 제자 후보에 오른 유스도(바사바 혹은 요셉으로 불리기도 했다)가 있다. 맛디아는 아르메니아인을 위한 선교의 한 부분을 맡았고, 유스도는 안디옥에 가서 바울의 선교 사역에서 중요한 역할을 했다.

열두 사도들은 모두 남자였지만 제자들 중에는 여자들도 있었다. 동정녀 마리아 외에 가장 잘 알려진 여성은 막달라 마리아다. 그녀는 열세 번째 사도로 불리기도 한다. 부활하신 직후의 예수님을 맨 처음 만났다(표제어 '막달라 마리아'). 카리스마가 넘치는 그녀는 예수님의 삶과 죽으심의 현장에서 베일에 싸인 '다른 마리아'와 더불어 중요한 역할을 했다. 여기서 다른 마리아란 알패오의 아들 야고보와 요셉의 어머니를 말한다. 초대 교회의 전승은 예수님의 추종자인 일곱 명의 여성들에 대해 언급한다. 그들은 예수님의 공생애 기간 동안 열두 제자들과 함께 예수님과 동행했다. 예수님의 어머니 마리아, 막달라 마리아, 헤롯왕의 청지기 구사의 아내 요안나와 수산나, 베다니의 나사로 동생 마르다, 빌립의 누이 미리암, 글로바(엠마오로 가던 두 제자 중 한 사람)의 아내이자 요셉과 다른 야고보의 어머니 마리아(다른 마리아), 세베대의 아내이자 요한과 야고보의 어머니 살로메가 그들이다. 그 시기에 그들의 역할은 결코 작지 않았다. 그들은 무리를 위해 매일의 필요를 담당했고 돈과 음식, 숙소, 필요할 경우 보호까지 제공했다. 그들은 또한 정부 당국과 외부 추종자들, 예수님의 혈육, 열두 제자 사이에 연결 고리를 제공했다.

다음 그룹은 가족이다. 예수님에게 형제자매가 있었느냐는 언제나 역사가들의 논쟁 거리였다. 아람어로 '형제'와 '사촌'은 같은 단어다. 그런데 그리스어 복음서들은 그 둘을 구별하고 있다. 마태가 예수님의 네 형제(야고보, 요셉, 시몬, 유다-마 13:55)의 이름을 언급하는 유명한 구절을 네스토리우스주의자들은 말 그대로 해석했다(이들은 동정녀 마리아는 단순히 예수님의 어머니이지 성모, 즉 '하나님의 어머니'가 될 수 없다고 보았다). 다른 그리스도인들은 그들이 배다른 형제나 사촌들이라고 본다. 예수님이 부활 승천하신 이후 야고보 장로는 공동체의 수장 역할을 한 것으로 보인다. 전통적으로 그는 예루살렘의 첫 감독으로 여겨진다. 그래서 바울은 예루살렘을 방문했을 때 베드로와 요한과 더불어 그를 '교회의 기둥'이라고 불렀다. 야고보서는 야고보 장로가 쓴 것으로 여겨진다.

다른 형제들의 이름은 알려지지 않았고 거의 언급조차 되지 않았다. 그런데 요한계시록 바로 앞에 나오는 신약성경 유다서는 예수님의 형제 유다가 쓴 것으로 여겨지기도 한다. 저자가 본문에서 자신을 가리켜 "야고보의 형제"(유 1:1)라고 말하고 있기 때문이다.

다음은 예수님의 친구들이다. 아리마대 요셉이 그들 중 한 명이다. 그는 자신의 돌무덤을 예수님에게 내어주었고 예수님의 시신을 장사 지낼 수 있게 해달라고 빌라도에게 요청했다. 복음서들은 그가 훌륭한 사람이고 예수님의 가르침에 이끌린 바리새인이라고 설명한다. 그는 산헤드린 공의회에서 예수님의 처형을 반대한 소수파 중 한 명이기도 하다. 그는 예수님에게 무덤을 내어주고는 성경에 더 이상 나오지 않는다. 또 다른 추종자 구레네 사람 시몬은 예수님을 도와 골고다 언덕까지 십자가를 지고 갔다. 키 작은 부자 삭개오는 예수님의 가르침에 매료되어 예수님을 집에 초대한다. 예수님이 살려주신 나사로는 예수님을 따르던 베다니의 마르다와 마리아 두 자매의 오라비다. 다시 살아난 나사로도 이후로는 더 이상 성경에 등장하지 않는다. 전설에 따르면 그도 감독이 되었다고 한다.

성경에서 덜 알려진 인물들도 모두 중요하기는 마찬가지다. 사람들을 가르치도록 열두 제자에게 부름 받은 72명의 제자들도 예수님의 공생애 초기에 예수님께 파송을 받는다. 파송받은 그들은 나중에 돌아와 놀라운 이적과 회심에 관한 이야기들을 전해준다. 초대 교회는 3세기에 작성된 명단에 그들의 이름을 기록하고 있으며 그 내용을 외경에 포함시켰다. 그 기록은 이들 대부분이 교회에서 큰 역할을 했음을 보여준다. 그들 중에서 열두 명이 배신했고, 열두 사도에 의해 새롭게 열 명이 충원되었다고 한다.

예수님에게 나귀를 빌려주거나 최후의 만찬을 위해 다락방 같은 공간을 기꺼이 제공할 준비가 된 미지의 주인들도 있다. 복음서에는 나오지 않지만 예수님이 잠깐 들려서 가르쳐주신 사건들을 목격한 무명의 제자들에 대한 전설도 많다. 자신이 세운 교회들의 성도 이름을 수십 명씩 언급한 바울과는 대조적으로 복음서에는 그들의 이름이 그다지 나와 있지 않은 점이 아쉽기만 하다.

예수님의 추종자들은 몇 명이나 되었을까? 예수님이 세례 요한에게 세례를 받으신 공생애 초기에는 처음 네 명의 사도를 포함해 측근의 동료와 세례 요한의 제자들을 다 합쳐 아마 10명에서 20명 정도였을 것이다. 예루살렘 입성 당시 추종자 무리가 가장 많았을 텐데 몇 백 명 정도였을 것으로 추정된다. 예수님의 말씀을 듣기 위해 셀 수 없이 많은 사람들이 몰려들었지만 충성된 추종자들은 분명 소수였을 것이다.

아마도 예수님은 메시지 전달을 우선순위에 두고 세계 선교는 공동체에 맡기려고 하신 것 같다. 예수님에게 교회 조직은 우선순위가 아니었다. 그 임무는 12명, 7명, 72명의 제자들에게 남겨주셨다. 그렇게 나아가 교회(그리스어로 '에클레시아')가 되도록 하는 결정은 오순절 날에 이루어졌다. 그날 성령이 임하며 많은 사람들이 회심했고 사도들은 제도를 세우기로 결정했다.

초대 공동체는 두 개의 그룹 '전도 여행자'와 '집에서 머물며 후원하는 제자'로 이루어졌다. 예수님은 순회 설교자의 원형으로서 팔레스타인 길을 지칠 줄 모르고 다니며 수십 곳에서 가르치셨다. 가족이나 가축, 사업체가 있는 사람들이라면 이런 삶이 불가능했을 것이다.

확실한 예외로 마태 레위가 있기는 하지만 사도들은 거의 대부분 사회적으로 보잘것없는 직업을 가진 청년들이었다. 그들 대부분은 이미 세례 요한과 더불어 그런 생활을 하고 있었다. 그들은 집에서 머물며 후원하는 제자들의 손길이 필요했고, 덕분에 부랑자나 떠돌이가 되지 않고 사역을 지속할 수 있었다.

이런 무명인들이 없었다면 예수님의 메시지와 가르침은 효과적으로 전파되지 못했을 것이다. 수백 년에 걸쳐 예수님의 메시지대로 살아가고 전 세계에 그 메시지를 전해준 무명의 수십억 그리스도인들에게 경의를 표한다.

표적의 의미

어느 날 정통 유대인들(바리새인)이 이적을 보여달라며 예수님을 도전했다. 그러자 예수님은 악하고 음란한 세대가 이적을 구한다며 그들에게 "요나의 표적" 말고는 보여줄 이적이 없다고 말씀하시고는 그곳을 떠나셨다(마 16:4, 눅 11:29-30). 구약성경에서 요나는 니느웨로 가서 심판이 임박했음을 전하라는 하나님의 명령을 듣지 않고 배를 타고 도망가다가 풍랑을 만났다. 결국 그는 뱃사람들에 의해 희생 제물로 바다에 던져졌고, 고래에게 삼켜져 고래 배 속에서 사흘을 보내야 했다. 마침내 고래가 며칠 전에 떠났던 그 해안에 그를 토해냈다. 요나는 하나님의 말씀을 따르는 것 말고는 선택의 여지가 없음을 깨달았다. 요나의 표적은 예수님의 죽으심과 부활을 상징한다. 이 이야기는 예수님이 행하신 이적들의 가치를 보여준다. 우선적으로 상징하는 바가 있고, 그 다음으로는 교훈을 준다.

근대 과학 시대 이전에 이적은 한 사람의 초자연적인 권능과 그가 하나님과 가깝다는 사실을 드러냈다. 실제로 성경에서 하나님의 대사로 여겨진 거의 모든 위인들이 이적을 행하며 하나님의 권능을 나타냈다. 동시대 사람들은 이적은 오직 하나님의 뜻으로만 설명할 수 있다고 확신했다. 제자들도 예수님의 이적이 그분의 신적 혈통을 증명한다고 여겼다.

예수님 시대에는 사람들의 삶을 편하게 해주기 위해서는 반드시 이적이 필요했다. 이적을 행할 수 있는 사람은 거의 신적인 지위에 올랐다. 사도행전을 보면 베드로에게 도전하는 마술사 시몬이 나온다. 시몬은 자신이 귀신의 이름으로 이적을 행하는 것처럼 행세했고, 베드로에게 예수님의 권능을 보여달라고 도전했다. 두 사람의 경쟁이 펼쳐질 때 열광한 청중은 처음에는 시몬을 응원하는 듯했으나 베드로가 이겼다. 외경은 둘 사이에 끝없이 벌어지는 싸움을 언급한다. 또한 예수님의 권능보다 자신의 권능이 더 크다는 것을 보여주기 위해(베드로가 예수님의 이름으로 이적을 행하고 있었기 때문이다) 시몬이 만들어낸 상상에 대해서도 이야기한다. 시몬과 같은 마술사들은 예로부터 존재했고 막강한 힘으로 대중을 지배해왔다.

복음서 원본에서 '이적'에 해당하는 단어에는 '표적', '행위', '권능'을 뜻하는 그리스어가 쓰였다. 복음서 저자들은 이적에 깊은 의미가 있지 않는 한 그 일을 기록하지 않았다. 표적은 아무 이유 없이 아무 때나 일어나지 않기 때문이다. 예수님이 행하신 이적은 하나의 표적, 즉 메시지로 해석할 수 있다. 그것은 단순히 사람들에게 주는 '선물'이나 '자선'이 아니었다. 예수님이 많은 사람을 치료하신 것은 선행을 베풀기 위해서가 아니라 비유로 말씀하실 때처럼 사람들에게 메시지를 전하기 위해서였다. 사실 예수님의 모든 이적을 하나의 생생한 비유로 해석할 수 있다.

그렇다면 예수님의 이적을 전통적이고 문자적인 방식이 아니라 상징적인 방식으로 해석해야 하는 것일까?

이적들은 예수님의 삶을 '영적 구원'뿐만 아니라 '땅에서도 이루어지는 구원'의 원천으로 만든다. 육신의 치유는 양심의 치유로 가는 첫 단계다. 예수님은 아프고 고난받은 육신을 낫게 하는 자신의 권능이 당사자의 믿음에서 비롯되었다고 말씀하셨다. 그러나 예수님은 치유의 이적만 행하신 것은 아니다. 그분의 권능은 인간 세계를 넘어 물리적 세계, 영적 세계로도 확장되어 발휘되었다.

복음서에 나오는 이적들은 다음 세 종류로 분류할 수 있다.

- 물리적 이적: 물을 포도주로 바꾸심, 오병이어로 배불리 먹이심, 풍랑을 잠잠케 하심, 물위를 걸으심, 엄청난 양의 물고기 포획.
- 개인적 이적: 마리아의 수태, 변화산 사건, 예수님의 부활과 승천과 현현.
- 건강에 관한 이적: 치유

자연의 법칙을 뛰어넘는 물리적 이적

이런 종류의 이적은 모두 예수님의 신적 권능을 보여주며 그분이 하나님의 아들이심을 뒷받침한다. 예수님은 물이 포도주가 되게 하시고, 물위를 걸으시고, 풍랑을 잠잠케 하시고, 떡 다섯 덩이와 물고기 두 마리로 무리를 배불리 먹이실 수 있는 분이다. 그런 분은 하나님이거나 하나님과 밀접한 관계가 있을 수밖에 없다. 이적들이 실제로 일어났는지 전설인지를 따지는 것은 부질없다. 증거를 제시하기도 쉽지 않다. 그래서 자연의 법칙을 과학이 그 어느 시대보다 많이 설명해주고 있는 오늘날에는 이적을 부인하기가 아주 쉽다.

이 놀라운 이적들은 모두 예수님을 신실하게 따르는 제자라면 믿음으로 산을 옮길 수 있고(마 17:20), 그들 각자가 예수님과 똑같은 결과를 성취할 수 있음을 보여주기 위해 예수님이 사용하신 생생한 시청각 교육의 한 형태라고 할 수 있다. 어떤 경우에 예수님은 표적 없이는 믿지 못하는 제자들을 답답하게 여기시기도 했다. 어머니 마리아도 가나의 혼인 잔치에서 아들 예수에게 포도주가 떨어졌다는 말을 전했을 때, "나와 무슨 상관이 있나이까. 내 때가 아직 이르지 아니하였나이다"(요 2:4)라는 다소 무례하게 들릴 수 있는 대답을 들어야 했다.

아무튼 우리가 동화의 세계에 있든지 믿음의 세계에 있든지 예수님의 물리적 이적을 재현하기란 불가능하다.

예수님 영광을 보여주는 개인적 이적

개인적 이적들은 성격이 다르다. 성육신, 변화산 사건, 부활은 최고의 이적들로서 이때 예수님은 일종의 배우가 되신다. 이 이적들은 예수님의 신성과 하나님의 아들 되심을 증명하기 위한 하나님의 역사다. 하나님이 우주와 인간을 창조하신 분이라면 예수님이 승천하여 하나님의 우편에 앉으신다고 한들 전혀 이상한 일이 아니다. 여기에 바로 기독교 신앙의 뿌리가 있다. 바울은 말한다. "만일 죽은 자가 다시 살아나는 일이 없으면 그리스도도 다시 살아나신 일이 없었을 터이요 그리스도께서 다시 살아나신 일이 없으면 너희의 믿음도 헛되고 너희가 여전히 죄 가운데 있을 것이요"(고전 15:16-17).

이 '표적들'은 그리스도의 본성을 제시하고, 예수님을 메시아로 해석하는 데 필수적이라는 의미에서 고유한 특성을 띤다.

외경(마태복음위서)은 마리아의 수태와 예수님의 탄생과 관련해 동화와 같은 이야기를 들려준다. 이것은 예수님의 생애가 백 년도 채 지나기 전에 다양한 이야기로 만들어져 세간에 널리 퍼졌음을 보여준다. 주요 출처는 마리아였을 것이다. 수태고지나 아기 예수의 탄생을 옆에서 지켜본 사람이 그녀 말고는 거의 없었기 때문이다. 마리아는 분명 사실을 말했을 테지만, 그 이야기는 여러 사람들을 거치며 그리스도 혹은 메시아가 된 전설적인 인물에 부합하도록 확대되었을 수 있다.

복음서들은 구약성경이 엘리야의 승천(엘리야는 부활한 적이 없다)을 묘사하는 것과 같이 예수님의 부활을 생략된 형태로 묘사한다. 부활하신 예수님과 인간 예수님 사이에는 공통점이 별로 없다. 부활하신 예수님은 인간보다는 유령처럼 행동하시는 면이 있고, 사도들도 그분을 알아보기 힘들어했다.

다시 말하지만 우리는 믿음의 세계에 속한 사람들이다. 어떤 합리적인 설명도 성육신이나 변화산 사건, 무엇보다 부활을 해명하지 못할 것이다. 유대인이든 무슬림이든 이 모든 것을 쉽게 부정할 수 있다. 기독교 신앙을 무시했던 켈수스와 포르피리우스와 같은 초대 교회

시대의 이교도 사상가들도 마찬가지다.

치유의 이적

의학의 발전은 치유의 이적 대부분을 불필요한 것으로 만들었다. 현대 의학은 치유가 과학만큼이나 심리학의 도움을 받고 있음을 보여준다. 주술사들은 언제나 이 두 분야를 합쳐 왔다. 과학은 앞 못 보는 사람이 어떻게 시력을 회복할 수 있는지 설명하고, 사람이 신체적 결함뿐만 아니라 마음 때문에 다리를 절 수도 있음을 입증할 수 있다. 그럼에도 의학 전문가들조차 프랑스의 루르드 같은 성지에 찾아간 일부 참배객들이 오늘날에도 이적을 경험한다는 사실을 인정한다.

최근에는 많은 신자들이 이적을 회의적으로 본다. 복음서의 역사성을 부인하며 거기에 담긴 이적들을 전설 속의 이야기로 축소시키려 한다.

학자들도 일반적으로 '사라진 복음서'(표제어 '큐 문서')인 큐 문서에 이적이 언급되지 않았다는 사실에 동의한다. 큐 문서는 마가복음과 함께 마태복음과 누가복음의 2차 자료로 활용된 것으로 보인다. 그러나 마가복음에는 치유, 오병이어의 이적, 물 위를 걸으심, 변화산 사건 등 상당수의 이적 기사가 나온다. 부활 이야기는 분량이 짧고 많은 부분이 생략되어 있다. 마가복음의 이전 버전(더 짧은 버전)은 예수님의 부활을 좀 더 상징적인 사건으로 간주한다. 마가복음에는 수태고지에 관한 이야기는 단 한 줄도 나오지 않는다.

이성은 우리에게 이적이 우연의 결과라고 말하고, 열정은 이적이 특정한 방식으로 추구하면 일어날 수 있는 일이라고 말한다. 도박하는 사람들은 일확천금을 얻기 위해 끊임없이 자기를 운세에 맡긴다. 기독교 근본주의자들은 일상생활의 대부분을 이적으로 보는 경향이 있다. 마리아 신봉자들은 마리아가 이적을 가져다줄 것이라 믿고 엄청난 거리를 마다하고 마리아를 모신 감실에 찾아가서 표적을 구한다. 수백만의 정령 숭배자들이나 주술 신봉자들, 극단적 종말론자들은 더 말할 것도 없다. 특히 오늘날은 많은 사람들이 가상 인식세계에 빠져들고 있다. 그 세계에서 합리성은 필요없다. 수백만의 온라인 게임 플레이어들이 인생의 많은 시간을 가상 세계에서 보내고 있다. '초자연적' 환경 속에 들어앉은 그 모습은 인간의 고통과 시련에서 벗어나기 위해 이적을 추구했던 옛 시대의 모습과 그리 다르지 않다. 초능력자들의 모험과 활약을 그린 3D 블록버스터 영화의 성공은 오늘날 포스트모던 사회에서도 사람들이 이적을 추구하고 있다는 명백한 증거다.

예수님의 이적은 그분이 지닌 권능의 결과가 아니라 치유받은 사람들이 지닌 믿음의 결과라고 예수님은 언제나 설명하셨다. 여기에 그분의 위대한 독창성이 있다. 예수님은 보통의 주술사를 뛰어넘는 분이다. 혈루병에 걸린 여인이 치유받은 일이 그와 같은 사실을 완벽하게 보여준다. 그녀는 가만히 예수님 뒤로 다가가 그분의 옷자락을 만졌을 뿐이다. 그녀는 예수님이 그녀를 알아보기도 전에, 그리고 무엇을 원하는지 묻기도 전에 치유를 받았다. "내가 너를 구원했다"가 아니라 "네 믿음이 너를 구원[했다]"(막 5:34)가 이 사건의 결론이다. 예수님은 단지 도움을 주기 위해서라든지, 동정심 때문이라든지, 혹은 인도주의적 차원에서 이적을 행하신 적이 단 한 차례도 없다. 그래서 그것은 '표적' 또는 '행위', '권능'이라는 말로 표현되었다.

심지어 예수님이 승천하시기 전 일곱 명의 사도들에게 마지막으로 나타나셨을 때, 많은 물고기를 잡게 하신 일도 상징하는 바가 있다(요 21장). 신기하게도 153이라는 물고기 수는 당시에 알려진 물고기 종류의 수라고 한다. 이것은 하나님이 창세기에서 인간에게 주신 동물 세계에 대한 지배권과 연관지어 볼 수 있다.

예수님의 이적들은 행위 자체보다 그것이 전하는 교훈이 더 중요하다. 이적을 받아들이든 거절하든 그것은 문제가 안 된다. 우리에게 기대되는 바는 그 이적들이 비유와 같이 전해주는 교훈에 귀 기울이는 것이다. 이적을 증명할 수 있는 사람은 아무도 없다. 그 이적들은 복음서 저자들이 전해주고 있는 그대로다. 그들이 직접 목격했는지, 아니면 다른 이들의 증언을 받아들였는지는 알 길이 없다.

내게 예수님이 물위를 걸으신 이적(요 6:19; 마 14:22-33; 막 6:45-52)은, 그분의 계명을 청종하면 그분이 내게 극한 상황에 맞설 용기를 주실 수 있다는 뜻이다. 물이 포도로주 변한 이적은, 충분한 믿음이 있다면 나쁜 일도 좋게 바뀔 수 있음을 뜻한다. 백부장의 종을 치유하신 일(마 8:5-13, 눅 7:1-10)은, 예수님이 인정하실 수 있고 제대로 준수된다면 인간의 법도 우리를 예수님께 인도할 수 있음을 그분도 알고 인정하신다는 사실을 의미한다. 논쟁의 여지가 가장 많은 이적 중 하나인 나사로의 부활(요 11:43-44)은, 소망은 불멸하며 아무리 극한 삶 속에서도 찾을 수 있음을 말해준다.

당신도 직접 시험해보라. 예수님의 이적이 이러니저러니 하는 헛된 토론을 그치고, 대신에 이적 하나하나를 교훈이 담긴 비유로 한번 바라보라. 인생의 위대한 교훈은 물론이고 소망이라는 더 값진 교훈이 거기에 들어 있음을 금세 알게 될 것이다.

맘몬인가, 소망의 도구인가

하나님 나라에서 돈의 역할을 찾기는 쉽지 않다. 교회의 가르침은 대부분 두말할 것 없이 돈에 경계심을 보인다. 대개 돈은 기독교 신앙을 이해하는 데 장애물 취급을 받는다. 동시에 교회는 여러 용도로 돈을 써야 하기 때문에 신자들에게 끊임없이 헌금을 요구한다. 종교개혁은 로마에 성베드로 성당을 무리하게 건축하면서 빚어진 일이었다. 가톨릭교회가 이른바 면죄부를 팔아 부족한 건축 비용을 충당하려 했기 때문이다. 예수님은 우리에게 두 주인, 즉 하나님과 돈을 동시에 섬길 수 없다고 말씀하셨지만 현실적으로 우리에게는 둘 다 필요하다!

이상하게도 "가이사의 것은 가이사에게…바치라"(마 22:21)는 유명한 말씀과는 별개로 돈은 언제나 신약성경에서 개인의 문제로 취급된다. 성경 전체는 독자에게 그리고 신자에게 돈의 위력에 대해 경고하고, 돈 없는 것이 가난한 자들에게 오히려 긍정적인 일일 수 있음을 암시한다. 돈 있는 사람은 의심의 대상이 된다. 그것은 돈 없는 사람이 더 긍정적인 판단을 받을 자격이 있다는 뜻인가? 돈은 과연 선과 악을 나누는 잣대인가?

성경을 피상적으로 분석하면 이런 결론에 도달할 수 있다. "낙타가 바늘귀로 나가는 것이 부자가 하나님의 나라에 들어가는 것보다 쉬우니라"(막 10:25). 이 구절에 덧붙일 수 있는 같은 뜻의 인용문이 무수히 많다. 그리스도인에게 "하나님과 재물을 겸하여 섬길 수 없느니라"(눅 16:13)는 말씀은 완곡한 권유가 아니라 명령이다.

돈은 많은 비유에 등장한다. 열 므나(금화)의 비유를 생각해보자(눅 19:11-27). 이 비유는 하나님 나라가 곧 나타나기를 기대하는 사람들에게 주는 교훈이다. 가장 훌륭한 종은 자기에게 주어진 시간을 활용하여 이익을 남길 줄 안다. 당시 청중은 이 비유에 쓰인 언어를 아주 쉽게 알아들었을 것이다. 그러나 실제로 예수님이 주시는 교훈은 이해하기가 한층 더 어려웠다. "무릇 있는 자는 받겠고 없는 자는 그 있는 것도 빼앗기리라"(26절)는 예수님이 계속 가르쳐오신 것에 역행하는 듯한 참으로 이상한 교훈이다.

돈에 관한 예수님의 가르침은 대부분 개인의 행동과 연결되어 있다. 부유함은 그 자체가 하나의 문제다. 가난하다면 이런 문제가 없을 테니 말이다(또 다른 문제가 생기겠지만). 예수님은 우리가 돈이나 재산과 어떤 관계를 갖는지에 관심을 두시지 어떤 집단이 돈이나 재물에 의존하는 문제를 다루지 않으신다. 유대인이나 로마인이 부자라거나 갈릴리인이 가난하다는 식의 암시는 전혀 하지 않으셨다. 사도들도 마찬가지였다. 그들은 궁핍에 처한 교회를 돕기 위해 헌금을 요청한다.

돈은 기독교적인 가치가 아니다. 교회의 조직과 운영에 불가피하게 필요한 것으로 용인되지만, 그럼에도 돈은 영적 타락과 물질적 부패의 도구로서 멸시의 대상이다.

예수님은 부의 재분배와 사회적 평등, 계급에 관심을 기울이지 않으셨다. 경제학은 그분의 관심 주제가 아니다. 예수님은 사회 전체의 문제를 해결하기보다 각 사람의 문제를 다루고, 앞장서서 이끌기보다는 '영향력을 주는 사람'이 되기로 하셨다. 그분의 가르침은 신자 개인의 책임이 사회보다는 하나님과 이웃을 향하도록 이끈다.

예수님은 사람들에게 말씀하실 때 그들을 회심시켜 그분의 양 떼로 데려갈 개개인으로 보셨다. 예수님은 하나님 나라의 새 시대가 도래할 것을 보고 계셨다. 그 나라는 예수님을 하나님의 독생자로 믿고 회심하는 각 사람에게 열려 있으며 세상에 속해 있지 않다. 여기서 사회적 번영이나 빈곤은 논외의 문제다. 로마제국의 부유함이나 광야에서 사는 부족들의 가난함, 부의 재분배에 대해서는 한마디도 하지 않으신다. 유대인 디아스포라를 위한 유대 왕국의 경제적 의무에 대해서도 일절 언급이 없다. "가이사의 것은 가이사에게, 하나님의 것은 하나님께 바치라"(눅 20:25)가 전부다.

고대 세계에서 경제와 열방의 부가 문화의 한 부분이 아니었다고 보는 것은 순진한 생각이다. 아리스토텔레스와 헤로도토스는 국가의 발전과 영광에 한 나라의 부가 갖는 중요성을 상류 계층에게 일깨워 주었다. 도시와 지방, 왕국의 권세가 그 자체의 '부'에 크게 의존한다는 사실은 명확히 설명하지는 못해도 모두가 아는 바였다. '로마의 명예'가 대개 '번영'과 동의어라는 사실을 서구 세계 전체가 알고 있었다.

예수님을 따르는 제자들도 이 모든 문제들을 충분히 의식하고 있었다. 그들은 예수님이 이런 문제를 의도적으로 지나치신다는 사실에 분명 민감했을 것이다. 예수님의 침묵을 제자들은 어떻게 설명했을까? 바울이 경제적 자립에 대해 여러 번 주장한 것과 예루살렘의 그리스도인들을 위해 헌금을 요청한 것 말고는 신약성경의 후대 본문에서는 돈에 관한 구체적인 언급은 찾아볼 수 없다. 돈 문제는 기독교 신앙의 근본에서 벗어나는 것으로 여겨 관심을 거의 두지 않은 것으로 보인다.

그런 점을 염두에 둘 때, 인류의 물질적이며 사회적인 진보가 이루어진 지난 500년을 어떻게 바라볼 수 있을까? 주후 10년에 살던 부자는 오늘날의 기준으로 보면 매우 가난할 수 있다. 삭개오의 재산 규모도 오늘날 많은 나라에서 중산층 가운데 중하위권에 불과할 것이다. 염소가 천 마리 정도 있다고 해서 재산이 많다고 할 수 있을까? 우리 사회에서 부자가 될수록 천국에서 더 멀어진다고 말할 수 있을까?

오늘날 돈은 대부분 인간 활동의 중심에 있다. 돈은 혁신과 기업과 경제 발전을 도모하는 가장 강력한 촉매다. 예수님의 메시지는 나눔의 선결 조건으로 부의 창출을 지향하는 이 시대의 추세에 동참하려는 이들에게는 문제 거리다. 청빈에 대한 기독교적 이상이 진보에 대한 거부나 퇴보의 표시로 여겨질 수 있다.

현대의 그리스도인들은 돈이라는 난제 앞에서 어떻게 행해야 할까? 개인적으로 소유한 돈에 대한 예수님의 가르침은 명확하다. 가진 것이 많은 사람이라면 가난한 자에게 베풀어야 하고, 가진 것이 없는 사람이라면 더 가난한 자를 위해 무슨 일인가를 해야 한다. 집단에 속한 돈(가이사의 돈) 문제는 상당히 중요하며 분석할 가치가 있다.

신앙을 이유로 부를 포기하고 가난하기로 선택한 이른바 경건한 사람들은 현세에 서 있을 자리가 없다. 결국 이 세상도 하나님의 것이 아닌가? 세계를 수도원화하는 것은 분명 하나님의 뜻이 아니다. 그렇지 않다면 어떻게 우리가 기독교 사회의 유일한 목표가 성화였던 중세에서 경제 성장이 사회적 가치의 처음이자 끝인 인본주의 시대로 진입했겠는가?

극소수의 특별한 사람들만 사도행전에서 묘사하고 있는 초대 교회 공동체의 영광스러운 그날로 돌아가기를 받아들이거나 받아들일 수 있을 것이다. 국가는 절대로 그렇게 할 수 없다.

이웃에게 돈이나 음식, 의복을 나누어 주라는, 성경에 나오는 자선의 의무는 대부분 점차 국가와 정부 기관의 일로 넘어갔다. 예전에는 교회나 신실한 성도들의 의무였던 것이 이제는 특정 기관의 책임이 되었다. 교회 자선단체의 범위도 급격히 축소되었다. 가이사가 대표하는 성격 자체가 변했다. 그래서 가이사에게 내는 것이 꼭 가이사에게 속하는 것은 아니다. 오늘날 가이사의 새로운 이름은 국가다. 자선은 정부의 책임으로 옮겨 갔다. 정부의 한 부서에서 다른 부서로 익명의 돈이 넘어가면 자선이 실행된다. 미래에 있을지도 모르는 재난을 대비하여 돈을 비축해두기도 한다. 바로 이 지점에서 이웃은 순수한 개념이 되고, 돈은 믿음의 유일한 전달자가 된다. 기증자가 누리는 보상은 순전히 지적인 것이다. 예수님 당시에 종종 선물이나 자선으로 표현되던 필레오 사랑은, 궁핍한 이웃이 나를 찾아오는 대신에 관련 정부기관을 먼저 찾아감으로써 지금은 이타적인 사랑 혹은 아가페 사랑에 더 가까워졌다. 이 시대의 선한 사마리아인은 내가 내는 세금으로 재정 지원을 받는 유엔에 소속되어 미지의 나라에 가서 일하는 익명의 응급구조팀이다. 현대판 선한 사마리아인이 되고 싶은가? 그렇다면 아픈 사람을 찾아가 당신의 배려심을 보여주면 된다. 오늘날 복지국가는 돈에 대한 예수님의 가르침에 가장 근접해서 이를 집단적으로 적용한 예다. 예수님에게 집단에 속한 돈은 황제의 돈이었다. 그 돈은 로마에서 사용되는 경우를 제외하고는 로마제국 전역의 가난한 사람들을 구제하는 데 사용되는 일은 거의 없었다. 경제적 진보와 사회적 박애의 실천은 예수님의 우선순위가 아니었음이 분명하다. 그렇다면 돈에 대해 예수님이 2천년 전에 주신 가르침이 오늘날에도 여전히 의미가 있을까?

이 질문은 기독교 신앙과 기독교 문화의 경계 지점에 자리하고 있다. 신앙과 문화는 상호 보완적인가, 아니면 반대되는가? 역설적에게도 돈은 신앙과 문화를 연결하는 고리가 될 수 있다.

믿음은 본질적으로 개인적이고 사적인 것이지만 오직 공동체 안에서 표현될 수 있다. 첫 세대 그리스도인 공동체는 12명, 7명, 그 다음 72명, 그리고 훗날 교회의 원조가 되는 공동체 '에클레시아'였다. 예수님은 "두세 사람이 내 이름으로 모인 곳에는 나도 그들 중에 있느니라"(마 18:20)고 말씀하셨다. 그러나 그분의 대사명은 온 인류에게 세례를 베풀고 이 세상을 그리스도인의 세상으로 변화시키라는 것이었다. 그런 새로운 세상은 하나님 사랑과 이웃 사랑이라는 두 가지 큰 계명에 기초한 새 규칙을 가져야 한다. 기독교 세계가 되지 않으면서 그리스도인의 세상이 존재할 수 있을까? 토마스 제퍼슨은 가능하다고 말했고, 교회들은 불가능하다고 말하는 경향이 있다. 기독교 신앙에서 돈은 위험한 것이다. 기독교 문화에서 돈은 수단이지 결코 목적이 아니다. 기독교 신앙과 문화 두 영역 모두에서 돈은 존재하고 현실로 인정되어야 한다. 개신교의 종교개혁은 이 모순을 긍정적으로 해결했다. 개신교의 윤리는 돈을 선행의 수단으로 회복시켰다. 사탄의 도구를 기독교의 도구로 만들었다. 돈을 좋은 일에 쓴다면 돈을 벌 자격이 있는 것이다.

우리가 규칙을 세울 수 있을까? 어떤 규칙이든지 고정될 경우에 모순과 갈등이 일어날 수 있다. 그리스도인으로서 내가 할 수 있는 일은, 개인의 한계를 정하고 어떻게 하면 예수님의 가르침을 따라 돈을 신실하게 대할지 결정하는 것이다.

그러자면 먼저 예수님의 말씀과 계명을 참조해야 한다. 예수님의 말씀은 개인의 의도에 더 관심을 기울이기 때문에 나와 가장 가까운 사람들과의 관계에 우선순위를 두고 그분의 명령을 엄격히 준수해야 한다. 즉 돈을 쌓아두지 않고 나누고 베풀어야 한다. 무엇보다 인생의 주인으로 삼아서는 안 된다. 돈과 적절한 거리를 두어야 한다. 돈이 내 행위의 목적이 되어서는 안 된다. 우리는 다만 예수님의 계명을 따라 행해야 한다. 그 계명이란 사랑과 온유, 겸손, 소망, 마침내는 하나님 나라를 세우고자 하는 열정인데, 이 지상에서는 평화롭고 평등하며 사랑이 넘치는 공동체가 하나님 나라에 해당한다. 하나님 나라에서는 하나님 사랑과 이웃 사랑이 우선이다. 이것이 유토피아인지 아닌지는 나의 관심사가 아니다. 유토피아는 정확히 말하자면 예수님이 그분의 제자들을 이끌었던 곳이다. 부자든 아니든 공동체가 우리의 최우선 관심사가 되어야 한다. 이 문제가 해결되어야 우리는 더 멀리 바라볼 수 있고, 우리의 돈이 더 큰 무대에서 행할 수 있는 선한 일을 생각해볼 수 있다. 좀 더 넓은 무대에서는 가이사(국가)가 책임을 행사하고 있다는 것을 우리는 안다. 국가가 감당하고 있는 과제는 개인의 재원으로 감당하기에는 그 규모가 어마어마하다. 그렇다면 우리가 고민해야 할 유일한 문제는 이것이다. 즉 주위 사람들의 필요에만 집중할 것인가, 아니면 나의 기부가 더 큰 역할을 할 수 있도록 특정 지역을 선택할 것인가?

이러한 물음에 그리스도인마다 다른 대답을 할 것이고, 자신의 문화와 심리, 재정 수단, 네트워크에 따라 처신할 것이다. 어떻게 행동할지는 전적으로 자유다. 일단 가까이에 있는 이웃부터 돕고 보자. 그럴 때 돈은 선행의 수단으로 쓰이며 우리에게 복과 소망의 도구가 된다.

인간이 되신 하나님

일부 현대 신학자들은 예수님의 탄생 사건에 얼마간 전설이 끼어 있고 성육신은 신학의 발명품이라고 생각하는 경향이 있다. 이것은 동정녀 수태와 예수님의 기적적인 탄생을 전하고 있는 교회의 가르침과는 거리가 멀다. 예수님의 탄생은 가장 엄격한 정교회 근본주의자로부터 우익 복음주의자에 이르기까지 모두에게 하나님 아들의 탄생이다. 어떻게 하나님이 인간과 같이 아들을 둘 수 있는지를 아무도 설명할 수 없더라도 말이다.

초대 교회는 마태복음과 누가복음이 전하는 성탄 기록을 온전히 다 받아들였다. 다른 두 복음서(마가복음, 요한복음)에는 탄생에 대한 기록이 없다.

예수님의 어머니 마리아는 처음부터 기독교 신앙을 세우는 데 중요한 역할을 했다. 하나님과 인간 예수님 사이를 연결하는 고리 역할을 했다. 그녀는 초대 교회 공동체에서 영예로운 자리를 누렸고, 사도들도 그녀를 가장 큰 영예와 존경으로 대했다. 복음서가 전하는 성탄 이야기는 외경 마태복음위서에 비하면 결코 과장되지 않았다. 외경에 담긴 풍성한 이야기와 다양한 세부 사항은 정경에는 포함되지 않았지만 성탄절 축제의 전통에는 남아 있다(예를 들면, 복음서에는 언급되지 않은 동물들이 등장한다).

예수님의 부모는 갈릴리 나사렛에서 살았다. 그리고 예수님은 나사렛에서 남쪽으로 150킬로미터 떨어진 베들레헴이라는 마을에서 태어났다. 로마 당국이 세금을 걷기 위해 인구조사를 명령했고, 그 명령에 따라 모든 사람들이 본적지에 가서 호적 등록을 해야 했기 때문이다. 요셉은 다윗 왕의 후손이었기 때문에 다윗의 출생지인 유대 지방의 베들레헴에 가야 했다. 당시 마리아는 임신 중이었고, 베들레헴에 머무는 동안 출산을 맞이했다.

먼저 예수님을 따랐던 제자들은 이 우연한 사건에서 예수님이 왕의 혈통이라는 하나의 증거를 보았고, 예수님이야말로 유대인들이 오랫동안 기다려온 메시아라는 사실을 이해하기 시작했다. 사도들은 이 믿음을 뒷받침하는 구약의 많은 예언들을 떠올렸다.

정보의 주요 출처는 마리아였다. 그녀는 자신의 아들을 따랐던 제자들에게 그런 이야기를 들려주었음이 분명하다. 해석은 사도들의 몫이었다. 복음서 어디서도 예수님은 자신의 출생은 물론 어린 시절에 대해 언급하지 않으신다. 성경에 나타나는 마리아의 역할은 미미하고 때로는 모호해 보인다. 예수님의 처음 공개 석상인 가나 혼인 잔치 장면에서 마리아와 아들의 거의 유일한 대화가 나온다. 그때 예수님은 손님들에게 포도주를 더 제공하자는 마리아의 요청을 수락하신다. 복음서 저자들에게 마리아의 역할은 하나님의 성령을 받아들이고 예수님을 출산하는 일에 제한된 것처럼 보인다. 소년 예수가 부모와 함께 예루살렘 성전에 갔을 때 사흘 동안 부모의 시야에서 벗어난 일이 있었다. 부모가 찾아 헤맨 끝에 마침내 성전에서 율법 선생들과 토론하고 있는 아이를 발견했다. 이 일은 예수님이 어릴 적부터 철저한 탈무드 교육을 받았고 지적 수준이 아주 뛰어났음을 보여준다.

예수님의 탄생 때에는 성격이 다른 두 그룹이 축하하기 위해 찾아왔다. 문맹인 목동과 학식이 높은 박사들이었다. 두 그룹 모두 초자연적인 사건을 통해 예수님의 탄생 사실을 알게 되었다. 목동들은 천사들에게 소식을 들었고, 동방 박사들은 천체에서 일어난 기이한 일을 보고 알았다. 그들이 받은 메시지는 동일했다. "내 백성의 메시아인 내 아들에게 가서 알현하라." 그 현자들이 어디서 왔는지는 아무도 모른다. 다만 유대인의 전통에 따라 마리아의 결례와 아기 예수의 할례가 끝난 다음, 즉시 부모가 아기 예수를 데리고 예루살렘에 올라갔다는 이야기가 나오는 것으로 미루어보아 아주 먼 곳에서 온 것 같지는 않다. 아기 예수를 데리고 예루살렘 성전에 들어가 대속 의식을 치르는 것 역시 유대의 전통 중 하나였다. 유대인의 장자는 누구나 하나님께 바쳐진 다음 대속 의식을 치러야 했기 때문이다.

마태는 헤롯왕을 피해 아기 예수와 그의 부모가 이집트로 피신할 수밖에 없었다고 전한다(마 2:13). 왕권의 정통성 때문에 불안해 하던 헤롯왕은 유대의 왕이 태어났다는 보고를 듣고 화가 나서 아기 예수를 찾아 죽이고자 했다. 복음서 저자 중에서는 마태만이 이집트로 피신한 일을 언급하고 있다. 그러나 마태복음위서는 그 일화를 상세히 전하고 있고, 이집트 교회는 그 기록을 그들의 기본 문서로 삼았다. 어떤 이유에서인지 이 본문은 동방 박사들이 성탄일 2년 뒤에 예수님을 방문한 것으로 말한다. 그 후에 예수님의 가족은 곧바로 이집트로 피신했다고 전한다. 부모 곁에서 걷고 있는 어린 예수의 모습을 그려보면 가슴이 뭉클해진다. 마태복음위서는 신약의 정경이 확정되고 나서 한참 후에 쓰였다. 그래서 야고보원복음서 같은 이전의 본문을 끼워 넣은 것으로 여겨진다. 마리아의 출산과 아기 예수의 탄생에 관한 이 3세기의 기록은 마리아가 출산에도 불구하고 전혀 흠이 없었다는 무염시태 동정녀 마리아에 대한 대중적 신앙을 만들어냈다. 산파 살로메의 증언은 출산을 상세히 기록하고 있는 독특한 단락이다.

예수님의 탄생을 축하하기 시작한 것은 4세기부터이므로 꽤 늦게 시작된 전통인 셈이다. 1세기 동안 초대 교회는 성탄 사건에 거의 주목하지 않았고 주일예배에 집중했다. 1세기 이후로는 부활을 축하하는 일에 집중했다. 동방 박사들의 방문은 3세기에 들어와 1월 6일에 기념되었다. 성탄절에 대해 가장 먼저 언급한 사람은 요한 크리소스토무스다. 훗날 콘스탄티노플 대주교가 된 그는 주후 386년 12월 25일에 안디옥 교인들에게 이미 10여 년 동안 기념해온 그날을 예수님의 '성탄일'로 공식화하자는 설교를 했다. 이러한 역사적 사실은 성탄 이야기의 모호한 성격을 드러내는 또 하나의 증거라고 할 수 있다. 마태복음과 누가복음의 본문 및 요한복음과 바울의 서신서에 나오는 성육신 언급에도 불구하고 수백 년이 지나도록 거의 아무도 성탄을 기념하지 않은 것이다. 예수님이 두 번째 아담이라는 확언은 기독교 초기부터 널리 퍼진 믿음으로서 일종의 메타포(은유)로 여겨졌을 수 있다. 그러다가 교회가 그것을 제도화하여 성탄절이라는 하나의 의례를 만들게 되었다. 이러한 발전은 서구 문화에 지대한 영향을 미쳤다.

서방 교회에서 성육신은 핵심 사건이 된 반면에 동방 교회에서는 계속해서 예수님의 신성을 보여주는 가장 중요한 증거로 부활절을 축하했다. 성탄을 기념하는 날짜(동지)의 이교적 요소는 사라지지 않았다. 서방 교회는 점점 더 성탄에 관한 외경의 일부 묘사들을 받아들였다. 오늘날 성탄절이 상업적인 대목이자 가족 모임을 갖는 날로 널리 인식되는 것은 이러한 과정의 결과임이 분명하다. 어느덧 역사적 사건은 하나의 구실이 되어 언저리로 밀려났다. 서구 세계에서 성탄절을 기념하는 문화는 서구사회의 세속화에 얼마간의 책임이 있다. 한편 동방정교회는 종교 행사와 가족 및 상업적 행사(선물)를 분리시키기 위해 날짜를 구분하려고 노력했다. 그래서 성탄절에는 선물을 금하고, 대신에 새해 행사와 연결된 1월 2일 성바실리우스의 날에 선물을 주고받는다.

인류 역사상 가장 위대한 인물의 탄생은 결코 작은 일이 아니다. 그분을 메시아라고 여기는 사람들은 하나님이 성육신했다고 생각한다. 그 탄생 과정은 우리의 이성과 이해를 초월한다. 성탄의 신비를 인간이 이해할 수 있는 수준으로 끌어내릴 수는 없다. 결론적으로 마리아나 목동, 동방 박사에 대해 전혀 언급하지 않고 예수님의 초림을 기록하고 있는 요한복음의 시적 서문이 예수님의 성격을 드러내는 데 더 충실했다고 볼 수 있다. 예수님은 인생을 마감하는 최후의 순간에 이르러서야 자신이 누구인지를 온전히 실현하셨다.

예수님의 탄생 이야기는 그분을 따르는 제자들에게 지극히 중요하다. 그 사건에서 하나님의 성육신을 보기 때문이다. 그것은 성육신하신 하나님이 우리 인간의 생각을 훨씬 넘어서는 초월적 운명으로 첫 걸음을 내딛으신 순간이다.

예수님의 탄생과 관련해 몇 가지 그림을 떠올려보는 것도 가치가 없지 않다. 이 신성한 사건을 보다 풍성하게 이해할 수 있는 지점을 제공하기 때문이다. 그런 그림을 통해 우리는 인간이자 하나님이신 분의 신비에 한 걸음 더 다가서게 된다. 아버지와 아들의 관계를 보여주는 이미지와 출생에 관한 실제 이야기는 인간의 생각보다 훨씬 더 큰, 그러나 인간의 지성을 넘어서지 않는 개념을 드러내는 데 필요한 예시라고 할 수 있다. 그렇다면 성탄절을 성육신 사건을 축하하는 날로 받아들이고, 그 밖의 부수적인 일들은 잊어야 할 것이다.

하나님 다음으로 소중한

"네 이웃을 네 자신과 같이 사랑하라"(막 12:31).

예수님은 아가페 사랑을 가르침의 으뜸으로 삼으신 분으로 널리 알려져 있다. 사랑하라는 명령이 그분의 입을 통해 신약성경 곳곳에서 수없이 나온다. 예수님이 주신 가장 큰 계명은 "네 마음을 다하고 목숨을 다하고 뜻을 다하고 힘을 다하여 주 너의 하나님을 사랑하라"(막 12:30)이고, 두 번째 계명은 "네 이웃을 네 자신과 같이 사랑하라"(막 12:31)다. 그러니 이웃은 하나님 다음으로 소중한 존재다.

기독교는 이런 점에서 독특하다. 다른 종교들도 사랑과 생명 존중을 주장하지만 두루뭉술해서 정확히 규정하기가 어렵다. 어떤 사람들은 하나님에 대한 사랑을 신자의 최고 의무로 여기지만 그 역시 애매하다. 하나님이 누구시며 어떤 속성을 가지셨는지 직접 경험해서 아는 사람은 거의 없기 때문이다. 그런데 예수님은 사랑의 가치를 재는 저울 위에 인간을 하나님과 동일한 수준에 둠으로써 둘 사이의 관계를 새롭게 조명하셨다. 인간에게 하나님이 필요한 만큼 하나님에게도 인간이 필요하다는 것이다. 기독교는 인간이 다른 신앙이나 종교와는 완전히 다른 방식으로 지상에서 구원을 누릴 수 있다고 말한다. 더 이상 짐승을 희생 제물로 바칠 필요가 없고, 고도로 정교한 의식을 치를 필요도 없으며, 매일 지켜야 할 의무도 거의 없다. 새 계명 아래에서 그리스도인은 자신의 구원과 행복한 내세를 보장받기 위해 인간이 만든 예배 의식에 의존할 필요가 없어졌다.

숲속에 들어가 혼자 사는 은둔자가 아닌 한 우리는 일상의 딜레마에 직면할 수밖에 없다. 이웃을 사랑한다는 것은 무슨 뜻인가? 어떻게 그렇게 할 수 있는가?

첫째, 내 이웃은 도대체 누구를 말하는 것인가?

'이웃'이라는 단어의 일반적인 뜻은 '내 주위에서 살고 있는 사람'이다. '동료 인간'이라는 기독교적 의미는 훨씬 더 광범위해 내가 아는 사람들, 의도적 혹은 우연히 만나는 모든 사람들을 포함한다. 선한 사마리안의 비유가 이 의미를 설명한다. 어느 이름 모를 사마리아인이 강도에게 습격을 당해 쓰러져 있는 한 유대인을 발견하고 그의 목숨을 구해준다. 당시에 유대인과 사마리아인은 서로 미워해서 보통은 도움을 주고받는 일이 없었다. 복장이 다르기 때문에 사마리아인은 길가에 쓰러져 있는 사람이 유대인이라는 것을 알았지만 개의치 않았다. 그는 다만 도움이 필요한 이웃을 구해주었을 뿐이다.

둘째, 사랑한다는 것은 무엇을 의미하는가?

여기에서 우리는 다시 어떤 맥락이나 이유 없이 사용되는 동사의 일반적인 뜻에 주의를 기울여야 한다. 오늘날 사용되고 있는 어떤 단어도 그처럼 혼란스럽게 해석되지 않는다. 사랑에 해당하는 그리스 단어만 네 가지가 있다(표제어 '아가페 사랑').

신약성경의 예를 보면 비이기적인 사랑(아가페)이 기독교 사랑에 가장 가깝다고 볼 수 있다. 사마리아인은 희생자를 대가 없이 도왔다. 제자들을 향한 예수님의 사랑은 비이기적인 사랑이었다. 예수님의 산상수훈을 보면 그분이 의미한 아가페 사랑이 무엇인지 알 수 있다. 팔복은 겸손과 자비, 순결함, 평화를 추구하는 기독교적 사랑의 속성을 열거하고 그에 해당하는 예를 제시한다. 분노하지 말라, 논쟁하지 말라, 부적절한 의도를 갖지 말라 등이다. "예"라는 당신의 대답은 진짜 "예"여야 하고, "아니요"라는 당신의 대답은 진짜 "아니요"가 되어야 한다. 솔직하고, 복수하지 말고, 원수를 사랑하고, 분별하고, 돈을 사랑하지 말고, 판단하지 말아야 한다.

셋째, "네 이웃을 사랑하라"는 무슨 뜻인가?

가끔은 가까운 사람보다 알지 못하는 누군가를 사랑하는 일이 더 쉽다. 멀리 있는 이웃은 갑작스러운 방문으로 성가시게 하는 일이 없기 때문이다. 인터넷이 생기기 전에는 이웃 사랑이라는 것이 5년에 한 번 볼까 말까하는 사촌에 대한 사랑만큼이나 추상적으로 느껴졌다. 그러나 지금은 소셜 네트워크 덕분에 얼굴을 맞대지 않아도 해외에 살고 있는 이웃들과 하루에도 몇 번씩 만날 수 있다. 이러한 관계를 통해 쉽사리 새로운 친구들을 사귀며 자신의 모습을 포장할 수 있고 필요할 때는 도움을 받을 수도 있다. 전 세계 인구의 반 가까이가 휴대폰을 가지고 있으므로 단 몇 분 만에 이 행성에 거주하는 누구와도 연락할 수 있으며, 현대의 국제어인 영어를 통해 새로운 관계를 맺을 수 있다. 오늘날에는 지구 반대편에 살고 있는 이웃이 더 현실적인 사람이 되었다. 역사상 처음으로 거의 모든 인류가 내 목소리와 키보드에 연결되어 있다. 수천 명을 만나지 않고서도 우리는 사랑할 수 있다. 마치 그들 한 사람 한 사람을 알고 있다는 듯이 말이다. 이런 사랑은 앞서 언급한 여러 특성을 가지고 있다. 평화롭고 순수하며 부와 관련된 편견에서 벗어나 있고 사회적 계층이나 인종에 따른 선입견도 없다. 인터넷을 통해 연결된 친구가 솔직하며 거짓으로 연기하지 않고 나도 똑같이 그렇게 상대방을 대한다면, 우리는 예수님의 가르침에 부응하는 관계를 맺을 수 있다. 테크놀로지가 가져다준 비약적인 발전이 아닐 수 없다.

한편 가장 가까운 이웃을 사랑하기란 예나 지금이나 어려운 일이다. "너희가 너희를 사랑하는 자를 사랑하면 무슨 상이 있으리요. 세리도 이같이 아니하느냐"(마 5:46, 참조 눅 6:27-28, 32-36)라고 예수님은 말씀하셨다. 옆집에 사는 사람, 거리의 부랑자, 다른 종교의 신봉자, 그리고 매력적이지만 위험할 수도 있는 원수 등 사랑하지 않지만 끊임없이 마주쳐야 하는 사람들을 사랑하는 것이 우리에게 주어진 도전이다. 그런 사람들을 사랑하려면 엄청난 참을성과 온갖 물리적이고 심리적인 사소한 사항은 못 본 척 넘기는 정신력(멘탈)이 필요하다. 이러한 인내와 관용이 무르익으면 아가페 사랑으로 이어질 수 있다. 이러한 변화는 성령이 일으키시는 기적들 중 하나다. 예수님의 지속적인 가르침은 은을 금으로 바꾸는 내적 힘의 원천임에 틀림없다.

시작은 어렵지 않다. 작은 선행부터 시작하여 차근차근 한 단계씩

(표제어 '삶') 예수님의 가르침을 향해 나아갈 수 있다. 그러다 보면 어느덧 선한 사마리아인의 자리에 선 자신을 발견하게 될 것이다. 실제로 오늘날 지구상에는 선한 사마리아인 같은 사람들이 무수히 많다. 우리는 또한 도움이 필요한 저 먼 곳에 사는 사람들에게 쉽게 좋은 일을 할 수 있다. 다시 말하지만 수백만 명이 이미 그러한 선행을 하고 있다. 하지만 옆집에 살고 있는 사람을 사랑하는 것은 조금 다른 문제다. 그러자면 더 큰 노력과 더 많은 기도가 필요하다.

심지어 성경은 "원수를 사랑하라"고 명령하기도 한다. 만일 이 수준의 온유함에 이르지 못한다면 나는 나쁜 그리스도인인 것일까? 아예 포기하고 그런 시도를 부질없고 위험한 일로 치부해야 하는 것은 아닐까? 이러한 처신은 가족이나 가장 가까운 이웃, 그리고 우리에게 행복과 평화를 가져다줄 수 있는 기독교 신앙에 대한 의심을 불러일으킬 수 있다. 원수를 사랑하고자 한다면 나의 모든 것을 걸어야 한다. 나의 삶도 원수의 삶도 걸어야 한다. 원수를 사랑하려고 노력했으나 혹시 실패하더라도 이상할 게 없다는 것이 상식이다. 그러나 실패에서 머물면 안 된다. 다시 시도해야 한다. 그럼으로써 우리는 예수님의 뜻에 더 가까이 가게 된다. 예수님이 용서하신다는 사실을 믿기 때문이다.

나의 이웃, 바로 옆집에 살고 있는 이웃을 사랑해보자!

P Palms __종려나무

왕위를 향한 발걸음

예수님이 예루살렘에 입성하신 이야기는 그리스도인이라면 누구나 알 것이다. 종려절은 성탄절이나 수난절만큼 유명하다. 복음서마다 이 장면을 지상에서 보기 드물게 예수님이 승리하신 순간으로 묘사한다(마 21:1-10, 막 11:4-11, 눅 19:28-40, 요 12:12-19). 교회는 이 장면을 아무런 문제없이 받아들인다. 해석이 잘 정립되어 있으며 교단마다 다르지 않다. 교회에서 종려주일로 기념하는 그날의 일은 인류 역사의 마지막날에 일어날 예수님의 재림을 예시한다.

예수님은 로마 장군의 개선 행진을 떠올리는 모습으로 예루살렘에 입성하기로 결심하셨다. 예수님이 군중의 환호를 받아들이고 영광에 이끌리시는 듯한 모습은 이 장면이 유일하다. 그러나 개선에 이어 성전에 들어가서 취하신 과격한 행동은 죽음을 향한 그분의 길에 그림자를 드리운다.

이 예상 밖의 영광스러운 예루살렘 입성기의 맥락을 살펴보자.

이 일은 예수님과 제자들이 2-3년간 팔레스타인 전역을 두루 다니며 온 힘을 다해 복음을 전파한 다음에 일어난다. 그들의 선교 활동은 어찌 보면 소소한 성공이라고 할 수 있지만, 예수님은 차츰 그분만의 메시지와 이미지를 구축하며 하나님이 맡기신 사명을 감당하셨다. 변화산 사건 이후로 지상에서 맞이해야 할 그분의 운명은 점점 더 명확해졌다. 인간 예수는 하나님의 아들로 바뀌어 갔다. 예수님은 우리가 하나님을 이해하고 알 수 있는 유일한 길이다. 사랑의 메시지는 오직 예수님을 통해서만 모든 사람을 위한 구원의 메시지로 발전된다. 예수님은 이 운명의 메시지를 제자들에게 전해주려고 하셨지만 제자들은 깨닫지 못했다. 그들 앞에는 더 기이한 일들, 즉 십자가 죽음 이후의 예수님에 대한 계시, 그분의 부활, 영원한 하나님의 아들 되심 등이 남아 있었다. 하나님의 말씀을 잘 아는 예수님은 이 운명을 피할 수 없다는 결론에 이르렀다. 종려절은 예수님이 인간의 역사 속에서 자신의 역할을 확실하게 받아들였음을 제자들이 깨달을 수 있게 드러내신 예언적 표징으로 보는 것이 정확하다.

예수님의 예루살렘 입성은 그분을 따라다닌 제자들과, 따라다니지는 않았지만 물심양면으로 후원한 제자들이 함께 세심하게 준비한 것으로 보인다. 그 시나리오는 스가랴의 예언과 일치한다(슥 9:9). 예수님을 태운 나귀와 길에 깔아둔 옷들은 다윗 왕의 개선을 떠올리게 한다. 이름을 알 수 없는 예루살렘의 제자들이 나귀와 군중과 종려나뭇가지를 준비했다. 별도의 설교는 없고 곧장 성전으로 들어가시는 예수님의 모습만 나온다. 성전에 들어간 예수님이 안뜰에 있는 환전상을 내쫓으신 일은 그분의 일생에서 유일하게 알려진 과격한 모습이다. 마태복음과 마가복음에 따르면, 그 후 예수님은 성에서 나와 인근의 베다니로 가셨다. 그곳은 마리아와 마르다 자매의 집이 있는 마을이었다. 요한복음은 이 자매들의 오라비 나사로가 죽었다가 예수님 덕분에 살아났다고 전한다. 누가는 예수님이 환전상들과의 분쟁에도 불구하고 예루살렘에 머물며 성전에서 설교하셨다고 말한다.

마태가 인용한 것처럼 스가랴의 예언을 성취하려는 의도 말고는 예수님의 예루살렘 입성을 설명할 다른 이유가 없다. 이에 대해 많은 주석가들이 다양한 추측을 해왔다. 그중 한 가지 설명은 예루살렘 입성이 선지자들이 예언한 메시아에 관한 구약의 말씀을 성취하고, (성경 지식이 많아 그런 표적을 이해할 수 있는 유일한 사람들인) 바리새인들에게 예수님이 메시아의 모든 조건을 구현하고 계심을 보여줌으로써 이전에 행하신 일들도 그러함을 입증한다는 것이다. 예수님의 사역을 보고할 때마다 그에 해당하는 구약의 예언을 인용하려는 마태의 끊임없는 노력이 이와 같은 가설을 완벽하게 지지한다. 하지만 그것이 예수님의 생각인지 마태의 생각인지는 알 수 없다.

또 다른 설명은 예루살렘 입성 이야기가 예수님이 공생애 사역을 시작하기 전에 열심당원으로 활동하셨을 가능성을 보여주는 마지막 표시라는 것이다. 열심당의 활동은 로마 정권에 반대하는 일종의 저항 운동이었다. 그들의 패러다임은 정치적이라기보다 종교적이었다. 예수님의 몇몇 추종자들은 이 분파에 속했다. 열심당원들은 메시아를 왕 또한 해방 전사로 보았다. 그 메시아의 지상 사명은 유대인들을 하나님의 길로 인도하는 것이었다. 가장 잘 알려진 열심당원은 유다다. 그들은 예수님 이후에도 게릴라 식으로 계속해서 싸우다가 마침내 대대적인 봉기를 일으켰다. 이에 대한 보복으로 로마 군대가 쳐들어와 이스라엘이 멸망하고 주후 70년에 예루살렘 성전도 무너졌다. 어쩌면 사도들은 예루살렘 입성기를 통해 열심당원들이 민족의 영웅이 되어 투쟁한 것에 경의를 표하고 있는 것인지도 모른다. 예수님이 성전의 환전상들을 쫓아내신 일도 예언자적인 행동으로 묘사되었는데, 비록 로마 군대가 아니라 같은 유대인이 대상이 된 일이지만 이 역시 위의 가설을 뒷받침해준다.

두 설명 모두 나름대로 타당할 수 있다. 아무튼 예수님은 담대하게 자발적으로 전설의 주인공이 되셨다.

흥미롭게도 종려절 기록에는 이적이 등장하지 않는다. 예루살렘에 입성하고 성전에 들어가신 일련의 일들이 다 인간적이다. 아무도 예수님에게 초자연적인 은사를 요구하지 않는다. 그날의 일은 사람들의 이목을 끌어 민족의 운명을 위한 기초를 다지려는 야심에 찬 한 청년의 이야기로 기록될 수도 있었다. 처음에는 위풍당당하게, 다음은 대중적인 모습으로. 그 다음은? 사람들을 규합하여 성전과 로마 군대에 대항하지 않았을까? 권력을 향한 첫 걸음을 내딛는 것이다. 그러나 예수님은 로마인을 비판하거나 그들에게 맞서지 않으셨다. 빌라도가 등장하기 전까지 로마인은 복음서에 거의 나오지도 않는다. 예수님은 의도적으로 정치와 거리를 두셨지만, 신성모독과 성전 훼손 계획이라는 죄목으로 종교 당국자들에게 체포되었을 때 이러한 사실이 유리하게 작용하지 않았다.

성전을 훼손하려 했다는 죄목은 빌라도가 예수님에게 어느 정도 동정심을 가진 이유였다. 그는 이 일이 로마 권력과 상관없이 유대인 내부의 복수심에서 비롯된 것으로 보았다.

종려절 이야기와 그 뒤에 이어지는 내용은 예수님의 목표가 인간적인 것이 아니라 영적인 것임을 분명히 보여준다. 예수님의 삶은 철저히 상징적이었다. 그분의 한 걸음 한 걸음은 자신이 선포한 사명을 향해 나아가는 것이었다. 그 사역은 그분이 세례를 받으실 때, 그리고 변화산에서 용모가 변하셨을 때 하늘에서 들려온 선포로 시작되었다. "이는 내 사랑하는 아들이니 너희는 그의 말을 들으라"(막 9:7, 참조 눅 9:35).

예수님의 사역은 종려절에서 절정에 이르렀고 이후로 수난이 본격적으로 시작되었다. 지금까지 예수님의 가르침이 세상에 전해졌고, 이제 그분의 신분과 운명이 명확히 드러나고 있다. 예루살렘 입성은 나중에 예수님이 부활하신 다음에 이해할 수 있는 메시지였다. 미래를 향한 메시지가 현재 주어진 셈이다. 예수님이 이 땅에서 육체적으로 임재하심을 끝내고 훗날 다시 오실 것이라는 선언에 비추어 볼 때, 종려절에 일어난 일은 먼 훗날에 일어날 사건, 즉 우리가 아는 세상의 종말과 하나님 나라의 승리를 미리 보여주는 것이었다.

나는 그날 베다니로 돌아오신 예수님에 대해 생각해보기를 좋아한다. 아마도 예수님은 그날 하루를 돌아보며 자신이 당시 사람들은 물론 미래 세대에게도 수수께끼 같은 인물이겠다는 생각에 미소를 지으셨을 것 같다. 예루살렘 입성은 인생과 자연에 대해 알지 못하는 일이 많던 그 시대뿐만 아니라 오늘날 과학의 발전 덕분에 어떤 불가사의한 일에도 답할 준비가 된 우리 시대에도 그분의 가르침을 다시

금 새겨보게 한다. 인간적인 영광의 헛됨, 하늘이 주신 운명을 받아들임, 인간의 규율과 행동을 초월하는 하나님의 계명 등을 말없이 상징하는 그날 하루 동안 예수님의 메시지에 담긴 보편성이 가장 명확하게 드러났다.

종려절은 예수님의 수난과 십자가 죽음의 서곡 그 이상의 역할을 하고 있다. 그날은 내가 사회생활의 유혹에 넘어갈 때마다 기억해야 할 예수님의 메시지를 말없이 들려준다.

내가 혹시라도 이웃보다 우월한 위치에서 그들을 내려다볼 때, 그날은 나라는 인간이 내가 생각하는 것보다 더 못났다는 사실을 말해준다. 근심과 걱정에 사로잡혀 있을 때면 그날은 내게 용기와 소망을 준다. 그날은 소크라테스의 "너 자신을 알라"는 금언보다 더 훌륭하게 내 인생의 안내자가 되어준다. 나 자신을 돌아보게 하고 나의 한계를 말해주기 때문이다. 유한한 존재인 우리는 하나님을 알아야 우리 자신을 뛰어넘을 수 있다. 그런 점에서 그날은 또한 인류가 어떻게 살아야 하는지, 왜 살아야 하는지 실존의 이유와 사랑과 소망에 기초한 삶의 기술을 깨닫게 해준다.

소통의 수사법

1800년대 말 유럽의 교육부 장관들이 고등학교와 김나지움(일부 유럽 국가의 중등교육 기관)에서 수사법 강의를 폐지한다고 결정했다. 이에 교사들과 학자들은 아연실색했다. 2,500년 동안 철학과 더불어 교육의 초석 중 하나였던 학문을 어떻게 법령 하나로 간단히 없애버릴 수 있단 말인가? 당시에는 학교마다 수사법 수업이 있었다. 학생들은 고등학교 2학년 때는 수사법 수업을, 졸업반 때는 철학 수업을 들었다. 철학 수업은 아직도 존속되고 있지만 이후 세대들은 수사법을 전혀 배우지 못했다.

수사법(또는 수사학)이란 '멋지게 말하는' 연설 기법이다. 자신의 생각을 다양한 청중이 이해할 수 있도록 전달하는 기술이다. 수사법은 한동안 학계에서 쇠퇴했다가 새로운 이름과 목적을 가지고 사회에 다시 등장했다. 현대 사회의 기반 중 하나인 의사소통 기술로 소생한 것이다. 알다시피 아무리 좋은 사상이나 지적인 사고도 제대로 전달되지 않으면 영원히 묻혀 있을 수 있다. 소통의 기술이 중요한 이유가 바로 이것이다.

예수님 시대의 의사소통은 수사법을 통해 이루어졌다. 재능이 많은 예수님은 무엇보다 수사 능력을 통해 가장 많은 열매를 맺으셨다. 예수님은 인류 역사상 최고의 언어술사였다. 그분은 비유를 들어 청중에게 맞는 언어를 사용하셨다. 어부에게는 고기 잡는 비유를 사용하셨다면, 군인에게는 군대 비유를, 금융업자에게는 황금률 비유를, 목동에게는 가축 비유를, 여성에게는 집안일 비유를 들려주셨다. 예수님의 주요 관심은 메시지를 전달하는 데 있기 때문에 사람들이 그분의 말씀을 듣고 이해하기를 원하셨다. 부자들이 의무를 깨닫고, 가난한 사람들이 행복을 알고, 노예들이 자유를 이해하고, 노예주들이 사랑을 알고, 바리새인들이 율법을 이해하기를 원하셨다. 마침내 그분의 말씀은 사라지지 않고 시대를 초월해 울려 퍼지고 있다.

복음서에는 44개의 비유가 소개되는데 마태복음, 마가복음, 누가복음에만 나오고 요한복음에는 나오지 않는다.

비유는 쉽게 기억할 수 있는 이야기이고 결론은 교훈이다. 산문 형식으로 된 우화와 비슷하며 결론은 청중의 몫으로 남을 때가 많다. 명백한 결론은 쉽게 추측할 수 있지만 가끔은 오해의 여지가 있어 많은 비유가 다르게 해석되기도 한다. 예수님은 비유 중 몇 가지는 제자들에게 설명해주셨지만 일반 대중에게는 그렇게 하지 않으셨다. 대중은 비유가 무엇을 의미하는지 확실히 알지 못할 때가 많았다.

예수님의 생각은 대부분 그분이 들려주신 비유만큼이나 간단명료해서 인류가 존속하는 한 그 가르침은 기억될 것이다. 실제로 그 가르침은 2천 년 전과 마찬가지로 지금도 우리에게 영감을 주고 있다. 예수님의 말씀을 순수한 사랑이라고 본 아시시의 프란치스코에서부터 오직 도덕적인 계명만 남기고자 한 토마스 제퍼슨에 이르기까지 예수님의 비유는 많은 사람을 깊이 감동시켜왔다.

비유는 예수님 시대에 널리 사용된 수사법이다. 당대의 글들을 보면 많은 철학자와 종교 교사, 정치가들이 이 수사법을 사용했음을 알 수 있다. 그러나 비유를 가르침의 중심에 둔 사람은 예수님이 유일하다. 제자들조차 놀라며 예수님에게 왜 이 방법을 사용하시는지 물었다. 예수님은 가끔 그 비유들을 설명해주셨지만 답변이 더 알쏭달쏭할 때도 있었다. 한번은 비유로 말씀하시는 이유가 제자가 될 자에게는 감동을 주고, 비유를 이해하지 못하는 자는 대적자임을 제자들이 확실히 알게 하기 위해서라는 말씀도 하셨다. "이르시되 '하나님 나라의 비밀을 너희에게는 주었으나 외인에게는 모든 것을 비유로 하나니 이는 그들로 보기는 보아도 알지 못하며 듣기는 들어도 깨닫지 못하게 하여 돌이켜 죄 사함을 얻지 못하게 하려 함이라' 하시고 또 이르시되 '너희가 이 비유를 알지 못할진대 어떻게 모든 비유를 알겠느냐'"(막 4:11-13). "예수께서 이러한 많은 비유로 그들이 알아들을 수 있는 대로 말씀을 가르치시되 비유가 아니면 말씀하지 아니하시고 다만 혼자 계실 때에 그 제자들에게 모든 것을 해석하시더라"(막 4:33-34). "예수께서 이 모든 것을 무리에게 비유로 말씀하시고 비유가 아니면 아무것도 말씀하지 아니하셨으니"(마 13:34).

당시 대부분의 청중은 교육을 받지 못했고 관념적인 사고에 익숙하지 않았기 때문에 설명이 필요했다. 그들은 이야기를 이해하더라도 결론은 알지 못했다. 그러나 오늘날 우리는 그들과 다르다. 부모나 주일학교 교사, 목사에게 비유와 그에 대한 설명을 자주 들었을 테고, 그 비유들은 우리 마음에 깊이 뿌리 내려 문화의 근원이 되었다. 성경에 나오는 비유들은 탕자의 비유(눅 15:11-24), 씨 뿌리는 자의 비유(눅 8:4-8, 마 13:1-9, 막 4:1-9), 달란트 비유(마 25:14-30), 열 처녀의 비유(마 25:1-13), 포도원 품꾼의 비유(마 20:1-16) 등 믿지 않는 사람들도 익히 들어 아는 것이 많다.

비유에 담긴 이야기들은 모든 세기와 문명에 속한 사람들이 듣고 이해해야 한다는 점에서 특별하다. 문화와 국적, 인종, 경제 발전의 차이가 비유를 이해하는 데 걸림돌이 될 수 없다. 그 이야기들은 저마다 인간 실존의 본질에 깊이 뿌리를 내리고 있다. 비유를 듣는다고 해서 인생이 즉시 달라지지는 않지만 그 내용이 마음에 남아 삶의 기준을 제시하며 우리가 나아갈 방향을 가리킨다.

예수님의 비유는 대부분은 생생한 이야기에 사랑의 메시지가 담겨 있어 기억해두었다가 적용하기가 쉽다. 몇 가지 예를 살펴보자.

마지막 남은 동전을 헌금하는 가난한 과부, 잃어버린 은화를 찾기 위해 온 집안을 쓸던 여인, 가장 늦게 와서 일하고 다른 사람들과 똑같은 품삯을 받은 포도원 품꾼, 천국에서 영광스럽게 환영받은 거지 나사로 등의 비유는 하나님의 사랑을 이야기한다. 한편 강도 만난 유대인을 구해주는 선한 사마리아인, 잃어버린 어린 양을 찾아다니는 목자, 포도원의 사악한 종들, 임금의 잔치에 오기를 거절한 사람들 대신에 주인이 초청한 가난하고 병든 손님들, 탕자를 반갑게 맞이하는 아버지의 비유는 인간의 사랑을 이야기한다.

이 간단하고 생생한 메시지들은 수세기를 거치며 우리 시대에 이르렀음에도 불구하고 그 참신함과 적절한 연관성을 잃지 않고 있다. 초대 그리스도인들이 예수님의 말씀과 더불어 비유를 가르침의 중심에 둔 것은 정말이지 탁월한 선택이었다. 당시 복음서는 아직 기록물보다는 구전으로 전달되는 형편이었다. 그러므로 메시지들이 망각 속으로 사라지지 않고 최후의 심판 때까지 전해지기 위해서는 암기가 반드시 필요했다. 초대 그리스도인들에게 무엇보다 중요한 것은 예수님의 삶에 대한 완벽한 보고서가 아니라 그분의 가르침을 온전히 전하는 것, 즉 영원한 것으로 만드는 일이었다.

그러나 비유가 쉬운 것만 있는 것은 아니다. 때로는 그 의미가 모호한 것도 있다. 역설적인 결론과 난해한 교훈을 담고 있는 비유가 그러하다.

'불의한 청지기' 비유가 대표적이다(눅 16:1-16). 그 비유에서 주인의 재산을 낭비한 불의한 청지기가 주인에게 해고당한다. 해고된 후 그는 채무자들에게 공감과 감사를 얻기 위해 임의로 대출금의 절반을 탕감해준다. 우리가 보기에 부당한 행위를 한 청지기는 오히려 주인에게 칭찬을 받는다. 얼핏 보기에 잘 이해되지 않는 이 비유에서 예수님은, 삶의 이치를 알고 현실에 맞추어 처신할 줄 아는 제자들이 폐쇄적이고 온실 속의 화초처럼 보호받으며 살아가는 '빛의 아들들'보다 사람들을 복음으로 이끄는 능력이 더 있다는 결론을 내신다. 이와 같은 해석은 도덕적인 영역까지 전체적으로 건드리고 있어 준비되어 있지 않은 청중에게 왜곡된 지도자들이 가르칠 경우 매우 위험할 수 있다. 실제로 예수님이 성전에서 환전상을 쫓아내신 일을 두고 독일 나치들은 무력이 하나의 기독교 덕목이 될 수 있다는 식으로 의미를 왜곡하기도 했다.

무화과 철이 아닌데도 무화과나무에 열매가 없는 것을 보고 예수님이 나무를 저주하신 일도 합리적으로 설명하기가 어렵다. 예수님의 가르침이 지닌 낯선 측면을 보여주는 또 하나의 예라고 하겠다.

많은 비유가 처음 보는 것처럼 그렇게 단순하지 않으므로 잘못된 해석을 하지 않도록 주의해야 한다. 예수님의 가르침에는 여러 의미의 층들이 있어 각 층마다 철저한 해석이 필요하다. 첫 번째 층은 상식적인 수준에서 이해하는 것이다. 두 번째 층은 예수님 당시 팔레스타인에 살던 청중이 그 비유를 어떻게 이해했는지 보는 것이다. 세 번째 층은 유대 시대 이후, 보편성을 추구한 그리스 문화권 사람들에게 그 비유가 어떻게 들렸는지 보는 것이다.

내게 비유는 인생의 교훈이자 행동 지침이고 영감과 소망의 영원한 원천이다. 바른 길에서 벗어나 방황하고 있을 때, 비유는 내게 올바른 방향을 가리키는 나침반이 되어준다.

슬플 때면 나는 예수님을 따르려 했으나 자신의 재산이 그 길을 막는 장애물임을 알고 슬픔에 빠졌던 젊은 관원을 기억한다. 그 이야기는 내게 행복에 이르는 길을 보여준다. 그의 슬픔은 자기 자신과 이웃들을 더 깊이 이해하는 첫 걸음이 되었을 것이다.

중압감을 느낄 때면 나는 므나 비유(눅 19:12-28)를 떠올리며 나의 마음과 힘, 재산, 수고를 가까이 있는 사람들을 섬기는 데 진정으로 쓰고 있는지 자문하며 더 헌신할 수 있는 길을 찾아본다.

절망할 때면 나는 잃어버린 은화를 찾기 위해 온 집안을 쓸던 한 여인을 떠올린다. 행복할 때면 반항의 세월을 뒤로 하고 집에 다시 돌아온 탕자를 맞이하는 아버지의 마음을 떠올린다. 화가 치밀 때면 빚을 탕감받고도 자기에게 빚진 다른 사람의 빚은 탕감해주지 않은 청지기가 어떻게 되었는지를 떠올리며 나 자신을 다스린다(마 18:23-35). 사랑을 베풀 때면 늦게 고용된 포도원 품꾼에게도 품삯을 똑같이 지급한 포도원 주인을 기억한다.

결국 비유는 지혜의 교훈들이다. 비유는 학문이나 정치, 철학에 대해 말하지 않는다. 진보에 대해 말한다면 오직 아가페 사랑에 이르는 개인(인격)의 진보를 의미할 뿐이다. 그렇다고 단순히 도덕적인 교훈을 주는 것도 아니다. 비유들은 선과 악 가운데서 엎치락뒤치락하며 살아가는 익명의 인간들, 나와 같은 사람들에게 말한다. 나의 가족, 나와 가까운 사람들, 그리고 나의 믿음에 대해 말한다. 아무것도 강요하지도 명령하지도 않는다. 비유는 그저 내 앞에 서 있는 훌륭한 본보기이고, 나는 그것을 따르거나 따르지 않거나 하는 자유가 있다. 비유은 내게 소망을 충전해주는 에너지원이다!

생명의 선물

19세기의 프랑스 군인이자 시인 알프레드 드 비니는 다음과 같이 썼다.

> 만일 그것이 사실이라면,
> 겟세마네 동산에서 인자가 인류의 비명에
> 입 다물고, 눈 가리고, 귀 막겠다고 말한 것이 사실이라면,
> 만일 하늘이 우리를 실패한 꿈으로 여겨 망각했다면,
> 정의로운 사람은 경멸하지 않는 것에 반대할 것이고,
> 하나님의 영원한 침묵에 다만 차가운 침묵으로 대답할 것이다.

여기 우리는 예수님 사역의 심장부에 서 있다. 예수님이 인간에 대한 사랑의 표시요 인간의 죄를 대속하는 새로운 희생 제물로 자신의 생명을 인류에게 선물로 주기로 작정하신 바로 그 지점 겟세마네다.

최후의 만찬과 십자가 사건 중간에 위치한 이 마지막 순간은 하나님이 한 번도 직면해본 적 없으신 가장 큰 도전이었다. 주사위는 아직 구르는 중이므로 마음먹기에 따라 운명을 피할 수도 있었다. 인간으로 살거나 하나님으로 죽는 일, 둘 중 하나를 선택할 수 있었다.

복음서를 읽어보자. 겟세마네 동산에서 예수님이 기도하시는 장면은 마태복음과 마가복음, 누가복음에서 매우 비슷하게 묘사하고 있다. 최후의 만찬은 끝났고 아직 유월절이 지나지 않았다. 예수님은 떡과 포도주 성찬을 통해 열두 제자에게 자신의 피와 살을 상징적으로 나누어 주신 다음, 근처 동산에 나가 기도하기로 결정하셨다. 변화산에 오르셨을 때처럼 베드로와 요한, 야고보 세 명의 제자를 선택하여 함께 기도하자고 부탁하셨다. 예수님은 그들에게 기다리라고 말씀하신 후 좀 더 멀리 떨어진 곳으로 가서 홀로 기도하셨다. 예수님은 간절하셨고 죽음에서 구해달라고 하나님께 강청하셨다. 세 번이나 반복되는 기도는 "나의 원대로 마시옵고 아버지의 원대로 하옵소서"(마 26:39)라는 말로 끝난다. 세 번 기도하는 사이에 예수님이 세 제자들에게 가보니 그들은 자고 있었다. 그런 후 가룟 유다와 성전 경비대가 나타나고 유다의 가증한 입맞춤, 예수님을 보호하려는 제자들의 시도, 경비대원 한 사람의 귀를 자른 일, 마침내 예수님의 체포와 제자들의 도주가 이어졌다.

요한복음은 이 장면을 더 간결하게 그린다. 요한복음과 다른 세 복음서의 차이는 우연한 것이 아니다. 요한은 예수님의 신성에 집중했기 때문에 끔찍한 죽음을 앞두고 절망하는 한 인간을 묘사하는 일을 받아들이기 어려웠을 것이다. 반면에 다른 세 복음서는 좀 더 세

부적으로 장면을 묘사한다. 심지어 누가는 "예수께서 힘쓰고 애써 더욱 간절히 기도하시니 땀이 땅에 떨어지는 핏방울같이 되더라"(눅 22:44)고 썼다. 그런 점에서 요한이 예수님의 체포 당시의 장면을 간단히 보도하고, 겟세마네 기도는 아예 언급하지 않은 이유를 짐작해 볼 수 있다. 요한에게는 이와 같은 일들이 예수님께 일어나기에는 너무 인간적이었던 것이다.

과연 너무 인간적인 것이었을까? 예수님의 수난은 당시 수많은 유대인들의 생각과는 달리 그분이 슈퍼맨이 아니었다는 증거다. 종려절에 대한 환상은 집요했다. 메시아를 고대한 경건한 유대인들은 예수님이 왕으로서 가르치고 유대인의 신정 왕국을 세우기 위해 로마와 이방인 신자들에게 도전장을 던지시기를 기대했다. 그들에게는, 그리고 수차례 주의를 받았음에도 불구하고 일부 제자들에게는 예수님의 체포가 자유를 위한 전쟁 개시의 신호여야 했다. 예수님과 베드로의 대화, 두 개의 검 구입, 경비대원의 귀를 자르며 시작된 싸움 등은 그들이 오랫동안 고대해온 봉기의 서곡처럼 들린다. 그러나 예수님은 스스로 체포되심으로써 그런 싸움이 소용없고 그분의 싸움은 성격이 완전히 다른 것임을 암시하신다.

겟세마네 동산의 기도는 예수님이 십자가 죽음을 받아들여야만 했고, 그 희생은 그분의 의지 밖에 있는 것임을 보여준다. 예수님은 이미 오래전에 광야에서 시험받을 때(마 4:3) 지상에서의 야망을 포기하셨지만, 종려절에 이루어진 상징적이면서 중의적인 '승리'는 받아들이셨다.

알프레드 드 비니의 시로 돌아가 보자. 그 시는 장엄하면서 동시에 무시무시한 하나님, 인간에게서 거리가 먼 동시에 인간의 내면 깊은 곳에 자리하신 하나님의 신비를 파고든다. 거룩한 겟세마네 동산에서 하나님은 인간과 인자가 의심할 정도로 침묵하신다. 잔인하고 처참한 죽음을 앞두고 예수님조차 피땀을 흘리셔야 했다면 나 같은 보통 사람이 어떻게 하나님의 뜻을 이해하고 그분과 평안하게 교통하며 살 수 있을까? 어떻게 내가 하나님을 사랑할 수 있을까? 어떻게 그런 하나님이 내게 소망이 될 수 있을까? 어떻게 내가 하나님의 뜻을 들을 수 있을까?

예수님의 수난은 어떤 답도 주지 않는다. 그 수난은 하나님과 하나님의 침묵에 대한 물음표이자 예수님과 그분의 진정한 본성에 대한 물음표다.

수세기에 걸쳐 교회는 이 본질적인 질문 앞에서 의견이 양분되었다. 이른바 아리우스주의자들은 이집트의 수도사 아리우스의 제자들로서 예수님의 인성을 주장했다. 그 반대편에는 정통교회(Orthodox, 정교회)가 있었다. 둘 사이의 분쟁이 극심해지자 콘스탄티누스 황제는 교회를 연합시키기 위해 주후 325년에 세계적 규모의 종교회의를 소집했다. 1차 공의회가 황궁이 있는 콘스탄티노플에서 멀지 않은 도시 니케아에서 열렸다. 아리우스주의자의 주요 반대자는 알렉산드리아 감독 아타나시우스였다. 그는 예수님이 인성과 신성을 둘 다 가지고 있다고 주장했다.

1차 공의회는 별 성과를 거두지 못했고, 381년에 콘스탄티노플에서 2차 공의회가 열렸다. 두 차례의 공의회에서 그리스도의 신성을 거부하면서 삼위일체 교리를 위협한 아리우스주의가 단죄되자 아리우스주의자들은 게르만족 지역으로 건너가 자신들의 주장을 설파했다. 아리우스주의에 물든 게르만족이 정통 신앙을 받아들이기까지는 수세기가 걸렸다. 그 사이에 비잔틴의 신학자들이 논란이 된 신학 문제에 대한 답변을 정교하게 정비하여 교회의 다른 신학 분파들, 이를테면 아르메니아인, 콥트인, 네스토리아주의자의 입지가 상당히 좁아졌다.

예수님의 본성에 대한 두 가지 해석 간의 모순으로 인해 정통교회 내에서도 또 다른 논쟁이 일어났다. 바로 예수님 의지의 신성에 관한 논쟁이다. 이 역시 길고 복잡한 과정을 겪지만 간단히 말하자면, 결국 교회는 삼위일체 개념 아래 다시 하나가 된다. 삼위일체는 성부 하나님과 성자 예수님, 성령을 고유하고 신비한 하나의 틀로 묶는 개념이다. 삼위일체 개념은 무함마드와 그 시대의 그리스도인들 사이에 논쟁을 촉발시켰다. 불행히도 그것은 무함마드가 유대교의 유일신 원리로 복귀하기로 결정하고 이슬람이라는 종교를 세우게 된 주된 이유가 되었다. 무슬림과 유대인은 그리스도인이 유일신 신앙을 저버리고 삼위일체를 통해 세 분의 하나님을 섬긴다고 생각한다.

다시 본문으로 돌아가 처형당하기 전날 예수님이 겪으신 수난을 살펴보자.

인간으로서 죽음의 위협을 직면하신 후, 예수님은 자발적으로 체포되어 성전으로 끌려가 산헤드린 공의회에서 십자가 형을 언도받으셨다. 예수님은 자신의 죽음이 하나님의 뜻이고, 그 일로 이 땅에서 자신의 사역이 완성되리라는 확신을 가지셨다.

그렇다면 부활은 어떤가? 예수님은 죽으시기 전에 몇 차례나 재림에 대해 제자들에게 말씀하셨다. 때로는 모호하게 말씀하셨지만 부활이 온 세상을 변화시킬 우주적 사건임을 명확히 예언하셨다. 그러나 제자들은 그 말씀을 완전히 믿지 못했다. 예수님은 어떠셨을까? 과연 자신의 부활을 믿으셨을까? 믿었다면 왜 그렇게 괴로워하셨을까? 그것은 예수님이 이 땅에 사시는 동안 완전한 인간이었음을 반증한다. 오늘날 의술이 내 생명을 구해주리라는 것을 알면서도 심각한 병에 걸리면 두렵지 않겠는가? 게다가 십자가에 못 박혀 끔찍한 고통 속에서 서서히 죽게 될 예정인데 어떻게 두렵지 않겠는가?

수난은 예수님이 인간이라는 사실에 대한 최종적인 확인일 뿐 아니라 그분이 유대인의 메시아 신앙을 보편적인 것으로 만들기 위해 이 땅에 보냄을 받은 메시아임을 스스로 확신하고, 나아가 고난당하는 메시아에 대한 선지자들의 예언을 전적으로 확신했음을 보여주는 최고의 증거다.

수난 문제에 대한 답변은 다름 아닌 부활에 있다. 겟세마네 동산에서 새로운 인간과 새로운 하나님이 탄생했다. 수난을 통해 인류는 예수님이 인간이라는 사실을 알게 되는 동시에, 예수님이 희생을 받아들인 사실에서 그분이 하나님이심도 알게 된다. 알프레드 드 비니는 부활을 거절했기 때문에 수난의 의미를 이해하지 못한 것이다. 부활이야말로 새로운 세계를 향한 우리의 새로운 소망이다!

이방인을 위한 복음 전도자

바울은 예수님에 대한 특별한 열정에 사로잡힌 위대한 인물이다. 기독교 신앙이 보편화되는 데 그가 기여한 바는 의심할 여지가 없다. 그는 자신을 예수님께 직접 임명받은 열세 번째 사도로 생각했다. 열두 사도들이 그런 주장에 진심으로 공감했는지는 알 수 없다.

예수님보다 열 살 아래인 그는 다소(소아시아 동남쪽에 있던 길리기아 현의 중심 도시)에서 태어났다. 예수님을 실제로 만난 적이 전혀 없는 바울은 이방인들을 위한 기독교의 '창시자'다. 그는 54세에 네로 황제 통치 하의 로마에서 순교했다고 전해진다.

바울은 예수님 다음으로 인류 역사의 흐름을 바꾸었다고 말할 수 있는 몇 안 되는 사람들 중 하나다. 그는 복음을 전파하는 데 로마 시민권을 권리로, 유대교를 자유로 사용했다. 그의 힘과 용기는 상상을 초월했고 예수님과 자신에 대한 믿음도 마찬가지였다. 그는 다메섹(시리아)으로 가는 도중에 예수님의 부활 계시를 홀로 받았고, 열두 제자 중 단 한 명도 만난 적이 없는 상태에서 예수 그리스도를 전파하기로 결심했다. 그때는 아직 복음서가 기록되지 않은 시기였지만, 그는 동시대의 누구보다 정확하게 예수님의 교훈을 가르쳤다. 그는 사 복음서 저자들보다 몇십 년 앞서 기독교 교리의 가장 중요한 요소들을 기록했다. 기독교에서 가장 소중히 여기는 성찬에 관한 말씀은 주후 54년에 그가 고린도 교회에 보낸 서신 중 하나에 나온다. 성찬에 관한 이 글은 마가가 예수님이 제자들과 나누신 최후의 만찬에 대해 자세히 보도하기 25년 전에 쓰였다.

바울이 사도들에게 진정성을 인정받기까지는 오래 시간이 걸렸다. 기독교의 미래가 유대교 문화를 초월해야 한다는 그의 직관이 옳다는 것을 인정하지 않을 수 없게 되었을 때 열두 제자들은 마침내 그를 받아들였다. 그의 직관이 기독교의 역사를 변화시켰다. 유대교의 한 작은 종파를 가장 성공한 인류의 종교로 변모시켰다. 그를 통해 그리스와 소아시아 지방에 첫 교회들이 세워졌다. 예수님의 신성 및 이신칭의에 대한 바울의 통찰은 강력하고 설득력 있어 복음서들이 그의 통찰에 영감을 받은 것인지, 아니면 구전되어 온 예수님의 가르침에 바울이 영감을 받은 것인지 온전히 구별하기가 거의 불가능하다. 복음서 저자들 중에 마가와 누가가 어떤 면에서는 바울의 제자였으며 그와 동역한 것이 확실하다.

다메섹 도상에서 예수님을 만나기 전에 바울은 예수님의 제자들인 첫 세대 그리스도인들을 핍박하는 일에 열정적인 젊은 바리새인이었다. 성경에서 그는 초대 예루살렘 공동체를 돌보던 일곱 집사 중

한 명인 스데반이 돌에 맞아 죽는 장면에서 처음 나온다. 그때 바울(사울)은 스데반에게 돌을 던지던 사람들의 겉옷을 맡고 있었다(행 7:58). 거기에서 그는 그리스도인들을 체포하라는 대제사장의 명령을 받고 다메섹을 향해 떠났다.

그러나 그의 운명은 다메섹으로 가는 길에서 예기치 않게 예수님을 만나면서 완전히 달라졌다. 갑자기 하늘에서 환한 빛이 그를 비추며 예수님의 음성이 들려왔다. "사울아 사울아, 네가 어찌하여 나를 박해하느냐"(행 9:4). 그 일로 그는 사흘 동안 눈을 뜨지 못했다. 그런 다음에 다메섹 지역에 살고 있는 예수님의 제자 아나니아에게 간단한 훈련을 받았다. 그리고 페트라(오늘날 요르단)에서 무슨 일을 했는지 알 수 없는 두 해를 보낸 후 다메섹으로 돌아왔다. 돌아와서 그가 행한 설교에 정통 유대인(바리새인)들은 크게 분노했다. 한밤중에 광주리를 타고 아슬아슬하게 다메섹을 탈출한 그는 사도들을 만나러 예루살렘으로 갔다. 다메섹에서 바울에게 깊은 인상을 받았던 레위 출신 바나바는 베드로와 야고보에게 그를 소개했다. 예루살렘에 머문 기간은 아주 짧았다. 그는 두 주 만에 또 다시 그를 죽이려고 위협하는 정통 유대인들을 피해 도망치지 않을 수 없었다. 이번에는 고향 다소로 피신했다. 얼마 후에 바나바는 안디옥 기독교 공동체의 장로들로부터 가서 바울을 데려오라는 지시를 받았다. 바울은 바나바를 도와 이미 번성하고 있던 안디옥 교회를 뒷받침해주었다.

안디옥에서 바울은 역사상 가장 감동적이며 활발한 기독교 신학자이자 설교자로서 사역을 시작한다. 지칠 줄 모르는 그의 활동은 사도행전에 잘 묘사되어 있다. 사도행전은 그의 가장 영민한 제자 중 한 명인 누가가 기록했다. 누가는 바울이 마케도니아와 그리스 섬들, 다시 팔레스타인, 그 다음에 로마로 전도여행을 다니는 동안 그와 동행했다. 바울도 갈라디아서에 이러한 몇 가지 사실을 상세하게 전하고 있다(갈 1:15-24, 2:1-13). 세 차례에 걸친 바울의 소아시아(오늘날의 터키 지역) 지방으로의 전도여행은 기독교 세계의 초석을 놓는 순례 길이 되었다.

건강한 몸이 아님에도 불구하고 이 대머리 사도는 수백 킬로미터를 걸었고, 허리케인과 폭풍을 뚫고 항해했으며, 감옥에서 몇 달을 지내고 돌에 맞기까지 했다. 그가 회당에서 설교를 마치고 나면 어김없이 거친 말싸움과 욕설이 오고갔다. 그러나 성령의 이끄심을 받고 신념이 확고한 그를 그 무엇도 이길 수 없었다. 그가 가는 곳마다 장벽이 무너져 내리고 제자들이 생겨났다. 그 대가는 값비쌌다. 그는 형제로 여긴 유대인들에게 배척 당하며 갖은 위험과 고초를 겪어야 했다. 그는 초라한 행색에 기진맥진한데다 병들었다. 무엇보다 고독했다. 가끔 전도여행에 동행하겠다고 나서는 제자들이 있었지만 그의 다혈질이 폭발하면 함께 여행하기를 그만두었다. 그의 서신서들에는 많은 이름이 나오지만 그들 대부분은 친한 벗들이 아니고 인품보다는 그의 설교와 신학에 매료된 사람들이었음이 분명하다. 그의 강론은 유대 탈무드 문화에 깊이 뿌리내리고 있었다. 그가 아테네의 아레오파고스에서 설교할 때 조롱을 당하고 신빙성이 없다고 거부당할 정도였다(행 17:32). 그 사건은 그에게 큰 실패로 기억되었을 것이다. 그는 여전히 당대에 지배적이던 그리스 문화권 밖에 있었다. 바울이 죽고 나서 수십 년 후에 나타난 리옹의 이레니우스에서 갑바도기아 교부들에 이르기까지 그의 가장 명석한 제자들이 잘한 일은 그리스 철학을 흡수하여 기독교화한 것이다. 이렇게 해서 생짜배기 이교도들이 유대인들이 거부한 메시지를 맡은 자들이 되었다.

바울의 목회 사역 전체는 자신이 예수님의 진정한 제자라는 강박적 신념 아래서 이루어졌다. 그는 스스로를 사도라고 불렀다. 사도들 중에 가장 낮은 자임을 자처했지만 그래도 사도였다. 그는 베드로와 야고보를 '교회의 두 기둥'이라고 불렀지만, 그들에게 자신의 신학이 정통이라는 점을 납득시켜 '이방인의 사도'라는 인정을 얻고 선교 활동을 할 수 있었다.

바울의 전도여행은 정경인 사도행전에 기록되어 있다. 베드로 외에 다른 사도들의 전도여행에 대해서는 알려진 바가 거의 없다. 다른 사도들의 전도여행은 대부분 3세기에 나온 외경과 전승에 담겨 전해지고 있다. 바돌로매는 페르시아와 아르메니아로 갔고, 도마는 인도로 가서 복음을 전파했다고 한다. 사도 요한은 예수님의 어머니 마리아와 함께 에베소로 가서 삶을 마칠 때까지 그곳에 머물렀다고 전해진다.

처음에 바울은 바나바와 함께 구브로(키프로스)를 방문했다. 그들은 함께 최고위직 이교도인 로마 총독 서기오 바울을 전도했다. 그 총독이 바울(이때까지 사울이라는 이름을 씀)을 입양하여 그에게 자신의 두 번째 이름 파울루스(바울)라는 이름을 주었다고 한다. 그런 다음에 바울은 갑바도기아로 갔다. 그는 그 외진 곳에서 목숨을 무릅쓰고 공동체와 교회를 세웠다. 오늘날 비록 무슬림 지역이 되었지만 바울이 방문했던 중앙 아나톨리아 지역의 도시들은 지금도 여전히 그가 다녀간 흔적을 간직하고 있다. 바울의 2차 및 3차 전도여행은 마케도니아와 고린도에서 크게 성공했다. 그러나 에베소에서 보낸 3년 동안은 승리와 감옥을 오가는 큰 어려움을 겪어야 했다.

바울이 선교하는 방법은 항상 동일했다. 그는 먼저 안식일에 그 도시의 회당에 들어갔다. 그는 바리새인이었기에 구약성경의 한 구절을 읽고 설교할 수 있는 자격이 있었다. 보통은 메시아 본문 가운데서 한 구절을 선택했다. 그것은 메시아의 오심을 알려주는 구절이었다. 그는 설교자로서 재능이 뛰어났기에 그 다음 주에도 오라는 초청을 분명히 받았을 것이다. 그때 그는 공개적으로 예수님의 부활과 신성에 대해 설교했다. 그의 설교는 정통 유대인들의 분노를 불러일으켰고 공개적인 말싸움으로 끝날 때가 많았다(행 17:5).

예루살렘이나 루스드라 같은 곳에서 바울은 채찍질을 당하고 돌에 맞았다. 에베소에서 3년을 보낸 후 바울은 옛 전통을 고수하려는 유대 그리스도인들(유대교를 통해서만 기독교 세계로 갈 수 있다고 생각하는 사람들)과 정통 유대인들 간의 있을 수 없는 작당으로 감옥에 갇혔다.

바울은 직업적인 선동가였을까? 그가 도발적인 설교자였던 것은 분명하다. 그는 성격이 급해서 자주 자제력을 잃었다. 아마도 어느 시점에선가 바울의 모든 제자들과 갈등을 빚은 것으로 보인다. 그의 전도여행과 활동을 따라가 보면 제자들이 왔다가 떠나가는 모습을 볼 수 있다. 가장 유명한 예가 마가 요한의 일이다. 그는 바울을 떠나 베드로에게 갔다. 그리고 첫 복음서의 저자가 되었다. 마가복음에 바울의 이름은 언급되지 않았다. 바울은 자신이 스스로에게 가장 큰 위기였던 것 같다. 하지만 그는 신앙에서 비롯된 자신감을 통해 놀라운 일을 이루어냈다. 14년 동안 수십 개의 기독교 공동체를 세우는 데 성공한 것이다(아직 '교회' 개념은 등장하지 않았다). 바울은 그들이 그의 신학만을 배우고 실천하는지 확인하기 위해 여러 곳을 방문하고 또 방문했다. 일반적으로 드문 경우인데 그는 방문한 뒤에 유감을 표명하고 훈계하는 서신들을 보냈다. 그 유명한 서신들은 기독교 신앙에 관한 가장 오래되고 가장 영향력 있는 내용을 담고 있다.

데살로니가 공동체에게 보내는 첫 번째 서신은 그의 첫 체류지인 고린도에서 썼다. 바울은 그 서신에서 처음으로 예수님을 '그리스도'라고 불렀다. 그리스도란 그리스어로 메시아라는 뜻이다. 이 서신은 잠시 바울의 제자였던 마가가 기록한 첫 번째 복음서보다 수십 년 앞서 쓰였다. 당시 기독교 신앙은 살아 있는 증인들의 구전에 바탕을 두고 있을 뿐 예수님의 가르침을 뒷받침하는 글이 전혀 없었다. 그런 때에 바울은 예수님의 메시아적 운명에 대한 자신의 생각을 정리했다.

로마 철학자 세네카의 형제로 알려진 고린도의 총독 갈리오는 회당장에게 바울의 불법적인 종교를 재판해달라는 요청을 받았다. 훌륭한 정치가인 그는 유대인들의 내부 갈등에 개입할 경우 문제가 생길 것을 내다보고 요청을 거절했다. 바울의 평판은 즉시 좋아졌고 새로운 회심자가 늘어났으며 첫 세대 그리스도인들 사이에서 고린도 교회의 명성이 퍼져 나갔다. 많은 설교자들이 고린도에 몰려들었고 그들 가운데 아볼로가 있었다. 그는 바울의 옛 제자로서 세례 요한의 세례와 영혼 부활에 근거해 자신의 신학을 형성해가고 있었다(행 18:25). 아볼로에 대한 바울의 책망은 바울이 얼마나 신속하고 강력하게 경쟁을 견제하고, 자신의 가르침에서 벗어난 행위에 반응했는지를 보여준다.

예수님의 생애와 부활에 대한 기록이 전혀 없고 모든 보도는 구전으로 전해지고 있던 때, 바울이 보낸 서신들은 신속하게 올바른 신앙(정통)의 기준이 되었고, 지중해 동부 연안에 자리한 초대 교회들이 전례와 의식을 세워나가는 기초가 되기 시작했다. 이 사실이 사도행전에 명확히 묘사되어 있다. 사도행전은 바울의 또 다른 유명한 제자인 누가가 쓴 첫 세대 그리스도인의 사회와 교회들(어원적으로 '민회'[assembly]를 의미한다)에 대한 보고서다. 누가가 바울과 동행했다는 사실은 사도행전에 쓰인 인칭대명사가 '그들'에서 '우리'로 바뀌는 경우에서 드러난다(표제어 '사도행전').

복음서들이 출간되면서 바울의 서신들은 그 중요성이 감소되었다. 그러나 나중에 바울의 가치가 재발견되었고, 그의 서신들은 역설적으로 복음서들을 해석하는 기초 중 하나가 되면서 더욱 주목을 받았다. 바울의 '값없는 은혜', '이신칭의', '구속', '양심', '자유' 등은 복음서 어디에서도 찾아볼 수 없는 개념이었다. 세 공관복음서가 예수님의 말씀을 단순히 전달했다면 바울의 서신들은 여기에 영적 통일성을 부여했다. 예수님의 가르침과 운명이 인류를 향해 일관성 있고 보편적인 구원의 메시지가 되기 위해서는 그와 같은 영적 통일성이 필요했다. 1,500년 후 바울의 메시지는 종교개혁의 핵심이 된다.

20세기는 바울을 극단적으로 축복하거나 아니면 저주했다. 페미니즘 운동은 여성에 대한 그의 언급을 모욕으로 간주했다. 자신의 희생에 대한 계속된 언급에 많은 주석가들이 질려 하기도 했다. 예수님을 직접 본 적이 없으면서 사도들과 동등함을 주장하는 그의 자세는 사도직 계승의 정당성을 중요하게 생각하는 사람들에게 받아들이기 힘든 것이었다.

반면에 상당수의 역사가들은 바울이 없었다면 기독교는 단지 유대교의 작은 종파에 머물렀을 것이라고 생각한다. 바울은 첫 세대 그리스도인들 사이에서 예수님의 대사명("너희는 온 천하에 다니며 만민에게 복음을 전파하라", 막 16:15)을 정확히 이해하고 그 명령을 실행하기 위해 발걸음을 내딛은 최초의 인물이었다. 콘스탄티노플 총대주교이자 교부인 요한 크리소스토무스와 함께 많은 신자와 성직자, 평신도들은 바울의 서신들을 교회에서 올바른 믿음에 대해 설교하고 이단과 싸우며 성도들을 격려하는 가장 좋은 방법의 원형으로 생각했다. 10년도 채 안 되는 기간 동안 바울은 다음 2천 년에 걸쳐 교회들이 경험하게 될 온갖 상황을 서신에서 모두 다루었다.

사람들이 자신의 가르침에서 벗어난 것을 알아내는 바울의 능력은 인상적이다. 예수님을 직접 만난 적이 없음에도 불구하고 신자들에게 자신의 신학으로 복귀하라고 집요하게 요청하는 모습은 자신이 예수님의 메시지를 정확히 이해하고 있는 유일한 사람이라는 그의 확고한 신념을 보여주는 또 하나의 예다.

그의 서신들에서 놀라운 부분 중 하나는 바울이 자신의 가르침을 단계별로 구성해갔다는 점이다. 아나니아 같은 증인들에게 들은 파편적인 이야기에서 출발해 토라를 주해하는 훈련을 받은 지성과 구약성경에 대한 완전한 파악을 바탕으로 그는 점차 자신의 신학을 형성해갔다. 최고의 업적은 그의 마지막 서신인 로마서다. 로마서는 그의 영적 증언처럼 들린다.

가르침의 핵심은 "사람이 의롭다 하심을 얻는 것은 율법의 행위에 있지 않고 믿음으로 [된다]"(롬 3:28)는 이신칭의다. 이 구절에서 앞으로 2천 년 동안 이어지는 논쟁과 주해, 다양한 해석이 시작되었다. 지나치게 많은 논란이 벌어졌다고 할 수도 있고, 그럼에도 불구하고 충분치 못하다고 할 수도 있다. 많은 사람들이 자신들이 보기에 가장 좋게 여겨지는 의미를 각자 이 말씀에 부여했다. 이 말씀은 내가 무슨 일을 하든지 믿음만 있으면 의롭다 함을 얻을 수 있다는 뜻일까? 이런 해석은 최악의 행위에 대한 매우 편리한 변명이 될 수 있다. 아니면 이 말씀은 내가 하나님의 뜻을 거스르지 못하게 믿음이 나를 충분히 잡아준다는 뜻일까? 이런 해석도 내가 어떤 행위를 하든 양심의 가책을 받지 않을 열쇠를 제공한다.

이제 우리는 바울의 신학이 어떻게 세 복음서에 영향을 미쳤는지, 그리고 처음 몇백 년 동안 어떻게 기독교의 확장을 촉진시켰는지 알고 있다. 역설적으로 그의 신학은 기독교와 유대교의 연결을 단절시켰다. 종교개혁은 아우구스티누스가 계승한 바울의 가르침을 개신교의 핵심으로 삼았다. 그 일은 바울에 대한 연구를 촉진시키고 로마 교회의 진전에 지대한 영향을 끼쳤다. 20세기의 두 교황이 요한-바오로라는 이름을 선택함으로써 기독교 신앙의 두 기둥을 통합한 것은 우연의 일치가 아니다.

기독교 신앙의 의미를 담다

바울은 복음서를 쓰지 않았다. 그리고 이 땅에 사는 동안 예수님을 만난 적이 없다. 그는 부활하신 예수님을 만나 직접 가르침을 받았다고 주장하면서 아주 특별한 사도가 되었다.

그는 예수님에 관한 문서들을 최초로 작성했다. 그 문서들은 그리스와 지금은 터키 지역인 소아시아를 세 번 여행하면서 자신이 세운 공동체들에게 보낸 서신이었다. 첫 서신은 예수님의 승천 후 20년이 지난 주후 50년경에 데살로니가 기독교 공동체에게 보낸 서신이었다. 그 후 10년에 걸쳐 다른 서신들도 썼다. 주후 68년이 되어서야 마가가 첫 복음서를 기록했다. 바울의 서신으로 알려진 열세 편 중에서 다섯 편*(데살로니가전서, 갈라디아서, 빌립보서, 고린도전서, 로마서)만 바울이 직접 쓰고, 나머지 서신은 바울이나 다른 제자들을 대신해 익명의 저자들이 썼다는 설이 있다.

이 서신들은 유대인과 비유대인으로 이루어진 공동체에게 보내는 것이었다(유대인이 아닌 신자들은 '하나님을 경외하는 자'로 불리기도 했다). 그들은 바울이 자신들의 도시에서 한 달에서 일 년 정도 머무는 동안 바울과 그의 제자들의 말을 경청했다. 그들은 들은 메시지를 확신하게 되었을 때 기도와 예배, 성찬, 형제애에 근거한 종교 공동체를 형성했다. 그 공동체는 그들의 삶에 중심이 되었다. 바울이 떠나고 나면 자체적으로 생존하고 발전해야 하는 상황에서 상당수의 공동체가 사라졌다. 그러나 살아남은 공동체는 점점 강해져 거듭되는 박해도 견뎌냈다.

그 서신들은 한 공동체에서 다른 공동체로 순회하는 설교자들이 종종 바울의 가르침을 부정했다는 사실을 드러낸다. 바울은 자신의 양 떼를 올바른 길로 인도하기 위해 이런 '거짓 가르침'을 지칠 줄 모르고 반박했다. 예수님을 통해 주어진 하나님의 메시지에 대한 자신의 해석을 정통 교리로 남기는 것이 그의 과제였다. 그 일은 성경에 대한 지식 없이는 하기 힘든 일이었다. 바울은 열두 사도 중 한 명이나 그들의 제자 중 한 명이 나타나 예수님의 메시지에 대한 그의 해석에 이의를 제기할지 어떨지를 전혀 몰랐다. 그는 예루살렘에서 베

---

* 바울이 직접 쓴 서신에 고린도후서와 빌레몬서를 포함시켜 일곱 편으로 보기도 한다.

드로와 야고보의 인정을 받기는 했지만 모두의 의견이 그렇지만은 않다는 사실을 알고 있었다. 다른 사도들은 대부분 열세 번째 사도를 자처하는 그의 주장을 무시했다.

바울에게 중요한 문제는 정통성이었다. 그는 자신의 정당성을 주장하는 데 엄청난 노력을 들였다. 거의 모든 서신마다 자신이 떠돌이 설교자로 힘들게 살아가고 있으며, 생계를 다른 사람에게 의지하지 않기 위해 직접 돈을 벌고, 온갖 수난을 당하며 감옥에도 가고, 유대인들에게 끊임없이 괴롭힘을 당한다는 설명을 빠트리지 않았다. 그는 자신이 이렇게 고통당하는 이유는 단 하나, 바로 예수님의 명령을 지키며 살아가기 위해서라고 밝혔다. 그는 하늘에 계신 그리스도에게 명령을 받은 유일한 사도로서 예수님에 대해 한 번도 들어본 적 없는 사람들에게 그분을 전하겠다는 사명을 가지고 있었다. 그는 다메섹 도상에서 본 환상에 대한 자신의 해석에 따라, 그리고 자신을 환영해 주고 회심 후 세례를 베풀어준 첫 세대 그리스도인 아나니아의 가르침에 따라 그 사람들을 가르쳤다(행 9:18).

일단 정통성을 제시한 다음, 바울이 한 일은 왜 그 지역의 교회가 위험에 처했다고 자신이 생각하는지 설명하는 것이었다. 그는 그릇된 품행, 부정확한 예배 의식, 그릇된 해석으로 신자들을 오도하는 설교자 문제 등 자신이 전해 들은 해당 교회의 문제점을 하나하나 지적했다. 그는 서신의 수신자들에게 바른 길로 돌아오고 전망을 바꾸고 거짓 선지자들을 내쫓으라고 권고했다. 그는 분열에 맞서 싸웠다.

그런 다음 그리스도인의 사회생활에 대한 자신의 해석을 이야기했다. 그것은 예수님에 대한 사랑과 이웃 사랑으로 이루어진 생활이었다. 고린도전서에서 그가 한 말을 직접 들어보자. "내가 사람의 방언과 천사의 말을 할지라도 사랑이 없으면 소리 나는 구리와 울리는 꽹과리가 되고 내가 예언하는 능력이 있어 모든 비밀과 모든 지식을 알고 또 산을 옮길 만한 모든 믿음이 있을지라도 사랑이 없으면 내가 아무것도 아니요 내가 내게 있는 모든 것으로 구제하고 또 내 몸을 불사르게 내줄지라도 사랑이 없으면 내게 아무 유익이 없느니라"(고전 13:1-3).

그는 그리스도인의 삶이 율법의 지배를 받는 유대교의 생활방식과 다르다는 점을 강조했다. 그러나 이따금씩 튀어나오는 남녀차별적 발언을 제어하지 못했다. 문맥상의 의미와 시대적 한계를 감안하더라도 여자들에게 겸손과 헌신을 요구하는 발언은 현대를 살아가는 우리의 귀에는 다소 낯설게 들린다(딤전 2:9-12). 그러나 성령의 감동으로 풀어낸 신약성경의 신학적 설명과 뒤섞이지 않는다면 이런 문제는 그다지 주목할 사안은 아닐 것이다.

바울은 전성기에 이르렀고 이신칭의 신학을 밝히면서 사도라는 칭호를 받을 자격이 충분했다. 그는 아브라함에서 예수님에 이르기까지 인류을 향한 하나님의 계획을 풀어냈다. 그 계획은 값없는 은혜의 선물로 요약할 수 있다. 그 은혜의 선물은 모든 죄인의 의로움을 회복하기 위한 예수님의 십자가 희생을 통해 구체화되었다. 인류는 하나님의 아들이신 예수님의 죽음을 통해 죄 사함을 받는다. 부활은 믿음의 토대다. 예수님의 부활을 믿는 사람들은 의롭다 함을 얻고 구원을 받는다(고전 15:17). 그 결과 자유를 얻는다.

자유에 대한 바울의 기록은 놀라울 만큼 현대적이다. 특히 자유와 방종의 차이에 대한 지적이 그러하다. 값없이 주어진 하나님의 은혜로 구원받은 신자는 자신의 자유를 악을 위해 쓸 수 없고 오직 선한 일에만 사용할 수 있다. 그것은 도덕적인 문제가 아니라 인간을 향한 하나님의 사랑에 이끌리는 심원한 동기의 문제다. 죄는 신자들에게 외부의 것이 된다. 신자들은 자신의 삶이 양심에 따라 행동할 수 있는 자유를 누림으로써 변화받고 조명된 것으로 이해한다. 바울의 탁월함은 감동적인 세례와 성찬 의식 속에 그의 가르침을 요약해 넣은 데서 빛을 발한다. 성찬(유카리스트: '감사'를 뜻하는 그리스어)은 떡과 포도주를 통해 예수님의 수난을 상징적으로 재현하는 의식이 되었다. 신자들은 함께 떡을 먹고 포도주를 마시는 성찬에 참여함으로써 예수님의 죽으심과 부활에 동참한다(고전 11:26).

로마서는 바울의 신학이 오롯이 담긴 걸작이다. 로마서에서 그는 자신의 이야기는 제쳐두고 인류의 구원에 집중한다. 그 이야기는 아담에서 예수님에 이르는 인간의 운명을 성찰하고 있다. 예수님은 아담의 원죄라는 고디우스의 매듭을 잘라버리신 '두 번째 아담'이다. 로마서는 아가페 사랑에 대한 강력한 통찰에 힘입은 '은혜와 소망의 조약문'이다. 아가페 사랑 속에서 '하나님의 때'와 '인간의 때'는 더 이상 구분되지 않는다. 인간이 하나님 없이는 아무것도 아닌 존재라면, "인간이 없는 하나님은 어떤 분이실까" 하는 묻지 못한 질문이 남아 대답을 기다린다.

바울의 해석에 따르면, 인간의 역사는 하나님이 인간 예수님으로 마침내 성육신하시기까지 인간과 하나님 사이에서 벌어진 숨바꼭질과 같다. 예수님의 죽으심과 부활로 인해 모든 것이 다시 원점에서 시작된다. 그리하여 하나의 동맹이 체결되었다. 그 동맹으로 믿는 자에게 구원이 준비되었다. 성경 전체에서 요한복음만큼 로마서가 보여주는 광대한 통찰을 전해주는 책도 없다. 바울이 3차 전도여행시 고린도에 머물며 썼을 로마서는 역사상 가장 비상한 인물이 하나님을 추구하는 일에 완벽하게 헌신했음을 보여주는 증거다. 이 얇은 책에서 바울은 하나님의 아들이 될 운명을 지닌 무명의 유대인에 관한 간략하고 보편적인 진리와 근본적인 의미를 무수히 많은 사람들에게 납득시켰다.

바울의 서신들은 그가 서신의 수신자들을 가르치는 동시에 자신의 신학을 어떻게 세워 나갈지 스스로 터득해간 교본이다. 그는 열두 사도보다 늦게 사역을 시작했다. 열두 사도는 예수님과 함께 생활한 경험이 있지만, 바울은 예수님을 직접 만난 적도 없다. 그는 다메섹에서 72명의 제자들 중 한 사람인 아나니아와 잠시 시간을 보낸 다음, 몇 년 후 예루살렘을 방문하여 교회의 기둥인 베드로와 야고보와 함께 두 주를 보냈다. 다메섹과 예루살렘 방문 사이에는 아라비아로 여행을 다녀왔다. 14년 간의 사역 후 바울은 예루살렘을 다시 방문하여 베드로와 야고보, 요한과 "친교의 악수"(갈 2:9)를 나누고 그곳에 며칠 동안 머물렀다. 마침내 그들은 바울이 이방인의 사도로 부르심을 받았음을 인정했다. 사실 이와 같은 단기간의 방문 동안 바울이 사도들에게 얻은 지식은 그리 많지 않았을 것이므로 바울 신학의 대부분은 신적 영감 혹은 직관에 의한 것이 맞다.

바울의 신학이 요한복음과 평행을 이룬다는 점은 눈여겨볼 만하다. 요한복음은 값없는 은혜를 설명하는 데 로마서에 의지한 부분이 확실히 있는 것으로 보인다. 요한은 세상을 변화시킴으로써 값없이 받은 칭의가 역사하게 하라고 조언하며 바울의 가르침을 강화하고 있다. 야고보는 그의 서신에서 그 점을 더욱 명확히 밝힌다. 그는 좋은 칭의와 나쁜 칭의가 있으며, 그 차이는 사람의 행동에서 드러난다고 말한다. 선한 행동이나 아가페 사랑을 드러내지 않는 칭의는 죽은 것이다(약 2:24).

바울의 서신들은 세계문학의 기념비다. 그 서신들은 그리스의 정교한 산파술 방법과 다를 뿐만 아니라 정통 유대식과도 전혀 다른 새로운 스타일의 가르침을 개시한다. 서신 쓰기 스타일은 덜 형식적이어서 독자들에게 자유롭게 말을 걸고, 형식적인 서신에서는 결코 언급되지 않을 다양한 개인의 주제들을 다룬다. 동시에 바울의 서신은 매우 인간적이고 이상적이다.

또한 사실적인 동시에 감동적이다. 인생과 죽음, 내세에 해당하는 모든 문제를 다룬다. 그 서신들은 독자에게 자신이 하나님의 계획 속에서 특별한 자리를 차지하고 있으며, 인류의 미래 구원에 개인적인 책임을 가지고 있다는 느낌을 준다. 그와 같이 막중한 책임을 감당하도록 독자들이 하나님의 은혜로 의로운 사람이 되고 태산과 같은 일상의 죄악을 버릴 수 있도록 이끈다. 그 서신의 첫 수신자들은 아직 복음서가 기록되기 전이므로 예수님의 생애에 대해 자세히 알지 못했을 것이다. 게다가 대부분이 믿기 전에는 이교도였으므로 토라에 대해서도 잘 몰랐을 것이다. 그들은 불과 몇 주 동안 바울과 그의 제자들의 가르침을 받고, 바울이 보낸 한두 편의 서신을 읽고서 예수 그리스도에 대한 믿음을 키워가야 했고, 수천 명에 이르는 사람들이 실제로 그렇게 했다.

신약성경에서 바울의 서신들이 최초의 기독교 문서임에도 불구하고 여러 복음서와 사도행전 뒤에 배치된 것은 다소 아쉬운 감이 있다. 사도행전에는 바울의 전도여행이 기록되어 있고, 바울이 아나니아와 세 명의 주요 사도들에게 짧은 기간 동안 가르침을 받았음을 보여주는 대목이 나온다. 바울이 그리스와 소아시아에서 세운 교회들은 종종 내부에 분열이 생기며 초대 교회를 위험에 빠트리기도 했는데, 이러한 분열은 얼마간은 바울의 개성 때문에 일어났다. 그로 인해 한때 바울의 평판이 좋지 않았고 사람들이 그의 말에 의심을 품기도 했다. 시노페의 마르키온은 주후 95년경 누가복음과 바울의 서신 중 열 편만 정경 목록에 올렸는데, 이 일은 나중에 그가 이단으로 선언된 이유 중 하나가 된다. 바울의 서신들은 여전히 읽혔지만 공식적으로는 백 년 동안 수면 아래에 잠겨 있어야 했다. 열세 편 서신들의 권위가 회복되면서 신약의 정경에 최종적으로 포함되는 일은 4세기에 이르러서야 완결된다.

2천 년이 지난 지금 21세기 독자들은 첫 세대 그리스도인들의 행동과 오늘날의 그리스도인들의 행동이 유사하다는 점에 놀란다. 여성에 대한 언급은 시대에 뒤떨어져 보이지만 신자와 교회 지체들을 향한 바울의 권면에서는 배울 점이 많다.

사랑은 바울의 서신에서 중심되는 사상이다. 바울은 아가페 사랑을 으뜸으로 여겼다. 오늘날 그렇지 않다고 말할 사람이 있을까? 자유는 그 다음이다. 그것도 사랑이 자유를 다스린다는 조건 하에서 그러하다. 하나님의 은혜로 값없이 선물받은 믿음은 우리 인생의 배후에 있는 하나님의 뜻을 분별할 줄 아는 사람들에게는 복이다.

평화와 소망은 믿음과 더불어 온다. 이것들은 분명 이 땅에서 가장 필요한 덕목이다.

P Peace __ 평화

불가능한 꿈일까?

오늘날 중동에서 무슬림 사이에서 벌어지고 있는 싸움을 보면 경악하지 않을 수 없다. 내전으로 이라크, 아프가니스탄, 시리아, 예멘, 리비아가 황폐화되었다. 서구인들은 어째서 이슬람과 같이 영향력 있는 종교가 믿음의 권위를 사용하여 이같이 치열한 죽음의 분쟁을 중단시키지 못하는지를 이해하지 못한다.

그렇다면 우리 기독교는 어떤가? 전쟁과 평화와 관련해 우리 자신을 한번 돌아보자.

예수님을 따르는 자들에게 그분이 주시는 메시지는 아주 명확하다. 사랑이 가장 큰 계명이다. 신약성경에서 이 주제를 언급하고 있는 구절 수는 아주 많아 다른 주제들은 눈에 들어오지 않을 지경이다. 성경은 하나님 사랑과 인간 사랑을 동일시한다. 원수를 사랑하는 것이 인간 사랑의 궁극이라고 가르친다. 이러한 가르침은 예수님을 따르는 제자들에게 무엇보다 직접적으로 평화의 의무를 부여한다.

그리스도인들의 가장 큰 실패 중 하나는 기독교 국가 간에도 평화를 이루지 못한다는 것이다.

초대 교회에는 믿음 때문에 순교하는 그리스도인들의 일화로 가득하지만 폭력과 전쟁을 막기 위해 싸우는 그리스도인들의 일화는 극히 드물다. 기독교가 성장한 배경에는 자유의사에 따른 회심뿐만 아니라 강요된 개종이 많았다는 사실을 확인할 수 있다. 정치인들은 자신들의 권력을 지키고 키우는 데 예수님을 이용할 수 있다는 사실을 알고는 그런 기회를 마다하지 않았다. 더욱이 기독교는 로마의 공식적인 국교가 되자마자 이교도들을 탄압하기 시작했다. 가장 악명 높은 사건 중 하나가 고대 이집트 알렉산드리아의 탁월한 여성인 히파티아를 살해한 일이다. 신플라톤주의의 대표적인 철학자이자 수학자인 그녀는 그리스도를 선택하고 플라톤을 버리라는 요구를 거절하여 광신적인 수도사들에게 끔찍한 고문을 당하고 처형되었다.

"하나님은 사랑이시라"는 요한의 금언은 기독교 초기의 사제들과 성직자들이 끊임없이 반복하는 교육용 문구가 되었지만, 정작 그들의 최우선 과제는 세속 권력이 그들에게 부여한 특권을 지켜내는 것이었다. 신앙은 이차적인 문제로 수도사와 평신도에게나 해당되었다.

역사상 권력과 믿음 간의 경쟁에서 믿음이 승리한 예는 거의 없었다. 대부분의 경우 믿음은 권력의 종으로 탈바꿈했다.

그래도 아직 최악의 경우는 아니었다. 황제에게 도전하거나 대적하는 자들은 교회를 자기편으로 만들기 위해 혈안이 되었다. 이런 일에 흔히 쓴 방법은, 황제가 세운 교황이나 총대주교의 정통성을 부인하고 자기편인 주교들과 공모하여 그들의 신학을 공격하는 것이었다. 예수님의 가르침을 다르게 해석하여 구실을 찾기란 그리 어렵지 않았다. 기독교 세계의 중심지인 로마, 콘스탄티노플, 안디옥, 예루살렘, 알렉산드리아 등지에서 끊임없이 논쟁이 일어났다. '수도사들의 논쟁'은 정치적 갈등에 기름을 부었고 평화는 망각되었다. 수도사들과 성직자들은 신학적 논쟁이 정치인들의 관심사가 된다는 사실을 깨닫자마자 무력으로 자신들의 견해를 강제할 수 있다고 느꼈다. 예수님의 가르침은 평화의 도구 대신에 전쟁의 씨앗이 되었다. 분열된 기독교 세계는 무기를 든 군대를 축복했고 "하나님이 우리와 함께하신다"며 행세했다. 각 진영은 자신들이 지지하는 예수님에 대한 견해를 위해 싸웠다. 자신들이 예수님의 본질적 가르침을 상실했다는 사실은 전혀 깨닫지 못했다. 이따금씩 등장하여 광야에서 외치던 신앙의 영웅들은 살해당하거나 침묵을 강요당하거나 먼 바닷가로 추방당했다.

기독교는 최악의 모습을 보여주었다. 기독교의 적들이 예수님의 이름으로 저질러진 만행의 목격자가 되었다.

기독교 역사 2천 년 내내 살상 무기를 축복하는 교회는 사방에 있었고 전쟁을 반대하는 교회는 존재하지 않았다. 아무리 좋은 의도도 대규모의 파멸로 변질되었다. 수백 년 동안 가톨릭 교황이 이탈리아 내에 있는 한 국가(바티칸시티)의 통치자였다는 사실 자체가 교황의 이중적 역할 사이에 혼란을 불러일으키고 복음서의 메시지를 심하게 오염시켰다. 15세기와 16세기에 걸쳐 이탈리아 전쟁이 벌어지는 동안 프랑스 왕국과 신성 로마제국은 각자의 교황을 세웠고, 그 교황들은 서로를 파문하고 금지령을 내리며 자신들의 뒷배가 되는 군대를 축복했다. 그에 대한 분개심이 얼마나 컸는지 1517년 마틴 루터의 개혁 청원을 대부분의 유럽 국가들이 안도하며 받아들일 정도였다. 그러나 루터 자신은 게르만 지역의 영주들에게 재세례파 농민들을 가차 없이 진압하는 '거룩한' 전쟁에 임하라고 촉구했다. 황제의 군사들은 허리띠에 "하나님이 우리와 함께하신다"는 문구를 새겨넣었다. 종교재판소는 인류가 생각해낸 가장 잔인한 재판정이었다. 한편 동쪽에서는 러시아정교회 대주교가 차르(러시아 황제)의 충복이 되어 모든 전쟁은 거룩한 전쟁이라고 장담했다.

대외적으로는 중동의 무슬림 왕국을, 내부적으로는 (암암리에) 비잔틴 제국으로 알려진 콘스탄티노플의 동로마제국을 상대로 서유럽의 군대가 벌인 십자군 전쟁은 끔찍했다. 아랍의 통치자들이 거룩한 도시 예루살렘에 기독교 순례자들의 자유로운 출입을 허용했음에도 불구하고 십자군은 예루살렘을 해방시키겠다며 피비린내나는 전쟁을 벌였다.

다행히 역사상 몇 가지 훌륭한 예외가 없지는 않다.

가톨릭교회는 신대륙을 정복한 포르투갈과 스페인 군대의 잔혹한 행위로부터 원주민인 아메리칸 인디언들을 보호해주던 유일한 기관이었다. 멕시코의 산 크리스토발 데 라스 카사스에서 동명의 가톨릭 주교가 했던 사역과, 파라과이와 아르헨티나에서 예수회가 노예제에 반대하며 벌인 투쟁은 예수님의 가르침과 일치했다. 종교개혁 이후 시대에서 가장 유명한 평화운동으로는 '종교친우회', 즉 퀘이커 교도 운동이 있다. 그들은 전쟁이 생명을 공격하는 것이라고 올바르게 인식했고, 예수님을 따르는 사람들이 전쟁을 벌이는 것을 큰 죄로 보았다. 그들에게 전쟁은 용서받을 수 없는 유일한 죄인 성령을 거스르는 일이었다. 그들은 폭력을 금지할 목적으로 미국의 펜실베이니아 주를 세웠다. 그들은 미국 정착 초기부터 아메리칸 인디언들과의 싸움을 거부했다. 동시대 사람들과 이웃들은 그들의 용기와 확고함에 깊은 인상을 받았다. 그들은 징병을 거부했고 어떤 형태의 전쟁에도 가담하지 않았다. 그러나 그들의 저항은 결국 개인의 문제로 바뀌었고, 그들은 한 집단으로서 미국 헌법과 그에 따르는 모든 사항을 받아들여야 했다. 거기에는 군사주의도 포함되었다.

개신교 목사이자 노벨상 수상자인 알베르트 슈바이처는 백인의 탐욕에 맞서 중앙 아프리카 부족들을 보호했다.

교황 레오 1세는 교황 신분으로 유일하게 양쪽의 군대 사이를 중재한 사람이다. 주후 451년 훈족의 아틸라 왕이 군대를 이끌고 이탈리아에 쳐들어 와서 로마를 위협했을 때, 교황은 직접 전장에 나가서 그를 설득하여 돌려보냈다. 11세기에 또 한 명의 교황이 '하나님의 평화', '하나님의 휴전'이라는 협약을 세워 주일과 기독교 성일에는 전쟁을 중단할 것을 대적들에게 요구했다. 하지만 휴전은 그 이상 오래 지속되지는 않았다!

이렇듯 기독교가 최악의 모습을 보인 것은 베드로가 예수님을 부인했듯이 기독교가 창립자 예수님을 부인했다는 뜻인가? 이 말은 하나님이 허락하신 자유를 받을 자격이 인간에게 없다는 뜻인가? 이 말은 하나님이 인간을 잊고 인간 본성의 노예 상태로 내버려두셨다는 뜻인가? 길게 보았을 때, 예수님이 실패했다는 의미인가?

21세기에 기독교가 세계 종교로서 오래도록 살아남으려면 이와 같은 질문에 반드시 수긍할 만한 답변을 해야 한다. 회의론자들은 그리스도인들과 논쟁을 벌일 때 항상 평화를 중심 주제로 삼는다. "당신네들 사이에서 다툼을 그치고 평화를 이루어보시오. 그러면 당신들이 믿는 바의 가치에 대해 한번 생각해보겠소."

왜 기독교는 이른바 기독교 국가 가운데서, 그리고 기독교 국가 사이에서 평화를 이루지 못했는가? 교회와 권력의 결탁이 한 가지 이유라는 것을 위에서 살펴보았다. 그런데 이에 더해 더 깊은 원인이 있을 수 있다.

첫 번째 답은 예수님의 말씀에 있다. "내 나라는 이 세상에 속한 것이 아니니라"(요 18:36). "가이사의 것은 가이사에게, 하나님의 것은 하나님께 바치라"(마 22:21). 이 두 구절은 기독교가 정치세계에 개입해서는 안 된다고 권유한다. 역사적으로 보면 그럴 경우(지난 2천 년 이상 그러했다) 결과는 항상 재앙이었다. 정부와 통치자가 부여한 지위를 가지게 된 국가 종교는 하나같이 불관용, 강압적인 개종 요구, 탄압, 내전으로 흘러갔다. 교리에 대한 다양한 해석에 따라 나뉘는 각각의 지지자들 사이에서 암투를 벌인 비잔틴 제국, 무슬림과 유대인을 추방한 스페인, 원주민을 대량 학살한 미국, 종교개혁 동안 프랑스에서 벌어진 종교 내전, 러시아 왕정이 벌인 '옛 신자들'*(Old Believers)에 대한 박해를 생각해 보라.

왕은 하나님께 기름부음 받은 존재라는 말도 안 되는 생각 때문에

---

* 17세기 동안 그리스정교회의 원문으로 되돌아가자는 교회 개혁을 반대한 신자들로서 러시아 왕정에게 이단 취급을 받았다.

사람들은 전쟁이라는 참혹한 결과를 치러야 했다. 전쟁을 벌인 양측은 저마다 하나님과 하나님의 성도들이 자기편이라고 생각했다. 그런 생각은 십자군 전쟁이라는 역사적인 대참사와 동로마제국의 멸망을 가져왔다.

1,600년을 지배해온 사제직과 제국의 결합은 복합적인 영향을 미쳤다. 그러한 결합은 한편으로는 기독교가 '땅끝까지' 확장될 수 있는 힘이 되어주었다. 다른 한편으로는 기독교가 귀족과 성직자를 위해 존재하는 화석화된 조직으로 전락하고, 신자들은 복잡한 종교 의식에 군말없이 순종하는 자들이 되었다. 그러한 순종이 영생에 이르는 열쇠라고 생각했기 때문이다.

성경 지식을 성직자만 독점함으로써 예수님을 따르는 자들이 성직자를 추종하는 자들로 변질되었다. 성경을 가까이할 수 없는 일반인들은 성직자가 말하고 기록한 모든 것이 하나님 말씀에 영감을 받은 것이라고 여기며 맹목적으로 추종해야 했다. 누군가가 예수님의 가르침에 대한 기존의 어떤 해석이 왜곡되었다고 말하면, 그는 불타오르는 장작더미 위에서 생을 마감했을 것이다.

전쟁과 평화는 교회가 아니라 정치인들의 비즈니스가 되었다. 예수님의 가르침으로도 변화를 일으킬 수 없었다. 그분의 가르침은 거룩한 전쟁 이론으로 뒤바뀌었다.

한번은 예수님이 한 중풍병자의 죄 사함을 선포하자 이를 신성모독으로 생각하는 자들에게 "네 죄 사함을 받았느니라 하는 말과 일어나 걸어가라 하는 말이 어느 것이 쉽겠느냐"(눅 5:23)라고 물으셨다. 마찬가지로 평화를 이루기보다는 말로 평화를 설교하는 편이 더 쉬울 것이다. 물론 성직자들의 설교는 정치가들이 소홀히 대해온 소규모의 사회 계층, 즉 개인들과 마을, 소집단 가운데서 평화를 유지하는 데 도움이 되며, 이것은 결코 하찮은 업적이 아니다. 이웃 사랑은 하나님 사랑 다음으로 중요한 계명이기 때문이다. 역사는 예수님의 가르침이 소규모의 사회 계층에서 실천될 때 얼마나 강력한 힘을 발휘했는지 보여주는 예로 가득 차 있다. 성직자와 일반 신자 양쪽 모두에 화평케 하는 자들이 수없이 많다. 그러나 그 영향력은 대부분 그들의 교구나 마을을 넘어서지 못한다.

헌신된 한 그리스도인이 사회의 최고위층에 올라갔을 때(그를 '통치자'라고 부르자), 그의 결정은 수백만 사람들의 삶에 영향을 주게 된다. 나라의 존폐가 달린 위기가 닥쳤을 때, 그는 예수님의 가르침에 완전히 부합하는 결정을 내리기가 어렵다는 사실을 알게 된다. 분명 그는 다른 길들을 모두 탐색해본 다음에 어느 선까지만 전쟁을 벌이겠다는 생각을 받아들일 것이다. 명예의 문제는 그에게 중요하지 않을 것이다. 인간의 명예는 하나님의 명예와는 무관하다는 것을 알기 때문이다. 문제는 그 누구도 혼자 통치하지 못한다는 것이다. 통치자는 여러 세력의 구심점이다. 결정을 내리기에 앞서 그는 다양한 세력들을 고려해서 균형을 맞추어야 한다. 그런데 이 세력들이 예수님의 가르침을 따라 행동할 가능성은 적다. 결과는 통치자의 소원이 미미하게 반영되는 정도일 것이다. 그렇다면 사람들을 다스리는 일이 순수할 수 없다는 뜻인가? 그렇다. 그렇다면 그리스도인들은 모든 정치적 야망을 포기해야 된다는 뜻인가? 아니다. 그리스도인들도 사회에서 어떤 지위에 있든지 맡은 역할을 감당해야 한다. 그들만이 전적으로 평화에 헌신할 수 있기 때문에 사회가 그들을 필요로 한다. 인본주의자들의 뒤에는 예수님의 추진력이 없다. 인류에 대한 그들의 믿음에는 영적인 힘이 없다. 기독교 신앙이 예수님을 따르는 자들에게 제공하는 시련과 실패에 대면할 초인간적인 힘이 그들에게는 없다.

그리스도인들은 사회를 이끌어 가야 할 위치에 있다는 위험 부담을 감수해야 한다. 영적 리더들이 종종 그런 조언을 하기는 하지만 사회에서 완전히 멀어지는 것은 참된 기독교의 가치가 아니다. 용기야말로 기독교의 가치 중 하나다. 예수님은 자기를 따르는 제자들에게 "열매를 맺으라"고 명령하셨다. 그런데 어떤 열매인지에 대해서는 자세히 설명하지 않으셨다.

나는 예수님의 명령을 하나님이 나를 두신 자리에서 사랑의 복음의 씨를 뿌리는 데 나의 달란트를 활용하라는 요청으로 이해한다. 만일 내가 탁월하게 잘하는 분야에서 성령 충만하게 활동한다면 더 많은 열매를 맺을 것이다. 내가 가장 잘하는 분야가 물리학이라면 나는 기독교 물리학자가 될 것이다. 내가 훌륭한 재단사, 은행가, 사업가라면 기독교 재단사, 은행가, 사업가가 될 것이다. 나는 나의 소명에 맞게 살게 될 것이며 내가 행하는 분야에서 탁월할 때, 이웃들에게 모범이 될 것이다. 그럴 때 나는 내가 맡은 평화의 사명에 이르게 될 것이다.

기독교의 평화는 대규모의 사회적 차원보다 소규모에서 더 잘 드러나는 것이 사실이다. 교회가 국가들 사이에서 평화를 도모하기 위해 교회의 힘을 발휘한 적이 거의 없는 것도 사실이다. 그러나 절망할 이유가 없다. 평화를 이룩하는 과정은 아래에서부터, 나의 수준에서 시작하기 때문이다. 그 수준에서부터 기독교의 평화는 존재하며 지극히 효과적일 수 있다. 민주주의는 다수의 지배이고 나도 그 다수 중 하나다. 그 사실은 목표를 높이 잡을 수 있는 힘을 내게 준다. 민주주의는 평등과 자유에 관한 예수님의 가르침이 가져다준 직접적인 결과다. 민주주의 국가의 추진력은 그 나라 사람들의 삶의 질을 향상시키는, 다시 말해 더 쉽게 행복을 성취하게 하는 깊고 강력한 추동력이다.

민주주의는 이 땅에서 하나님 나라를 회복하기 위해 평화를 가장 강력한 무기로 삼으라는 예수님의 계명을 성취해가는 첫 걸음이다.

교회가 시작된 첫 날

그날 일어난 일에 우리는 어리둥절하지 않을 수 없다. 그날은 예수님이 부활하신 후 50일째 되는 날이었다. 그날 (가룟 유다를 제외한) 모든 사도들과 많은 제자들이 함께 다음 단계를 결정하고자 모였다. 그들은 예수님과 함께 3년을 지냈다. 예수님은 자신이 하나님의 아들이라고 주장했던 특별하고 기이한 인물이었다. 그분은 자발적으로 끔찍한 죽음을 맞이했고, 몇몇 여인들과 사도들의 증언에 따르면 죽은 자 가운데서 부활하여 승천하셨다.

오순절은 유대 종교의 여러 절기 중 하나로서 모세가 시내산에서 유대 백성들에게 율법을 선포한 것을 기념한다(출 20:1-17). 성전을 방문하기 위해 수천 명이 예루살렘으로 올라왔고 성읍은 사람들로 가득 차 있었다.

열한 명에 한 명을 더한 사도들(가룟 유다의 자리를 맛디아가 대신했다), 72명의 제자들, 7명의 여자들, 그밖에 다른 제자들의 최대 딜레마는 새로운 종교를 만들 것인가, 아니면 미래의 가능성이 거의 없는 소종파로 남아 유대 사회에서 사라져갈 것인가 하는 문제였다. 이와 같은 논의는 분명 부활에 대해 알게 된 직후부터 시작되었을 것이다. 처음부터 모두가 예수님의 부활을 받아들인 것은 아니었다. 첫 증인이 여성들이라는 사실 때문에 부활 사건은 신빙성을 갖지 못했다. 당시 유대 사회는 여성들의 진술을 진지하게 받아들이지 않았기 때문이다. 외경인 마리아복음서는 부활 후 예수님을 맨 처음 만난 막달라 마리아의 증언을 사도들이 어떻게 조롱했는지 전해준다.

예수님의 시신이 사라졌다는 말을 들은 사도들이 의심하는 장면을 모든 복음서가 서술하고 있다. 먼저 그들은 아리마대 요셉이나 그의 공범자들이 시신을 몰래 옮겼을 가능성을 생각했다. 거기에는 무덤을 지키는 경비병들도 있었는데 흰 옷을 입고 천사처럼 신비스러운 사람들을 보았다는 이상한 말도 나왔다. 신비스러운 사람들 중 한 명은 동산지기처럼 보였다고 한다. 기적의 실제 증거는 없었다.

그러나 제자들은 부활하신 그리스도가 처음 현현하셨을 때 즉시 마음을 바꾸었다. 40일 동안 예수님은 점점 더 많은 제자들에게 나타나 말씀하셨다. 그들은 예수님을 보았고 예수님과 이야기를 나누었다고 증언했다. 그 현현은 예수님 자신이 하늘로 떠나간다고 알려주시면서 마무리되었다. 열흘 후 오순절에 성전에서 멀지 않은 곳에 있는 한 다락방에서 첫 '교회 회의'가 열렸다. 사도들과 제자들, (비록 언급되지 않았지만) 여성들 편에서 나온 증언들은 신뢰할 만하다고 느껴졌을 것이다. 그 자리에 참석한 사람들은 불의 혀처럼 그들 각 사람

위에 내려온 성령의 감동을 받았다. 예수님의 추종자들은 여러 나라에서 온 군중의 언어로 말하는 방언의 은사(행 2:3), 즉 언어의 은사를 받았다. 곧이어 베드로가 앞에 나서서 이 사실을 분명하고 종합적으로 설명했다. 그는 예수님의 공생애 동안에 일어난 일을 설명했다. 그것은 의심 많은 유대인 군중 앞에서 사도가 행한 첫 설교였으며, 신학이라는 새로운 학문에 대한 첫 수업이었다. 베드로에게 감동을 주어 설교하게 하신 성령의 불이 모든 것을 바꾸어놓았다. 이 불은 모든 제자들이 예수님의 계명을 따라 함께 섬기고, 인류에게 '기쁜 소식'을 선포하며, 예수님을 여자에게서 태어난 하나님의 독생자로서 하나님 안에 계신 하나님으로 받아들이도록 확신을 주었다. 당시 그 자리에 있던 사람들이 베드로의 설교 내용을 모두 들었을 가능성은 희박하다. 청중이 받은 인상은 제자들이 전부 술에 취한 듯이 보였다는 것이다. 그러나 베드로가 설교를 마쳤을 때 3천 명이 예수님을 따르는 자가 되었고, 그리하여 교회의 첫 세대가 출범하게 되었다.

예수님의 임재는 그분이 때때로 언급하셨던 성령이라는 추상적 개념으로 대체되었다. 예수님이 세례를 받을 때 성령을 받으셨다고 복음서들은 전한다. 성령은 하나님과 인간 사이에 놓인 소통의 통로라고 했다.

다락방에서 진짜로 일어났던 일은 영원히 신비로 남을 것이다. 성령의 불꽃 이미지는 우리에게 어떤 이미지를 연상케 하며 영감을 불러일으킨다. 그 회의에서 나온 결과는 명백하다. 그 결과는 한 사람의 부활에 대한 놀라운 소식과 더불어 예수님이 말씀하고 행하신 일들을 유대 민족에게 전하자는 결정이었다. 모든 난관에도 불구하고 그

증인들이 선포한 메시지에 점점 더 많은 유대인들이 설득되었다. 바로 그날, 오순절에 기독교의 씨앗이 뿌려졌다. 기독교는 이후로 2천년에 걸쳐 세계적인 종교로 자라간다.

소망이 현실이 되었다.

P Peter __ 베드로

살아가는 힘

"쿼바디스 도미네?"(주여, 어디로 가시나이까?)

영화 〈쿼바디스〉(1951년)를 통해 수백만의 사람들이 예수님의 가장 유명한 제자 베드로를 알게 되었다. 흥미롭게도 이 일화는 복음서에는 나오지 않고 베드로의 수난이라는 초기 기독교 제국 시기에 쓰인 한 외경에 나온다. 그 문서는 6세기경의 것으로 알려져 있다.

이 영화의 중심 장면은 네로의 박해가 절정에 달했을 때, 베드로가 로마에서 피신하려다가 돌아선 사건을 그리고 있다. 베드로는 로마를 빠져나가는 길에서 로마로 들어오시는 예수님을 만난다. 그는 예수님에게 왜 로마로 들어가시는지 묻는다. 그러자 예수님은 "십자가에 다시 달리기 위해 로마에 간다"라고 대답하신다. 그 말을 들은 베드로는 다시 로마로 돌아가 자신의 운명을 받아들이기로 결심한다.

베드로는 세례 요한 이후 예수님을 메시아로 인정한 첫 번째 인물이다. 예수님이 베드로에게 물어보셨다. "너희는 나를 누구라 하느냐?" 베드로가 대답했다. "주는 그리스도시요 살아 계신 하나님의 아들이시니이다"(마 16:16, 막 8:29, 눅 9:18-20).

부활 후 예수님이 사도들에게 마지막으로 나타나셨을 때 예수님은 베드로에게 다시 물으셨다. "베드로야, 네가 나를 사랑하느냐?" 베드로가 대답했다. "내가 주님을 사랑하는 줄 주님께서 아시나이다." 그러자 예수님은 "내 양을 먹이라"는 분부를 내리신다(요 21:15-17). 이 구절은 그리스 원어를 참조하면 온전히 이해할 수 있다(표제어 '아가페 사랑').

베드로는 신약성경에서 아주 독특한 인물이다. 그런데 구약성경을 보면 인간적으로나 종교적으로 그와 비슷한 인물들이 여러 명 있다. 야곱, 다윗, 요나 등이 그렇다. 그들은 베드로와 성정이 비슷했다. 그들은 반역자, 거짓말쟁이, 겁쟁이자 감동을 받은 예언자, 하나님의 용사였다. 베드로는 자신의 소명을 유서 깊은 족장과 예언자들의 유대 전통에서 발견했다. 어쩌면 그것이 이방인의 사도로 알려진 바울과는 대조적으로 그가 유대인의 사도로 (잘못) 알려진 이유 중 하나인지도 모른다.

베드로의 부족한 부분들은 인상적으로 보일 만큼 확연히 드러나 있다. 그 이유는 복음서 저자들이 다른 동료 사도들의 실수보다 베드로의 '실수'를 훨씬 더 많이 보여주고 있기 때문이다. 여러 차례 예수님께 충성을 맹세하고 열두 제자의 리더라고 일컬어졌지만, 예수님이 체포되신 후 세 번이나 그분을 부인한 일로 베드로는 가룟 유다를 빼고는 가장 형편없는 제자가 되었을 것임에 틀림없다!

나중에 베드로는 바울을 만나기 위해 안디옥으로 여행하면서 '새로운 그리스도인들'을 만나 그들의 집에서 식사를 하려고 했는데, 마침 야고보의 제자들이 도착하자 함께 먹기를 중단했다. 바울의 갈라디아서에 생생하게 묘사된 그 일화는 하나의 고전이 되다시피 했다(갈 2:12).

예수님에게 "주는 그리스도이십니다"라고 고백한 후로 베드로의 좋은 면이 나타나기 시작했다. 예수님이 이렇게 대답하셨기 때문이다. "너는 베드로라. 내가 이 반석 위에 내 교회를 세우리니 음부의 권세가 이기지 못하리라. 내가 천국 열쇠를 네게 주리니 네가 땅에서 무엇이든지 매면 하늘에서도 매일 것이요 네가 땅에서 무엇이든지 풀면 하늘에서도 풀리리라"(마 16:18-19).

오순절에 성령이 강림하시고 나서 베드로가 모인 군중에게 한 설교는 예수님의 지상 사명과 하나님 및 다윗과의 연결, 부활의 의미, 메시아이신 예수님의 신분에 대한 가장 초기의 요약 가운데 하나다. 사도행전의 저자는 유대인들을 향한 이 메시지를 자세히 보도하면서 베드로의 지위가 사도들 가운데서 으뜸임을 보여주었다고 할 수 있다.

어부 시몬은 어떻게 사도 베드로가 되었을까?

이 이야기는 여러 복음서와 사도행전에 나온다. 가버나움 출신 시몬과 그의 동생 안드레는 갈릴리 호숫가에서 고기 잡는 어부들이었다. 그들은 예수님이 광야에서 마귀에게 시험을 받고 돌아오신 후, 가장 먼저 예수님을 따랐다. 세례 요한이 투옥되면서 예수님도 나사렛에서 가버나움으로 피신하셨다. "나를 따라오라. 내가 너희를 사람을 낚는 어부가 되게 하리라"(마 4:19)는 말씀은 명령이었다. 후일에 젊은 부자 청년이 자기 재산을 잃지 않기 위해 예수님 따르기를 근심스럽게 거절했을 때, 베드로는 예수님에게 "우리는 모든 것을 버리고 주님을 따랐습니다"라고 말하면서 이 사건을 예수님에게 상기시켰다(참조 마 19:27). 그런 다음 의미심장하게 "그런즉 우리가 무엇을 얻으리이까?"라고 덧붙였다. 그 대답으로 베드로는 예수님이 영광의 보좌에 앉을 때 제자들도 열두 보좌에 앉아 이스라엘의 열두 지파를 다스리게 될 것이라는 약속을 받았다. 그리고 "먼저 된 자로서 나중 되고 나중 된 자로서 먼저 될 자가 많으니라"(마 19:30)는 알쏭달쏭한 말씀도 들었다.

산상수훈을 마치고 돌아오면서 예수님은 베드로의 장모의 병을 고쳐주셨다. 이 사실은 베드로가 기혼자이거나 최소한 홀아비였음을 보여준다.

다음 일화는 예수님이 물위를 걸어 배로 다가오시는 모습을 보고 베드로도 물위를 걸으려다 실패한 사건이다. 베드로는 말했다. "주여, 만일 주님이시거든 나를 명하사 물 위로 오라 하소서"(마 14:28-29, 요 6:15-21). 예수님은 "오라"고 대답하셨다. 베드로는 물위를 걷기 시작했지만 갑자기 두려움에 사로잡혔고 그 순간 가라앉았다. "주여, 나를 구원하소서"(마 14:30)라고 그는 소리를 질렀다. 예수님은 "믿음이 작은 자여, 왜 의심하였느냐"(마 14:31)라고 말씀하셨다. 이 장면은 충동적이지만 굳세지 못한 베드로의 성격을 정확히 묘사하고 있다.

이후에 "주는 그리스도시요 살아 계신 하나님의 아들이시니이다"(마 16:16)라는 베드로의 멋진 고백이 등장한다. 이 고백으로 그의 이름은 시몬에서 베드로로 바뀌면서 천국 열쇠까지 약속받는다. 베드로가 확실하게 열두 제자의 리더가 된 것이다. 그러나 이후에 예수님의 죽으심과 부활에 대한 예고를 믿지 않고 거절하면서 예수님의 책망을 들었다. "사탄아, 내 뒤로 물러 가라. 너는 나를 넘어지게 하는 자로다. 네가 하나님의 일을 생각하지 아니하고 도리어 사람의 일을 생각하는도다"(마 16:23, 참조 눅 9:18-21).

이후로 베드로는 예수님의 마지막 걸음을 제외하고는 그분이 가시는 영광의 순간에 모두 참여했다. 첫 번째는 변화산(다볼산으로 추정된다)에서 있었던 변화 사건이다. 베드로는 요한, 야고보와 함께 예수님을 따라 산에 올랐고, 거기에서 예수님과 엘리야와 모세를 위해 천막 세 개를 짓자고 제안했다(마 17:1-13, 막 9:2-13, 눅 9:28-36).

성전세를 낼 금화를 구해오도록 보냄을 받은 베드로는 물고기를 잡아 그 입에서 동전을 얻었다(마 17:24-27).

몇 번까지 형제의 죄를 용서해주어야 할지 예수님께 질문한 그는 "일곱 번뿐 아니라 일곱 번을 일흔 번까지라도 할지니라"는 답변을 들었다(마 18:22). 세베대의 아들 요한과 야고보의 어머니가 와서 자기 아들들을 위해 영광의 두 자리를 달라고 부탁했을 때 책망을 받았는데, 그 자리는 이미 예비되어 있는 것으로 보인다(마 20:22-23).

마지막 순간이 다가오자 예수님은 세베대의 두 아들과 베드로를 자신의 수난에 동참시키기 위해 함께 겟세마네 동산에 오르셨다. 그러나 그들 모두가 잠이 들자 베드로에게 말씀하셨다. "시험에 들지 않게 깨어 기도하라. 마음에는 원이로되 육신이 약하도다"(마 26:41). 제자들이 가지고 간 칼 중에 하나가 베드로의 손에 들려 있었고, 베드로는 대제사장의 종 말고의 오른쪽 귀를 잘랐다.

그런 후 베드로는 앞서 예수님이 경고하셨음에도 불구하고 예수님을 모른다고 부인했다. 요한을 제외한 모든 사도들과 더불어 베드로는 예수님이 재판받고 처형당하시는 동안 도망가서 숨어 있었다. 요한과 용감한 세 여인(막달라 마리아, 요한과 야고보의 어머니 마리아, 예수님의 어머니 마리아)만 예수님의 곁을 지켰다.

베드로는 자신의 형제 야고보와 요한과 함께 이전의 직업이었던 어부로 돌아갔다. 예수님이 죽은 자 가운데서 살아나셨고 그들이 있는 곳으로 찾아가셨다. 베드로는 예수님을 보자마자 배에서 뛰어내렸다. 육지에 올라온 제자들은 예수님과 함께 생선을 구워 조반을 먹었다. 식사를 마친 후 베드로는 예수님과 대화하는 가운데 "주님, 제가 주님을 사랑합니다"라는 세 차례의 고백을 하면서 이전에 예수님을 세 차례 부인했던 과오를 용서받으며 본래 제자의 자리로 돌아올 수 있었다. 그때부터 베드로는 자기 몫을 다하며 살았고 로마에서 마지막으로 도피하려 할 때까지 결코 실패하지 않았다.

가룟 유다를 대신할 사도도 베드로가 천거한 두 후보자 요셉과 맛디아 중에 제비뽑기를 통해 맛디아로 정해졌다(행 1:23-26).

다음 단계는 제자들이 베드로를 세운 것처럼 보이는데, 오순절 성령강림 직후 베드로가 일어나 열두 사도를 대표하여 무리에게 설교를 했다. 베드로는 많은 예언과 회상을 동원하여 유대인들 사이에서 예수님이 행하신 사역을 설명했다. 그리고 그날 3천 명이 회심했다.

몇 번의 이적을 행한 후 베드로는 다시 한번 성전의 솔로몬 행각에서 설교할 기회를 가졌다. 이때 베드로는 처음에 했던 설교에 아브라함과 모세의 이야기를 덧붙였다. 이번에는 5천 명이 회심했다. 그러나 베드로는 그 일로 성전 경비대에 잡혀 감옥에 갇혔다. 그 다음날 베드로는 대제사장들과 종교 지도자들 앞에 다른 제자들과 함께 소환되었다. 그는 다시 메시아 예수님이 태어나셨고 이 땅에서 살다가 죽으셨으며 예언에 따라 죽은 자 가운데서 다시 살아나셨다고 설명했다. 그는 자신이 예수님의 이름으로 이적을 행했다고 말했다. 마침내 그는 채찍을 맞고 풀려났다. 그는 계속해서 백부장 고넬료를 회심시킨 일과 같은 예언적인 일을 성취했다(행 10:1-11). 당시 유대 그리스도인은 이방인을 먼저 유대교에 맞게 준비시킨 다음 기독교로 개종시켜야 한다는 두 단계의 개종을 요구했지만, 그럼에도 고넬료는 비유대인 중에서 세례를 받은 최초의 인물이 되었다.

베드로가 열어놓은 길을 바울이 걸었다. 여기저기에서 설교를 하던 바울은 사도들에게 예수님의 제자로 인정받을 필요성을 느끼고 예루살렘에 올라가 며칠 동안 머물며 베드로에게 직접 예수님에 대한 이야기를 듣고 '교회의 기둥'인 그에게 축복을 받았다. 학자들은 마가복음의 영감이 주로 연로한 베드로의 회상에 근거한다고 생각한다. 아마도 베드로는 죽기 전에 자신의 기억을 기록해두어야겠다고 결심한 것 같다. 바울의 서신 속에서 그가 베드로에게 받은 영향을 어렵지 않게 발견할 수 있다. 아브라함을 부르심, 메시아 예언들, 그리스도 메시지의 세계화라는 바울의 가르침은 베드로의 가르침에 그 뿌리를 두고 있다.

베드로는 자신의 제자 마가를 바울에게 보내 그를 따라다니면서 바울의 행적을 보고하도록 했다. 결과적으로 바울과 베드로의 관계는 대부분 마가와 바울 사이의 복잡한 관계로 추론해볼 수 있다.

결과적으로 베드로는 전체 기독교 세계에서 존경을 얻고 열두 사도의 리더라는 타이틀도 얻었다. 전승과 외경에 따르면, 그는 로마에서 순교한 후 '전설적인' 인물이 되었고, 로마제국의 수도인 로마의 제1대 감독으로 추대되었다.

이후의 이야기는 너무나도 세속적이다. 476년 로마제국이 멸망한 이래로 로마의 감독은 여러 감독들 중에 으뜸이며 베드로의 계승자라는 주장으로 인해 논쟁이 일어났고, 이 문제로 그리스도인들이 분열되었다. 그럼에도 불구하고 이런 주장은 베드로라는 대단한 인물에 비하면 부차적이라고 할 수 있다. 베드로의 믿음과 탁월함이 인류 역사상 가장 보편적인 종교가 탄생하는 데 기초가 되지 않았는가!

전승은 어부 출신인 베드로가 튼튼한 두 다리를 가졌고 턱수염을 기른 강한 인물이었다고 표현한다. 지적인 바울과는 거리가 멀지만 그의 설교는 바울의 설교와 상호 보완하며 오늘날 그리스도인들에게 소망의 메시지를 주고 있다.

한 인간으로서 베드로는 인간이 본성상 지닌 약점을 모두 가지고 있었으며, 한 차례 이상 충동과 유혹과 공포에 굴복했다. 예수님의 제자로서 그는 실수를 극복했고, 그 실수들이 복음서에 영구히 기록되도록 허락했다. 예수님에 대한 그의 믿음 앞에서 다른 모든 일들은 언제나 부차적일 수밖에 없었다. 토라와 예수님의 가르침에 뿌리를 둔 직관 덕분에 베드로는 예수님의 사역과 새로운 종교의 미래를 정확히 해석할 수 있었다. 그것은 이스라엘 민족이라는 제한된 범위를 훨씬 뛰어넘는 것이었다. 그런 직관이 있었기에 베드로는 바울에게서 새로운 믿음을 세계화할 수 있는 탁월한 실행가의 면모를 발견할 수 있었다. 그리하여 베드로는 첫 세대 유대 그리스도인들의 전반적인 반대에도 불구하고 바울을 인정하고 받아들였다.

베드로는 나의 형제이며 굴곡진 인생의 여정에서 나를 이끌어준다. 감당해야 하는 짐은 너무 많고 그에 비해 나 자신이 한없이 연약한 인간임을 느낄 때, 나는 베드로를 바라본다. 그는 내게 끊임없는 격려의 원천이다. 흠 많고 죄지은 나 같은 사람도 주님 앞에서 용서받고 회복될 수 있음을 보여주는 소망의 표시다.

오늘날의 바리새인들

예수님이 바리새인들과 줄기차게 논쟁을 벌인 방식에 나는 항상 깊은 인상을 받는다. 그들은 예수님을 꾸준히 괴롭힌 사회 집단으로서 매우 위험한 논적이었다. 복음서들은 유대인의 믿음과 관련된 폭넓은 주제의 논쟁을 다양하게 보고하고 있다. 예수님은 그들의 언행을 비교하며 행동하고 말씀하시는 것처럼 보인다. 오늘날 바리새인은 '위선'과 동의어로 쓰이고, 실제로 예수님은 그들을 종종 위선자라고 부르셨다. 이 같은 인용과 구절의 이면에는 어떤 의미가 있는 걸까? 복음서에서 많은 경우가 그러하듯이 기록되지 않은 내용이 기록된 내용만큼이나 시사적이고, 불일치가 일치만큼이나 중요하다.

신약성경 곳곳에서 등장하는 바리새인은 도대체 어떤 사람들인가?

역사가들은 바리새인을 예루살렘의 제2성전 건축 후 성장한 학식 있는 정통 유대파 집단으로 본다. 그들은 탈무드 주해와 더불어 율법과 토라에 정확하게 순종하는 것을 최고의 우선순위로 삼았다. 예수님 당시 그들은 에세네파, 사두개파, 열심당과 같은 다른 분파들과 경쟁했다. 그들의 눈에 예수님은 하나님의 아들 메시아와는 정반대였다. 왜냐하면 그들은 왕이자 해방자를 기다리고 있었기 때문이다. 그들은 죽은 자의 부활을 믿었다(반면에 사두개인들은 결코 그 사실을 받아들이지 않았다). 로마의 지배를 증오했지만 열심당처럼 해방을 위해 싸우는 투쟁가는 아니었다. 그들의 힘은 종교에서 나왔다. 그들은 성전과 성전 경비대와 선생들과 대제사장들을 쥐락펴락했다. 고등교육을 받은 사람들로서 유대 사회에서 영향력 있는 자리를 많이 차지하고 여론을 주도했다.

예수님이 가르치기 시작하셨을 때, 그들은 예수님과 공감했으며 예수님을 가장 영민한 율법학도, 미래가 촉망되는 영재로 여겼다. 열두 살 때 예수님은 성전의 선생들 및 제사장들과 토론을 벌이며 그들을 깜짝 놀라게 했다(눅 2:41-52). 확실히 예수님은 그들의 그룹에 가까웠고 그 일원이 될 수도 있었다. 탈무드 본문과 주해의 미세한 부분까지 꿰뚫고 있는 지식이나 바리새인들의 주장을 반박하며 논지를 펼치는 능력을 보면, 예수님이 바리새인의 수사법에 매우 능숙하셨음을 알 수 있다.

그러나 바리새인들의 근본적 주장이 모세 율법의 핵심과 반대되고 그들의 문서가 율법 정신에 어긋남을 예수님이 지적하시면서 긴장이 고조되었다. 종교적인 문제가 흔히 그렇듯이 의식과 전통이 본질을 앞질렀던 것이다. 바리새인들은 매일 구체적인 계명들을 주도면밀하게 실천하는 데 온 힘과 관심을 쏟느라 유대교의 기본을 망각한 것으로 보인다.

예수님이 그들의 잘못을 지적할 뿐 아니라 토라의 본질적인 교훈에 따라 행동하시면서 위기가 고조되었다. 안식일에 치유하신 일, 죄인들과 함께 식사하신 일, 율법에서 정한 정결 관습을 어기신 일, 성전이 무너짐을 예고하신 일 등이 이어지자 바리새인들은 더 이상 참을 수 없게 되었다. 관계가 깨어지고 사이는 멀어졌다. 예수님은 곧 주로 바리새 진영에서 사람들을 불러모아 새로운 분파를 만들려는 이단아로 간주되었다.

복음서에는 예수님의 가르침에 매료되어 하나님 나라에 들어가는 최선의 길에 대해 조심스럽게 문의하는 젊은 바리새인과 나이든 바리새인에 대한 이야기가 많이 나온다. 그들 중에는 니고데모와 아리마대 요셉과 같이 이름이 알려진 경우도 있다. 하지만 그들은 방랑하는 예언자와 친하다는 사실을 다소 부끄러워했으며 산상수훈에서 제시된 급진적인 견해를 두려워했다. 그들 중에 사도의 무리에 들어간 사람은 아무도 없었다.

그러나 그들은 계속해서 예수님이 행하시는 이적의 덕을 보았다. 마지막 장에 가서는 성전 관리들과 대제사장들과 율법사들의 등뒤로 사라져버렸다. 그들은 예수님에게 내려진 유죄 판정의 책임을 제사장들에게 넘기고, 제사장들은 그 책임을 로마 군대에게 넘겼으며, 로마 군대는 그 책임을 성난 무리에게 넘겼다. 그들은 자신들의 영향력을 직접 행동으로 옮기는 위험을 감수하지 않았고, 예수님을 체포하고 재판하고 단죄하고 처형하는 일을 제사장들의 손에 맡기고 지켜보는 편을 택했다. 그들은 예수님이 수난 받으시는 전후로 계속해서 등장한다. 이를테면 최후의 만찬을 할 수 있도록 다락방을 내어준 익명의 집주인이라든지, 예수님의 십자가를 대신 지고 가게 된 구레네 시몬이라든지(마 27:32, 막 15:21), 예수님의 시신을 안치할 수 있도록 자신의 무덤 자리를 내어준 아리마대 요셉 같은 인물이 그들이다(막 15:42-47). 그들은 유랑 전도자들에게 쉴 곳과 먹을 음식과 경비를 제공함으로써 예수님의 여정을 가능하게 해준 수많은 '정착 제자들'에 속한다.

예수님의 부활 이후로 제자들은 다소의 사울을 포함한 바리새인들에게 계속해서 위협을 당했다. 훗날 회심한 사울은 바리새인 중에서 예수님을 전파하는 가장 유명한 사람이 되었다. 바울(예전의 사울)은 자신이 바리새파의 일원이었음을 빼놓지 않고 선포하며 자신의 말을 예전의 동료 바리새인들이 이해할 수 있도록 그들의 언어로 말하기를 잊지 않았다. 그리스의 이교도들에게 말할 때조차 유대적인 뿌리를 드러내어 아테네의 아레오파고스에서 그랬듯이 심각한 오해를 사기도 했다.

2천 년 전 지중해의 한적한 지역에서 살았으며 예수님을 희생 제물로 삼는 일에 선봉이었던 바리새인들이 21세기를 살아가는 우리에게 주는 메시지는 무엇인가?

바리새인들과 오늘날의 '엘리트들'이 상당히 유사하다는 점은 충격적이다. 두 그룹 모두 사회적으로 자신들이 가진 힘과 영향력을 의식한다. 두 그룹 모두 학식의 탁월함과 자신이 속한 계급의 가치를 확신한다. 두 그룹 모두 정상에 머물기 위해 끊임없이 투쟁한다. 권력을 가진 사람들은 세상이 자기 것이며 외부의 메시지들은 반드시 자기들의 승인을 받아야 한다고 믿는 것 같다. 더 이상 '보수적'이지는 않지만 그들의 '현대성'은 자신들만이 전문가라는 절대적 확신으로 오염되어 있다. 철학과 과학, 정치학, 경제학, 비지니스 등 많은 분야에서 전문가인 그들은 자신들을 통하지 않고 새로운 사상과 문화가 들어오는 것을 용납하지 않는다. 그렇게 하는 것은 그들이 이미 가지고 있는 지위를 지키기 위해서다. 이 같은 전 세계적 계층의 등장은 세계화로 가속화되고 있다. 그들은 연합하여 '예상치 못한 일'에 반대한다.

지난 몇 세기 동안에 일어난 마르크스주의와 오늘날의 근본주의, 신자유주의를 예로 들 수 있다. 사실 모든 '주의'가 이와 같은 범주에 속한다. 오늘날의 바리새인들은 자신들의 지식을 어떻게 전달해야 하는지 잘 아는 지식의 대가들이다. 그들은 자신들이 미래의 척후병이 될 수 있다고 믿으며 스스로를 계몽의 거장이라고 여긴다. 옛날 바리새인들의 이야기는 예수님의 부활로 종결되었다. 그리고 그 부활은 인류 역사상 가장 위대한 종교의 탄생을 가져왔다. 그러나 현대의 바리새인들은 인류 역사상 가장 끔찍한 재난들을 준비했고 초래했다.

'바리새주의'는 사회학적으로 독특한 유형의 사고로 이어진다. 그러한 사고는 지성의 독재로 이어지는데, 그 길은 즉각적인 소통과 지속적인 감시로 점철된 우리 시대에서 폭정으로 가는 지름길이다. 현대 역사에서 그들의 권력을 보여준 한 가지 예가 바로 최근에 일어난 심각한 경제 위기였다. 그 경제 위기의 근원은 금융시장에 적용된 19세기의 자유방임 경제원칙에서 찾을 수 있다. 이 경제론은 '저명한' 경제학자와 재정 전문가 집단이 지지해왔다. 그들은 이러한 정책이 전 세계가 번영에 이르는 가장 빠른 길이라고 찬사를 보냈다. 그러나 자유방임 정책은 사실 그들 개인의 주머니를 두둑하게 하는 지름길이었을 뿐이다.

예수님은 "바리새인과 사두개인들의 누룩을 주의하라"(마 16:6)고 말씀하셨다. 예수님은 그들을 '위선자'라고 부르며 지배 계층의 보수적인 이해관계가 장기적으로 인류의 유익과 거리가 멀다는 사실을 확실히 지적하셨다.

오늘날 엘리트들이 미디어와 인터넷, 국제 행사 등을 통해 자신들을 홍보하는 모습을 보면서 나는 바리새인들이 율법을 자신들의 권위의 기초로 사용한 모습을 떠올린다. 행동보다는 말을, 깊이보다는 피상성을, 진짜 성과보다는 보여주기 식의 성과를, 장기적인 계획보다는 즉각성을, 영적인 것보다는 권력을 추구하는 것이 오늘날 우리 문화의 근간을 이루고 있다. 이 엄청난 압력을 떨쳐내고 자유로워질 수 있는 유일한 길은 예수님의 메시지를 따르는 것이다. 그분의 메시지는 자유와 행복에 필수 조건인 아가페 사랑에 이르는 길을 찾도록 우리 각 사람을 격려한다. 바리새인들에 대한 예수님의 궁극적인 항의가 십자가였다면, 그분의 궁극적인 승리는 수십억의 인류가 그분의 메시지에서 자유와 행복에 이르는 길을 찾은 데 있다.

예수님은 우리 각 사람이 변화됨으로써 인류가 나아질 수 있다는 메시지를 주셨다. 바리새인들의 근시안적이고 위선으로 가득하며 위험한 가식에 대해 주님이 주신 메시지는 분명하다.

"바리새인들의 누룩을 조심하라." 이 말씀은 오늘날에도 여전히 유효하다.

"진리가 무엇이냐?"

빌라도를 권력형 정치인의 영원한 원형으로 만들어준 사건이 있은 지 2천 년이 지났다. 그럼에도 유대 총독 본디오 빌라도는 여전히 풀리지 않는 수수께끼다. 그의 이름으로 된 외경 복음서가 하나 있고 수십 명의 저자들이 그에 대해 수천 장의 글을 썼다. 결국 그가 예수님이 하나님의 아들이심을 깨닫고 거듭난 그리스도인이 되었다고 보는 사람이 있는가 하면, 무리의 요구에 겁먹고 무고한 사람을 잔인하게 외면한 악당 자체로 보는 사람도 있다.

어쩌면 빌라도는 둘 다에 해당했을지도 모른다. 어떤 면에서 그는 예수님을 구하기 위해 나름대로 최선을 다한 정직한 사람이었고, 다른 면에서는 성난 무리 앞에서 평화 유지를 우선적으로 선택한 현실적인 정치인이었다.

사복음서가 예수님의 생애 마지막 날 빌라도의 행동을 어떻게 서술하고 있는지 살펴보자. 복음서 간에 기록이 일치한다는 사실에서 우리는 그 사건의 진정성을 볼 수 있다. 그만큼 그 사건을 역사적 사실로도 간주할 수 있다.

본디오 빌라도는 로마가 다스리던 유대 지역의 최고위직 관리였다. 당시 로마제국은 정복한 영토를 직접 다스리지 않고 그 지역의 토착 세력(분봉왕)에게 위임하여 다스리게 했다. 그중에서 유대 지방은 로마제국에게는 골치 아픈 지역이었다. 유대인들이 이기적이고 속임수를 잘 쓰는 데다가 오만하다고 소문이 나서 그 지역에 총독으로 가려는 후보가 잘 나서지 않았기 때문이다. 분봉왕은 해당 지역의 행정과 공공의 평화 유지와 로마에게 바칠 공물 징수를 책임지고 있었다. 유대교는 교육받은 보통의 로마인들에게는 전혀 이해할 수 없는 종교였기 때문에 분봉왕이 성전을 통해 종교적인 문제들을 다루었다. 갈릴리 지방의 분봉왕 헤롯은 빌라도에게 보고를 했고, 필요할 경우 로마의 중재를 요청할 수 있었다. 로마는 전성기의 대영제국이 통치하던 방식과 유사하게 점령지를 다스렸다.

예수님을 체포한 것은 종교적인 결정이었고, 공식적인 고발 내용은 유대교를 변질시키려 한다는 것이었다. 성전 당국자들은 예수님을 따르는 무리가 많아지자 결국에는 새로운 종파가 생길 것이라고 판단하고 예수님을 단번에 제거하고자 했다. 당시에 예수님의 가르침은 개혁 정도가 아니라 혁명적이었다. 무엇보다 자신이 하나님의 아들이라고 주장한 일은 용납할 수 없는 신성모독이었다. 최근에 있었던 예루살렘 입성 행진은 성전의 권력을 실제로 위협하는 듯이 보였다. 아무튼 그 분파의 인기가 계속 높아지면서 지배 계층에 있는 바리새파 엘리트들의 눈에는 그것이 종교적인 문제를 넘어 정치적인 문제로 다가왔다. 드디어 근본주의 세력이 움직이기 시작했다. 아리마대 요셉과 니고데모와 몇몇 알려지지 않은 용감한 회원들의 반대에도 불구하고, 산헤드린 공의회(유대인 최고 자치 의결기관)의 다수가 예수님을 제거하는 데 바리새인들과 의견을 같이했다.

예수님은 성전 경비대에게 체포되었다. 그들은 성전의 책임 제사장들과 수비대장들로 이루어진 병력으로 대제사장의 명령을 따랐고, 대제사장은 이를 다시 산헤드린 공의회에 보고했다. 대제사장은 예수님을 총독에게 보냈고, 총독은 자신이 유대 사회의 분란에 엮이게 된 사실을 알고는 난감해했다. 성전의 제사장들은 예수님을 공개적으로 십자가 처형함으로써 그를 따르는 자들에게 공포심을 심어주기를 원했다. 십자가형은 로마 권력에 도전하는 사람들을 고문하면서 처형하는 방법이었다. 그러나 산헤드린 공의회는 어떤 처형도 집행할 권리가 없었기 때문에 그 일을 직접 실행에 옮길 수 없었다. 그래서 그들은 빌라도의 분노를 자극할 수 있는 유일한 죄목인 로마 통치에 거역했다는 음모를 선택했다. 그리고 예수님이 자신을 '유대인의 왕'으로 선포했다는 것을 그 증거로 댔다.

그들이 붙인 죄목은 약했고 증거도 일치하지 않았다. 빌라도는 예수님에게 간단한 질문을 한 다음 아무런 해가 되지 않는 영적 지도자와 마주하고 있다고 판단해 그를 놓아주기를 원했다. 빌라도가 보기에 유대인들의 주장은 전혀 설득력이 없었다. 그래서 그는 그리스의 소피스트들에게 교육받은 이교도가 할 수 있는 전형적인 질문으로 대화를 마무리했다. "진리가 무엇이냐?"(요 18:38) 그가 재판석에 앉아 있을 때 그의 아내가 전갈을 보내어 간밤의 꿈자리가 사나웠으니 그 무고한 사람의 일에 관여하지 말라는 당부를 전했다. 징조를 믿는 로마인에게 그 말은 사건을 기각하기에 충분한 이유가 되었고, 빌라도는 실제로 그렇게 하려 했다. 그는 유대인 무리에게 가서 예수님에게 유죄 판결을 내릴 아무런 이유를 찾지 못했으니 로마 총독부를 소란케 한 대가로 채찍질만 한 후 풀어주겠다고 말했다.

이에 유대인 무리의 반응은 거셌다. 바리새인들은 빌라도가 자신들의 권면을 따르지 않을 경우 그를 반역자로 고발하는 메시지를 로마 황제에게 보낼 수 있다는 뜻을 내비쳤다. 그런 일에 휘말리면 전도유망한 그의 앞날이 무너질 수 있었다. 얼른 유대 지역보다 나은 지역으로 발령받기만을 고대하던 빌라도에게 그것은 마른 하늘에 날벼락 같은 일이었다. 그러나 의무와 양심이 뭔지 아는 사람으로서 그는 광신적인 유대인들의 말을 듣지 않고 마지막 전략을 시도했다.

유대인의 가장 중요한 절기인 유월절에는 총독이 죄수를 사면할 수 있는 기회가 주어졌다. 마침 사형 집행이 예정된 한 강도가 있었다. 그의 이름은 아람어로 '하나님의 아들'이라는 뜻의 바라바였다. 놀라운 우연의 일치였다. 빌라도는 예수와 바라바 둘 중에서 무리가 원하는 한 명을 풀어주겠다고 결정했다. 바라바는 누가 보아도 사형을 피할 길 없는 악명 높은 범죄자였다. 그런데 이름이 헷갈렸던 것일까? 아니면 다른 음모가 있었던 것일까? 군중 가운데 누구도 자신들이 왜 그런 선택을 했는지 알지 못했을 것이다. 그들은 바라바라는 이름을 외쳤고, 예수님을 극악한 고문형에 처하도록 요구했다.

모든 노력이 수포로 돌아가자 빌라도는 예루살렘에 와 있던 헤롯에게 도움을 청했다. 헤롯은 예수님이 속했던 갈릴리 지방의 분봉왕으로서 사면권이 있었다. 그는 처음에는 예수님을 도와주려 했으나 성전 측의 결정이 완강한 것을 알고는 즉시 마음을 바꾸었다.

결국 빌라도도 포기하고 예수님을 십자가에 처형하도록 내주었다. 빌라도가 무리에게 한 마지막 말 중 하나는 "보라, 이 사람이로다"(요 19:5)였다. 그는 이 '의로운 사람'의 죽음에 자신은 무고함을 보여주기 위해 공개적으로 손을 씻었다.

그의 마지막 소심한 복수는 보통은 죄인의 이름을 쓰는 십자가 팻말에 '유대인의 왕'이라는 말을 덧붙이도록 조치함으로써 성전 측을 조롱하는 것이었다. 성전 측에서 항의했지만 그는 명령을 철회하지 않았다. 빌라도에게 이것은 자신이 무고한 사람을 매달았다는 후대의 비난에서 벗어나고, 이 살인에 로마는 전혀 개입하지 않았음을 진술하는 메시지였다.

어쩌면 빌라도는 신약성경에 기록된 사실 말고는 역사의 뒤편으로 사라져버릴 수 있었다. 그러나 곧 외경에 등장했다. 외경의 저자들은 빌라도에 대해 저마다 가지고 있는 생각에 따라, 그리고 예수님의 추종자들이 남긴 영향에 따라 빌라도의 역사를 재구성하려 했다. 이러한 저술들로는 빌라도행전, 황제 티베리우스와의 서신 교환, 극적인 죽음(어떤 이는 자살이라 보고하고, 어떤 이는 그가 산 채로 묻혔다고 말한다)에 대한 보고서 등이 있는데, 이 문서들은 모두 예수님을 살려주지 못한 일을 자책하면서 자기 변명을 하는 한 사람을 묘사하고 있다.

최근에 한 고고학자가 그의 이름이 새겨져 있는 돌을 발굴하기 전까지 빌라도에 대한 물리적인 증거는 전혀 없었다.

예수님의 이름이 인정과 존중을 받는 한, 빌라도가 그런 대접을 받을 만한 일을 실제로 했든 안 했든 그의 이름은 두고두고 경멸당하고 욕을 먹을 것이다. 빌라도는 우연히 인류 역사에서 가장 유명한 피고의 재판장이 되어야 하는 달갑지 않은 운명을 가지고 무대에 올랐다.

평범한 한 관리로서 육신을 입고 이 땅에 오신 하나님의 아들과 맞닥뜨려야 했던 빌라도는 이해할 수 없는 그 일을 이해하기 위해 최선을 다했다. 그는 유대인의 뿌리가 전혀 없었고 초기 로마제국의 깊은 회의주의 가운데서 성장했다. 교육받은 로마인들은 모든 이데올로기와 종교를 같은 것으로 보았다. 그들에게는 삶도 죽음도 단지 우연한 사건들에 불과했다. 그들의 유일한 믿음은 제국의 영광이었고, 그들의 종교는 자기 이름을 떨치는 것이었다. 그들은 제국을 건설하느라 철학과 형이상학에 많은 시간을 보내지 못했다. 그런 일은 그리스인들의 몫이었고, 로마인들은 전쟁과 평화, 돈, 경쟁, 반역자 처리 등과 같은 세속적인 문제를 다루어야 했다. 로마인들은 그 시대에 속한 사람들일 뿐 아니라 오늘날 우리와 같은 사람들이기도 하다.

빌라도는 영적 감각을 상실한 사람들의 모습을 미리 보여준다는 점에서 현대 세속주의의 선구자다. 현대의 세속주의자들은 대개 당대의 최고 지성인이기 때문에 미래를 내다보지 못한다기보다 행동의 요구에 부응하지 못한다는 점에서 영적 감각을 상실한 사람들이다. 성공하려면 일을 수행해야 하고, 일을 수행하려면 자신의 지능과 집중력, 감각, 시간 등을 들여야 한다. 그러니 엘리트의 일원이라면 영성은 진즉에 포기해야 할 것이다. 이 땅에 흔적을 남기고 가기를 원한다면 사회와 시간과 공간에 깊숙이 파고들어야 한다. 후대에 잊히지 않으려면 정치든 학문이든 돈이든 예술이든 당신이 선택한 운명에 모든 시간을 투자해야 한다. '카르페 디엠'(*Carpe diem*, 오늘의 삶에 충실하라)은 인내하면서 미래의 명성을 쌓는 일을 찬송한다.

달리 무엇을 할 수 있겠는가? 당신에게 양심이 있고 선악을 분별하는 지식이 있으며 선을 이루기 위해 생활을 다스릴 의지가 있다면, 당신은 마땅히 해야 할 의무 이상의 일을 했을 것이다. 하루가 저물었을 때 영성은 전혀 고려할 필요가 없다.

빌라도가 그렇게 살았다. 그는 비록 예수님의 세계가 자신의 세계와 같지 않음을 얼른 이해했지만, 자신이 옳다고 생각하는 바를 실천하기 위해 선한 의지와 양심을 드러냈다. 다만 예수님이나 무리나 그에게 별다른 선택권을 주지 않았다.

마지막에 손을 씻은 행위는 공허한 제스처일 수 있지만, 정의를 행하려는 그의 노력만큼은 부인할 수 없다. 우리 시대에 그와 같은 권력의 자리에 있는 사람 역시 그 이야기의 결말을 알지라도 아마 그 이상으로 행하지 못했을 것이다. 우리 시대에도 그렇지만 그는 그 시대의 폭군인 여론에 직면했다. 그 앞에서 그의 양심과 권력이 위기에 처했다. 아무리 권력이 크다고 해도 그것은 로마법에 종속되어 있었으며 로마법의 최우선은 로마의 체제를 유지하는 것이었다. 체제를 지키기 위해 무슨 희생인들 감수하지 않겠는가? 전쟁이나 격변 앞에서 한 생명을 희생하는 것이 얼마큼의 무게가 있겠는가? 비슷한 이해 충돌에 직면한 오늘날의 정치인이라도 달리 행동할 수 없었을 것이다.

빌라도는 자신의 일을 했다. 명예를 존중하는 사람으로서 그는 그의 도덕적 의무에 귀기울여야 했을 것이다. 처형이 있고 나서 사흘째 되는 아침에 부활 소식을 들었을 때 그는 어떤 심정이 들었을까? 예수님에게 마지막으로 던진 "진리가 무엇이냐?"라는 질문을 기억하고, 자신이 하나님과의 관계에서 어느 자리에 서 있는지 자문하지 않았을까? 그는 성난 무리와 성전 측의 뜻에 굴복했을 뿐 아니라 자기도 모르는 사이에 하나님의 뜻에 굴복했던 것이다. 이 사건에서 그는 어떤 결론과 교훈을 얻었을까? 어쩌면 자신의 뿌리 깊은 회의주의를 확인했을지도 모른다. 권력자는 자기가 알지 못하는 신들의 뜻에 인도를 받을 수 없다는 것 말이다.

모든 시대의 권력자와 권력 당국의 형제라고 할 수 있는 빌라도는 파워게임의 규칙에 따라 최선을 다했다. 그는 악당도, 영웅도 아니고 다만 최종적인 책임 앞에 선 권력자 중 한 사람이었다. 인류 역사상 가장 유명한 인물을 재판해야 하는 불운한 총독이었다. 역사는 확실히 그에게 불공평했다. 그가 달리 무슨 일을 할 수 있었겠는가?

우리가 하는 일, 결정, 그리고 행위가 가져올 궁극적인 결과를 우리는 알 수 없다. 그런 점에서 "인생은 단지 걸어다니는 그림자일 뿐이다"라는 셰익스피어의 말이 마음에 와닿는다. 우리의 운명은 양심에 따라 행동하는 것이다. 이것이 인간의 위대함일 수 있지만, 인간은 실수하는 존재라는 사실을 명심해야 한다.

나는 다만 내 삶의 마지막에 가서 나를 심판하실 유일한 분, 하나님의 손 안에 있기를 소망한다.

사흘째 되는 날 저녁 무렵에는 빌라도가 행복했기를 꿈꿔본다.

하나님과 가이사

오랫동안 기독교 세계에 속한 군대의 전쟁 구호는 "하나님이 우리 편이다"였다. 최근까지도 신앙과 마키아벨리즘*은 그리스도인들이 생각하기에 꼭 반대되는 것만은 아니었다. 지난 2천 년 동안 그리스도인들 사이에서 벌어진 거의 1만 번에 달하는 전쟁에서 매번 양쪽 편은 하나님이 자기 편이라고 주장했다. 승리자는 하나님을 찬양했고, 패배자는 자신의 죄가 하나님의 저주를 초래했다고 생각할 수밖에 없었다.

그 모든 이야기는 밀비우스 다리 전투에서 시작되었다. 로마 황제 콘스탄티누스 1세는 예수 그리스도의 도움을 받아 라이벌이던 황제 막센티우스를 물리쳤다고 했다. 콘스탄티누스 황제가 충성한 대가로

---

* 국가의 유지, 발전을 위해서는 어떤 수단이나 방법도 허용된다는 국가 지상주의.

예수 그리스도가 승리를 약속했다는 것이다. 그 사건은 기독교 신앙과 정치 사이의 관계에, 더 정확하게는 황제든 왕이든 대통령이든 제1서기든 영도자든 모든 지배자와 신앙 사이의 관계에 지속적인 영향을 미쳤다.

교회는 하나님이 세속사회에 팔을 뻗기라도 하시는 것처럼 그들의 팔을 뻗어 지배자들과 기름 부음 받은 왕들을 축복했다.

오늘날 대부분의 국가에서 국민들은 자신들이 진정한 권력이며 민주주의 정부가 독재 정부나 세습 정부를 능가할 수 있다고 생각한다. 그러므로 권력과 기독교 신앙 사이의 관계를 성경적 기반 위에서 재검토할 필요가 있다. 예수님이 제안하신 특정한 권력 형태가 있을까? 지난 2천 년 동안 교회가 온갖 종류의 권력과 긴밀한 관계를 맺은 경험을 한 이후에 부상한 민주주의가 특정한 기독교적 형태의 정치일까?

복음서들은 권력에 대해 그다지 언급하지 않는다. 이스라엘이 로마의 속국이고, 유대인들이 반역 기질이 다분한 민족이었을 당시에 예수님은 두 가지만 분부하셨다. 첫째, 세속 권력이 어떤 성격이든 존중하고 그 법을 준수하라. 둘째, 가이사의 것은 가이사에게 주고 하나님께 속한 것은 하나님께 드려라.

예수님은 오직 한 가지 목적에 집중하셨다. 그것은 인간의 구원이었다. 예수님은 자신의 나라가 이 땅의 것이 아니라는 말씀을 자주 하셨다. 그러나 예수님은 사람이 살고 있는 사회 가운데서 살아가셨고 그 사회를 무시할 수 없었다. 그분의 주요 관심사는 하나님 사랑과 하나님을 사랑하는 것에 더 집중하도록 정치의 영향력을 중립화하는 것이었다. 나머지는 다 부차적인 문제이고, 예수님이 정치에서 가장 기대하신 바는 자신의 사역을 추구하는 자유였다.

그러나 예수님은 이른바 기독교적 민주주의의 씨앗이라 할 수 있는 일련의 원리들을 제자들에게 가르쳐주셨다. 그 원리는 대부분 산상수훈에 등장한다. 정의, 평등, 박애, 구제, 특권자의 의무, 평화, 사회질서, 상호간의 선의 등이 그것이다. 예수님은 정치권력의 구조에 의문을 제기하신 적이 한 번도 없었다. 예수님에게 중요한 자유는 하나님의 뜻에 순종함으로써 얻는 개인의 자유였다. 예수님은 노예도 자유로워질 수 있다고 생각하셨다. 예수님은 로마제국이나 왕권에 대항하는 말씀을 하신 적이 한 번도 없다. 민주주의나 어떤 협정에 대해서도 아무 말씀하지 않으셨다. 바리새인들을 비판할 때에도 정치적 엘리트가 아닌 종교적 엘리트인 그들을 비판하신 것이었다.

예수님의 가르침은 일상생활의 세세한 규칙을 제공하지 않는다. 하지만 자유, 정의, 관용, 평등, 사회적 돌봄, 박애 등 성경적 원칙을 존중한다면 어떤 형태의 국가이든 확실히 예수님의 견해에 부합한다고 할 수 있다.

예수님은 노예제도를 반대하신 적이 없다. 노예 주인에게 자기 노예를 잘 대우하라고 권면하셨고, 노예에게는 주인에게 복종하라고 당부하셨다. 바울은 한걸음 더 나아가 제자 빌레몬에게 그의 종 오네시모를 풀어주라고 권면했다. 오네시모도 바울을 따르는 사람 중 하나였다(몬 1:10-11).

예수님은 성평등이라는 중요한 문제도 똑같이 다루셨다. 당시의 문화를 존중하여 열두 사도에 단 한 명의 여성도 포함시키지 않았으나 꾸준히 같이 다닌 일곱 여인들의 활동을 격려하셨다. 예수님이 인간으로 살아 계신 마지막 모습과 하나님으로서 부활하신 첫 모습을 볼 수 있는 특권도 여성에게 주셨다.

예수님은 군대 문제도 같은 맥락에서 다루셨다. 예수님에게 하인의 치유를 청했던 백부장은 한 명의 신앙인이 아니라 명령을 내리기도 하고 따르기도 하는 장교의 입장에서 그런 부탁을 했다(마 8:5-13). 마치 예수님이 상급자에게 권한을 위임 받았으며 명령을 받은 대로 행하는 하나님의 장교인 양 치유의 이적을 요청한 것이다. 예수님은 그런 군대의 문화와 언어를 받아들이셨을 뿐만 아니라 같은 어조로 대답하셨다.

권력자인 로마의 총독 빌라도와 나눈 주요 대화를 보아도, 예수님은 그에게 맡은 역할을 충실히 하라고 말씀하실 뿐 그의 판단에 이의를 제기하지 않으셨다. 그것은 한 사람의 영적 지도자와 정치 지도자가 동등한 입장에서 나누는 대화였다. 각자가 자신이 속한 문화의 맥락에서 말하고 있기 때문에 대화는 쉽게 진행되지 않았으며, 결론이라고 할 수 없는 말로 마무리되었다. 빌라도는 "진리가 무엇이냐?"라고 물었지만 답변은 돌아오지 않았다(요 18:38).

이처럼 예수님과 정치, 예수님과 권력 간의 관계를 간략히 살펴보면 정치가나 정치 세력이 예수님을 자기 편으로 삼으려는 시도는 헛된 것임을 알 수 있다. 전통적으로 존재해온 교회와 국가 사이의 동맹은 두 인간 조직 간의 동맹이지 하나님과 통치자 간의 동맹은 아니었다. 사회생활이 부분적으로 종교적 실천으로 이루어진 이슬람과 유대교와는 반대로, 기독교에는 사회 조직이나 정치 조직에 정해진 모델이 전혀 없다. 민주주의나 군주정이나 독재를 기독교적인 정치 모델로 여기는 것은 예수님의 가르침을 배신하는 일이다. 이 세 가지 유형에 속했던 많은 정치 세력이 자기들이야말로 하나님의 뜻을 수행하는 도구라며 잘못된 주장을 해왔음을 역사는 보여주고 있다. 첫 번째 유형이 미국이고, 두 번째 유형이 유럽의 전통적인 왕정 국가들이며, 세 번째가 파시즘이다. 그러나 그들의 주장에는 성경적인 근거가 전혀 없다.

현대 국가들은 국가가 종교로부터 독립해야 한다고 주장한다. 이슬람교를 제외하고 종교는 더 이상 국가의 일에 간섭하지 않는다.

그러나 예수님의 가르침에 담긴 전반적인 철학은 다스리는 일을 담당하고 있는 엘리트들을 어떻게 판단해야 하는지에 대해 지속적인 영향을 미쳐왔다. 그러한 철학을 통해 우리는 선한 정치와 나쁜 정치를 명확히 구분할 수 있다. 산상수훈에 나오는 자유, 정의, 관용, 평등, 사회적 돌봄, 박애의 원칙은 어떤 정치 체제에도 적용되는 선한 정치적 코드로서 깨어 있는 사회의 정부가 유념해야 할 항구적 기준들이다. 이 기준들을 존중할 때 국민은 통치자를 받아들이고 지지하게 될 것이다. 그 반대라면 국민은 조만간 자신들의 뜻을 관철시킬 길을 찾거나 정부의 형태를 바꾸고자 할 것이다. 오늘날 정치 무대에서 이러한 예들을 어렵지 않게 찾을 수 있다. 과두정 또는 귀족정으로 가는 민주정치는 무너질 것이다(과두정이란 어원상 '가장 뛰어난 사람들에게 권력을 준다'는 뜻이다). 그러나 군주정일지라도 이러한 사회적 덕목을 지키는 국가는 지속될 것이다. 심지어 독재 정권이라 하더라도 자체의 악한 권력욕을 절제하고 이러한 윤리 기준을 존중하고자 노력한다면 살아남을 수 있다.

기독교적 형태의 정부가 있다는 말은 잘못되었다. 기독교적 방식으로 사람을 다스릴 수 있다는 말이 맞다. '기독교적 정치 원칙'은 흔히 있는 정치적 구별과 상투적 구호를 훨씬 뛰어넘는다. 그 원칙은 형식이라기보다 정신에 속한다. 결국에는 정신이 형식(문자)에 결정적인 영향을 미친다.

오늘날 민주주의가 한계에 이르고 있고, 여론이 비록 독재는 아닐지라도 지배적으로 바뀌고 있으며, 국가의 리더십도 장기적 비전 없이 '비상대책 전략팀'처럼 바뀌고 있다는 점을 명심해야 한다.

메시아의 오심

예수님의 신성에 관한 사도들의 가장 강력한 논증 중 하나는, 예수님이라는 인물과 그분의 사역이 이스라엘의 메시아 도래에 대한 구약성경의 예언들을 완전히 성취했다는 것이다.

마태복음의 저자는 예수님이 행하신 일을 보고할 때마다 "이는 선지자를 통하여 하신 말씀을 이루려 하심이라"(마 21:4)는 구절을 꼭 붙인다. 예수님이 행하신 모든 일과 그분의 됨됨이와 그분의 모든 말씀이 이미 구약 선지자들에 의해 오래전에 예언된 것임을 보여주어야 한다는 의무감이 투철해 보인다. 마태복음의 첫 구절을 보면 예수님의 운명이 다윗과 그의 계보와 연결된 예언들에 담겨 있다. 예수님의 족보는 아브라함부터 예수님까지 세 번에 걸쳐 14대를 보여주면서 그분에게 왕의 자격을 부여한다. 두 번째 장은 마리아의 임신과 요셉에게 주어진 미래의 아내와 그의 아기를 거절하지 말라는 명령으로 시작된다. 그 아기가 이스라엘의 구주가 될 것이기 때문이다. "이는 선지자 이사야를 통하여 하신 말씀을 이루려 하심이라"(마 4:14). 이 사실을 대제사장들과 율법사들이 즉시 확인한다. 베들레헴에서 메시아가 태어나실 텐데 "이는 선지자로 이렇게 기록된 바"(마 2:5)였기 때문이다. 요셉이 마리아와 어린 예수를 데리고 이집트로 피신한 일도 "주께서 선지자로 하신 말씀을 이루려 하심"이었다. 헤롯이 이스라엘의 왕이 될 가능성이 있는 경쟁자를 제거하기 위해 어린 아이들을 죽인 일도 예레미야의 예언을 확증했다. 헤롯이 죽고 나서 예수님의 가족은 이집트에서 돌아와 나사렛으로 간다. 그리하여 "선지자로 하신 말씀에 나사렛 사람이라 칭하리라 하심"을 이루었다. 예수님이 나사렛을 떠나 갈릴리 지방에서 유랑 설교자 생활을 시작하신 것도 이사야 선지자의 예언을 이루려 하심이었다.

이러한 패턴은 다음과 같이 마태복음 내내 계속된다.

- 기적에 관하여: "이사야가 하신 말씀을 이루려 함이라."
- 헤롯의 살인 음모를 처음 들었을 때 피신한 일에 관하여: "이사야가 하신 말씀을 이루려 함이라."
- 비유를 들 때 이사야의 예언을 적용하여: "이는 선지자를 통하여 말씀하신 바(를) 이루려 하심이라."
- 예루살렘 입성에 관하여: "이는 선지자를 통하여 하신 말씀을 이루려 하심이라."
- 예수님의 체포에 관하여: "이렇게 된 것은 다 선지자들의 글을 이루려 함이니라."

• 가룟 유다의 죽음에 관하여: "이에 선지자 예레미야를 통하여 하신 말씀이 이루어졌나니."

어떤 면에서는 강박적으로 보이기까지 한다. 예수님이 메시아이심을 입증하기 위해 애쓰거나 그런 증거를 모으려고 노력한다는 인상을 받는다.

누가복음도 예수님이 자신의 가르침을 강조하기 위해 구약의 예언들을 인용하시는 여러 사례를 제공한다. 예를 들어 예수님은 갈릴리에 계실 때 이사야서를 인용하신다. 예루살렘 입성 전에도 자신의 죽음을 예언하고 있는 메시아적 예언들을 성취할 의무가 있음을 강조하신다. 부활 후에도 메시아가 죽고 사흘 만에 다시 살아나야 할 필요성에 대해 가르치신다. 예수님은 엠마오로 가는 길에 두 제자에게 말씀을 풀어주신 것에 이어서 기적적으로 물고기를 잡은 사건에서도 똑같은 설명을 하신다.

이렇게 인용이 풍성하다는 사실에서 우리는 첫 세대 그리스도인들이 토라 또는 우리가 구약성경이라 일컫는 것에 대해 광범위하고 깊은 지식을 가진 헌신적인 유대인임을 드러내고 싶어 했다는 사실을 명백히 알 수 있다. 그들은 '복음'이 유대 민족의 신앙에 깊이 뿌리내리고 있음을 강조하기를 원했다. 메시아에 관한 예언들은 널리 알려지고 깊이 존중되었다. 자칭 메시아인 척하는 사람은 누구나 메시아로 인정받기 위해 메시아 예언에 부합하게 살아야 했다. 그러므로 예수님의 행위는 어떤 것이든 예언의 사이클에 연결되어야 했다. 그래야 예수님이 누구신지에 대해 '양식 있는 계층'이 더 이상 아무런 의심을 하지 않을 테니 말이다. 그 예언들은 제대로 된 유대인이라면 누구든지 납득할 만큼 예수님의 가르침과 행위에 잘 맞아떨어졌다. 실제로 그 예언들의 성취가 예수님이 행하시는 이적 자체보다 훨씬 더 중요했다. 마술사 시몬의 일화(행 8:9)는 많은 가짜 메시아 중에 아무도 예수님처럼 그 예언들을 성취한 자가 없었음을 보여준다.

그런데 문제가 있었다. 상당수의 예언들은 만국의 왕이신 승리자 메시아를 고지했으나 예수님은 연약했으며 결코 왕처럼 행세하지도 않으셨다. 예수님은 한 사람의 범죄자로서 십자가에 달려 죽으셨다. 어떻게 이와 같은 운명이 이러한 영광스러운 예언들과 일치할 수 있단 말인가?

그에 대한 대답은이 요한계시록에 나온다. 거기에서 영광스러운 오심에 대한 예언에 맞게 예수님의 재림이 묘사되어 있다. 지금까지 예수님은 아버지 하나님이 주신 사명의 첫 부분을 달성하셨을 뿐이다. 하나님은 우리 인간이 긴장감을 잃지 않고 재림을 기다리게 하셨다. 이야기가 끝나려면 아직 멀었다. 인류는 하나님의 심판을 지상에 가져올 강력한 메시아를 계속 기다려야 한다. 최후의 심판이 임할 때 비로소 그 예언들이 온전히 이루어질 것이다.

예수 그리스도 이전과 이후 시대 사이의 상호관계는 예수님의 운명에 절대적으로 내포되어 있다. 예수님은 첫 호모사피엔스의 두뇌에 의식이 탄생한 순간으로부터 인류가 시작한 때로 거슬러 올라가는 아주 길고 오래된 서사의 결과다. 인간은 시작부터 우주에 매료되었으며, 자신의 명백한 운명은 자연을 다스리고 세상을 지배하는 일종의 왕이 되는 것이라고 끊임없이 생각했다. 이 승리에 도달하는 장구한 길은 하나님이 정해놓으셨으며 그 길이 인류를 하나님께로 인도해줄 것이었다. 유대의 주요 선지자들이 본 유대 민족의 궁극적인 운명은 메시아 시대였다. 그 시대에 이르러 하나님에 대한 모든 신인동형적 개념은 마침내 하나님의 본성과 인간의 본성이 연합됨으로써 최종적으로 구현된다. 그리스도인에게 성육신은 인간과 하나님이 하나가 되기 시작한 순간이다.

이 깊은 확신 덕분에 예수님을 따르는 사람들은 그분의 초림을 쉽게 이해할 수 있었다. 수수께끼 같은 상당수의 예수님 말씀을 듣고 그들은 예수님이 자신들이 오랫동안 기다려온 분이라는 확신을 신속히 얻었다. 그들의 확신은 예수님이 메시아 활동을 시작하시며 확고해졌다.

21세기의 그리스도인이 초기 기독교 시대의 유대 공동체의 삶과 종교 사이의 긴밀한 상호작용을 깨닫기란 쉽지 않다. 그들은 모든 시간을 탈무드 구절과 주요 랍비들의 주석을 읽고 해설하는 데 할애했다. 장기간에 걸쳐 강력한 힘을 유지해온 로마제국에 대항하여 보수적인 유대인 분파들이 거듭해서 봉기를 일으켰다. 그 지역의 왕들은 제국의 멍에를 벗어버리려는 어떤 시도도 어리석다는 사실을 깨닫고 반란을 일으키지 않도록 노력했으나 거듭된 반란은 이스라엘 민족의 존속 자체를 위협했다. 예루살렘 성전이 파괴된 이후로는 예언을 끌어들이는 일에 사람들이 훨씬 더 우호적이었다.

유대 사회에서 가장 널리 회자된 주제는 메시아의 도래였다. 가장 유명한 당대의 선지자는 세례 요한이었다. 그는 세례를 '회개와 속죄의 표시이자 메시아의 오심을 예비하는 증표'로 고안했다(마 3:11). 그의 사역도 성경이 예언하고 있는 바다. 이사야가 말했다. "광야에 외치는 자의 소리가 있어 이르되 '너희는 주의 길을 준비하라. 그가 오실 길을 곧게 하라' 하였느니라"(마 3:3). 초기 제자들 중 하나인 빌립은 장차 사도가 될 친구 나다나엘에게 말한다. "모세가 율법에 기록하였고 여러 선지자가 기록한 그 이를 우리가 만났으니"(요 1:45). 세세한 모든 사항은 이 믿음이 유대인의 심장과 삶에 얼마나 깊이 뿌리박혀 있었는지를 보여주며, 그들이 선민으로 살아가면서 하나님이 개입하심을 보여주는 표적에 얼마나 민감했는지를 보여준다. 그래서 세례 요한이 많은 제자들을 얻었으며 메시아를 찾는 일에 그처럼 심혈을 기울였다는 사실이 전혀 놀랍지 않다.

요한은 예수님에게 세례를 부탁받았을 때, 자신의 사촌이 온 유대가 기다려온 그 인물이라는 사실을 직관적으로 알아차렸다. 세례 요한이 그 사실을 알아봄으로써 요한을 따르던 몇몇이 예수님의 제자가 되었고, 그 일은 예수님의 초기 사역에 새로운 힘을 불어넣었다.

믿음, 정치 불안, 성경의 예언, 개인의 카리스마, 거룩한 목적이 특별하게 결합되어 믿을 수 없는 일이 일어났다. 고매한 예루살렘 사람의 눈에는 시골 구석 갈릴리 출신의 이름 없는 목수에 불과한 한 사람이 갑자기 성전과 전통 종교에 맞서는 도전자가 되었다.

사람들이 오랫동안 기다려온 바로 그 메시아라고 주장하면서, 널리 알려진 구약의 예언대로 살아가면서 예수님은 자신이 실제로 그 메시아라는 확신을 수많은 유대인들에게 심어주었다. 메시아가 가야 하는 확실한 목표가 그분의 운명이 되었다. 그분은 잔혹한 죽음을 피하지 않고 맞아들임으로써 부활이라는 믿을 수 없는 것 중에서도 가장 믿을 수 없는 일이 일어나게 만들었다.

예수님은 죽으심과 부활을 통해 메시아에게 약속된 영원한 영광과 수십억 인류의 믿음을 얻었다. 지상에서의 삶이 끝난 이후로 2천년 동안 세대에서 세대로 이어진 그분의 가르침과 부활은 여전히 인생이 단지 게임이 아니고, 인간의 의식은 사라져버리는 실체가 아니라고 믿는 사람들의 소망이 되고 있다.

복음서의 복음서

복음서의 기원은 두 번째 세대 그리스도인들 이래로 신비의 대상이자 학자들의 연구 주제였다. 우리가 신약성경에서 보는 네 개의 복음서는 외관상 비슷할지 몰라도 그 내용은 본질적으로 다르며 아주 먼 옛적부터 바뀌지 않고 전해져 내려왔다. 마태, 마가, 누가, 요한이라는 이름이 붙기는 했지만 저자는 정확히 알 수 없다는 것이 통설이다. 이 복음서들은 예수님에 관한 믿기지 않는, 그리고 오늘날 증명할 수 없는 이야기를 우리에게 전해준다. 형성 초기의 교회에 속한 거룩한 제자들과 성직자들이 그 내용이 '틀림없고' '사도적'임을 확증했으나 '전통'이나 '확신' 말고는 아무런 이유도 주지 않았다. 100여 쪽에 달하는 이 문서들에 대해 수백만 쪽의 글이 쓰였으며, 수백만 명이 지난 2천 년 동안 이 문서들을 연구하고 해독하는 데 헤아릴 수 없는 시간을 보냈다. 이 문서들 때문에 죽은 사람이 한두 명이 아니다. 이 문서들은 수십억 생명의 지지와 희망이 되었다. 하지만 그 기원은 알려진 바가 거의 없다.

부활 이후 첫 300년 동안 예수님의 역사와 가르침을 기록한 문서들이 무척 많았지만 상당수가 사라졌다. 그럼에도 남아 있는 문서들만 해도 2천 쪽에 달한다. 네 개의 복음서를 다 합친 분량에 비하면 엄청나게 많은 양이다. 초기 세대들이 작업한 문서의 양은 놀라웠다. 그들은 먼저 이 문서들을 펴낸 다음에 편집했다. 분명 사라진 문서들이 남아 있는 문서보다 훨씬 더 많을 것이다.

그렇게 해서 나온 문서들은 예수님의 가르침으로만 구성된 도마복음과 같이 매우 짧고 간단한 문서에서 예수님의 젊은 시절 이야기(마태복음위서), 마리아 이야기(마리아복음서) 혹은 마리아 영면 등의 나중 시기의 이야기(요한복음위서)에 이르기까지 그 종류도 무척 많고 다채롭다.

아마도 매우 광범위했을 정경 선택의 기준은 대부분 알려지지 않았다. 소수의 책을 선택하고 많은 책을 제거하게 된 논의 과정도 기록되지 않았다. 그 과정에서 거절당한 모든 문서를 외경(*apocrypha*)이라고 부른다. '아포크리파'란 그리스어로 '감추어진 책들'이라는 뜻이다.

이 많은 문서 중 어느 것도 복음서의 기원에 관한 실마리를 제공하지 않는다. 이전의 나무 둥치에서 나온 싹들처럼 그 문서들은 마침내 잘 자라게 된 튼실한 나무에 대해 아무런 정보도 주지 않는다. 그에 비해 정경에 관한 이야기는 잘 알려져 있다. 교회 지도자 회의에서 어떻게 첫 번째 세대와 두 번째 세대의 추종자들이 예수님의 생애와 가르침을 기록한 수백 편의 문서 중에서 27권을 선택하게 되었는지 우리는 알고 있다. 그러나 어디에서도 원문 비평이나 과학적 접근의 요소들은 찾을 수 없다. 복음서들을 포함해 정경에 포함된 대부분의 문서는 그 결정을 내린 사람들의 '신앙'과 '신학'을 확증하는 것이기 때문에 선택되었다. 바울의 서신과 같이 가장 오래되고 확실한 문서들까지 선택과 검열의 대상이 되었다. 놀랍게도 가장 늦게 기록된 요한복음이 '전통주의자들'의 반대에도 불구하고 정경으로 선택되었다. 그들이 반대한 이유는 요한복음이 예수님의 삶과 가르침 자체보다는 그에 대한 신비한 논평을 담고 있다고 생각했고, 심지어 요한복음을 진리가 아니라 '그 빛'의 교리에 대한 예시로 간주했기 때문이다. 신약성경의 가장 오래된 사본의 파편에 요한복음의 일부가 쓰여 있다는 사실은 요한의 제자들이 다른 사도들의 제자들보다 훨씬 더 잘 조직되었음을 보여준다.

가장 오래된 '공식' 기독교 문서가 바울의 서신서라는 점을 명심해야 한다. 그 서신들은 가장 오래된 복음서로 간주되는 마가복음보다 먼저 쓰였다. 바울의 서신서들은 예수님의 가르침에 대한 언급으로 가득 차 있지만, 예수님이 공생애 때 하신 일들에 대해서는 별로 말하지 않는다. 그것은 예수님이 행하신 기적, 논쟁, 그 밖의 일화들이 최후의 만찬과 십자가에 달리심과 부활과 그와 관련된 가르침에 비하면 아무것도 아니라는 뜻인가? 바울이 회심 후 다메섹이나 아라비아, 안디옥 등에서 받은 훈련이 예수님의 삶과 행하심을 높이 평가하지 않았다는 것을 의미하는가? 아니면 그의 스승들이 예수님의 삶을 상세히 알지 못했다는 뜻인가? 첫 번째 질문과 관련해 말하자면, 안디옥 교회 사람들은 인간 예수님보다는 하나님이신 예수님에게 훨씬 더 관심이 많았다. 두 번째 질문과 관련해 말하자면, 예수님의 생애에 대한 구전은 그분이 부활하시고 나서 처음 20년 동안은 안디옥에 거의 전해지지 않았을 것이다. 이는 당시 안디옥에서 살고 있던 상당수의 제자들이 스데반의 순교로 일어난 환난을 피해 예루살렘에서 피신해온 사람들이었다는 사실을 반영한다(행 11:19). 사실 바울이 예수님에 대한 구체적인 사실보다는 상징에 더 중요성을 부여한 공동체에게서 예수님에 대해 배웠을 것이라고 생각하는 편이 합리적이다. 바울은 그 자료를 자신의 유일한 등불로 삼고 가르침을 받은 바에 기초하여 그의 사역을 전개했다. 그 가르침은 바울의 신앙 및 '신학'의 처음과 마지막이 되었다.

그러고 나서 복음서가 나온다. 가장 처음 쓰였고 정경으로 채택된 복음서는 마가복음이다. 일명 마가인 요한은 베드로의 제자였으며 바울과 동행하며 그의 행적을 예루살렘에 보고하도록 바울 곁에 파견되었다는 것이 사실로 받아들여지고 있다. 두 번째로 채택된 정경은 열두 제자 중 한 명인 마태의 이름으로 된 복음서로서 그리스도인이 된 유대인을 위해 쓰였다. 세 번째 복음서는 바울의 제자인 누가가 쓴 것으로 생각된다. 누가복음은 열두 제자가 세운 중동 지역의 여러 기독교 공동체들 사이에서 전해지고 있던 예수님에 관한 이야기를 요약한다. 세 복음서는 비슷한 듯하면서도 다르다. 다소 동일한 이야기를 전하고 있다는 점에서 비슷하고, 예수님의 행위와 가르침을 둘러싸고 있는 모든 요소가 다르다는 점에서 구별된다. 이러한 관찰 때문에 19세기의 주해자들은 이 복음서들이 참고했을 미지의 자료가 존재할 수 있다는 가능성을 제기했다.

주해자들은 누가의 머리말을 언급했다. "우리 중에 이루어진 사실에 대하여 처음부터 목격자와 말씀의 일꾼 된 자들이 전하여 준 그대로 내력을 저술하려고 붓을 든 사람이 많은지라"(눅 1:1-2). 두 번째 세대가 기록한 몇 개의 초기 기록들이 존재했고, 이 기록들이 누가가 쓴 보고서의 기초가 되었다. 마가복음과 마태복음을 제외하고 그 초기 기록들 중에 남아 있는 것은 없다. 그래서 누가복음의 내용이 마가복음과 마태복음의 조합이 아닌지, 아니면 누가가 그 밖의 다른 자료를 포함시키고 있는지 알아보고 싶은 유혹이 생겨났다. 이것이 큐 가설의 기원이다.

본문 비평법과 언어학의 발전으로 첫 세대 독일학자들은 두 가지 가설에 착수했다. 단일 자료로 마가복음이 사용되었는가 아니면 마태복음이 사용되었는가? 두 개의 자료, 즉 마가복음과 큐(Q라는 명칭은 출처 또는 원천을 말하는 독일어 Quelle에서 유래했다)가 있었는가? 독일학자들의 뒤를 이어 미국 학계가 작업을 했고, 이들은 두 가지 자료설을 인정하고 큐와 그 역사를 재구성하기에 이르렀다.

큐 문서는 마가복음이 쓰이기 이전 주후 40-60년 사이에 그리스어로 쓰인 것으로 추정된다. 그것은 예수님의 어록에 해당하는 가장 초기의 수집물인 도마복음의 '사촌' 정도로 여겨진다. 외경의 지위에서 벗어나지 못한 도마복음은 세례에서 수난 때까지의 예수님 어록만을 담았다. 공관복음의 순서와는 아주 다르게 예수님의 가르침에 집중하며 그것을 주제별로 묶고 있다. 도마복음에 기적에 대한 언급은 전혀 없다. 예수님에 관한 일화도, 예수님의 역사에 대한 추적도, 예수님의 죽으심과 부활에 대한 언급도 전혀 없다. 큐 문서는 마을을 다니며 활동했던 제자들이 새로운 신앙을 선포하고 새 신자들을 교육하는 데 사용한 초기의 교리문답일는지도 모른다. 마태와 누가가 그 내용을 광범위하게 사용한 후, 그들의 기록은 즉시 '공식 문서'의 지위를 얻었다(복음서라는 개념은 후대에 등장한다). 그리하여 큐 문서는 쓸모가 없어지고 신속히 잊혀졌을 것이다. 큐 문서는 누가가 언급한 이전의 자료들 중 하나일 수도 있다.

그렇게 많은 초기 문서들이 사라진 것은 여전히 수수께끼다. 남아 있는 문서들의 수와 외경 대부분의 신빙성이 낮은 것에 비추어 볼 때, 기초를 이루던 그 문서들이 사라졌다는 사실이 더욱 놀랍다. 일단 세 편의 공관복음이 나온 후, 그 기초 문서들은 다음 세대에 전해 줄 가치가 없는 미완성의 초안으로 취급되었을 것이다. 아무도 그 문서들이 먼 장래의 세대들에게 얼마나 소중한 것이 될 수 있을지 깨닫지 못했다. 집필 당시 대부분의 그리스도인들은 예수님의 재림이 임박했다고 확신했다. 그래서 그 메시지를 어떻게 다음 세대에 전할 것인지에 크게 관심을 기울이지 않았다.

큐 문서를 재구성하려는 노력은 분해된 시계를 재조립하는 것과 같았다. 큐 문서가 존재한다고 생각한 학자들은 마태복음과 누가복음에는 공통되게 있지만 마가복음에는 없는 부분들을 때로는 도마복음에서 가져다가 한 단어 한 단어, 때로는 한 글자 한 글자를 놓고 작업했다. 단 한 단어도 외부에서 가져와서 쓰지 않았다. 모두가 다 그 안에 있는 내용이다. 그들은 복음서를 다시 쓴다는 비난을 받지 않기 위해 노력했다.

큐 문서의 재구성은 20세기 초에 아돌프 폰 하르낙의 『예수의 어록』(Sprüche und Reden Jesu, 1907년)과 더불어 시작되었고, 이후 아타나시우스 폴락(1979년)에 의해 진행되었다. 그리하여 2000년에 로빈슨과 클로펜보그가 『큐 문서 비평 판본』(Critical Edition of Q)을 출간하는 개가를 올렸다. 이 비평 판본은 1983년에 시작되어 47명의 세계적인 연구자들이 진행한 큐 프로젝트의 결과물이다.

그 결과물은 일련의 예수님의 가르침으로 이루어진 짧은 텍스트다(분량이 마가복음의 절반도 안 된다). 세례 요한의 말과 예수님에 대한 그의 예언이 앞에 붙어 있다. 그 다음에 몇 개의 비유들, '이 세대'와 바리새인과 유대인에 대한 저주, 최후의 심판에 대한 예언, 재림, 하나님 나라에 관한 말씀이 나온다. 이 구절들 중에는 세상을 바꾸기 위해 선교에 나서라는 명령이 들어 있다. 예수님의 탄생과 삶, 죽음, 부활에 관한 내용은 전혀 없다. 여기서 예수님은 하나님의 아들이라기보다 '지혜자'로 나온다. '지혜자'에 연결시킬 수 있는 유일한 명칭은 토라에 깊은 뿌리를 두고 있는 '인자'(人子)다. 여러 말씀이 예수님은 하나님이 보내신 특사임을 암시한다.

큐 문서를 읽은 독자들은 놀라워하는 동시에 실망을 감추지 못했다. 먼저 보석 같은 예수님의 가르침이 마치 다이아몬드 원석처럼 여기에 있다는 사실에 놀라움을 느꼈고, 그분의 도덕적 가르침을 직접 듣고 깨달을 수 있다는 데 큰 만족감을 느꼈다. 그러나 바울이 예수님의 메시지에서 중심에 두었던 부활을 첫 번째 세대는 두 번째 세대만큼 중요하게 여기지 않는다는 것에 실망감을 느꼈다. 큐 문서에서 부활을 강조하지 않았다는 사실은 기독교 문서의 역사에서 분명 흥미로운 측면이다. 이 경향을 마가복음에서도 찾아볼 수 있다. 마가복음은 성육신의 이야기 전체를 다루지 않고 부활도 간략하게만 정리하고 있다.

가정에 따라 큐 문서를 재구성한 시도는 널리 비판을 받았다. 원본에 대한 언급은 어디서도 찾아볼 수 없으며, 단 한 조각의 사본 파편도 발견된 것이 없기 때문이다. 큐 문서와 가장 가까운 문서는 도마복음일 것이다. 도마복음은 큐 문서만큼 일찍이 기록되었을 것이고 서로 몇 개의 공통된 특징을 가지고 있는 것으로 보인다. 도마복음이 교회의 정경에 포함되지 않았다는 사실은 그 복음서가 가짜라는 뜻이 아니다. 그보다는 도마복음을 제쳐둔 학자들이 생각하기에 공관복음(마태복음, 마가복음, 누가복음)이 도마복음에 기록된 말씀을 모두 담고 있어 굳이 그것을 또 하나의 복음서로 채택하는 것이 불필요하다고 판단했기 때문일 것이다. 더욱이 도마복음은 분량이 적고 빈틈도 많아 더욱 그렇게 생각했을 것이다.

큐의 가설이 타당하든지 그렇지 않든지 간에 신약성경의 구성에 '빠진 고리'가 있는 것만은 틀림없다. 마태복음과 누가복음은 첫 번째 세대 제자들이 아닌 두 번째 세대 제자들의 펜끝에서 나왔다. 이들은 직접 목격한 사람들에게 가르침을 받고 여러 목격자들의 이야기를 비교했을 것이다. 그들은 확실히 서로 다른 장소와 전통 가운데서 살았으며, 그들이 얻은 정보와 그들이 함께 살고 있는 집단을 지배하고 있는 일반적 해석에 따라 전체 이야기를 전해주었을 것이다. 저자들이 활용했을 원자료에 해당하는 초기의 기록물들에 대한 탐구가 학자들을 큐 문서로 인도했다. 어떤 학자들은 큐 1, 큐 2, 큐 3 등 여러 버전의 큐 문서가 있을 것이고, 마태복음과 누가복음이 약간 다른 버전을 자료로 사용했을지도 모른다고 생각한다.

큐 문서를 통해 우리는 첫 세대 그리스도인들에 대해 잘 이해할 수 있게 되지 않을까? 그 점은 단어나 글자, 구문에 대한 논의만큼이나 중요하다.

이 질문에 대한 답은 어느 정도까지는 "그렇다"라고 할 수 있다. 첫 세대 그리스도인들이 정착 제자들과 예수님의 생활방식을 따라서 팔레스타인 전역을 다니며 복음을 전한 유랑 제자들로 나뉘는 것을 볼 수 있다. 유랑 제자의 경우 같은 잠자리에서 이틀 밤을 지내는 경우가 드물었다. 복음서에는 예수님 일행이 다니신 마을과 광야에서 보낸 밤과 낮 등 그 여정에 대한 이야기들이 가득한데, 그런 점으로 볼 때 예수님에게서 제사장보다는 전통적인 선지자의 모습을 더 많이 보았던 것 같다. 한편 정착 제자들은 그 수가 유랑 제자들보다 훨씬 많았을 것이다. 그들은 예수님의 생활방식을 따르지는 않았으나 그분의 메시지를 받아들인 '보통' 사람들이다. 복음서에 정착 제자들의 이름은 거의 나오지 않는다. 예외적으로 베다니의 한 가족과 아리마대 요셉과 몇몇의 이름이 나올 뿐이다. 그러나 정착 제자들이 유랑 생활을 한 예수님 일행의 필요를 보살폈음을 명확히 보여준다. 일상의 필요를 돌봐주는 사람들이 없었다면 예수님이 이처럼 단기간(3년 이하)에 메시지를 전할 수 없으셨을 것이다. 큐 문서는 예수님의 '말없는 제자들'에게 경의를 표한다. 예수님은 그들에게 밤낮으로 가르침을 주셨고, 그들은 보석과 같은 지혜의 말씀을 받아적어 이 마을에서 저 마을로 전했다.

그 이야기의 나머지 부분은 예수님의 부활 이후에야 비로소 명확해졌다. 그 놀라운 부활 사건은 몇 년이 지난 후(10년 혹은 20년) 바울의 열정적인 사역과 열한 제자들의 기억, 그리고 토라 및 선지서의 본문 주해 등을 통해 그 참된 의미가 떠오를 때까지 첫 세대 그리스도인들 사이에서 오래도록 논의되었을 것이 분명하다. 그러나 큐 문서는 그런 논의가 있기 훨씬 전부터 존재했고, 예수님의 어록은 이미 영원한 것으로 남았다!

하나님의 두 번째 탄생

'부활'은 그리스어로 아나스타시스(*anastasis*)로서 '일어서다'라는 의미를 가지고 있다. 이 단어는 마가복음과 누가복음에서만 사용되었다. 마태복음은 '깨어나다'라는 의미의 에게르테(*egerthè*)를 사용한다. 요한복음은 부활 후 예수님이 제자들에게 나타나신 일에 대해 아무런 명칭을 부여하지 않는다.

사복음서는 예수님이 십자가에서 죽으셨다가 이후에 제자들에게 나타나신 일에 대해 다른 증언을 하고 있다. 가장 오래된 마가복음은 간단히 한 장만 할애하여 무덤에 찾아간 세 여인들, 즉 막달라 마리아, 살로메, 야고보의 어머니인 다른 마리아에 대해 기록하고 있다(막 16:1). 여인들은 무덤이 열려 있는 것과 무덤 안에 흰 옷을 입고 앉아 있는 한 젊은이를 보았는데, 그가 그들에게 예수님은 지금 깨어나셨고, (예루살렘에서 150킬로미터 떨어진) 갈릴리에서 그들을 기다리고 계신다고 말해준다. 그 다음은 예루살렘을 떠나 길을 가다가 예수님을 만났으나 알아보지 못한 두 제자의 이야기로 넘어간다. 마지막으로는 예수님이 열한 사도들이 지켜보는 가운데 하늘에 오르신 일에 대해 전한다. 한편 요한복음은 막달라 마리아 혼자만 무덤에 갔다고 말한다(요 20:1).

마태복음의 설명은 더 상세한데, 여기에는 막달라 마리아와 '다른 마리아'가 등장한다(마 28:1). 천사의 등장에 예수님의 무덤을 지키던 경비병들은 겁에 질려 떨며 꼼짝하지 못하게 된다. 천사는 두 여인에게 예수님이 깨어나 갈릴리에서 제자들을 기다리신다고 전한다. 여인들은 그 소식을 전하러 제자들이 숨어 있는 장소로 달려간다. 가던 길에 두 여인은 예수님을 만나고, 예수님은 여인들에게 제자들한테 가서 갈릴리로 가라고 말하도록 이르신다. 성전 측에서는 경비병들에게 돈을 주면서 예수님의 제자들이 시신을 훔쳐 갔다고 말하라고 시킨다(이로 인해 유대인들이 예수님의 부활을 의심하게 된다. 참조 마 28:12-13). 열한 명의 제자들은 갈릴리로 가서 예수님을 만나지만 그들 중에는 여전히 의심하는 사람들이 있었다. 예수님은 그분의 이름으로 세상에 가서 세례를 베풀라고 명하며 그들을 파송한다.

누가는 복음서를 쓰는 동안 수집한 증언들에 기초하여 부활 소식을 전한다. 아마도 바울이 로마에서 순교한 후에 썼을 것이다. 누가가 전하는 이야기는 약간 다르다. 여인들의 수는 언급하지 않는다. 다만 '예수님을 따른 여인들'에 대해 말한다. 예수님의 무덤에 찾아간 여인들은 흰 옷을 입은 두 사람을 본다. 두 사람은 여인들에게 "어찌하여 살아 있는 자를 죽은 자 가운데서 찾느냐"(눅 24:5)며 예수님이 깨어나셨다고 말한다. 두 사람은 예수님이 십자가에 달리신 후에 사흘 만에 부활하실 것에 대해 예고하셨음을 일깨워준다. 여인들은 얼른 열한 제자들에게 가서 그 소식을 전했지만 그들은 매우 의심스러워한다. 베드로는 서둘러 무덤으로 가서 예수님의 시신이 사라졌음을 확인하고 당황한다.

그런 다음 이야기는 엠마오로 향해 가는 두 제자로 넘어간다(눅 24:13-35). 여기서 예수님은 신원을 알 수 없는 사람으로 두 제자에게 나타나 예수님의 사역과 죽으심의 의미에 대해 상세히 설명하고는 홀연히 사라지신다. 두 제자는 다른 제자들에게 이 일을 알리기 위해 예루살렘으로 되돌아간다. 제자들이 다함께 있는 자리에 예수님이 다시 나타나 음식을 먹고 상처도 보여주면서 자신이 '진짜'임을 그들에게 확신시키려고 노력하신다. 그런 다음 앞서 엠마오로 가던 두 제자에게 말씀한 내용을 다시 설명하신다. 그리고 오순절에 성령이 임할 것임을 밝히고 나서 하늘에 오르신다.

한편 또 하나의 복음서를 쓴 사도 요한은 매우 다른 이야기를 전하고 있다. 막달라 마리아는 시신에 향유를 붓기 위해 예수님의 무덤을 찾아갔다가 무덤 문이 열린 것을 보고 베드로와 요한에게 돌아간다. 그들은 함께 무덤에 가보기로 결정한다. 먼저 도착한 요한은 무덤이 비어 있는 것을 보았지만 무덤에 들어가지는 않는다. 다음으로 도착한 베드로가 무덤 안으로 들어가 개어져 있는 세마포와 예수님의 머리를 쌌던 수건을 본다. 그 다음에 요한이 들어간다. 두 사람 모두 그 광경을 보고 믿는다(요 8:20).

그 둘이 떠나고 마리아가 홀로 남는다. 마리아는 무덤 안을 들여다보다가 두 천사를 발견한다. 마리아와 천사들이 간단한 대화를 나누기 시작할 때, 예수님이 나타나지만 마리아는 동산지기라고 생각한다. 마리아는 예수님이 그녀의 이름을 부르자 시신에 관해 묻다가, 그 순간 동산지기가 예수님이라는 사실을 깨닫는다(요 20:16). 예수님은 그녀에게 가서 제자들에게 소식을 전하라고 말씀하신다. 그리고 자신이 곧 하나님께로 돌아간다는 사실도 전하라고 말씀하신다. 막달라 마리아는 제자들에게 가서 주님을 보았다고 말한다.

바로 그날 저녁, 예수님이 문이 닫혀 있는 방안의 제자들 앞에 나타나 자신의 상처를 보여주신다. 그리고 그들에게 숨을 내쉬며 "성령을 받아라"고 말씀하시고는 죄를 사하는 권능을 주신다(요 20:22-23). 극적인 두 번째 출현 때, 예수님은 도마에게 자신의 상처에 손가락을 넣어보라고 하심으로써 자신이 진짜 예수님이라는 사실을 확신시켜 주신다.

그런 다음 요한복음의 마지막 장이 이어진다. 이 장에서 예수님은 갈릴리 디베랴의 호수에서 물고기를 잡는 일곱 명의 제자들에게 나타나신다. 베드로와 도마, 나다나엘, 야고보, 요한 및 다른 두 제자들이다. 예수님은 물가에 서서 그들을 부르신다. 그들은 물고기를 한 마리도 잡지 못하고 힘든 밤을 보낸 터였다. 예수님은 그들에게 그물을 다시 던져보라고 말씀하신다. 제자들은 말씀대로 그물을 던졌고 놀랍게도 153마리의 물고기를 잡는다. 베드로는 그분이 예수님이심을 알아차리고 물에 뛰어들어 예수님을 만나러 간다. 예수님은 모닥불을 피우고 생선과 떡을 준비한 후 제자들에게 먹으라고 주신다(요 21:9). 그 다음은 베드로와의 특별한 대화 장면이다. 이 대화를 통해 베드로는 예수님을 부인했던 일을 용서받고 사도로 다시 인정을 받는다. 베드로는 예수님에게 요한의 운명에 대해 묻지만 예수님은 모호하게 대답하신다. 그 때문에 요한이 예수님의 재림 전까지 죽지 않을 수도 있다는 암시를 주셨다고 믿는 사람들도 생겨났다.

이상이 인류 역사상 가장 특별한 현상, 한 사람이 죽은 자 가운데서 살아나신 일을 전하는 복음서의 본문들이다.

예수님의 시신이 사라졌다는 소문은 무언가 이상한 일이 벌어졌음을 보여주는 첫 번째 표시였다. 복음서들은 무덤에 시신이 없다는 이야기를 듣고 놀라는 제자들의 모습을 언급한다. 처음에 그들은 누군가가 예수님을 다른 무덤에 장사 지내기 위해 밤중에 시신을 옮겼을 것이라고 생각했다. 경비병들은 제자들이 예수님의 시신을 빼돌리고 거짓으로 부활 소문을 퍼트린 것으로 말하라는 상급자들의 지시를 받는다. 제자들은 증거를 원했다.

처음에는 여인들만 예수님이 다른 형태이기는 하지만 살아나셨음을 믿었다. 그 여인들은 예수님을 즉시 알아보지는 못했다. 한 여인은 살아나신 예수님을 동산지기로 생각했다. 다른 여인은 행인 중 한 명으로 생각했다. 다른 사람들은 무덤 주변과 무덤 안에 있던 천사들에 대해 이야기했다. 두 명의 남성 제자가 무덤에 직접 가서 비어 있는 무덤을 보고 예수님이 부활하셨음을 믿었다.

'새로운 예수님'의 면모에 관한 최초의 진술은 모호하며 일관성이 없다. 왜 복음서의 최종 편집자들이 부활에 관해 일치된 '공식' 설명을 내놓지 않고 그대로 두기로 결정했는지 의문을 가져볼 수 있다. 그에 대한 답은 다음과 같다. 그 본문들은 동시에 기록되지 않았고 같은 장소에서 기록되지 않은 것도 확실하다. 외경과 같은 수십 개의 다른 본문들 가운데 초대 교회가 수집한 내용 중에서 가장 진정성 있고 사실적인 것을 채택했다고 보아야 한다. 일단 채택하고 나서는 어떤 수정도 용납되지 않았으므로 그 본문들은 그대로 수세기를 내려왔다. 복음서는 결코 역사서가 아니다. 저자들은 어떤 명칭으로 불리든지 자신들의 증언을 복음서에 담았다. 그들은 역사적으로 증명된 보고서를 작성하려 한 것이 아니라 다만 자신들이 보고 들은 것을 기록했다. 아마도 저자들은 서로를 알지 못했을 것이다.

마태와 요한만 열두 제자의 일원이었다. 마가와 누가는 각각 사도 베드로와 바울의 제자들이어서 그들에게 들은 바를 기록했을 것이다. 그들은 들은 것이 과연 진실인지 확인할 수단이 없었고 그럴 뜻도 없었을 것이다. 마태 혹은 그의 필사자는 안디옥에 있었고, 사도 요한은 아주 멀리 에베소에 있었다. 사도 요한은 나이가 많아서 기억력이 현격히 떨어지는 때에 글을 썼거나 대필을 시켰다. 먼저 그는 성전의 멸망과 팔레스타인에서 유대인들이 대거 탈출하는 일, 세상의 종말, 그의 첫 번째 책 계시록에 나오는바 세상의 종말이 가까워졌을 때에 관한 환상에 대해 썼다. 그런 다음에 그가 젊은 시절에 목격한 특별한 사건들에 대한 해석을 복음서에 담았다(요한이 열두 제자 중에서 가장 어렸다).

복음서에서 부활에 대한 어떤 '증거'를 찾기란 불가능하다. 여러 세대에 걸쳐 전문가들이 시도했지만 실패했다. 오늘날에도 여전히 유대인 전체가 부활은 구약성경에 예언된 신적 메시아, 다윗 왕의 후손에 대한 이단설을 확정하기 위해 열두 사도들이 만들어낸 사기극이라고 믿고 있다.

그렇다면 부활은 어디까지나 믿음의 문제이며 성령이 우리 마음에 믿음을 심어주어야만 믿을 수 있다고 말할 수밖에 없는 것일까? 인류 역사상 전무후무하며 냉철한 이성에 비추어 볼 때 전적으로 믿을 수 없는 부활을 믿으려면 오직 성령이 믿음을 주셔야만 가능하다고 말해야 하는가?

그러면 너무 간단한 일이 될 것이다.

여러 세대를 지나며 무수히 많은 정신적 지도자들이 죽임을 당했고, 그들의 시신은 거의 다 사라졌다. 그들 중에 아무도 다시 살아 돌아올 것처럼 말하지 않았다. 고대 문명의 신들은 그야말로 신들이지 사람이 아니었다. 그 신들은 불멸이라고 했지 부활한다고 하지는 않았다. 예수님만이 '죽은 자들 가운데서 살아나셨으며' 하나님이라고 믿어지는 유일한 분이다.

이 신비의 열쇠 중 하나를 우리는 부활 후에 이루어진 그리스도의 나타나심(현현)에서 찾을 수 있다. 부활하신 예수님은 더 이상 인간이 아니며 어떤 이름을 붙일 수 없는 존재가 되셨다. 다른 이들과 함께 있으면서도 동시에 다른 곳에도 계실 수 있고 벽과 공간을 통과하셨다. 잠시 인간의 모습을 취하기도 하셨지만 그분을 바로 알아볼 수는 없었다. 말씀도 하고 음식을 드시기도 했지만 꼭 드셔야 하는 것은 아니었다. 직접 상처를 보여주고 도마에게 만져보게도 하며 자신이 진짜임을 확인할 수 있게 하셨지만, 더 이상 그분을 인간이라고 말할 수는 없다. 부활이란 예전의 삶으로 복귀하는 것이 아니라 또 다른 삶의 유형으로 한 걸음 나아가는 것이다.

두 명에서 일곱 명 사이의 몇몇 제자들만 예수님의 무덤을 찾아갔고, 그들의 대부분은 여성들이었다. 다른 제자들은 그들의 말을 잘 믿지 못하고 예수님의 시신을 도둑맞았다고 생각했다. 그들에게는 그리스도의 현현이야말로 그분이 부활하신 증거였다.

그리스도의 현현으로 부활에 대한 믿음이 강하게 일어났다. 40일 동안 예수님은 유대 지역 예루살렘에서 갈릴리로 가셨고, 수십 명의 제자들 앞에 나타나 그들에게 말씀하셨다. 제자들은 그들의 생애에서 가장 특별한 사건을 목격하고 믿었다. 그리하여 그들은 그 기적을 사람들에게 열정적으로 전하는 자들이 되었다. 그들은 또한 부활 사건에서 예수님이 전파하신 내용과 그분의 신비하고 모호한 예언들에 대한 설명을 발견했다. 마침내 그들은 예수님을 3년 동안 따라다니며 듣고 보고 겪은 모든 일들이 오실 메시아에 대한 고대 예언의 성취였음을 깨달았다.

사도행전은 오순절 성령강림 직후 베드로의 첫 번째 공식 설교를 길게 보도한다. 그 설교는 베드로가 '새로운 예수님'과 마지막으로 대화를 나눈 후 제자들이 이해했던 내용을 가장 잘 드러내고 있다. 기독교 신학은 부활 이후에 모든 것을 전망하시는 초자연적 예수님과 제자들이 마지막으로 접촉한 이 사건들 가운데서 탄생했다

부활이 기독교의 기초를 놓는 사건이라는 것은 의심할 여지가 없다. 그 일이 일어나기 전에 사도들은 그저 한 지혜로운 스승의 제자들일 뿐이었다. 스승이 죽으면서 제자들은 절망했고 후환을 두려워했다. 그러나 예수님의 부활하신 이후로 그들은 새로 출발한 신앙을 효과적이고 용기 있게 전하는 전파자로 변모했다. 죽음이 여정의 끝이

아니라 새로운 탄생임을 배웠기 때문이다. 강력한 믿음 덕분에 두려움은 더 이상 그들을 위협하지 못했다. 이제 그들은 인류 역사에서 새로운 기독교 시대를 열어간다.

우리 시대를 위한 묵시

그리스 밧모섬에 도착했을 때 당신이 받을 첫 인상은 매우 강렬할 것이다. 요한이 이 섬에 머문 일과 관련된 전설이 하도 많아 그리스도인이라면 아무런 감정 없이 이 섬에 발을 내딛기가 힘들지도 모르겠다. 주변의 경치가 수려하고 특별한데다 수도승들이 노래하는 시편 가락이 들려오면서 이곳 밧모섬에서 하늘과 땅이 만나고 있는 듯한 느낌마저 든다. 로마 황제 도미티누스에 의해 밧모섬에 유배된 사도 요한은 이곳에서 5년 동안 머물며 자신이 본 환상을 묘사하는 불멸의 작품을 써내려갔다. 한 천사가 그에게 하늘을 열어 보여준 것이다. 요한 앞에 하늘에서 이루어지는 광대하고 믿을 수 없는 무용극이 펼쳐진다.

성경의 마지막 책인 요한계시록은 요한복음이 기록되기 수년 전에 사도 요한이 썼다고 알려져 있다. 요한계시록은 요한의 제자인 이그나티우스, 이그나티우스의 제자 폴리갑, 폴리갑의 제자 리옹의 이레니우스의 증언이 있고 나서 정경으로 채택되었다.

전승에 따르면 요한은 주후 101년에 에베소에서 생을 마감했다(98세로 추정된다). 그는 마리아가 죽은 후에도 한참을 더 살았다. 마리아는 예수님의 분부에 따라 인생의 후반기를 요한과 함께 보냈다. 요한은 열두 제자 중 막내였다.

요한계시록은 아주 연로한 한 노인이 본 환상을 서술한 책이다. 요한이 그 책을 쓸 당시는 90세 정도였다. 그의 인생은 사명 완수를 위한 오랜 투쟁이었다. 그는 "내가 올 때까지 그를 머물게 하고자 할지라도 네게 무슨 상관이냐"(요 21:22)라고 예수님이 베드로에게 하신 말씀을 자기가 죽기 전에 예수님이 재림하실 것이라는 약속으로 확신한 듯했다. 나이가 들수록 그는 점점 재림에 가까이 간 셈이다. 90세가 되었을 때 그는 동료들을 모두 떠나보내고 홀로 남았다. 예수님과 함께한 기억과 장차 도래할 새 예루살렘 하나님 나라에 대한 커다란 기대가 그를 감싸고 있을 뿐이었다. 그가 해야 할 일은 분명했다. 그가 남길 것은 예언이었다. 복음서는 이미 세 편이나 기록되어 있으므로 하나를 더 추가하는 것은 급한 일이 아니었다.

그는 에베소를 중심으로 에게해 지역에 있는 일곱 개의 기독교 공동체를 주관하는 일종의 감독이었다(에베소, 버가모, 라오디게아, 빌라델비아, 서머나, 두아디라, 사데). 요한은 멀리 떨어져 있는 그 교회들에게 권면하는 일곱 편의 서신을 쓰기 시작했다. 그 서신은 세상의 종말과 관련된 하나의 환상으로 시작된다.

생 텍쥐페리 소설 속 어린 왕자와 비슷한 모습의 한 천사가 일곱 개의 별을 들고 일곱 개의 촛대 사이에 서 있는데, 입에서는 날카로운 칼이 나오고 있다. 세상의 시작과 끝을 상징하는 알파와 오메가의 영구적인 이미지가 마치 바그너 오페라의 주요 악상처럼 울려 퍼진다.

그런 다음 일곱 편의 서신이 이어진다. 요한은 언제나 각 공동체의 긍정적인 점을 언급하지만 그 서신들은 거룩한 저주처럼 들린다. 에베소 교회는 니골라당과 싸우는 중이다. 이 빗나간 무리는 예수님이 인간이 아니라 인간의 몸을 취한 영이었으며 순결의 필요성을 거절한 분이라고 주장했다. 서머나 교회는 핍박에 용기 있게 저항했다. 버가모 교회는 니골라당의 방해에도 불구하고 신실했다. 두아디라 교회는 거짓 여선지자 이세벨의 악영향에도 불구하고 올바른 믿음 위에 굳건하게 섰다. 사데 교회에는 여전히 의로운 몇 명의 신자들이 남아 있었다. 빌라델비아 교회의 그리스도인들은 구원을 받을 것이다. 라오디게아 교회는 미지근하지만 다시 축복을 받기 위해 흰 옷을 사게 될 것이다.

각 서신마다 상징적인 상급을 약속하며 끝난다. 저마다 생명나무 열매를 먹고, 감추어진 만나를 받고, 열방에 대한 권세를 쥐며, 흰옷을 선사받는다. 이러한 상급을 받는 자들은 하나님 성전의 기둥이 되며 그리스도의 보좌 곁에 앉을 것이다.

우리는 지금 상징과 은유와 수사로 이루어진 우주에 들어와 있다. 이 서신들은 짧지만 해석하기가 바울의 서신들보다 더 어렵다. 니골라당과 거짓 여선지자 이세벨이나 발람에 대한 공격과 같은 몇몇의 구체적인 정보가 나오지만 '미지근함' 혹은 불완전함에 대한 비판은 모호하다. 이러한 책망이나 축사가 어떤 중요성을 갖는지도 불분명하다. 이 서신들의 핵심은 요한계시록의 두 번째 부분에 대한 일종의 서문으로서 시적 도입부 역할을 한다. 그리고 두 번째 부분에서 요한이 본 환상이 본격적으로 펼쳐진다.

기이하고 화려하며 묵시적인 환상 말이다!

화가들은 그 환상에 대한 자신의 해석을 그림에 부여하려고 노력했다. 요한계시록에 근거하여 마지막 심판을 묘사한 제롬 보쉬의 〈최후의 심판〉 제단화가 가장 유명하다. 상징주의자인 귀스타브 모로와 오딜롱 르동은 요한계시록에 나오는 여자와 마지막 승리에 대한 라파엘 전파(Pre-Raphaelitism)의 해석을 시도했다. 이스탄불의 코라 교회와 같은 팔라이올로고스 르네상스 비잔틴 교회들의 프레스코 벽화 제작자들은 여섯 날개와 많은 눈을 가진 네 생물을 묘사하려고 노력했다. 살바도르 달리는 큰 음녀인 붉은 옷을 입은 여자를 묘사하는 데 집중했다. 용들과 짐승들은 〈아바타〉와 같은 공상 영화의 배경이 되었다. 그 용들과 짐승들은 선과 악의 싸움을 나타낸다. 여호와의증인 같은 천년왕국 이단 종파는 "인침을 받은 자들이 십사만 사천이니"(계 7:4)라는 구절이 구원 받은 성도들의 수를 말한다고 생각했다.

환상적인 오페라의 서곡처럼 첫 번째 환상은 스물네 개의 보좌가 후광을 가진 '누군가'의 보좌를 둘러싸고 있는 것을 보여준다. 스물네 명의 장로들이 그를 경배하고, 네 생물이 그를 보호한다. 그런 다음 그 누군가는 일곱 인으로 봉인된 두루마리를 가진 '살아 계시는 이'가 된다. 첫 장면은 일곱 뿔과 일곱 눈을 가진 어린 양을 보여주는데 어린 양이 일곱 인으로 봉인된 두루마리를 하나씩 개봉한다.

첫 번째 봉인이 열리자 흰 말을 타고 왕관(면류관)을 쓴 정복자가 나온다. 두 번째 봉인이 열리자 붉은 말을 탄 장수가 나온다. 세 번째 봉인이 열리자 저울을 든 거래자가 나오고, 네 번째 봉인이 열리자 청황색 말을 탄 사망(죽음)이 등장한다. 이상이 계시록에 나오는 네 명의 기사들이다.

다섯 번째 봉인이 열리자 천상에서 순교자들이 승리하는 모습이 나온다. 그들은 흰 옷을 받으며 그들을 죽인 살인자들의 심판을 요구한다. 여섯 번째는 최후의 대격변과 최후의 심판 봉인이다.

일곱 번째는 하나님의 종들이 이마에 하나님의 인을 받는 14만 4천 명(이스라엘 각 지파마다 1,200명)에 대한 봉인이다(계 7:2-4).

일곱 번째 봉인을 떼자 일곱 나팔을 든 일곱 천사들이 나온다. 첫 번째 천사가 나팔을 불자 피 섞인 우박과 불이 내려와 땅의 3분의 1을 태워버린다. 두 번째 천사가 나팔을 불자 운석(큰 산과 같은 것)이 떨어져 인간의 3분의 1이 죽는다. 세 번째 천사가 나팔을 불자 쓴 쑥이라고 불리는 별이 땅에 떨어져 물이 쓴 물이 되어 수천 명이 죽는다. 네 번째 천사가 나팔을 불자 해와 별들이 타격을 받아 일부가 어두워진다. 다섯 번째 천사가 나팔을 불자 14만 4천 명을 다섯 달 동안 고문하는 황충들이 침입한다. 여섯 번째 나팔을 불자 갇혀 있던 말 탄 네 명의 기사들이 풀려난다. 그 기사들은 24만 명의 마병대를 이끌고 인류의 3분의 1을 죽인다.

몇 가지 환상이 나온 후 일곱 번째 천사가 나팔을 불자 메시아의 통치가 시작된다. 그 메시아의 통치로 이르는 길이 무시무시하다. "해를 옷 입은 한 여자가 있는데 그 발 아래에는 달이 있고 그 머리에는 열두 별의 관을 썼더라. 이 여자가 아이를 배어 해산하게 되매 아파서 애를 쓰며 부르짖더라. 하늘에 또 다른 이적이 보이니 보라 한 큰 붉은 용이 있어 머리가 일곱이요 뿔이 열이라. 그 여러 머리에 일곱 왕관이 있는데 그 꼬리가 하늘의 별 삼분의 일을 끌어다가 땅에 던지더라 용이 해산하려는 여자 앞에서 그가 해산하면 그 아이를 삼키고자 하더니"(계 12:1-4). 용과 여자 사이에 끔찍한 싸움이 시작되는데 결국 그 용은 포기하고 다른 인간들을 먹으려고 돌아선다. 또 다른 비슷한 용이 바다에서 올라온다. 그 용에게 첫 번째 용이 왕관을 씌워주고, 인간들이 두 용을 경배한다. 뿔이 두 개 달린 세 번째 짐승이 666이라는 숫자를 가지고 땅에서 올라온다("짐승의 이름이나 그 이름의 수", 계 13:17). 모든 사람의 이마나 오른손에 이 숫자를 표시한다. 다음 장면이 시작될 때 어린 양이 다시 복귀한다. 그 이마에 하나님의 인("어린 양의 이름과 그 아버지의 이름을 쓴 것", 계 14:1)을 가지고 어린 양에 대한 비밀의 찬송을 부르는 14만 4천 명을 이끌고 온다(계 14:1-3).

천상에서 세 천사가 내려와 큰 성 바빌론과 그 짐승을 경배하는 자들을 저주하고 최후의 심판을 선언한다. 하늘에서 소리가 들려와 주님을 위해 죽는 사람들에게 복을 기원한다.

그런 후 하나님의 진노에 따른 행위가 이어진다. 라틴어로 디에스 이라에(*Dies Irae*, 진노의 날)다. 바하와 같은 고전음악 작곡가들이 이것을 주제로 음악을 만들었다. 일곱 재앙을 가지고 일곱 천사가 등장한다. 최후의 심판이 이르기 전에 임하는 일곱 개의 마지막 재앙들이다.

천사마다 대접을 하나씩 들고 그 대접을 쏟아 붓는다. 세상의 왕들이 마지막 재앙이 일어나는 곳인 아마게돈에 모여든다. 최후의 재앙은 인류가 존재한 이래로 한 번도 없었던 큰 지진이다. '큰 음녀'인 바빌론이 무너지고 불에 탄다(계 18:9-10). 부자와 힘있는 자들은 살아남아서 바빌론이 무너지는 것을 본다.

다음 장면은 어린 양의 혼인 잔치다. '만왕의 왕, 만주의 주'라고 쓴 옷을 입은 백마를 탄 자가 나타나고 그 뒤를 하늘의 군대가 뒤따른다. 짐승들과 그들의 군사들은 유황 못에 던져진다. 천사들이 무저갱의 열쇠와 옛 뱀(사탄)을 결박할 쇠사슬을 가지고 뒤따라와 사탄을 잡아 결박하여 무저갱에 던져넣고 봉인하여 천 년 동안 가둔다.

그런 후에 첫 번째 부활이 일어난다. 순교자들의 부활이다. 천 년 후에 사탄은 다시 자유롭게 풀리는데 하늘의 불로 그의 군대가 망할 때까지 전쟁이 다시 일어난다. 그런 다음 비로소 최후의 심판이 온다. 죽은 자들이 소집되고 생명책이 열린다. 죽은 자들은 생명책에 따라 심판을 받는다. 그 책에 기록되지 않은 사람들은 불 못에 던져진다.

그 환상에서 새 예루살렘이 하늘로부터 내려오고 하나님이 "나는 알파와 오메가요 처음과 마지막이라. 내가 생명수 샘물을 목마른 자에게 값없이 주리니 이기는 자는 이것들을 상속으로 받으리라. 나는 그의 하나님이 되고 그는 내 아들이 되리라. 그러나 두려워하는 자들과 믿지 아니하는 자들과…모든 자들은 불과 유황으로 타는 못에 던져지리니"(계 21:6-8)라고 선언하신다. 예루살렘은 어린 양의 신부이고 낙원이며 하나님의 나라다. 바로 여기에서 의인들이 어린 양인 예수님의 보호 아래 영원한 생명을 누리게 될 것이다.

요한계시록은 이 예언을 듣고 지키는 자는 복이 있고, 단 한 글자라도 바꾸려고 하는 자들에게는 저주가 있을 것이라는 말로 끝을 맺는다. 그리고 예수님이 말씀하신다. "내가 진실로 속히 오리라"(계 22:20).

요한계시록은 우주의 시다. 창조 세계의 처음부터 끝까지, 알파에서 오메가에 이르는 한 편의 알레고리다(알파와 오메가는 그리스 알파벳의 첫 글자와 마지막 글자다).

저자의 영감과 강렬한 상상, 믿을 수 없이 풍부한 어휘력, 풀어내는 이야기의 엄청난 배경, 그 알레고리가 제시하는 힘 때문에 요한계시록은 세계문학사에서 가장 특별한 텍스트 중 하나가 되었다. 세계의 종말을 눈앞에서 보는 듯한 생생한 묘사와 이처럼 강력한 소망은 어디에서도 찾아볼 수 없다. 요한계시록의 하나님은 알파와 오메가의 권세를 가진 분으로서 자연의 모든 힘을 가지고 빅뱅과 블랙홀을 이기는 은하계의 주관자, 권세의 하나님이시다. 인간이신 예수님의 모습은 하나님이신 예수님의 모습에 가려서 잘 보이지 않는다. 예수님은 자신의 뜻에 따라 존재하는 모든 것을 운행하며 변화시키는 창조주이자 영원한 에너지로 변모하신다. 인간은 아무것도 아니다. 그저 죄인들과 용서받은 자들의 유약한 집단이다. 용서받은 자들은 하나님의 위대하심과 어린 양 예수님의 높아지심을 경배하고 바라보는 권리밖에 없다. 영원한 찬송과 묵상(관상) 말고는 약속받은 것이 없다. 이 소망은 저자 요한과 그의 제자들의 궁극적인 소원으로 멋지게 묘사되어 있다.

요한이 메시아의 재림을 볼 수도 있을 것이라는 암시를 예수님이 하셨을 때, 사도들의 상상에 불이 붙었다. 요한이 나이가 들어가면서 종말에 다가가고 있다는 느낌도 더욱 강렬해졌다. 에베소에 있던 요한의 제자들은 미래에 대해 크게 근심했다. 요한이 죽을 때가 다가오면서 그들의 공동체에 공포의 물결도 함께 밀려왔을 것이다. 요한은 자신의 글이 14만 4천 명으로 여겨진 제자들에 대한 구원의 약속이 되어주리라고 생각했을 것이다. 요한 자신도 홀로 남았고, 그를 따르던 제자들에게 위로가 필요했다고 확신했기 때문에 그 같은 정서의 환상과 천상의 이미지와 알레고리를 사용한 듯하다.

지구라는 작은 행성에 살고 있는 작은 존재에 불과한 우리가 이 우주적인 환상과 초현실적인 수사법에 깊이 감추어져 있는 메시지를 어떻게 해석할 수 있겠는가?

오늘날 디지털 기술로 완성도를 높인 판타지 영화들과 그런 영화의 전 세계적인 성공은 대중이 '아마게돈의 시나리오'를 몹시 기대하고 있음을 보여준다. 빅뱅 이론의 대중화와 그와 관련된 과학과 신학 논쟁들이 인류의 상상을 사로잡았다. 과학의 발전이 믿을 수 없는 것을 점점 더 멀리 밀어내고 있음에도 불구하고 알려진 세계 너머로의 도피는 여전히 인간이 꿈꾸는 가장 좋은 방법 중 하나다.

오늘날의 문화는 요한이 살던 시절과 그리 다르지 않다. 그때나 지금이나 사람들은 미지의 세계를 선망하고 미래에 호기심을 느끼며 인간이 세상의 종말을 초래할 수 있음을 염려한다.

요한계시록은 오늘날 우리를 위한 텍스트이기도 하다.

지난 2세기 동안 우리는 많은 용과 야수들을 목도하며 견뎌왔다. 인간은 그런 세력들에게 엄청난 권력을 주었고, 그들은 인류에게 전례 없는 악을 저질러 문명이 몰락할 지경에 이르렀다. 대부분의 대립과 갈등에는 서로의 멸망을 기도했던 기독교 국가들이 포함되어 있었다. 선지자들의 소리는 들리지 않았고 그들은 죽임을 당했다. 사랑이 아니라 죽음이 알파와 오메가가 되었다. 심지어 기독교 국가들 내에서도 거짓된 신앙과 죄에 물든 믿음에 사람들을 강제로 굴복시키기 위해 파괴와 학살을 최후의 수단으로 삼았다. 큰 음녀 바빌론은 베를린이나 도쿄 같은 도시에서 인간의 화염에 불타 잿더미가 되기 전까지 증식하고 번성했다. 오늘날의 소돔과 고모라라고 할 수 있는 선진국과 개발도상국의 거대도시들은 여전히 번성하고 있으며, 그 도시들의 마지막 운명을 명확히 볼 수 있는 사람은 아무도 없다.

하나님의 사랑을 믿는 사람들은 천상의 예루살렘이 지상에 사랑의 왕국을 세우기 위해 내려오고 있다는 사실을 동시대인들에게 알리고 납득시키기 위해 애써왔다. 사실 2천 년이 지난 지금도 요한의 환상은 여전히 우리에게 소망이 되어준다. 사실 우리는 궁극의 악을 경험하는 일에 있어 요한의 시대보다 훨씬 더 열악한 처지에 놓여 있다. 그것은 로마 군대나 게르만족의 위협보다 훨씬 더 흉악하다. 오늘날 우리는 요한의 시대보다 훨씬 더 많은 것을 알고 있지만, 그동안 축적해온 과학 지식과 경험이 오히려 우리를 위협하고 있다. 이 지식을 어떤 방향으로 집중시켜야 유익하게 사용할 수 있을지 알지 못하기 때문이다.

최후의 심판에 어떤 의미를 부여하든 우리가 확실히 알 수 있는 사실은, 이 세상이 언젠가 끝날 것이고 최후의 날은 인간이 자연 세계를 어떻게 다스렸는지 총체적으로 평가하는 날이 되리라는 것이다. 누가 이 평가를 할까? 하나님이 아니시겠는가?

요한계시록은 우리의 세계와 현재에 대한 알레고리(비유)이자 우리 인간이 지성과 학문과 경험으로 세울 종착지가 어떤 곳인지 영감을 주는 영구적 환상의 기록이다. 그러나 아무리 진보한들 그 원동력이 사랑에 있지 않으면 아무런 의미가 없음을 지난 세기 동안 우리의 지성과 학문과 경험이 보여주었다. 인류가 마지막으로 내세울 수 있는 것이 사랑일 때, 우리는 비로소 이 우주에 인간이 존재하는 이유를 찾게 될 것이다.

사랑은 하나님의 이름이다.

사랑은 소망의 이름이다.

요한계시록은 우리 시대를 위한 묵시다.

S Science _과학

자연법칙에 대한 영적 해석

과학은 항상 종교와 대척점에 있었다. 과학은 우주에 대한 지식을 습득하기 위해 나아가는 끊임없는 여정이고, 그 여정에서 인간만이 지성의 도움을 받아 시공간을 여행한다. 한편 종교는 종교야말로 자연현상의 배후에 있는 우주의 창조주에 대해 알 수 있는 가장 빠른 길이라고 주장한다.

19세기에 어떤 과학자들은 "실험실은 하나님의 무덤"이라고 말했다. 이 말은 하나님이 어떤 방정식의 변수도, 상수도 아님을 과학이 입증한다는 뜻이었다. 그 당시 우주의 모든 법칙은 결국 해독되리라는 것이 일반적인 믿음이었다. 남은 일은 올바른 방정식을 찾아내는 것이었다. 그러한 수학적 모델에서 하나님의 자리는 전혀 없었다. 최근의 과학 발전으로 우리는 자연법칙이 훨씬 더 복잡하고, 순수논리가 삶과 의식뿐만 아니라 물리 세계도 결코 지배하지 못한다는 사실을 알게 되었다.

하나님과 첨단 과학 사이의 대립은 오늘날에는 다음 두 가지 이유로 그리 문제가 되지 않는다.

첫째, 과학은 그 전제를 기원을 알 수 없는 지구적인 상수에 둔다. 그런데 이 상수는 하나님에 해당하는 다른 이름일 수 있다. 오늘의 과학적 발견이 온전할 수 없고, 과학자들은 자신의 이론이 언젠가 다른 이론에 의해 대체되리라는 것을 안다. 그래서 우주의 신비와 인간이 아무것도 아닌 동시에 모든 것일 수 있는 광대한 미지의 세계에 대해 겸손하며 민감하다. 나노 수준에서 무한대에 이르는 양자역학과 그 이론을 우주의 기원으로까지 확대시키는 발전은 '무에서 유'의 즉각적인 발생이 더 이상 추상적인 개념이 아니라 순수 에너지에서 즉시 분자가 발생한다고 가정하는 팽창이론에서 그 근거를 찾을 수 있다. 무에서 유가 생겨날 수 있다는 가정은 '하나님 문제'에 새로운 빛을 던져준다. 과학자들은 무에서 나올 수 있는 유일한 것이 우주(또는 우주들. 수학적 계산에 따르면 수십억의 우주가 동시에 존재할 수 있다고 한다)라고 생각하는 경향이 있다.

둘째, 의인화(신인동형론)라는 옛 개념을 그리스도인들이 더 이상 선호하지 않는다. 많은 그리스도인들이 하나님을 생각할 때 '수염 달린 아버지 모습'보다는 예수님께 초점을 맞추고 있다. 예수님은 자신만이 하나님이 어떤 분이신지 가장 잘 보여준다고 말씀하셨다. 하나님은 인간이 생각해낼 수 있는 최대한의 상상을 초월하는 신비한 분이고, 우리는 그 신성의 본질에 접근할 수 없다. 그러므로 하나님을 정의하려는 시도는 무의미하다. 그러나 과학은 창조의 원천으로 지적 설계를 도입하는 '강한 인류 원리'에 비추어 우주의 서사를 다시 쓰려 하고 있다. 강한 인류 원리는 자연 법칙이 아마도 생명과 의식이 출현하도록 설계되었을지도 모른다고 진술한다. 인간이 하나님을 만든 것이 아니라 인간이 하나님의 형상으로 설계되었을 수 있다는 것이다(222쪽의 '인류 원리'에 관한 설명 참조).

신약성경은 이 문제를 어떻게 조명하는지 살펴보자.

첫 인상은 신약성경 어디에서도 과학에 대한 언급은 물론 암시조차 없다는 것이다. 그래서 현대 독자들은 성경을 읽을 때 마음이 편치 않다. 더욱이 예수님의 신성을 입증하는 대부분의 표적들이 과학과 전적으로 모순되기 때문이다. 사회학자와 역사가들은 과학이 고대 문화의 일부가 아니었다고 지적한다. 고대인의 세계는 불확실성과 달갑지 않은 충격으로 가득 차 있었다. 그들은 자연과 자연법칙을 해석하려고 노력하는 대신에 비상한 신적 권능이나 하나님께 신뢰를 두었다. 당시의 팔레스타인 사람들은 아리스토텔레스도 몰랐고, 현상, 실제, 감지될 수 있는 세계에 대한 그의 가르침도 몰랐다. 피타고라스나 유클리드, 탈레스는 예수님과 동시대에 살던 신실한 유대인 세계의 일원이 아니었다. 주전 6세기의 '그리스 기적'은 팔레스타인에는 이르지 못했다. 유대인에게 세계는 하나님이 직접 다스리시는 곳이고, 인생의 궁극적인 목적은 하나님의 뜻을 해석하는 지정된 자들이 전해주는 그분의 지시에 따라 살아가는 것이었다. 달리 지적으로 추구하려는 모든 노력은 무가치하고 심지어 신성모독으로 여겨졌다. 간단한 설명이 성경에 나오는데 감히 어떻게 인간이 우주를 지배하는 신성한 법칙을 이해하려고 시도할 수 있단 말인가?

이런 문화 가운데서 탈무드만 배우고 기하학, 천문학, 물리학에 대해서는 전혀 들어보지 못했을 랍비에게 과학 교육을 받는다는 것 자체가 놀라운 일이다. 그러한 학문은 랍비의 메시지에 속해 있지 않았다. 예수님의 가르침은 모두 그분을 따르는 사람들의 삶을 하나님 사랑과 이웃 사랑을 향한 삶으로 변화시키는 데 목적을 두고 있었다. 예수님은 마음과 영혼을 향해 말씀하셨다.

그러나 복음서에도 드물게 과학에 대한 언급이 나오기는 한다. 그중 가장 두드러진 것이 예수님이 탄생하신 밤에 동박 박사들을 베들레헴으로 오게 만든 천문 현상이다. 그러나 이때 '과학'은 태어난 아기의 신성을 보여주기 위한 것이었고, 복음서 저자들이 전해주는 이야기와 예수님의 말씀에서 상식적인 관찰 말고는 합리적인 추론을 찾아볼 수 없다. 구약성경이 우주와 인류의 시작을 설명하려고 시도하는 것에 비해 신약성경은 물리 세계를 아예 무시하고 인간의 상호관계와 인격 형성에 집중한다. 예수님의 전 생애는 하나님께 헌신되어 있었다. 예수님의 가장 주목할 만한 행동은 비범한 것들로서 복음서에는 이적이 가득하다. 물론 예수님은 그 이적들이 수혜자들의 믿음을 보여주는 증거일 뿐이라고 거듭 말씀하며 이적 현상의 중요성을 축소시키신다. 어떤 치유는 정신적 트라우마에 심리학을 적용한 예로 간주할 수도 있지만, 이른바 말하는 엄밀한 과학은 여기에 존재하지 않는다.

역설적인 이야기지만 중세 교회가 과학을 불신했음에도 불구하고 '엄밀한' 과학은 대부분 그리스도인들이 수고한 결과였다. 코페르니쿠스, 파스칼, 뉴턴, 르메트르(가톨릭 신부) 같은 사람들은 믿음 때문에 과학에 몰두한 것은 아니었지만, 예수님의 삶과 죽으심과 부활과 같은 초자연적 사건들이 과학의 이해를 넘어서는 것이었음에도 불구하고 예수 그리스도를 강력하게 믿었다.

오늘날 자연과학은 확실성과 불확실성의 경계가 불분명한 갈림길에 도달했다. 우주를 방정식으로 정리할 수 있다고 생각하는 시대는 오래전에 끝났다. 양자 물리학과 결합된 하이젠베르크의 불확정성 원리가 새로운 과학의 알파와 오메가가 되었다. 확실성은 현실의 근사치에 불과하다. 거시 세계뿐 아니라 미시 세계도 있는 그대로 알 수 없다. 그 세계를 관찰하려고 시도하는 단순한 사실로 인해 그 현상이 변화되기 때문이다. 그것은 순식간에 일어나는 변화로서 직관적인 연속성의 원리와 거리가 멀다. 직관은 사실상 죽었다. 이론은 새로운 도구를 사용하는 관측법이 등장하여 쓸모없어질 때까지만 단기간으로 타당할 뿐이다.

물론 하나님의 '보이지 않는 손'은 결코 확실하지 않다. 그 과정에서 하나님이 행하시는 역할도 짚어내기가 어렵다. 그러나 인간과 우주 사이의 상호작용은 우주의 미래에 대한 의식의 명백한 종착지가 어디일까에 대한 물음을 제기한다. "왜 아무것도 없는 것 대신에 무언가가 있는 것일까?"라는 근본적인 질문은 창조 첫째 날에 관한 문제를 제기한다. 빅뱅으로 우리 몸과 뇌의 기초 성분이 창조되었다는데, "왜 이런 원입자에서 의식이 발생했는가?"라는 다음 질문은 여섯째 날에 속한 문제를 제기한다. 과학은 '어떻게'라는 질문에 답하려고 노력하는 반면에 믿음은 '왜'라는 질문에 답하고자 한다.

확실히 예수님은 '어떻게'에는 관심이 없고 '왜'라는 질문에 집중하셨다. 예수님의 답변들은 물론 그 시대의 문화와 일치하지만 보편적이다. 예수님의 탁월함은 인류가 가지고 있는 본질적이며 영원한 물음들 대부분에 보편적인 답변을 제공하신다는 데 있다. 자연과학은 도덕과는 완전히 무관하며 오직 확실성에 기초해서만 발전한다. 자연과학은 선과 악에 관심이 없다. 과학은 있는 그대로의 증거 자체에만 관심을 갖는다. 그러나 프랑수와 라블레가 일깨워주듯이 "양심 없는 과학은 영혼을 파괴한다." 누군가는 이 말을 인류에게 해주었어야 했다. 예수님이 바로 그 말씀을 해주셨다. 예수님의 가르침 덕분에 우리는 자유롭게 실제 세계의 법칙들을 탐구하며 선을 선택하고 악을 배척할 수 있게 되었다.

'인문' 과학은 예수님의 가르침과 유사한 점이 훨씬 더 많다. 예수님은 인간이 주변의 사회 환경과 화목하게 살아가는 방법을 가르쳐주신다. 그 핵심은 사랑이다. 이웃 사랑이 열쇠다. 그 사랑을 통해 우리는 사회와 세상, 자기 자신과 조화를 이루며 살 수 있다. 그렇게 해서 사회학과 사회 자체의 큰 문제들이 해결된다. 성(性)에 기초한 이론은 과학으로 여기면서 형제 사랑에 기초한 사회학은 종교로 여긴다는 것은 모순이다. 온화함과 선의와 우정의 또 다른 이름인 아가페 사랑이 에로스 사랑처럼 강력한 감정일 수 있다는 사실에 왜 동의하지 않는가? 역사는 기독교적 사랑에서 발원한 행동들이 인류에게 훨씬 더 광범위하고 감동적이었음을 보여주고 있다. 자연법칙에서 보는 조화로움이 인간 사이의 상호작용도 지배할 수 있다는 사실을 왜 생각하지 못하는가? 조화로움이 무생물의 세계는 지배하고 생물의 세계는 지배해서는 안 될 이유가 없다.

이런 관점에서 예수님의 가르침은 무의식의 깊이를 들여다보는 통찰과, 가장 내밀한 생각과 감정의 출현에 대한 지침을 제공한다. 아가페 사랑에 관한 예수님의 가르침은 단순히 따뜻한 감정의 표현이 아니라 인류에게 적용된 조화로움의 과학에 토대가 된다. 예수님은 자신을 모퉁잇돌이라고 말씀하셨다. 그분에게 삶의 목적은 씨를 뿌리는 것이지 수확이 아니었다. 예수님은 심리학과 심리사회학의 씨앗을 뿌리셨다. 그러한 과학은 지금도 형성 중에 있고 완성되려면 아직도 멀었다. 우리의 부정적인 충동과 그로 인한 결과를 최고의 지성들이 오랫동안 연구해오고 있지만 긍정적인 충동이나 해독에 대한 연구에는 소홀한 편이다.

세계가 인간의 가장 극악한 동기와 추악한 감정으로 인한 결과를 경험하고 있는 이때야말로 우리가 문화의 원천으로 복귀해야 할 때가 아닐까? 가장 악한 인간의 모습을 경험하고 있는 이때야말로 인간의 최선에 집중해야 하지 않을까?

인간에게 선이란 것이 있는가? 선악의 갈등은 어떻게 커지는가? 왜 악이 이길 때가 많고 더 큰 악으로 진행되는 것인가? 어떻게 해야 우리는 보편적인 조화로움을 이루기 위해 우리 안에 있는 선을 강화할 수 있는가? 어떻게 해야 조화를 이루며 행복을 세워갈 수 있는가? 이러한 물음에 대한 많은 답변이 예수님의 가르침에서 나온다. 아가페 사랑을 인간 행동의 원동력으로 삼는 심리사회학적 접근을 심화하지 않는다는 것은 반과학적인 조치다. 행동주의, 심리학, 심리사회학과 같은 학문은 예수님이 발전시킨 아가페 사랑이라는 개념 속에서 그 강력한 뿌리를 찾아볼 수 있다.

모든 이론의 시작에는 직관이 존재한다. 그 직관은 인간에게서 나오는 것일까, 신에게서 나오는 것일까? 아마도 둘 다일 것이다. 탁월한 한 인간의 정신에서 나온 직관은 새로운 물리적 우주나 새로운 정신세계에 대한 지각으로 이어질 수 있다. 그 직관에 기초해 하나의 이론을 발전시키는 일은 탁월한 한 인간을 따르는 이들의 책임이 될 것이다. 바울은 예수님의 가르침을 정교하게 발전시킨 최초의 제자였다. 그런 점에서 요한은 두 번째 제자라고 할 수 있다. 두 사람은 아가페 사랑이 예수님의 희생을 통해 악으로부터 새로운 인류를 구원하는 주요 원동력이라는 점을 강조했다. 이웃을 사랑하는 것은 곧 하나님을 사랑하는 것과 같다.

인간관계에 대한 학문과 인간 행동에 대한 학문은 예수님의 가르침에 비추어 재해석되어야 한다. 현재 우리가 알고 있는 세계보다 미지의 세계가 훨씬 더 크다는 사실을 우리는 안다. 인간이 하나님의 능력을 약간은 획득했지만 그 능력을 인류의 미래를 위해 선용해야 한다는 사실도 안다. 예수님의 가르침은 과학이 선악을 분별할 수 있도록 돕고, 과학의 진보가 인류의 도덕적 발전으로 이어지는 데 이바지한다.

T Temptations __ 시험

인생의 모험

여기 진지하고 경건하며 놀랍도록 지적인 젊은이가 있다. 그는 세례 요한에게 세례를 받은 후 성령에 이끌려 광야로 나가 그곳에서 40일 동안 금식하고 기도하며 하나님이 주신 사역을 준비한다. 예수님이 공생애를 시작하기에 앞서 시험받으신 이 과정을 마태와 마가와 누가가 모두 전하고 있다(마 4:1-11, 막 1:12-13, 눅 4:1-13). 첫 시험은 "네가 만일 하나님의 아들이어든 명하여 이 돌들로 떡덩이가 되게 하라"는 것이었다. 예수님은 "사람이 떡으로만 살 것이 아니요 하나님의 입으로부터 나오는 모든 말씀으로 살 것이라"(마 4:4)는 말씀으로 시험을 이겨내신다. 두 번째 시험은 예루살렘 성전 꼭대기에서 몸을 던지면 천사들이 와서 받드는지 보여달라는 도전이었다. 예수님은 "주 너의 하나님을 시험하지 말라"(마 4:7, 눅 4:12)고 답변하신다. 세 번째 시험은 마귀에게 복종하면 세상 왕국의 권세를 주겠다는 것이었다. 예수님은 "주 너의 하나님께 경배하고 다만 그를 섬기라"(마 4:10, 눅 4:8)고 답변하신다.

40일이 갖는 상징적 의미는 매우 심오하다. 성경 지식이 풍부한 유대인이라면 예수님에게 일어난 40과 관련된 사건들이 친숙하게 느껴질 것이다. 그 숫자는 출애굽(40년), 엘리야(사역 준비를 위한 칩거), 하나님과 마귀의 영원한 싸움, 그리고 하나님의 도우심으로 이루어지는 선의 궁극적인 승리를 일깨워준다. 욥과 달리 예수님은 마귀의 공격에 걸려 넘어지지 않고 모든 시험(유혹)을 간단히 물리치신다. 마귀는 감히 예수님을 신체적으로 위협하지 못한다. 이것은 마귀가 예수님에 대해 어떤 권한도 가지고 있지 않음을 의미한다.

복음서들은 마귀에 맞서 예수님이 거두신 승리를 의기양양하게 묘사하지 않는다. 다만 어떤 시험을 받으셨는지만 간단히 제시하고 다음 일화로 넘어간다. 그 승리가 그분의 영광과 전혀 무관한 것처럼 말이다. 그러나 그것은 예수님의 운명을 미리 확증 내지 선포하는 것이었다. 인간의 악과 욕망과 유혹이 없는 하늘나라의 왕이 되시는 것 말이다. 마태는 예수님이 시험을 다 받고 광야에서 나오신 후, 세례 요한이 감옥에 갇혔다는 소식을 듣고 갈릴리로 가서 처음으로 제자들을 부르셨다고 기록한다. 마가에 따르면 세례 요한의 제자였던 요한과 안드레, 베드로, 야고보가 예수님을 따르기로 결심한다.

예수님이 시험받으신 이야기는 항상 신자와 학자들에게 영감의 원천이 되었다.

예수님은 살아가면서 여러 차례 시험을 받으셨다. 처음은 광야에서 마지막은 십자가에서 받으셨다. 십자가 위에서 예수님이 최후로 받으신 유혹에 영감을 얻어 니코스 카잔차키스는 유명한 소설을 하나 썼고, 그 소설은 논란을 불러일으키는 영화로 제작되었다. 그 영화는 대부분의 기독교 교단에서 이단적이라고 정죄당했다. 복음서에 등장하는 일화들은 매우 인간적인 예수님의 면모를 보여준다. 모순을 가진 인간이자 천상의 예루살렘과 신성을 향해 나아가는 인류의 선구자이신 모습을 동시에 보여준다. 예수님은 어느 날 나무 밑에서 깨달음을 얻고 인류를 구원으로 인도하겠다고 나선 구루가 아니다. 예수님은 비록 보통 사람은 아니지만 자신의 경험 가운데 사명과 교훈을 세우고 하나님의 말씀에 감동하여 그 사명과 교훈을 강화한 민중의 한 사람으로 나타나신다. 하나님의 뜻을 따라 자신에게 부여된 역할을 감당하기란 결코 쉬운 일이 아니다.

복음서는 광야 시험뿐 아니라 끊임없이 자기 자신과 싸우는 예수님의 모습과 부여된 운명의 성취에 저항하는 그분의 일화들로 가득하다. 예수님은 종종 대결 국면을 피하기 위해 물러나셨다. 자신을 잡으러 온 군병을 피해 가신 일이 적어도 한 번 이상 있었다. 제자들과 병 고침을 받은 사람들에게 이적에 대해 함구할 것을 당부하기도 하셨다. 수난을 받으시는 동안, 심지어 십자가에 달려 있을 때조차 인간으로서 운명이 끝나는 것을 받아들이길 주저하셨다. 부활을 온전히 확신하지 못하는 상태에서 하나님을 향해 절규하셨다.

새로운 종교인 기독교가 생기고 처음 몇 세기 동안 예수님의 인성은 신자들 사이에서 논쟁 거리가 되었다. 그럼에도 그분의 인성은 인간적인 성취의 길을 추구하는 신자들과 예수님의 신성이 하나님께 이르는 열쇠라고 확신하는 신자들 모두에게 언제나 강력한 영감의 원천이 되었다. 예수님의 교훈은 그들에게 이 세상이나 자신의 육체 그리고 환경에서 오는 시험(유혹)에 저항하는 이유가 되었고, 어떻게 맞서야 하는지 보여주었다.

주기도문의 주요 청원인 “우리를 시험에 들게 하지 마시옵소서”는 예수님이 인간으로서 직접 겪으신 경험에서 나온 기도다.

예수님이 받으신 시험을 보는 사람들의 시각은 언제나 달랐다.

복음서에서 예수님의 인간적인 요소가 너무 두드러져 그분의 메시지가 과연 타당한지 의구심을 불러일으키는 기록의 해석을 놓고 학자들 간에 늘 의견이 분분했다. 근본주의자들은 언제나 예수님을 보통 인간보다 높이고, 진짜 인간 뒤에 계신 진짜 하나님을 보려고 노력했으며, 하나님의 서사 속에서 이 땅의 서사를 해석하려고 노력했다. 그러나 하나님은 우리의 시공간 가운데 계시지 않는다. 오랜 세월 동안 수많은 학자들이 예수님의 시험을 이해할 수 있는 열쇠를 찾고자 노력했다. 그 열쇠는 상징인 걸까? 위대한 선지자들의 행적을 따라 고행을 자처하신 걸까? 은둔 생활인가? 꿈인가? 거기서 우리가 배워야 할 교훈은 무엇인가? 그 비밀은 예수님만이 알고 계신다.

예수님이 당하신 작은 시험들에 대한 주해는 거의 없는 편이다. 대중의 시선을 피하신다든지 체포의 위험에서 피신하신 일이 대부분이다. 요한복음은 이런 장면을 많이 기록하고 있다. 예수님은 잡히지 않기 위해 유대 땅으로 가지 않기로 결정하셨다. 돌에 맞아 죽을 위협을 당했을 때 숨으셨다. 또한 피신하여 요단강을 건너셨다. 나사로를 다시 살리신 후에는 체포를 피해 현장에서 사라지셨다. 복음서들은 예수님이 돌에 맞거나 감옥에 갇히거나 부당한 대접을 받지 않기 위해 조심하셨음을 보여준다. 그런데 이같은 안전 추구를 소소한 시험

거리로 보아야 할까, 아니면 아직 끝나지 않은 사역을 지속하기 위한 필요 조치로 보아야 할까?

그런 다음에 '마지막 시험들'이 온다. 겟세마네 동산에서 벌어진 예수님과 죽음 사이의 싸움, 십자가 위에서 벌어진 예수님과 하나님 사이의 싸움이다. "이 잔을 내게서 지나가게 하옵소서"에서 "엘리 엘리 라마 사박다니…나의 하나님, 나의 하나님, 어찌하여 나를 버리셨나이까"의 고백까지 진행된 싸움이다. 구경꾼들의 외침 속에도 시험이 존재한다. "네가 만일 하나님의 아들이어든 자기를 구원하고 십자가에서 내려오라." 마지막 순간까지 시험이 임한다. 목숨에 대한 시험이 인생의 사명에 대한 시험보다 더 강력해 보인다. 하나님께 버림받았다는 분노도 뒤섞여 있는 것 같다. 그것은 '목숨보다 더 귀한 것은 없다'는 시험이었다. 그 순간 영원한 영광에 대한 소망조차 목숨보다 못하게 보였을 것이다.

예수님이 당한 시험은 바로 우리가 당하는 시험이다. 우리가 명성과 영광과 부요와 권력을 꿈꿀 때 찾아오는 시험이다. 예수님과 달리 우리는 종종 굴복하고 손 내밀면 잡을 수 있을 것 같은 이 땅의 약속을 추구하다가 결국 인생을 망치고 만다. 그 약속 중 하나가 실현되는 순간 기뻐하다가도 결국 뒤따라오는 공허함을 느낀다. 한편 원하는 것을 놓치면 세상에서 가장 불행한 자임을 자처하며 헛된 후회와 나쁜 기억 속으로 빠져든다. 우리는 자신의 시험에 갇힌 죄수들이다. 그 시험을 정복할 수 없고 거기서 빠져나올 힘도 없다. 권력과 돈과 명성에서 행복을 찾기란 지극히 어렵다. 자기 만족과 이기심, 교만, 남들보다 위에 있다는 착각을 주로 가지게 될 뿐이다. 그렇다고 겸손이나 가난 속에 행복이 있는 것도 아니다. 다만 소외당한 자의 패배감만 있기 쉽다.

예수님이 당하신 시험들 속에서 우리는 어떻게 이런 역설을 푸는 열쇠를 찾을 수 있을까? 우리의 행복을 방해하기 위해 마귀가 사용하는 가장 확실한 방법 중 하나가 우리를 시험에 빠트리는 것이다. 행운은 우리를 기쁘게 하지만 진짜 행복하게 만들지는 못한다. 새 차와 멋진 그림과 좋은 집이 생기면 즐거울 수 있지만 거기에 사랑이 빠지면 행복할 수 없다. 세계적인 휴양지에 가서 쉬면 좋지만 거기에 사랑이 없으면 행복할 수 없다. 행복은 성공할 수 있는 절호의 기회가 아니라 다른 곳에서 찾아야 한다. 그럼에도 나는 좋은 아내와 좋은 부모, 좋은 자녀들, 좋은 친구들이 있어 행복하다. 왜냐하면 내가 그들을 사랑하기 때문이다. 사랑하는 사람을 행복하게 할 때 우리는 행복할 수 있다. 행복은 물질과는 거의 상관이 없다. 행복은 인간관계와 사랑의 문제다.

예수님이 그 큰 시험들을 이기고 자신을 희생하심으로 우리에게 순수한 사랑의 행복을 가져다주셨다. 우리는 너무 연약해서 시험을 이길 수 없기 때문에 예수님과 똑같아질 수는 없다. 다만 본이 되어주신 예수님을 보며 영감을 얻을 뿐이다. 예수님은 인간적인 시험들을 거절하심으로써 우리로서는 도달할 수 없는 순수한 사랑의 목표를 제시하셨다. 또한 예수님은 하나님께 도전하는 최후의 시험까지 이겨내셨다. 하나님과 인류에 대한 순전한 사랑으로 그 시험을 물리치신 것이다. 예수님의 본을 따른다면, 우리는 물질이나 개인의 영광에 대한 사랑이 아니라 동료 인간에 대한 사랑을 통해 우리에게 주어진 운명을 성취할 수 있을 것이다. 혹시라도 재능과 행운으로 명성과 부와 영광을 얻게 된다면 다른 사람들과 나누고, 인류에 기여하기 위해 자신이 소유한 것을 내놓아야 한다는 사실을 잊지 말자.

자기 자신을 높이고 우상화하는 것은 우리가 맞이하는 궁극의 시험이자 실패가 될 수 있다. 반면에 이웃 사랑과 인류애, 박애의 실천은 우리에게 확실한 행복을 가져다주는 최고의 열쇠다.

첫 비전

변화산 사건은 예수님의 생애에서 일어난 가장 신비한 일 중 하나다. 이 사건은 예수님의 사명을 새롭게 조명해준다. 세례를 받으신 일과 시험당하신 일, 종려절, 최후의 만찬, 수난과 더불어 변화산 사건은 예수님에게 신적 운명에 대한 자의식이 생겼다는 표시였다.

변화산에서 예수님은 잠시 하나님의 인정을 통해 천상의 존재로 변모하여 엘리야와 모세의 인사를 받으신다. 엘리야와 모세는 선지서와 율법의 알레고리다. 그들은 "장차 예수께서 예루살렘에서 별세하실 것"(눅 9:31)에 대해 대화를 나누었다. 그 일은 제자들이 가파른 산을 오르고 나서 쉬다가 잠시 잠든 후 깨어날 때 일어났다. 마치 제자들이 꿈을 꾼 것이 아닌가 하는 인상마저 든다. 더욱이 예수님은 "인자가 죽은 자 가운데서 살아나기 전에는 본 것을 아무에게도 이르지 말라"고 제자들에게 당부하신다. 이 사건은 구름 속에서 들려오는 소리로 절정에 달한다. "이는 나의 아들 곧 택함을 받은 자니 너희는 그의 말을 들으라"(눅 9:35). 이것은 예수님이 요단강에서 세례 요한에게 세례를 받고 물에서 나오실 때 하늘에서 들려온 소리와 같다.

이 기이한 일은 다볼산 정상에서 일어났다. 갈릴리 디베랴 호수 위쪽에 위치한 해발 588미터의 산이다. 이 이야기는 세 편의 공관복음 모두에 나온다. 그 사실은 초대 그리스도인 공동체에게 이 일이 중요한 의미를 지녔음을 보여준다. 이 사건에는 오직 세 명의 증인 베드로와 세배대의 아들들인 두 형제 야고보와 요한만 나온다(훗날 바울은 그들을 가리켜 '교회의 기둥들'이라고 부른다).

이후로 예수님은 그에 대해 아무런 설명도 하지 않으시는데, 그 일이 의미하는 바가 구약성경에 친숙한 유대인들에게 그만큼 자명하다는 뜻이다. 예수님은 인간의 모습으로 돌아온 후 제자들이 "어찌하여 서기관들이 엘리야가 먼저 와야 하리라 하나이까"라고 묻자 한 가지 답변만 하셨다. 메시아에 앞서 와야 할 엘리야가 세례 요한의 모습으로 벌써 왔다는 것이다. 그러나 '인자가 죽은 자 가운데서 살아나는 것'에 대해서는 아무 말씀도 하지 않으셨다. 다만 최근에 처형된 세례 요한처럼 자신도 고난을 당하고 죽게 될 것이라고 말씀하셨다. 이것은 예루살렘에서 맞이하게 될 자신의 죽음에 대해 엘리야와 모세와 함께 나눈 대화를 확인해주는 말씀이다.

변화산 사건을 기념하는 교회당이 오늘날에도 다볼산 꼭대기에 세워져 있다.

위대한 비잔틴 시대의 모자이크 화가들과 이탈리아의 거장들이 이 초자연적 장면에서 영감을 받아 복음서 기록에 상상을 더해 그 장면을 묘사했다. 가장 유명한 작품은 라파엘로 산치오의 붓끝에서 나왔다. 그의 작품 〈그리스도의 변용〉에서 가장 인상적인 요소는 빛이다. 이 빛은 복음서에 언급되어 있는데, 하나님의 에너지를 전달해 주는 성령을 표현한 것으로 보인다. 예수님의 옷이 눈부신 흰색이라는 점은 그분이 오랫동안 고대해온 메시아임을 확증한다.

이 장면은 예수님이 자신의 메시아 신분을 제자들에게 보여주신 네 경우 중 하나다. 다른 모든 유대인들과 마찬가지로 제자들도 하나님의 복을 받은, 하나님의 권능과 영광을 드러내는 이스라엘의 새로운 왕을 기대하고 있었다. 그들이 기대하는 왕은 당시에 존재하던 떠돌이 마술사 같은 자가 아니었다. 다른 세 장면은 예수님이 부활하신 후에, 그리고 승천하시는 날에 펼쳐진다.

이 장면에 대한 해석이 무수히 많지만, 공통점은 예수님이 처음으로 하나님의 아들이라는 자신의 참된 본성을 사람들에게 나타내셨다는 것이다.

변화산 사건은 예수님의 부활이 일어나기 훨씬 전에 그 사건을 본 증인들과 이후로 모든 그리스도인들이 예수님의 본성을 확인하는 초기의 증거가 되었다. 이 사건을 통해 사람들은 예수님의 재림을 기다릴 수 있는 힘을 얻었다.

내게 변화산 사건은 그리스도인으로서 가지고 있는 의무를 일깨워준다. 가끔 나의 믿음은 머리에만 치우칠 때가 있다. 사상의 세계 속으로 너무 높이 올라가 예수님을 놓칠 때가 있다. 그리하여 나의 믿음이 함의하고 있는 현실 세계에서의 의무를 망각한다. 하늘을 잠시 들여다보기 위해 다볼산에 오르는 세 제자의 모습은 하늘과 나의 만남을 상징한다. 믿음에 어떤 영감이 필요할 때, 세상 속에서 내가 그리스도인으로 행동해야 할 때, 나는 변화산 사건을 보며 힘을 얻는다.

세 제자들은 다볼산 위에 머물지 않았다. 그들은 사람들이 살고 있는 세상으로 내려와서 증거하고 행동했다.

고유하신 한 분 하나님

새로 생겨난 이슬람교와 부닥쳤을 때 기독교의 가장 취약한 교리로 삼위일체론이 꼽혔다. 주후 476년 수도 로마가 무너진 이후로 비잔틴제국으로 알려진 로마제국은 교회 안에서 대대적인 형상 논쟁을 벌이고 있었다. 형상과 이콘을 지지하는 자들과 반대하는 자들 사이에 격렬한 싸움이 일어났다.

싸움의 뿌리는 그리스도의 본성에 있었다. 예수님이 지상을 떠나시고 나서 처음 300년 동안 교회가 겪은 최대의 도전은 그리스도의 본성에 관한 논쟁이었다. 정통교회는 아리우스주의에 도전을 받았다. 아리우스주의자들은 예수님을 하나님보다 약간 낮은 수준의 인간인 '아들'로 간주했다. 한때 아리우스파 교회는 규모 면에서 정통교회를 넘보기도 했다. 주후 250년경 프랑스 리옹의 주교였던 이레니우스는 아리우스파 교회가 모든 마을에서 정통교회보다 더 많은 교인들을 끌어 모으는 것을 절망적으로 지켜보았다. 콘스탄티누스 황제는 니케아에서 1차 공의회를 소집하여 아리우스주의 신학을 이단으로 정죄했다. 정작 황제 자신은 임종 때까지 미루었던 세례를 아리우스파 사제에게 받았다. 그 다음으로 교회가 부닥친 문제는 기독교의 유일신 신앙에 성령을 통합하는 문제였다. 이 문제에서도 니케아 공의회가 주도권을 잡았다.

유대교 신앙에도 존재하는 개념인 성령은 하나님의 사랑과 뜻과 명령을 전하기 위해 하나님이 인류에게 보내신 신적 에너지다. 성령은 예수님의 모든 행동과 연결되어 있었고, 이후에 사도들의 모든 행동과도 연결되었다. 사도들은 "성령과 우리가 결정했다…"라는 말을 꾸준히 사용했다. 예수님은 승천하시기 전에 사도들에게 "너희는 가서 모든 민족을 제자로 삼아 아버지와 아들과 성령의 이름으로 세례를 베풀[라]"(마 28:19)고 말씀하셨다. 곧 성령은 하나님과 예수님만큼이나 중요하게 간주되었다. 그리고 예수님과 더불어 하나님의 위격에 통합되었다. 유일신 하나님의 신학 때문에 학자들(교부들)은 그리스의 유산 가운데서 세 '휘포스타시스' 혹은 위격의 '정체성 구분'이 포함된 개념을 찾지 않을 수 없었다.

주후 110년경에 안디옥의 이그나시우스가 쓴 최초의 기독교 신경에서는 성령이 언급되지 않았다. 40년 후 '사도들의 신경'에는 성령이 포함되었으나 삼위일체에 대한 언급은 없었다.

교부들은 그리스 철학에서 가져온 어휘와 신플라톤주의의 개념을 사용하여 신학 선언문을 작성하고 출간했는데, 이 선언문에는 예수님이 죽기 전후에 하신 선언들이 포함되었다. 여기에는 전승이나 외경에 속한 책들도 어느 정도 역할을 했으며, 상당수가 신앙에 매우 중요한 것으로 간주되었다. (니케아 공의회를 마치면서 채택된) 니케아 신경은 하나님은 세 '휘포스타시스'(위격) 성부, 성자, 성령으로 계신 한 분이심을 선언하면서 삼위일체 논쟁에 종지부를 찍은 것으로 여겨진다.

그러나 주후 357년 시르미움에서 열린 이른바 '가짜 공의회'에서 다시 아리우스주의 신학이 복귀하여 삼위일체 논쟁을 되살려놓았다.

마침내 주후 381년 콘스탄티노플에서 마지막 단계가 이루어졌다. 로마 황제 데오도시우시는 자신이 공포한 데살로니가 칙령(기독교가 제국의 공식 종교의 지위를 부여받았다)에서 처음으로 삼위일체라는 말을 사용했는데, 교회의 분열을 '최종적으로' 해결하기 위해 콘스탄티노플에서 총회(혹은 에큐메니컬 공의회)를 소집했다. 여기서 성령을 하나님 및 그리스도와 똑같은 수준으로 높이고 주님이라고 부름으로써(예수님에게서 '유일한 주님'이라는 타이틀은 없어진 셈이다) 니케아 신경의 본문이 풍성해졌다. 하지만 아직 삼위일체라는 말은 언급되지 않았다. 일단 이렇게 확정되면서 삼위일체 교리를 더 이상 개정할 이유가 없어지자 주저하던 감독과 교회들이 점차 정통교회로 재통합되었다.

나중에 일어난 마리아의 본성에 대한 싸움은 삼위일체 논쟁을 다시 불러일으켰다. 마리아가 '테오토코스'(하나님의 어머니)라는 점이 인정되지 않으면 삼위일체의 본성 자체가 위험해지기 때문이었다. 마리아를 '크리스토토코스'(그리스도의 어머니)로 불러야 한다고 주장하던 콘스탄티노플의 총대주교 네스토리우스는 주후 431년에 에베소에서 열린 3차 공의회('강도 회의'로 알려졌다)에서 바로 그런 이유로 출교를 당했다. 이제 삼위일체는 한 어머니를 두게 되었다. 마리아는 비록 예수님을 낳도록 하나님이 보내신 성령의 '덮음'을 받기는 했지만 거룩한 삼각형 안에는 포함되지 않는다.

삼위일체 개념이 중동 지역에서 기독교를 위험에 빠트리고 사람들에게 이슬람으로 개종하는 빌미를 준 것은 확실하다. 이슬람교 탄생 시기에 있던 형상 논쟁(이른바 형상 파괴)은 중동의 대중을 자극하며 그들에게 이전에 벌어진 삼위일체 논쟁을 상기시켜주었다.

유대교와 기독교에 카바 운석 같은 동양의 신화를 뒤섞어놓은 이슬람교는 하나님의 유일성을 기본 원칙으로 내세웠다. 이슬람교의 창시자는 전략적으로 예수님 이야기를 이슬람 신앙의 일부로 남겨놓았다. 주후 7세기 동안 아랍인들이 중동 지역을 정복하면서 거의 기독교화 되었던 지역이 뚜렷하게 유일신을 섬기는 종교와 대면하게 되었다. 그 종교는 꾸란을 경전 혹은 참된 하나님의 말씀으로 간주하고, 여기에 어떤 주해나 토론의 여지가 없다고 주장함으로써 신학적 논쟁을 배제시켰다. 그 지역 사람들은 주로 칼의 위협에 눌리거나, 모호한 '비잔틴 신학 논쟁'에 질린 나머지 기독교를 부인하지 않고 완성시킬 뿐이라고 주장하는, 이 간편하고 쉽게 준수할 수 있는 종교로 넘어가는 데 그리 오래 걸리지 않았다.

종교가 집단의식에 깊이 뿌리 박힌 시대로까지 거슬러 올라가는 이러한 오랜 갈등은 오늘날 먼 나라 이야기 같기만 하다. 17세기에 뉴턴 같은 천재는 이 문제에 당혹스러워하며 삼위일체 논쟁은 기독교 신앙에 무익하다고 결론내렸다. 오늘날 이같이 추상적인 개념을 걸고 넘어지며 문제 제기를 한다면 사람들이 어떻게 반응할 것 같은가? 우리 사회는 속속들이 세속화되어 있고 폭넓은 상식이 결여되어 있으며 수사법에 무지하기 때문에 삼위일체론에 대해 논증하기는커녕 그런 개념을 제대로 이해하는 사람도 별로 없을 것이다. 그런데 주일마다 교회에 가는 사람들은 삼위일체 교리에 대해 듣고 삼위일체에게 기도하게 되어 있다. 또한 많은 교회들이 삼위일체(트리니티)라는 이름을 달고 있다.

다른 유일신 종교들이 기독교를 다신론이라 비난하지만 모든 교회들은 삼위일체 교리를 고수하고 신실하게 전통을 유지하는 것 이상으로 삼위일체에 의미를 가져야 한다.

삼위일체는 그리스도인인 나의 믿음과 삶에 무엇을 더해주는가? 수많은 신학자와 학자들이 서로 다르게 해석하고 2천 년 동안 그 문제에 대해 논쟁을 벌였는데, 나는 어떻게 삼위일체를 이해해야 하는가? 도대체 왜 내가 '수도사들의 논쟁'에 개입해야 하는가? 삼위일체를 건너뛰고 예수님만 예배하면 안 되는가?

쉬운 질문이 아니다. 우리 믿음의 토대가 되는 성경에 충실하면 성령으로 잉태하고 세례 받으신 하나님의 아들 예수님에 대한 개념을 자연스레 가지게 된다. 삼위일체에 대한 근본적인 증언을 피해갈 수 없게 된다. 그렇지 않으면 예수님의 메시지에서 멀어지기 때문이다. 또한 성경에 충실하면 "너희는 가서 모든 민족을 제자로 삼아 아버지와 아들과 성령의 이름으로 세례를 베풀고 내가 너희에게 분부한 모든 것을 가르쳐 지키게 하라"(마 28:19-20)의 대사명을 열두 제자가 받았음을 인정하지 않을 수 없다.

예수님의 신성이 내게 본질적으로 중요한 이유를 나는 안다. 하나님은 멀리 계시는 것만 같고 나의 이해 범위를 넘어서며 상상하기도 어렵다. 하나님을 의인화하는 신인동형론적 표현은 불편하게만 느껴진다. 하나님의 속성을 제대로 담아내지 못한다는 생각이 들기 때문이다. 나는 하나님을 떠올릴 때면 자연스레 다음 두 가지 생각 사이를 오가게 된다. 하나는 '하나님은 우주의 원초적 에너지, 빅뱅의 에너지'라는 생각이고, 다른 하나는 '하나님은 사랑이시다. 사랑은 순수한 감정이지만 생명과 지성의 기원이 될 정도로 강력하다'라는 생각이다. 내가 배운 과학의 세계는 피상적인 수준에서는 우리를 하나님에게서 멀어지게 하지만 깊이 파고들수록 하나님이 필연적인 분이심을 보여준다. 우주에 에너지가 중요하듯이 우리 삶에는 사랑의 힘이 절대적으로 중요하다. 에너지가 없으면 공간도 시간도 없듯이, 사랑이 없으면 생명도 없다. 생명의 열쇠는 번성에 있고, 사랑을 통해 우리는 생명을 창조할 수 있다. 사랑이 우리 삶에 의미를 부여한다. 사랑은 확실히 우리가 누릴 수 있는 최고의 영광이다. 하지만 우리는 우주에 아무런 도움이 되지 못한다. 그저 잠시 살아가도록 허락을 받았을 뿐이다. 우리의 존재 자체는 아무런 의미가 없고 중요하지 않다. 오직 사랑만이 우리라는 존재에 의미를 부여한다.

내가 볼 때 이 모순을 해결할 열쇠는 성령에 있다. 하나님과 예수님의 고유한 관계, 그리고 예수님과 나의 고유한 관계는 둘 다 성령으로 구현될 수 있다. 나는 이것이 믿음이나 사랑의 다른 이름이라고 생각한다.

나의 결론은 우리가 단순해져야 한다는 것이다. 철학이 성경을 대신하는 경향이 있던 기독교 초기 몇백 년 동안 이어진 수도사들의 신학 논쟁을 다 잊자. 우리는 인간이고, 하나님이신 예수님의 본성이 인간의 이해를 넘어선다는 점을 이해해야 한다. 우리의 이해력을 높이려면 영감이 필요한데 이 영감을 성령이라고 부르자!

예수님의 가르침을 따르기 위해서는 사랑을 배워야 한다. 그 사랑을 성령이라고 부르자! 복음서에서 가장 난해한 부분을 이해하기 위해서는 믿음과 은혜가 필요하다. 이 대목에서도 성령이 우리에게 영감을 주고 이해를 돕기 위해 역사하신다. 영감이란 성경을 묵상할 때 우리를 예수님께로 인도해주는 감정이다. 오직 예수님만이 우리를 하나님께로 인도해주실 수 있다.

그림이 보다 더 뚜렷해졌을 것이다. 이제 삼위일체는 우리의 지성이 미칠 수 있는 범위 안에 있게 된다. 그리고 우리는 성경을 보며 기독교 첫 세대의 증인들이 보여준 증거를 논리적으로 추론하여 삼위일체 교리를 세운 초대 교부들의 탁월함을 인정할 수 있다.

삼위일체를 비판하는 자들의 문제 제기는 근거가 없다. 기독교는 유일신 종교이지만 인류를 위해 죽으신 인간이자 하나님이신 분이 있다는 점에서 다른 종교들과 매우 다르다. 삼위일체는 성육신을 이해할 수 있게 해주며 성육신은 모든 것의 열쇠다.

나의 소망은 예수님에게 있고, 삼위일체는 내가 소망에 이르는 길이다.

직접 가르쳐주심

성경에는 환상에 대한 기록이 많이 나온다. 환상은 하나님이 사람과 소통하시는 방법처럼 보인다. 구약성경은 "너희 늙은이는 꿈을 꾸며 너희 젊은이는 이상을 볼 것"(욜 2:28)이라고 말한다. 하나님이 메시지를 주시는 중요한 사건마다 하나 이상의 환상이 동반되었다. 예수님의 운명이 중요한 단계로 넘어갈 때마다 환상이 동반되어 이를 확증하기도 했다. 그리고 신약성경은 그 모든 것 중에서 가장 특별한 환상으로 끝난다. 그것이 바로 요한계시록이다(표제어 '요한계시록').

우리는 이런 현상을 어떻게 이해해야 하는가?

환상은 꿈이 아니다. 자는 동안에나 밤중에 일어나지 않는다. 밝은 빛이 동반되거나 빛과 함께 한 인물 혹은 여러 인물이 나타난다. 천상의 목소리나 짧고 강력한 메시지를 전달하는 환영도 빠지지 않는다. 예를 들어 환각과 같은 심리학적 설명은 너무 단순하게 여겨진다. 이런 환상은 복합적인 데다가 환상을 본 사람의 삶에 커다란 변화를 일으키기 때문이다. 환상은 예고에 가깝다. 하지만 그 음성은 도대체 무엇이란 말인가? 요한계시록은 또 다른 비교 대상이다. 신약성경에서 마지막에 위치한 이 책은 성경 전체를 통틀어 가장 기이하고 긴 환상 중 하나를 묘사하고 있다.

환상은 매우 드문 일인가? 대부분은 그렇다. 환상은 한 사람의 일생에서 한두 번 일어나기도 쉽지 않다. 개인적으로 나는 두 개의 환상을 기억한다. 두 환상은 세계를 이해하는 방식에 중대한 영향을 미쳤고, 결과적으로 내 삶을 바꾸어놓았다. 첫 번째는 인류의 미래에 관한 환상이고, 두 번째는 인류 종말 이후의 우주에 관한 환상이다.

신약성경에 나오는 첫 번째 환상은 수태고지다. 천사가 마리아에게 나타나 메시아가 될 아들을 낳게 될 것이라고 말하고(눅 1:26), 마리아는 그 환상을 받아들인다. 그리고 요셉에게도 환상이 임한다. 환상 속에서 한 목소리가 요셉에게 그 아이의 아버지가 되라고 분부하고, 요셉은 그 분부에 순종한다. 신약성경의 다음 환상은 예수님이 세례를 받으실 때 임한다. 비둘기 한 마리가 예수님의 머리 위로 날아오고, 예수님을 하나님의 아들이라고 일컫는 목소리가 하늘로부터 들려왔다. 그 환상을 본 사람은 세례 요한이었다. 그는 즉시 예수님의 신성을 선포한다.

이 세 개의 환상은 전통적으로 유럽 극장에서 연극의 시작을 알리는 세 번의 타종과 같다. 이 환상들이 예수님의 신적 이력의 문을 열었다. 이때 예수님은 하나님의 아들이라고 선포된다. 하나님의 아들이란 그가 구약의 선지자들이 미리 보았던 대망의 메시아임을 의미하는 메타포다. 나중 단계에서 예수님은 자신을 인자라고 부르신다. 예수님의 신성을 알려주는 세 가지 환상은 어떤 점에서는 예수님과 상관없이 일어나며 그분의 특별한 운명과 메시아 신분을 예고한다.

이어지는 일련의 환상들은 사도들에게 나타난다. 그들은 환상을 통해 예수님이 누구신지를 이해할 수 있게 된다. 그중 가장 중요한 환상은 변화산 사건이다(표제어 '변화산 사건'). 주요 사도인 베드로와 야고보, 요한 앞에서 예수님의 본질이 변화된다. 예수님은 초자연적인 모습으로 변하여 빛 가운데 구약의 가장 큰 두 인물 모세와 엘리야 사이에 서 계신다(눅 9:29-30). 이 환상의 목적은 예수님의 신분을 하나님의 큰 선지자로 보여주는 데 있다. 이때에도 예수님이 세례를 받으실 때 하늘에서 울려 퍼진 목소리가 다시금 들려온다. "이는 나의 아들 곧 택함을 받은 자[다]"(눅 9:35).

그 다음 환상은 역사상 가장 특이한 사건 중 하나인 죽은 자의 부활과 관련된다(표제어 '부활'). 예수님이 십자가에서 돌아가시고 사흘째 되는 날 그분의 무덤에서 일어난 일이다. 그 이야기는 네 편의 복음서에서 똑같이 묘사되지는 않는다. 일곱 여인 중에 몇 사람이 시신을 돌보기 위해 무덤으로 간다. 그 여인들은 무덤 문이 열려 있는 것을 발견한 다음 천사들의 환상을 본다. 눈부신 빛 가운데 있는 천사들이 말하길, 예수님이 더 이상 죽은 자 가운데 있지 않고 살아나 갈릴리에서 제자들을 기다리고 계신다고 했다. 천사들은 부활이 공생애 동안에 예수님이 예고하고 예언하신 사실임을 여인들에게 설명한다('천사'가 무엇인지 정확히 아는 사람은 없지만 이 용어는 광범위하게 쓰이고 있다). 환상을 통해 부활이 최초로 알려진 셈이다. 여인들이 열한 제자에게 그들이 본 환상을 말해주었지만 제자들은 예수님이 그들 앞에 직접 나타나시기 전까지 그 이야기를 믿지 않는다. 이것은 예수님이 지상을 떠나시기 전에 일어난 일련의 그리스도 현현 중에서 첫 번째에 해당한다. 마지막 현현은 오순절 이전에 승천하시면서 이루어졌다.

신약성경에 나오는 대표적인 환상으로 바울이 다메섹으로 가는 길에서 부활하신 예수님을 본 것을 들 수 있다. 바울은 당시 예수님의 추종자들을 잡아서 강제로 유대교 주류에 복귀시키기 위해 파송되어 가는 길이었다. 바울은 고린도후서에서 신기원을 이루는 이 환상에 대해 설명한다. "그는 십사 년 전에 셋째 하늘에 이끌려 간 자라. (그가 몸 안에 있었는지 몸 밖에 있었는지 나는 모르거니와 하나님은 아시느니라.) 내가 이런 사람을 아노니 (그가 몸 안에 있었는지 몸 밖에 있었는지 나는 모르거니와 하나님은 아시느니라) 그가 낙원으로 이끌려 가서 말로 표현할 수 없는 말을 들었으니 사람이 가히 이르지 못할 말이로다"(고후 12:2-4). 누가가 쓴 사도행전이 이 서신의 내용을 뒷받침한다. 바울은 밝은 빛을 보았고 스스로를 예수라고 밝히는 목소리를 들었다. 그 목소리는 바울에게 다메섹으로 가서 거기에서 만나게 될 사람들의 지시를 따르라고 했다. 바울과 동행한 사람들은 목소리는 들었으나 아무것도 보지 못했다.

그러고 나서 바울의 사그라지지 않는 사역이 시작되었다. 그 환상이 바울의 삶을 바꾸었고 세상을 변화시켰다.

이제 드디어 세상의 종말에 대한 환상을 담은 요한계시록 차례다. 요한은 도미티아누스 황제의 명령으로 밧모섬에 유배된 동안에 본 환상을 기록했다. 그 묘사는 전체적으로 형이상학적 느낌을 풍기는 〈스타워즈〉 시나리오 같기도 하다.

자, 이제 환상이 인간에게 미치는 영향력을 이해할 수 있을 것이다. 환상은 단순히 꿈이나 예고 그 이상이다. 환상은 신적 존재와 인간이 소통할 수 있도록 공간에 뚫어놓은 통로와 같다. 환상을 몽상가 또는 실성한 사람들에게나 나타나는 현상으로 여겨서는 안 된다. 환상이 그런 것이었다면 사회에 아무런 영향을 미치지 못했을 것이고 역사는 말할 것도 없다.

신약성경의 환상들은 세상을 변화시킬 목적으로 하나님이 인간에게 보여주신 강력한 교훈이다. 실제로 그 환상들은 제 역할을 해냈다. 각각의 환상은 앞선 환상에 이어 예수님의 가르침을 구성하는 또 다른 부분을 드러내주었다. 전 세계적으로 보았을 때, 그 환상들은 제자들에게 그들의 역사와 운명을 더 잘 이해하도록 이끌어주는 일련의 논리적 메시지이기도 했다. 그 환상들은 예수님을 따르는 수많은 제자들에게 흔들림 없는 에너지의 원천이 되었다.

수백 년에 걸쳐 경건한 그리스도인들에게 임한 수많은 환상을 보고하는 기록들이 있다. 하늘의 메시지를 전해주는 이 매개체들은 종종 당대의 사건을 언급하며 동일한 패턴을 보이는 경향이 있다. 때로는 헌신적인 한 그리스도인의 목소리로 나타나기도 한다. 프랑스의 영웅 잔 다르크의 경우를 예로 들 수 있다. 농부의 딸로 태어난 잔 다르크는 프랑스를 구하라는 천사의 계시를 받은 후 백년전쟁에 참전하여 수차례 프랑스군을 승리로 이끌었다.

기독교에서 환상은 매우 중요한 역할을 한다. 그러나 그 현상을 설명하려고 시도하는 신학자는 거의 없다. 자신의 주장을 뒷받침하기 위해 가끔 환상을 언급하기는 해도 환상을 본 사람들의 복잡미묘한 마음속으로는 들어가려 하지 않는다. 환상과 그 환상을 본 사람의 정신 사이의 연관성은 의도적으로 무시되었다.

그와 같은 분석을 한 유일한 흔적을 사도 바울에게서 찾아볼 수 있다. 그는 자신이 다메섹으로 가는 길에서 경험했던 것이 환상이라기보다는 인상에 가까울 수 있음을 인정했다. 물론 그때 받은 메시지로 인해 그의 생각과 삶이 단번에 영원토록 바뀌었다는 사실을 결코 부인하지 않았다. "(그가 몸 안에 있었는지 몸 밖에 있었는지 나는 모르거니와 하나님은 아시느니라)…그가 낙원으로 이끌려 가서 말로 표현할 수 없는 말을 들었으니 사람이 가히 이르지 못할 말이로다."

그것이 전부다. 아무리 과학이 발전한다 해도 그 이상을 말할 수 있을까?

"하나님의 길은 그 깊이를 측량할 수 없다"는 말은 상식이며, 결과를 통해서만 평가할 수 있는 신비로운 현상에 대해 이끌어낼 수 있는 유일한 결론이다. 어쨌든 과학자들은 원인을 설명할 수 없는 주요 사건들의 수가 증가한다는 사실을 발견했다. 원인을 인식할 수 없는 효과는 양자 세계에서는 흔하다.

알 수 없는 원인에 '환상'이라는 이름을 붙이고, 인류의 역사를 바꾸어온 그 효과에 초점을 맞추어보자. 그 효과가 인류의 역사를 바꾸어 왔다.

길 위의 예수님

걷기는 고대 철학자들이 즐겨하는 활동 중 하나였다. 소크라테스, 플라톤, 아리스토텔레스, 소피스트들, 스토아주의자들, 에피쿠로스주의자들은 걸어다니며 가르쳤다. 그래서 아테네에서는 그들을 페리파토스 학파(소요학파)라고 불렀다. 그 말은 그리스어로 걸음을 뜻하는 '페리파톤'에서 왔다. 오늘날 교수가 대강당의 교단에 서서 수업하는 모습을 고대 그리스인들은 상상도 못할 것이다. 구약의 선지자들도 마찬가지다. 그들도 이곳저곳을 돌아다니면서 살았다. 출애굽한 유대 민족은 광야를 지나 약속의 땅으로 걸어가는 나그네들이었다. 예수님에게 세례를 준 세례 요한도 광야에서 금욕 생활을 하며 정처없이 다니는 선지자였다.

예수님도 공생애 기간 동안 쉬지 않고 걸어 다니셨다. 가르치고 설교하는 그 기간에 예수님은 팔레스타인의 크고 작은 길을 두 발로 걸으셨다. 한곳에 머무신 시간은 짧았고 그나마 자주 있지도 않았다. 복음서를 보면 예수님이 이 마을에서 저 마을로, 예루살렘에서 멀리 갔다가 다시 예루살렘으로 돌아오셨다는 이야기가 많다. 그렇게 다니신 거리가 수백 킬로미터에 이르고, 예수님은 그 사이에 수십 편의 설교를 하고 이적을 행하며 토론하셨다. 예수님이 어디서 쉬고 주무셨는지에 관한 이야기는 거의 나오지 않는다. 그런 장소는 중요하거나 의미 있는 것으로 표현되지 않는다. 일단 비유를 말씀하거나 치유를 행하신 다음에는 이적에 관한 소문을 내지 말라고 당부하고 그 자리를 떠나셨다.

제자들을 처음 부르실 때에도 예수님은 호숫가를 따라 걷고 계셨다. 물고기를 잡고 있던 네 사람은 자신들의 배를 내버려두고 즉시 예수님을 따라나섰다. 예수님은 제자들(12명과 72명)이 준비되었다고 생각하고는 새로운 곳에서 사역을 감당하도록 그들을 파송하셨고, 그들은 즉시 떠났다. 하루는 부자 청년이 와서 "내가 무엇을 하여야 영생을 얻으리이까"라고 묻자 예수님은 짧게 대답하셨다. "네게 있는 것을 다 팔아 가난한 자들에게 주라…그리고 와서 나를 따르라"(막 10:21).

이상하게도 예수님은 한 번도 자신의 방랑생활에 대해 상세히 말씀하신 적이 없다. 가능한 한 많은 사람을 만나고 그들의 삶을 변화시키며 하나님께로 돌이킬 수 있도록 돕는 선지자의 삶을 당연하게 여기셨던 것 같다.

당시에는 설교자가 청중을 모을 수 있는 유일한 길은 사람들이 기꺼이 모여들고 싶어 할 정도로 명성을 얻을 때까지 대중 가운데로 다니는 수밖에 없었다. 예수님이 가르칠 기회를 얻기 위해 많은 사람이 모인 자리에 가 계신 모습을 수차례 찾아볼 수 있다. 산상수훈은 예수님이 수백 킬로미터를 걷고 수십 번의 기적을 행하며 수많은 개인들과 수백 차례의 대화를 나눈 후, 핵심적인 가르침을 주기 위해 자신이 획득한 선지자 지위를 어떻게 사용하시는지 잘 보여주는 예였다. 예수님을 따라온 오천 명의 무리가 떡 다섯 덩이와 물고기 두 마리로 배불리 먹는 이적은 그분의 영향력이 커지고 있음을 보여주는 징후였다. 그 영향력은 예수님이 죽음을 앞둔 채 나귀를 타고 예루살렘에 당당히 입성하실 때 절정에 달했다. 여기서 나귀를 타신 것은 예수님이 아기 때 이집트로 피신하신 이후로 걷지 않고 무언가를 타신 모습을 볼 수 있는 유일한 경우다.

예수님은 제자들에게 쉬지 않고 자신과 동행할 것을 격려하셨다. 예수님과의 동행은 구원을 향한 첫 걸음이다. 예수님에게 걷기는 인생에서 반드시 필요한 일이었고, 그분의 삶 전체가 하나님 나라를 향해 나아가는 걸음이었다. 부활 후 예수님은 제자들을 갈릴리로 보내셨다. 그리하여 걷는 일이 다시 시작되었다. 엠마오의 제자들도 예수님과 조우했을 때 걷고 있었다. 팔레스타인 전 지역에서, 예루살렘과 디베랴 호숫가(여기에서 예수님은 제자들을 위해 음식을 준비하셨다), 예루살렘 근처의 베다니에 이르기까지 여러 곳에서 부활하신 그리스도가 나타나셨다. 그리고 베다니에서 제자들이 지켜보는 가운데 하늘에 오르셨다.

예수님이 이렇게 열심히 걸으신 데는 타당한 이유가 있을 것이다. 말했다시피 가능한 한 많은 사람을 만나서 말씀하시기 위해서였을 것이다. 그런데 그것이 유일한 이유일까?

걷기는 가장 좋은 제자들을 선발하고 그들의 용기와 충성심을 알아보기 위해 예수님이 쓰신 방법이기도 했다. 예수님의 도보여행은 잘 기획된 일처럼 보인다. 예수님의 일행은 여행 도중에 여러 마을과 동네에 가끔 머물렀는데, 그곳에서 정착 제자들을 통해 물질의 필요를 채우셨다. 정착 제자란 예수님의 가르침에는 감동받았지만 집을 떠나 예수님과 함께 다니지는 않은 제자들을 말한다. 전도 여행을 다닌 제자들의 여비를 후원한 정착 제자들에 대해 성경은 거의 언급하지 않는다.

걷기는 다음 세대의 제자들을 준비시키는 일이었고, 예수님이 제자들을 떠나신 후에도 그분에 대한 신앙이 장래에도 확실히 전수되게 하는 방법이었다. 처음부터 예수님의 주된 목적 중 하나는 믿음을 다음 세대에 전수하는 것이었고, 사도가 되기 위한 테스트 중 하나가 계속해서 예수님과 동행하는 것이었다. 열두 명의 제자들과 일곱 명의 여인들만 길을 가시는 예수님을 따라다녔다. 일흔두 명 중 몇 명을 제외하고는 아무도 그렇게 하지 않았다. 걷는 동안에 장차 사도가 될 각각의 제자들은 예수님의 말씀을 경청했고, 그렇게 미래에 형성될 제자 공동체의 초석이 되는 훈련을 받았다. 이 평범한 사람들이 1세기 주요 기독교 공동체들의 창설자가 되었고, 위대한 교회(Great Church, 분열이 있기 전 처음 300년 동안의 교회)의 교부로 여겨졌다.

예수님의 노마디즘을 설명하는 또 하나의 이유로 사명을 완수하기 전에 체포될 것에 대한 두려움을 들 수 있다. 복음서들은 예수님이 위험한 동네나 마을에서 피신하신 일에 대해 여러 차례 언급한다.

그런 동네에서 예수님은 자유와 생명의 위협을 받으셨다. 예수님은 자신의 운명을 즉시 알게 되었다기보다 점차 인식하게 되신 것 같다. 예수님의 성품과 하나님과의 관계에 대한 생각은 그분의 설교와 대중의 반응과 바리새인, 사두개인 및 논적 율법사들과의 논쟁을 통해 성숙해갔다.

걷기는 소외된 사람들과의 흥미로운 만남을 가능하게 해주기도 했다. 그 사람들은 예수님의 비상한 강론을 이해할 능력이 있었다. 예상치 못한 만남을 통해 예수님은 삶의 중심부로 들어오지 못한 채 소외되어 살아가던 이들에게 말씀을 전할 기회를 가지셨다. 수로보니게 여인, 사마리아 여인, 간음한 여인, 거라사의 광인, 열 명의 나환자들과의 대화가 그러했다.

마지막으로, 걷기는 예수님이 자신의 믿음을 성찰하고 강화하는 기회가 되었다. 소명을 깨닫기 시작한 40일의 광야 생활과 그때 겪은 시험, 변화된 모습으로 큰 선지자 모세와 엘리야를 만나 대화를 나누었던 변화산 등반, 이적을 보기 위해 몰려든 무리를 피해 홀로 산에 들어가신 일 등이 그런 기회였다. 예수님의 소명, 예상치 못한 가르침과 비유, 관습에서 벗어난 결정 등은 홀로 있던 그날들에 형성되었음이 틀림없다.

자연을 가까이하고 내면에 집중하는 사람들, 진정성 있는 삶을 살아가는 방식으로 걷기를 사랑하고 실천하는 사람들에게 이러한 일은 자연스럽게 일어난다. 걷기는 이성적인 생각과 깊은 성찰 및 묵상을 할 수 있게 해주는 유일한 신체 활동이다. 걷기는 지치도록 진을 빼지 않는다. 머리속이 하얘지는 일 없이 복잡한 추론을 하는 데 필요한 긴 시간을 제공한다. 숲속 산책은 항상 음악가나 시인들에게 영감의 원천이었다(음악과 시는 하나님이 사용하시는 두 언어다). 걷기는 항상 놀라움을 가져다주며 새로운 생각, 새로운 만남, 새로운 통찰을 제공한다. 걷기가 더 이상 여행 수단이 아닌 오늘날에는 건전하고 건강하며 영감 넘치는 삶을 위해 그 중요성이 한층 더해졌다. 산소 공급은 상상력의 열쇠다. 가만히 앉아서만 생활하면 산소 공급이 제대로 되지 않는다. 예수님 시대에 돈 없이 여행하는 사람들은 걷기 말고는 달리 이동할 방법이 없었다. 지식인들은 한 곳에서 다른 곳으로 걸으면서 추론을 했다. 걷다보면 싫증나는 일이나 먼 거리 혹은 시간의 경과를 잊고 더 본질적인 것에 집중할 수 있었다.

걷기는 예수님이 기본적으로 하신 운동이었으며 메시아와 희생양 역할을 감당하는 그분의 '신학'이 형성되는 특별한 기회가 되었음이 분명하다. 예수님이 2년 넘게 걸으며 품으신 사명과 사역은 이후로 2천 년에 걸쳐 확인되었으며 수십 억 사람들의 삶에 영감을 주는 원천이 되었다.

걸어다니며 복음을 전한 이 설교자는 이웃을 희생시켜 살아남고자 하는 야망이 아니라 사랑으로 감동받는 새로운 인류의 원형이 되셨다. 예수님은 오랜 기간 팔레스타인 전역을 걸어다니는 동안 구약의 선지자들에게 받은 가르침을 성숙시켜가셨다. 길에서 사람들을 만나고 학자뿐만 아니라 문맹자, 저는 자, 죄인들과 대화하며 율법을 사랑으로 전환시키셨다.

걷기는 사랑의 나라로 들어가는 문이다. 고행하는 마음으로 걷기를 실천한다면 걷기야말로 천상의 세계뿐만 아니라 지상의 세계와 가장 직접적으로 소통하는 방법임을 알게 될 것이다. 걷기에 진심인 사람들은 누구나 그렇다고 말할 것이다. 대여섯 시간 정도 걷고 나면 모든 사람을 평등하게 사랑하는 마음과 선한 의지, 창조세계에 대한 존경, 한 인간으로 이 땅에 오신 하나님에 대한 경탄이 우러나올 것이다. 그렇게 걸어본 사람은 예수님의 동기와 그분이 잔인한 운명 앞에서 순복한 이유를 보다 더 이해할 준비가 되어 있다. 예수님은 길 위를 걷는 고독하고 고된 시간 속에서, 육체보다 정신을 훨씬 더 바꾸어놓는 그 시간 속에서 자신의 소명과 운명을 발견하셨다.

믿음의 자유

예수님과 동행한 여인들은 아주 특별한 사람들이다. 일단 어머니 마리아는 제외하겠다. 이미 한 장을 할애하여 그녀의 독특한 역할을 상세하게 다루었기 때문이다(표제어 '마리아'). 여기에서는 예수님을 따른 여자들에 대해 이야기해보겠다. 그들의 수가 남성 추종자들보다 적었다는 사실은 별로 놀라운 일이 아니다. 열두 명의 제자들 중에 여자는 없었다.

전승은 일곱 명의 여인들을 기억한다. 마리아, 막달라 마리아('사도들의 사도'로 불리기도 했다), 살로메, 마르다, 미리암, 아르시노에(외경 야고보묵시록에 기록된 여제자), 수산나가 그들이다. 고대는 남성 위주의 사회였다. 그러나 끊임없이 여자들이 예수님과 남자 제자들에게 꼭 필요한 존재로 등장한다. 놀랍게도 그들은 예수님과 함께 있을 때 남자 제자들을 통하지 않고 행동했다. 그 여인들 대부분이 어떤 남자의 권위에 종속되어 있지 않은 것처럼 자유롭게 행동했다. 예수님과 동행한 여인들은 남자들의 통제를 받지 않았다.

예수님은 여자들에게 구체적으로 적용되는 감정과 비유, 행동, 질문을 나타내기 위해 그들을 들어 쓰신다. 그들은 남자들과 다른 점을 드러내며 예수님의 가르침과 예언을 좀 더 보편적인 것으로 만들어주었다. 예수님은 그들을 남자들과 똑같이 대우하셨다. 그리하여 인간 사회뿐만 아니라 하나님 나라의 온전한 일원이 되게 하셨다. 그 여인들은 그들의 말을 경청하고, 그들의 문제를 이해하며, 그들을 자유롭게 해주고, 당시 유대 사회에서 뒷자리에 있던 그들을 불러주며 있는 그대로 존중해주시는 예수님을 만났다. 예수님이 여자들을 회복시키신 방법은 그분의 사역이 지닌 놀랍고도 혁명적인 측면 중 하나다.

가장 잘 알려진 몇 가지 예를 살펴보자. 사회 언저리에서 고립되어 살아가는 여자들의 경우에는 당시 여자들이 가지고 있는 장단점이 더 두드러지게 나타난다.

수로보니게(또는 레바논) 여인, 사마리아 여인, 간음한 여인의 삶은 그들이 맺은 남자들과의 관계로 인해 달라져야 했다. 전승에 따르면 마르다와 마리아는 오라비 나사로가 죽은 후 남자 없이 살았다고 한다. 혈루병에 걸린 여인은 부정하게 여겨져 사회에서 격리되어 살았다. 가난한 여인은 과부였다. 막달라 마리아는 죄인으로 여겨져 이웃에게 배척당했다. 수산나와 요안나는 예수님을 따르는 제자로서 남편이나 가족에게 알리지 않고 예수님의 일행을 돌보는 데 자신들의 돈을 사용했다. 그들은 예수님에게 매료되었으나 결코 자신들의 자유를 포기하지 않았고 자신들이 느끼는 바를 말하고 마땅히 받아야 할 것을 요구했다.

수로보니게 여인은 자신의 딸을 고쳐달라고 간청했다. 예수님은 자신은 유대인을 구하기 위해 세상에 왔기에 '자녀들'의 음식을 '개들'에게 던져주기를 원하지 않는다고 말씀하셨다. 그러자 그녀는 개들도 주인의 상에서 떨어지는 부스러기를 먹는다고 대답하며 유대인과 동일하게 대우해주시기를 요청했다. 이 대답에 예수님은 한걸음 물러나 "여자여, 네 믿음이 크도다. 네 소원대로 되리라"(마 15:28)고 말씀하셨다. 그리하여 그녀의 딸은 고침을 받았다.

사마리아 여인은 유대인과 비교해 사마리아인이 열등하다는 주장에 강하게 맞섰다. 마침내 이 여인은 유대인과 마찬가지로 사마리아인도 유대인뿐만 아니라 만인의 구주이신 메시아를 인정하게 될 것이라는 약속을 얻었다.

간음한 여인의 경우는 변명의 여지가 없으나 다만 그녀는 처음에는 남자들의 성적인 본능에, 그 다음으로는 돌로 쳐죽이려는 무리의 충동 앞에 굴복해야 했다.

마리아는 예수님의 머리에 허락도 없이 향유를 부었다. 이런 행동에 열두 제자는 부정적으로 반응했지만, 예수님은 그녀가 한 일을 사람들이 영원히 기억할 것이라고 말씀하셨다. 혈루병을 앓던 여인은 남몰래 다가가 예수님의 옷자락을 잡았고 병이 나았다. 오라비 나사로가 죽은 후 마르다는 예수님께 무슨 일이든 해달라고 간청했다. "나는 이제라도 주께서 무엇이든지 하나님께 구하시는 것을 하나님이 주실 줄을 아나이다"(요 11:22). 그리고 이렇게 고백했다. "주는 그리스도시요 세상에 오시는 하나님의 아들이신 줄 내가 믿나이다"(요 11:27). 마침내 예수님은 죽은 나사로를 살리셨다. (로마 백부장의 경우를 제외하고는) 어떤 남자도 이와 같은 용기나 당돌함을 보여주지 못했다. 세베대의 아들 야고보와 요한은 하나님 나라에서 각각 예수님의 오른편과 왼편에 앉게 해달라는 부탁을 그들의 어머니를 통해서 했다. 그리하여 예수님께 꾸지람을 듣는 당사자는 그들의 어머니가 되었다.

놀랍게도 이렇게 용감한 여자들 중에 예수님의 정식 제자로 묘사된 사람은 아무도 없다. 일단 역할이 끝나면 대부분이 성경의 무대에서 사라지고 더 이상 소식을 들을 수 없다. 그들은 이름 없는 제자들의 무리 속으로 돌아갔다. 극소수의 여인들만 어머니 마리아와 함께 십자가 아래에 다시 등장한다. 그리고 시신에 바를 향료를 가지고 무덤으로 간다. 그들은 '갈릴리에서부터 따라온 여자들'이었다.

예수님의 부활을 처음으로 증언하는 놀라운 특권을 갖게 된 사람은 극소수다. 복음서에 따르면 둘 혹은 셋에 해당하는 마리아(요셉의 어머니, 야고보의 어머니, 요한의 어머니)와 살로메와 요안나가 무덤이 비어 있는 것을 발견한다. 열한 명의 제자에게 부활 소식을 처음으로 알린 사람은 한 여인이다. 제자들은 그녀가 전하는 말을 믿지 않았다. 부활하신 예수님이 자기들보다 여인들에게 먼저 나타나셨다는 사실을 믿고 싶지 않았는지도 모른다. 그들은 예수님의 나타나심(표제어 '그리스도의 현현')을 여러 차례 보기 전까지 여자들이 전한 말을 믿지 않았다. 제자들의 무리에서 그 여인들의 위치는 사도행전의 서두에서 한 차례 간단히 언급된 후 더 이상 나오지 않는다(행 1:14).

때때로 예수님은 비유 속에서 여인들을 언급하신다. 과부와 불의한 재판관, 열 처녀에 대한 비유 등이 그렇다. 이 비유에서 여자의 역할은 남자의 역할과 정반대다. 그들은 남자들과 다르게 행동한다. 그 차이점을 통해 예수님은 여자들의 요청이 얼마나 큰 힘을 가질 수 있는지 보여주신다. 비유 속의 과부는 오랫동안 끈질기게 강청한 끝에 재판관에게 마침내 판결을 얻어냈다. 전반적인 메시지는 참으로 예수님을 따르는 자는 단순히 경건하게 수동적으로만 있어서는 안 되고, 살아가는 매 순간 자유를 내려놓는 모험을 무릅써야 한다는 것이다.

은혜는 하나님이 값없이 주시지만, 의지와 용기를 발휘하여 그 은혜를 효과 있게 하는 것은 우리 각자의 몫이다. 은혜는 선한 일을 행하고 나와 이웃의 삶을 변화시킬 수 있는 기회다. 하지만 혈루병에 걸린 여인처럼 자신이 예수님을 따르고 있으며 그분의 계명에 따라 살아가고 있음을 보여주기 위해서는 그분의 실재에 적극적으로 다가가야 한다. 가난한 여인은 얼마 되지 않지만 자신이 가진 전부를 성전에 바쳤다. 간음한 여인은 회개했다. 사마리아 여인은 마을에 가서 동족에게 예수님의 말씀을 전했다. 수로보니게 여인은 자신의 신분에도 불구하고 구원을 간청하는 최초의 비유대인이 되었다. 각 경우마다 사람들이 예수님의 가르침에 순종하는 방향을 향해 적극적으로 한 걸음을 내딛었을 때 은혜가 따랐다.

2천 년 동안 되풀이된 신앙의 관습 속에서 어느덧 예수님을 향한 우리의 소망은 "나는 믿어야 한다는 사실을 믿는다"는 식의 개인적인 기도 의식으로 축소된 것 같다. 예수님을 따랐던 모든 초대 교회 여성 제자들의 본보기는 그와 같은 수동적인 태도가 예수님의 가르침과 기독교 신앙을 배반하는 것임을 보여준다. 그리스도인은 수동적이어서는 안 된다. 예수님의 은혜로 얻은 자유는 우리 앞에 놓인 도전이기도 하다. 은혜에 감동받는다는 것이 무엇인지, 그리고 이 사회에서 한 사람의 자유인으로서 나의 신분을 어떻게 정당화할 수 있는지 보여주는 것은 자신에게 달려 있다. 예수님과 동행한 여인들처럼 그리스도인이란 예수님과 그분의 가르침과 직접 대화하면서 더 나은 사회와 세상으로 나아가려는 구체적인 목표를 이루는 사람이다. 그 여인들의 약점처럼 나의 약점도 믿음에 힘입어 장점으로 변화되어야 한다.

그 여인들은 당시 사회에서 가장 약자에 속했지만 예수님과 그분의 은혜를 확신함으로써 기적과 회심, 개선과 진보를 이루었다. 그 시대의 문화적 제약에도 불구하고 마땅히 예수님을 따르는 자유를 누렸다. 차별과 불평등의 옛 세상을 하나님 앞에서 모두가 동등한 예수님의 새 세상으로 바꾸어가기 시작했다. 새 세상에서 우리는 다만 이 사회를 더 나은 방향으로 인도하기 위해 평등함을 어떻게 사용했는가에 따라서 심판 받게 될 것이다.

이보다 더 현대적인 계명이 있을까? 오늘 우리가 누리는 소중한 자유에는 책임이라는 큰 특권이 따른다. 예수님과 동행한 여인들처럼 우리는 종말의 세계에서 살아가며 그 종말에 대해 증언하는 사람들이다. 인류가 예수님의 가르침에 반대되는 탐욕과 정욕과 이기심을 따라간다면 결국 멸망에 이른다는 사실을 우리 모두는 알고 있다. 또한 어떻게 하면 올바른 길을 갈 수 있는지도 알고 있다. 그것은 예수님과 동행한 여인들의 말에 귀 기울이고 그들의 본을 따르는 길이다.

복된 도전

예수님에게 일은 우리 같은 보통 사람들이 알고 있는 일의 의미와 같지 않다.

포도원의 품꾼(마 20:1-16) 비유는 통념을 깨뜨리고 특별한 사실을 전하기 위해 예수님이 선택하신 전형적인 예다. 이 비유에서 주인은 하루 일거리를 위해 품꾼들을 구한다. 한 사람씩 정해진 품삯을 받고자 밭으로 일하러 온다. 문제는 주인이 품꾼이 올 때마다 고용했고, 일을 언제 시작하든 그들에게 똑같은 품삯을 적용했다는 것이다. 날이 저물고 일이 끝나자 주인은 품꾼들에게 삯을 지불한다. 그날 가장 일찍 와서 일한 사람들은 늦게 와서 일한 사람들도 같은 금액을 받았다는 사실을 알고는 억울해한다. 그들은 불만을 토로하며 품삯을 더 달라고 했지만, 주인은 자기 돈을 자기가 정한 대로 쓸 권리가 있다며 그들의 요구를 단호히 거절한다. 주인의 결정은 동등이나 형평과는 무관하다. 주인은 그 문제를 품꾼과 의논하지 않고 법 위에 있는 것마냥 자기 생각대로 처리하며 변명조차 하지 않는다. 품꾼들은 부당하다는 느낌을 가지고 떠난다.

은 열 므나의 비유도 알 것이다(눅 19:12-27, 마 25:14-30). 주인이 먼 나라로 여행을 떠나면서 세 명의 하인에게 이윤을 남기라는 명령과 함께 재산을 나누어 준다. 시간이 흐르고 주인이 돌아왔을 때 첫 번째 하인은 이윤을 많이 남겼고, 두 번째 하인도 상당한 이윤을 남겼다. 그러나 세 번째 하인은 자기가 받은 것을 그대로 간직하기만 했다. 그는 자신이 맡은 돈을 날려버릴까 봐 아무런 모험도 하지 않았다고 주인에게 변명했다. 이에 주인은 어떻게 이윤을 남겼는지 물어보지 않은 채 두 하인을 칭찬하고 세 번째 하인은 벌한다.

마지막 예는 탕자의 비유다. 둘째 아들이 자기가 받을 유산을 미리 챙겨서 아버지 집을 떠났다가 돈을 탕진하고 만다. 결국 그는 집으로 돌아와서 아버지의 용서를 구하기로 결심한다. 항상 아버지와 함께 일해온 형은 잘못한 동생이 이제 와서 용서받는 것을 달가워하지 않는다.

이 비유들은 모두 모호한 구석이 있다. 기록된 내용 그대로를 볼 때, 일에 대해 예수님이 가지고 계신 생각이 여느 사람들과는 다른 데가 있음을 알 수 있다. 첫 번째 비유는 마치 게으름을 권장하는 것처럼 읽힐 수도 있다. 두 번째 비유는 투기를 옹호하는 것처럼, 세 번째 비유는 덕을 행하기보다는 죄를 지으며 사는 것이 더 유리하다고 말하는 것처럼 오해할 수 있다.

이 비유들은 일의 가치에 대한 예수님의 생각을 실제로 반영하고 있을까?

예수님의 직업에 대해 알려진 바는 거의 없다. 일찍이 아버지와 함께 목수 일을 하셨다는 사실만 알려져 있다. 예수님은 세례 요한에게 세례를 받은 후 이 마을 저 마을로 다니며 복음을 전하는 설교자로 사셨고, 일곱 여인들이 사도들과 함께 예수님을 따라다니며 일상의 필요를 도왔다. 곳곳에 있는 정착 제자들이 예수님의 일행에게 숙식을 제공하기도 했다. 그들은 예수님과 어떤 '계약'을 맺고 그런 일을 한 것은 아니었다. 예수님의 사명은 하나님의 가장 중요한 계명이 보편적인 사랑에 있음을 사람들에게 일깨워주는 것이었다. 정의와 평등, 형평, 나눔 등에 관한 가르침은 이 근본적인 패러다임에 따라오는 결과다. 사실 앞서 말한 세 가지 비유의 실제 주제는 '일'이 아니라 '사랑'이다. 우리가 보기에도 그렇지만 예수님이 보시기에 사랑은 나뉠 수 없고 오직 배가될 뿐이다. 자녀 넷을 둔 엄마도 자녀 하나를 둔 엄마와 마찬가지로 자녀 한 명 한 명에게 똑같이 사랑을 베푼다.

복음서의 여러 곳에서 일에 대한 예수님의 생각을 엿볼 수 있다. 산상수훈에 따르면 예수님은 일과 관련해 아마도 이렇게 권면하실 것 같다. "일꾼이 일을 마치면 기다리게 하지 말고 정확히 품삯을 지불하라." 다른 곳에서 예수님은 주인과 종의 관계가 평등함을 강조하신다. 직업상 서열이 인간관계를 지배할 수 없다. 예수님은 사람이 그 열매로 판단받는다는 말씀을 반복하신다. 사람들이 맺는 대부분의 열매는 그들이 하는 일에서 나온다. 예수님이 바리새인과 부딪힌 문제 중 하나가 안식일에 일하는 것이었다. 예수님은 필요할 경우 안식일에 수확하거나 병 고치는 일을 죄로 여기지 않으셨다. 예수님은 사람이 마땅히 해야 하는 일을 종교적 의례 위에 두셨기 때문이다. 상식과 정직함이 일과 관련해 예수님이 참고하시는 기준이었다.

사람이 일을 통해 구원받는 것은 아니기에 일은 예수님의 주된 관심사가 아니었다. 그럼에도 살아가는 데 일이 필요하고 누구나 맡은 일을 완수해야 한다는 점을 인정하셨다.

예수님과 달리 사도들은 현실 세계에 연결된 끈을 놓지 않았고, 공동체 생활에 문제가 생길 때마다 생계 일로 돌아갔다. 예수님이 죽으신 후에도 그들은 모두 다시 옛 일터로 돌아갔다. 오순절 성령강림 이후에야 그들은 가르치고 설교하는 일을 전업으로 삼았다. 그리하여 모금이 반드시 필요해졌다.

1차 산업혁명이 일어나기 전까지는 산업사회 이전의 경제 패러다임이 사회를 지배했다. 모든 사람이 땅의 소출을 먹고 살았고, 생산의 리듬은 사계절의 순환을 따랐다. 장인은 기본 도구들을 사용해 자기 손으로 일을 했다. 더 큰 힘이 필요한 경우에는 동물이나 노예를 통해 생산했다. 부자라고 해서 월등히 더 부유하지 않았고 다른 모든 사람들처럼 일찍 죽었다. 대부분의 경우 그들은 가난한 사람들보다 조금 덜 가난했을 뿐이다. 창세기의 오래된 저주, "너는 네 평생에 수고하여야 그 소산을 먹으리라"(창 3:17)는 말씀은 누구에게나 보편적으로 적용되는 법칙이었다. 이 교훈은 더 자세한 설명 없이 정직과 정의, 자비를 요구하신 예수님의 상식적인 언급에 반영되어 있다.

1차 산업혁명에 추진력이 생기고 계몽주의 철학의 영향을 받으면서 사회적 상황은 점차 바뀌었다. 수천 년 동안 받아들여진 '출생'과 '가문'의 정당성이 끝나면서 사회의 위계 질서가 급격히 변모했다. 돈을 통해 새로운 엘리트가 권력을 잡았고, 이 돈은 고된 노동과 운과 재능의 결과였다. 평등의 신화는 신속히 창업자와 상인으로 이루어진 귀족사회가 지배하는 '고용주의 시대'에 의해 밀려났다. 가난한 사람은 더 가난해지고 엘리트는 더 부자가 되는 사회에서 간단하고 상식적인 예수님의 권고는 이해할 수 없는 주제가 되었다. 그 게임의 이름은 '극빈'이었다. 양 진영 출신의 그리스도인들은 예수님의 가르침을 따라 행하는 것이 거의 불가능하다고 느끼기 시작했다. 그것은 계급 전쟁이 확대되고 있는 상황에서는 따를 수 없는 가르침이었다. 고대 사상들로 돌아가서는 이 '삶을 위한 투쟁'은 해소될 수 없었다. 그 사상들은 20세기를 살아가는 그리스도인들에게는 무의미했다.

포도원 품꾼의 비유? 열 므나의 비유? 탕자의 비유? 이 이야기들을 오늘날 어떻게 적용할 수 있을까? 문자 그대로 받아들이기에는 어려운 지점이 있다. 원활히 돌아가는 경제는 영어권 및 독일어권 나라에 속한 개신교회들의 주요 관심사였다. 그들은 노동을 성스러운 의무의 경지로 끌어올렸고, 돈을 예수님을 영화롭게 만드는 수단으로 보았다. 그래서 막스 베버의 프로테스탄트 직업윤리는 노동자가 자신의 일을 의무로 여기고 기업가가 자신의 돈을 하나님의 뜻을 이루는 수단으로 여기도록 격려했다. 가톨릭교회는 사회교리를 사용하여 노동자 및 농부 조합과 기업가 조직이 협력하는 강력한 노동 구조를 세웠다. 예수님의 가르침을 이렇듯 과감하게 끌어내어 활용한 것은 사회에서의 교회 역할을 제공하려는 시도였다.

오늘날에도 여전히 신흥 개발국가들에서 이러한 사고방식을 찾을 수 있다. 그래서 그런 지역에서는 새로운 형태의 교회가 성장하고 있다. 이런 교회들은 영생을 누릴 미래의 세계보다 지금 살고 있는 세상에서 행해야 하는 그리스도인의 의무를 강조한다. 그들은 예수님의 가르침을 상징이 아니라 거의 문자 그대로 해석한다. 이른바 그리스도인의 직업윤리를 실천하며 신자들에게도 그렇게 살아갈 것을 요구한다. 그럼으로써 20세기의 서구사회를 모방하고 있다.

오늘날 우리가 일하는 방식과 1950년대에 할아버지 세대가 일한 방식 사이에는 공통점이 별로 없다. 예전에 실업은 거의 존재하지 않았다. 실업 문제를 제기할 필요도 없었다. 즉각적으로 의사소통을 할 수 있는 도구도 존재하지 않았다. 일하는 속도가 완전히 달랐다. 노사관계도 여전히 옛날식 위계 질서를 갖추고 있었다. 독립과 자아 역시 문제시 되지 않았다. 세계화는 초기 단계였다. 세계는 서구사회와 나머지 세계로 나뉘어 있었다. 남반구의 많은 나라가 제국에서 독립했음에도 불구하고 사람들의 머리 속에는 제국이 여전히 남아 있었다. 소비 문화가 서유럽에서 꽃피우기 시작했고 사람들은 더 나은 내일을 믿었다. 일은 삶의 본질적인 부분이고 물질적, 도덕적, 종교적 이유 때문에 책무로 간주되었다.

1980년대 컴퓨터와 인터넷의 등장으로 시작된 정보화 혁명 이후로 선진국의 교회들은 다른 종류의 직업윤리에 눈뜨기 시작했다. 일이란 오락에 접근할 수 있는 수단을 제공할 때, 교회와 가난한 사람들 혹은 장애인들을 위해 선행을 할 수 있는 '여가 시간'이 충분히 확보될 때 유용한 것이라는 생각을 하게 되었다. 모든 사람이 일자리를 가질 수 있도록 일을 분배해야 한다는 인식도 생겼다. 일은 하나님의 은혜를 얻기 위한 길이나 의무가 아니라 인생을 즐기고 자선을 베풀기 위해 돈을 버는 수단으로 여겨지고 있다. 일은 삶에서 중요한 부분이지만 그 자체가 도덕성이나 종교성을 띠지는 않는다. 오늘날 포스트모던 시대에 삶에 의미를 부여하는 것은 일이 아니라 여가 시간이다. 교회들은 여가 시간에 할 수 있는 자발적인 선교를 강조한다. 자원봉사는 아가페 사랑을 명하신 예수님의 가르침을 따라 우리 삶에서 열매를 맺고자 하는 포스트모던적 방식이라고 할 수 있다. 신실한 그리스도인은 쓸데없는 일로 여가 시간을 낭비하는 대신에 아가페 사랑을 실천하는 활동에 참여함으로써 "네 이웃을 사랑하라"는 예수님의 가르침을 실천한다.

장기적으로 보았을 때, 대체로 기독교 국가들이 비기독교 국가들에 비해 생산성이 높고 경제적으로 우위에 있는 것이 사실이다. 오늘날 서구세계를 관찰해온 중국의 많은 연구자들은 서구의 경제적 성공이 이른바 '기독교 직업윤리'의 결과라고 생각한다. 그 덕분에 우리는 이전의 어떤 세대보다 아가페 사랑을 실천하기에 좋은 여건에 있다. 매일의 생존에 연연하지 않고 그 너머를 바라볼 여유가 생긴 것이다. 동시에 우리는 예수님의 가르침에서 다음 세대를 위해 세계를 안전하게 지켜가야 할 임무를 발견한다. 이것이 바로 새로운 세기를 위한 새로운 직업윤리다. 새로운 패러다임을 형성해가는 과정에서 그리스도인들이 선구자 역할을 감당해야 한다. 그리스도인만이 인류가 온전함과 정결함을 향해 나아갈 길에 대한 장기적인 비전을 가지고 있기 때문이다.

이제 인생의 가장 중요한 열매는 사랑의 열매라는 예수님의 가르침으로 돌아가야 할 때다. 예수님을 따르는 사람들은 무엇이 선인지 알기 때문에 자유롭게 선을 택하고 행할 수 있다고 바울은 말했다.

숙련되고 체계화된 일은 우리 그리스도인이 자유롭게 선을 행할 수 있는 하나의 통로가 된다.

Z Zacchaeus __ 삭개오

믿음의 힘

여리고성의 삭개오 이야기는 누가복음에만 나온다(눅 19:1). 그곳의 세리장인 삭개오는 키가 아주 작고 매사에 호기심이 많았다. 예수님이 여리고성에 도착하셨을 때, 그는 예수님을 몹시 만나고 싶었지만 사람들이 너무 많아 다가갈 수 없었다. 그는 예수님을 확실하게 보기 위해 돌무화과나무 위로 올라간다(눅 19:4). 그 나무 아래로 지나가시던 예수님이 삭개오에게 손을 흔들며 놀랍게도 저녁식사에 초대해달라고 부탁하신다. 자신의 뜻을 밝히기도 전에 예수님이 먼저 마음을 알아주시자 삭개오는 크게 기뻐하며 나무에서 내려와 예수님을 맞이한다. 그리고 자기 재산의 절반을 가난한 사람들에게 나누어 주고, 혹시 자신이 이웃과 고객, 그 밖의 지인들에게 손해를 입힌 것이 있으면 네 배로 배상하겠다는 뜻을 밝힌다(눅 19:8).

그것이 전부다.

그런데 놀랍게도 예수님은 그에게 구원이 이르렀음을 알리신다. 그가 많은 재산을 기부했기 때문이 아니라 그도 "아브라함의 자손"(눅 19:9)이기 때문이라고 그 이유도 밝히신다. "인자가 온 것은 잃어버린 자를 찾아 구원하[기]""(눅 19:10) 위해서이기 때문이다. 그런 다음 예수님은 달란트(혹은 므나) 비유를 말씀하신다.

외경은 삭개오가 베드로에게 직접 안수를 받았고, 가이사랴의 제1대 감독이 되었으며, 베드로가 마술사 시몬과 오랫동안 갈등을 겪을 때 그의 곁을 충성스럽게 지켰다고 기록하고 있다. 전승에 따르면 삭개오는 프랑스의 로카마두르 마을에서 죽었고, 그 마을에서 그의 시신은 숭배의 대상이 되었다고 한다.

삭개오 이야기는 많은 재물을 포기할 수 없어 예수님을 따르지 못하고 낙심하며 돌아선 부자 청년의 이야기와 자주 비교된다. 같은 유대인이었음에도 구원이 세리 삭개오의 집에는 임했지만 부자 청년에게는 임하지 않았다. 둘의 차이점은 무엇일까?

예수님이 두 사람을 다르게 대하신 일을 놓고 수백 년에 걸쳐 수천 건의 주석이 생겨났다. 더욱이 삭개오 이야기는 달란트 비유로 끝나는 데 반해, 부자 청년의 이야기는 부자가 천국에 들어가는 일이 낙타가 바늘 구멍으로 들어가는 일만큼이나 어렵다는 유명한 비유로 끝나기 때문이다. 부자 청년이 찾지 못한 천국으로 가는 길을 삭개오는 찾은 것이 분명하다.

삭개오의 비결은 무엇일까?

그는 신실한 유대인도 아니었다. 당시 세리는 로마제국을 대신해 동족 유대인들에게 압력을 행사하는 사람이었다. 아마도 세리 삭개오는 사회 언저리에서 추방된 사람이나 다름없이 살았을 것이다. 복음서에서는 세리를 죄인이라고 일컫는다. 그래서 삭개오는 더욱 절실하게 예수님을 찾았는지도 모른다. 가혹한 바리새인보다는 예수님에게서 구원의 소망을 보려 했을 것이다.

얼핏 보면 삭개오는 재산의 절반을 내놓고 인정받은 것 같고, 부자 청년은 전 재산을 내놓지 못해 돌아선 것 같다. 하지만 둘의 차이는 삭개오는 자신이 죄인인 것을 알고 예수님께 용서를 구하러 온 반면에, 부자 청년은 자신을 의인으로 여기고 예수님께 인정을 받으려고 왔다는 데 있다. 전자는 패배자로 왔고, 후자는 승리자로 왔다. 예수님은 "무릇 많이 받은 자에게는 많이 요구할 것이요"(눅 12:48)라고 말씀하신다.

삭개오 이야기와 관련해 몇 가지 질문이 더 있다. 왜 삭개오는 돈으로 감사를 표현했을까? 이러한 일이 진정한 믿음의 행위로 받아들여진 이유는 무엇일까?

바로 이어지는 므나(달란트)의 비유에서 그 답을 찾을 수 있을지도 모르겠다. 이 비유에는 땅을 소유한 한 주인이 나온다. 그는 사업차 먼 나라로 떠나기에 앞서 세 명의 종에게 돈을 나누어 주고, 그 돈을 늘리는 방법도 가르쳐준다. 나중에 집으로 돌아온 주인은 그들을 불러서 그동안 그 돈을 어떻게 운용했는지 보고를 듣는다. 두 명의 종은 돈을 두 배로 늘렸고 주인에게 후한 보답을 받는다. 그러나 다른 한 종은 받은 돈을 그대로 내놓으며 혹시라도 손해를 봐서 책망을 듣게 될까 봐 아무 일도 하지 않았다고 변명했다. 결국 그는 무익한 종이라는 소리를 들으며 쫓겨난다.

이 비유의 일반적인 교훈은, 예수님이 우리가 저마다 가지고 있는 달란트를 내버려두지 않고 사용하기를 바라신다는 것이다. 또한 하나님의 이름으로 이웃을 위해 달란트를 늘리기를 요구하신다는 것이다. 달란트는 우리의 성격만큼이나 다양하기 때문에 우리는 다만 하나님을 위해 할 수 있는 일을 최선을 다해서 하면 된다. 돈을 버는 것도 일종의 달란트(재능)다. 그러므로 돈 버는 달란트를 가진 사람은 하나님의 영광을 위해 돈을 사용해야 하며 그분의 가장 큰 계명을 따라야 한다.

하지만 이 비유의 가장 큰 교훈은 돈이 명분이 아니라 임무를 위한 도구가 되어야 한다는 것이다. 내가 이웃을 위해 달란트를 쓰는 것이 믿음의 증거가 아니라 믿음의 결과로 나타나야 한다. 명백하고도 중요한 이 진리를 망각했기 때문에 종교개혁이 일어난 것이 아니겠는가!

구원의 소망은 사랑과 행복의 소망에 가깝지 달란트나 돈과는 무관하다. 그 소망은 우리 영혼의 가장 깊은 곳에 뿌리내리고 있어 달란트가 넘치든 부족하든 결코 흔들리지 않는다.

에필로그

어린 시절 나는 구약성경에 나오는 잔혹한 이야기에 매료되었다. 그 이야기들은 내가 읽은 수십 권의 '머나먼 서부 시리즈'의 다른 버전처럼 느껴졌다. 대홍수, 지진, 잔인한 전쟁 등이 마치 십자군 이야기처럼 들렸다. 다만 그 이야기에는 인간의 삶과 죽음을 관장하는 강력한 권위가 추가되었다는 점이 달랐다. 『일리아스』에서 그와 비슷하게 신이 개입한 이야기를 읽은 적이 있다. 이 서사시에서 그리스 신들은 사람을 꼭두각시처럼 조종했다.

이 모든 책들이 열 살짜리 소년의 마음에 불러일으킨 혼란이 어느 정도인지 짐작할 수 있겠는가?

나는 꿈속에서 대홍수와 인디언 전쟁을 보았다. 히브리 사람들이 아랍 사람들을 공격하는 것도 보았다. 아랍 사람들은 튜닉을 입고 그 위로 십자가를 걸고 있었다. 하나님은 군사들의 머리 위로 휘몰아치는 허리케인처럼 내려와 자기 마음에 더 드는 이들에게 승리를 안겨주었다. 밤마다 내가 꾸는 꿈은 모험과 격정의 세계였지만 실제 나의 생활은 상당히 따분하기만 했다. 산수와 문법은 정말이지 재미없었다. 꿈속의 세상은 실제 삶보다 더 크게 느껴지는 어떤 운명의 약속으로 내게 손짓했다. 그러면서 하나님은 사람들끼리 서로 죽이게 하는 분, 언제라도 벌을 내리시는 무서운 분이라는 인상이 남게 되었다.

십대가 되어 예수님에 대해 처음 들을 때까지만 해도 그런 인상은 사라지지 않았다. 난생 처음 들은 예수님의 이야기는 믿기 어려울 정도로 놀라웠다. 거기에는 전쟁도, 지진도, 정복도, 신의 저주도 없었다. 팔레스타인 일대를 걸어 다니고 이적을 행하며 지혜에 관한 교훈과 사랑의 계명을 전한 한 청년은 예전에 내가 들은 난폭한 하나님과는 거리가 멀었다. 나는 예수님과 사랑에 빠졌다. 그분이 제자들과 어부와 세리를 만나고 함께 다니신 이야기는 들을 때마다 새로웠다. 나는 그분이 바리새인이라는 학자들과 자주 벌인 열띤 토론을 따라갔다. 광야에서 거두신 승리와 물을 포도주로 바꾸고 눈 먼 자를 고치신 생생한 이적을 읽으며 즐거워했다. 변화산 사건이나 물위를 걸으신 것처럼 중력의 법칙을 벗어난 이적 등은 인상 깊었다. 나는 항상 집을 떠난 탕자나 주인의 아들을 살해한 무자비한 종에 관한 꿈을 꾸었다. 새로운 세상, 예수님의 세계 속으로 들어가게 된 것이다.

시간이 흘러 죽음이라는 것을 인식할 수 있는 나이에 이르렀다. 어느 날 그 슬픈 날이 찾아왔다. 주일학교가 열린 어느 평범한 날, 나는 예수님이 죽으셨다는 사실을 알게 되었다. 예수님이 체포되고 나서 겪으신 일들을 주일학교 선생님이 이야기해주셨다. 나의 멋진 영웅이 내게 큰 감동을 준 사랑과 긍휼의 가르침 때문에 죽임을 당했다는 사실을 도무지 믿기 힘들었다. 나는 그 이야기를 끝까지 들을 수 없었다. 내게 예수님은 살아 계신 영웅이고 아직 사명이 끝나지 않은 분이었다.

그런 일이 있고 나서 얼마 지나지 않아 나는 영원히 살아 계신 예수님에 대해 들었다. 그리고 그분이 어떻게 죽음에서 벗어나 산 자로 돌아오셨는지도 들었다. 그 이야기에는 듣기 불편한 내용도 있었다. 예수님은 유령처럼 벽을 통과하셨고 갑자기 나타났다가 홀연히 사라지셨다. 음식을 드시기는 했지만 딱히 음식이 필요한 분처럼 보이지 않았다. 마치 나의 영웅이 죽어서 하늘에 올라가지 못하고 지상을 떠도는 존재가 된 것만 같았다. 온전히 인간이었던 그분이 그리워지기 시작했다. 그분이 죽음에서 벗어난 것은 기뻤지만 알 수 없는 존재가 된 것 같아 한편으로는 슬펐다. 그나마 마지막에는 승천하셔서 다행이라고 생각했다.

이처럼 나는 나의 영웅과 친밀하게 지내며 젊은 시절을 보냈다. 하지만 하나님은 관심 밖의 대상이었다. 내 생각에 하나님은 분노와 저주와 묵시를 담고 있는 끔찍한 구약성경의 실체였기 때문이다. 그분은 너무나 먼 곳에 계시고 너무나 영원한 존재였다. 과학 공부도 하나님이라는 신비를 탐구할 만큼 강한 자극제가 되지 못했다. 과학 선생님들은 "실험실은 신들의 무덤"이라고 학생들에게 끊임없이 말했다. 그러나 내게는 예수님이 답이었다. 그분은 완벽한 사람으로서 성육신하신 하나님이다. 그분의 가르침과 삶 전체가 감동적이고 실질적인 교훈을 주기 때문에 굳이 하나님까지 상상하는 것은 시간 낭비라는 생각까지 들었다. 내게 예수님은 차고 넘치시는 분이었다. 구약성경에서 들끓던 분노를 나는 잊기 시작했다. 예수님과 그분의 이야기, 그리고 그분의 제자들과 더불어 살면서 현재에 이르는 나의 삶이 형성되었다. 구약성경에서 내가 참조하는 내용은 예수님의 오심을 예고하는 메시아 예언들과 나의 신앙을 노래하는 시편들이다. 그밖에 내가 이해하는 나머지 메시지들은 다 신약성경에 있다.

되도록 나는 예수님의 가르침을 중심으로 나의 삶을 촘촘히 세워가고자 노력했다. 행동을 믿음에 일치시키는 것이 그다지 어렵지 않았음을 고백한다. 다행히 적절한 때에 꼭 필요한 사람들을 만난 덕분에 그나마 성공할 수 있었던 것 같다. 사실 나의 인생은 기적으로 가득하다. 삶의 매 순간마다 그리스도인의 길에서 벗어나지 않도록 깊이 혹은 살짝 개입하시는 '예수님의 손길'을 본다. 어떤 신비로운 힘이 나를 붙들어주고 있음을 느낀다. 나는 그것을 기꺼이 예수님의 은혜라고 부른다.

젊은 시절 나는 오랫동안 내 안의 신앙을 누구와 나누는 일 없이 혼자서만 간직했다. 그것이 기독교를 대하는 나의 태도였다. 그러나 끝나지 않을 것 같던 젊은 시절의 치기 어린 감정을 극복할 나이에 이르면서 생각이 발전했다. 무슬림이나 유대인을 만날 때면, 그들이 언제나 자신의 신앙을 흔쾌히 나누고 자랑스럽게 선포하는 것을 보면서 나 역시 그리스도인으로서 현실 세계에 직면할 필요를 느꼈다. 그럴 때 신앙이 더 깊이 뿌리내리고 일상에서 그리스도인답게 살아가는 데 도움이 된다는 사실을 깨달았다. 사실 자신의 행동을 다른 사람들의 판단에 맡긴다는 것은 쉬운 일이 아니다. 그동안 나는 나의 행동을 관대하게 판단하는 데 만족했다. "비판을 받지 아니하려거든 비판하지 말라"는 예수님의 계명을 잘못 적용한 것이다. 하지만 이제 나는 내 안의 믿음을 나누고 선포하는 데 그 어느 때보다 자유로움을 느낀다. 이 책은 그 자유로움의 산물이다.

감사의 글

예수님을 중심으로 보는 세계에 대한 나의 접근은 매우 개인적이고, 지나온 내 인생의 경험에 기초한다. 내게는 놀라움으로 가득 찬 다채로운 여정이었다.

끊임없이 성경을 대하고 예수님의 가르침을 묵상하는 일을 제외한다면, 내 인생의 최고 스승은 의사이자 음악가, 노벨 평화상 수상자인 알베르트 슈바이처다. 그는 중앙아프리카 부족 가운데서 평생을 의사로 살아갔다. 그는 아가페 사랑을 실천하면서 모든 형태의 생명이 존중받고 사랑받아야 한다는 생명에 대한 깊은 경외심을 가졌다. 교회 교부들 중에서 내가 가장 좋아하는 인물은 알렉산드리아의 클레멘트로서 그는 (철학을 복음을 위한 도구로 보며) 아가페 사랑 말고는 어떤 열정에도 구속되지 않겠다는 현대적인 입장을 가졌다. 좀 더 최근의 인물 중에서 신학자 루돌프 불트만은 비록 예수님의 서사를 '비신화화' 하겠다는 위험한 입장에 집착했지만, 예수님을 중심에 둔 삶의 길에 대해 나와 생각이 그다지 멀지 않다는 결론을 내렸다. 19세기 학자 에르네스트 르낭은 '인간 예수'를 더 깊이 이해하는 데 도움이 되었다.

나의 스승들이 그러했듯이 나 역시 예수님을 따라가는 그분의 제자다.

이 책의 내용에 일관성을 부여하는 데 큰 도움을 준 이방 상들리와 원고를 가장 먼저 읽고 출간에 대해 친절하고 유용한 조언을 해준 제니 알바에게 감사의 말을 전한다.

지금은 세상에 없지만 50년을 함께해준 나의 아내 샹탈에게도 감사를 전한다. 그녀의 인내와 사랑이 없었다면 이 간증은 염원으로만 남았을 것이다.

참고문헌

Armstrong, Karen. *The Bible*. London: Atlantic Books, 2007.

Bardy, Gustave. *Eusebe of Caesarea*, Church Histories. Paris: Le Cerf, 1955.

Bartholomew, Patriarch. *Speaking the Truth in Love*. Fordham University Press, 2011.

Beale, Greg. *Revelation*. Grand Rapids: Eerdmans, 2000.

Bonhoeffer, Dietrich. *The Cost of Discipleship*. London: MacMillan, 1967.

Bortnes, Jostein & Tomas, Higg. *Gregory of Nazianzes*. Museum Tuscalum Press, 2006.

Brown, Dan. *The Da Vinci Code*. Premium Mass Market Editions, 2009.

Bultmann, Rudolf. *Jesus and the World*. New York: Scribners Sons, 1934.

Bultmann, Rudolf. *The Possibility of Religion Without Myth*. New York: Noonday Press, 2005.

Carson, D. A. *The Difficult Doctrine of the Love of God*. London: IVP, 2000.

Chopra, Deepak. *Jesus*. Harper One, 2009.

Clement of Alexandria. *Paedagogus*. Christian Classics, Etherial Library, Calvin College, 2012.

Cranfield, C. E. B. *The Epistle to the Romans*. T&T Clark, 2004.

Delbanco, Andrew. *The Real American Dream: a Meditation on Hope*. Harvard University Press, 2000.

Dettwiler, Andreas. *The Q Source*. Paris: Labor & Fides, 2008.

Dunn, James. *Beginning at Jerusalem*. Grand Rapids: Eerdmans, 2009.

Ecrits Apocryphes Chrétiens. Paris: Gallimard, 1997.

Evans, Stephen. *The Historical Christ and the Jesus of Faith*. Oxford University Press, 1996.

Ferguson, John. *Clement of Alexandria*. New York: Ardent Media, 1974.

Fleurus-Lobban, Carolyn. *Cultural Relativism*. The Chronicle of Higher Education, 1995.

Fox, George. *Journal*. Paris: Je sers, 1935.

Goldman, Emma. *The Failure of Christianity*. Mother Earth Journal, 1913.

Green, Gene. *The Letters to the Thessalonians*. Pillar, 2002.

Gregory of Nyssa. *On the Soul and Resurrection*. Christian Classics Ethereal Library, 2005.

Grieschische Kirchenväter. Paris: Editions de l'Orante, 1963.

Guton, Colin. *The One, the Three and the Many*. Bampton Lectures, Cambridge University Press, 1993.

Harrington, Wilfrid. *Record of Revelation*. Chicago: The Priory Press, 1965.

Hawking, Stephen. *The Grand Design*. New York: Bantam Books, 2010.

Ignatius. *Epistle to Saint John, Apostle, on Mary the Mother of Jesus*. Bible Study Tools, 2012.

Ignatius. *Epistle to Virgin Mary, and Answer from Mary*. Bible Study Tools, 2012.

Irenaeus of Lyons. *Adversus Haereses*. Paris: Le Cerf, 1979.

Jefferson, Thomas. *The Jefferson Bible*. Seedbook Press, 2011.

Jefferson, Thomas. *The Life of Jesus of Nazareth*. Hardpress Publishing, 2012.

Kazantsakis, Nikos. *The Last Temptation*. New York: Scribenet, 1998.

Koestenberger, Andreas. *John*. Grand Rapids: Eerdmans, 2004.

Lewis, C. S., *Letters to Malcom, Chiefly on Prayer*. London: Harcourt Brace, 1964.

Luther, Martin. *Preface to the Letter to the Romans*. Saint Louis: Concordia Publisher, 1983.

Luther, Martin. *Commentary of the Letter to the Galatians*. University Park: Penn State University Press, 2000.

Luther, Martin. *The Four Loves*. London: Harcourt Brace, 1960.

Moo, Douglas. *The Letter of James*. Grand Rapids: Eerdmans, 2000.

Parkinson, Lorraine. *The World According to Jesus*. Richmond, Virginia: Spectrum Publishing, 2012.

Plantinga, Cornelius. *Engaging God's World*. Grand Rapids: Eerdmans, 2002.

Ramachandra, Vinoth. *The Scandal of Jesus*. London: IVP, 2001.

Nouveau Testament Interlinéaire Grec-Français. Reading: United Bible Societies, 1993.

Origen. Book II Chapter 1, *On the World*. Bible Study Tools, 2012.

Renan, Ernest. *The Life of Jesus*. Forgotten Books, 2012.

Rigaux, Bernard. *Epitre aux Thessaloniciens*. Paris: Duculot-Gabalda, 1965.

Schmemann, Alexander. *For the Life of the World*. New York: Saint Vladimir Seminary Press, 1998.

Smith, Christian. *The Secular Revolution*. University of California Press, 2003.

Stark, Rodney. *The Rise of Christianity*. London: Harper, 1996.

Svedenborg, Emanuel. *Revelation*. Paris: Porte, 1856.

Taylor, Vincent. *The Formation of the Christian Tradition*. MacMillan, 1935.

Verhey, Allen. *The Christian Art of Dying*. New York: William B. Eerdmans Publishing, 2011.

Whitherington. *The Jesus Quest*. IVP, 1977.

Wright, N. T., *The Resurrection of the Son of God*. Fortress, 2003.

Wright, Robert. *The Moral Animal*. New York: Pantheon, 1994.